Das Polizeipräsidium München in 110 Objekten

Hinweis:

In den Texten dieses Buches wird häufig das bewährte Stilmittel des sogenannten generischen Maskulinums verwendet (z. B. Polizist, Beamter). Das bedeutet jedoch keineswegs, dass damit nur männliche Personen gemeint sind. Diese grammatikalische Form bezieht sich auf alle Geschlechter (m/w/d) und schließt alle mit ein; sie dient vor allem der einfacheren Lesbarkeit und besseren Verständlichkeit der Texte.

1. Auflage, Dezember 2019

Herausgeber: Münchner Blaulicht – Polizeiverein für Prävention und Bürgerbegegnungen e.V.
Gestaltung von Hirschkäfer Design/Coriander P.
Printed in the EU

ISBN 978-3-940839-63-3

Besuchen Sie uns im Internet:
www.hirschkaefer-verlag.de

Mit Liebe gemacht.

Münchner
Blaulicht e.V.

110

DAS POLIZEIPRÄSIDIUM MÜNCHEN IN 110 OBJEKTEN

HIRSCHKÄFER
verlag

INHALTSVERZEICHNIS

GRUSSWORT

Der Bayerische Staatsminister des Innern, für Sport und Integration

Liebe Leserinnen und Leser,
ich freue mich, dass die Mitglieder des Vereins »Münchner Blaulicht« nach der Veröffentlichung der »Chronik des Polizeipräsidiums München« ein weiteres großartiges Buch zusammengestellt haben. Als Ergebnis halten Sie hier mit den »110 Objekten« das neue Werk mit vielen Details zur spannenden Geschichte der Münchner Polizei in den Händen.
In Anlehnung an das Konzept populärer Reiseführer wird Ihnen in eingängiger Weise abwechselnd in Bild und Beschreibung Stück für Stück die »DNA« des Polizeipräsidiums München nähergebracht. Selbst diejenigen unter Ihnen, die bereits ein ganzes Berufsleben bei der Münchner Polizei verbracht haben, werden mit Sicherheit auf den folgenden Seiten noch das eine oder andere Neue erfahren können. Denn manchmal ist es erstaunlich, wie wenig man – abgelenkt durch den alltäglichen Stress – von seiner unmittelbaren Umgebung wahrnimmt. Die ausführlichen Beschreibungen von besonderen Orten und Sehenswürdigkeiten am und im Polizeipräsidium veranschaulichen so hier oft zum eigenen Erstaunen die täglichen Unaufmerksamkeiten.
Das Polizeipräsidium selbst dient hierbei nur als prominentestes, allseits bekanntes Beispiel. Im Laufe der Lektüre werden sich mit Sicherheit auch bei Ihnen noch ein neuer Blickwinkel oder ein unerwarteter Überraschungsmoment einstellen. Wussten Sie etwa, dass neben Polizeipferden und -hunden auch Bienen und Katzen beim Präsidium beschäftigt sind? Und falls ja, kennen Sie bereits die ganze Geschichte, die dahintersteckt?
In jedem Fall haben Sie Gelegenheit, anhand der vielschichtigen Beiträge Ihre Erinnerung an möglicherweise bereits in Vergessenheit geratene Ereignisse, Örtlichkeiten oder Personen, die Sie mit dem Münchner Polizeipräsidium verbinden, aufzufrischen.
Mir als Innenminister ist es eine große Freude, dass mithilfe der folgenden Geschichten die Beschäftigten der Münchner Polizei so sympathisch und bürgernah präsentiert werden! Die nachfolgende Sammlung schafft es damit auch, den sprichwörtlichen »Münchner Schandi« einer neuen Generation von Münchnern näherzubringen. Das Werk trägt damit maßgeblich zur Festigung und zum Erhalt des besonderen Vertrauensverhältnisses zwischen der Polizei und den Münchner Bürgerinnen und Bürgern bei. In diesem Sinne wünsche ich Ihnen viel Freude beim Lesen!

Joachim Herrmann
Bayerischer Staatsminister des Innern, für Sport und Integration
Mitglied des Bayerischen Landtags

GRUSSWORT

des Münchner Polizeipräsidenten

Es freut mich, dass ich Sie auf ein gelungenes Gemeinschaftsprojekt aktiver und ehemaliger Kolleginnen und Kollegen des Polizeipräsidiums München sowie einiger Gastautoren einstimmen darf. Die ursprüngliche Idee zu diesem Band entstand aus dem Wunsch, in Ergänzung zur 2015 erschienenen »Chronik der Münchner Polizei«, den vielen verschiedenartigen Facetten des größten bayerischen Polizeipräsidiums noch mehr Raum zu geben. Die Autoren haben es sich dankenswerterweise zur Aufgabe gemacht, 110 Objekte der Münchner Polizei zu sammeln, dazu an geeigneter Stelle nachzubohren, zu verifizieren und gegebenenfalls zu korrigieren. Das Ergebnis kann sich wirklich sehen lassen!

Auf jeder Seite ist die Begeisterung der Autoren für ihren Beruf Polizeibeamter des Polizeipräsidiums München oder ihr persönlicher Bezug zur Münchner Polizei spürbar. Jeder kennt das Polizeipräsidium und dennoch ist es für Externe eine nahezu unbekannte Behörde. Nach der Lektüre dieses Buches wird jeder Leser, jede Leserin mehr über die Besonderheiten unserer traditionsreichen Behörde wissen.

Allein ein Blick in das Inhaltsverzeichnis führt mit einem Schlag vor Augen, mit welchen bemerkenswerten und herausfordernden Einsatzlagen die Münchner Polizei im Laufe der Jahrzehnte schon umgehen musste. Wiederholt wurde die Münchner Polizei mit Sachverhalten konfrontiert, die völlig neue Herausforderungen bargen, bis dahin nicht denkbar waren und heute in der Nachbetrachtung Klassiker der polizeitaktischen Lehre darstellen. Besonders schön ist es, dass viele Beiträge nicht nur zurückblicken, sondern den Fortschritt und die Weiterentwicklung thematisieren. Diese Reportagen zeigen, in welchem Maß eine große Polizeibehörde jeden Tag bemüht sein muss, mit den gesellschaftlichen Entwicklungen und den wachsenden technologischen Herausforderungen Schritt zu halten.

Gerade unter diesem Gesichtspunkt darf die Münchner Polizei sich, ohne zu übertreiben, als beweglich, innovativ und veränderungswillig bezeichnen. Ich darf an dieser Stelle nur die erfolgreiche Einführung der »Super Recogniser«, die frühzeitige Nutzung von Social Media zu polizeilichen Zwecken und die ständige Erprobung neuer Einsatzmittel und sonstiger »smarter« Technologie erwähnen.

Allen Leserinnen und Lesern wünsche ich viel Spaß und gute Unterhaltung auf Ihrem Streifzug durch die abwechslungsreichen »110 Objekte des Polizeipräsidiums München«.

Ihr
Hubertus Andrä
Präsident des Polizeipräsidiums München

GRUSSWORT

Christian Weis, Leitender Polizeidirektor, Vorstand »Münchner Blaulicht e. V.«

Es dürfte allgemein bekannt sein, dass Polizisten mit Mütze, Waffe und Handschellen ausgerüstet und in der Regel in einem Streifenwagen unterwegs sind. Und viele Kinder haben sicher auch schon Bekanntschaft mit dem »Verkehrskasperl« gemacht. Aber was ist ein »Schandi im Schachterl«? Oder ein »Eiserner Schutzmann«? Warum hat die Münchner Polizei einen »Panzeraufzug«? Und wer weiß schon, dass für die Polizei in München neben Diensthunden und Dienstpferden auch noch Polizeikatzen und Polizeibienen im Einsatz sind?

Dies sind nur einige Fragen, die in dem vorliegenden Buch beantwortet werden. Und viele andere warten darauf, in unserem Buch entdeckt zu werden.

Eine so große Behörde wie das Polizeipräsidium München an 110 Objekten darzustellen, ist vielleicht außergewöhnlich, umso mehr, da dies überwiegend von aktiven oder pensionierten Kolleginnen und Kollegen bewerkstelligt wurde – authentischer geht es ja fast nicht mehr. Zudem ist es informativ, spannend, unterhaltsam, humorvoll und gespickt mit Überraschungen.

Das alles passt auch perfekt zu unserem Verein Münchner Blaulicht e.V., dessen Ziel es ist, neben der Prävention die Begegnung von Verein und Polizei mit Bürgerinnen und Bürgern zu fördern. Das heißt, einen direkten, möglichst ungezwungenen Dialog zwischen unserer Bevölkerung und der Münchner Polizei zu ermöglichen. Und dabei Außenstehenden auch einen authentischen Blick hinter die Kulissen polizeilicher Arbeit zu ermöglichen.

Bei einer so komplexen Behörde wie dem Polizeipräsidium München mit seinen ca. 7 000 Bediensteten ist dieses Ziel gar nicht so leicht zu erreichen. Aber es ist trotzdem überaus wichtig, da wir nur zusammen, Bürgerschaft und Polizei, dafür sorgen können, dass München die sicherste Großstadt in Deutschland – und vielleicht sogar in Europa – ist und auch bleibt. Da kam die Idee zu diesem Buch gerade recht und wir als Verein Münchner Blaulicht e.V. waren sehr gerne als Herausgeber mit dabei. Und nun halten Sie unser fertiges Werk in Händen.

Ich wünsche Ihnen viel Spaß und Unterhaltung beim Lesen. Und vor allem auch viele neue Erkenntnisse über Ihre Münchner Polizei.

Wissen Sie, warum gerade 110 Objekte ausgewählt wurden? Dazu ein Tipp: Welche Nummer wählen Sie, wenn Sie verdächtige Wahrnehmungen oder Notfälle bei der Polizei melden?

Christian Weis
Vereinsvorsitzender Münchner Blaulicht e.V.

C. Haushahn
Aufzugbau
München
Fabr. № 31210 Erbaut: 1937

ACHTZIG JAHRE UND KEIN BISSCHEN LEISE

Der »Panzeraufzug« in der Tegernseer Landstraße 210

München-Obergiesing, Tegernseer Landstraße 210, vierter Stock, Zimmer 4034. Wie jeden Tag sitzen die vier Frauen und vier Männer gemeinsam am Mittagstisch, essen und unterhalten sich. Gerade geht es um das Wetter. Dass der Himmel zwar strahlend blau ist, fast ohne Wolken, es allerdings kälter ist, als es aussieht, weil einem der Wind noch ganz schön frisch ins Gesicht bläst. Immerhin liegt aber schon ein Hauch von Frühling in der Luft. Plötzlich ertönt ein dumpfes Dröhnen, begleitet von einem hohen Sirren. Der Holzboden unter den Füßen beginnt zu vibrieren, die Fassungen der Neonröhren erzittern und in den Schränken klirren die Tassen und Gläser. Fünf, acht, zehn Sekunden dauert das Grollen, dann kehrt mit einem Schlag wieder Stille ein.

Die Männer und Frauen haben ihre Unterhaltung ungerührt fortgesetzt. Sie kennen das Dröhnen mit all seinen Begleiterscheinungen. Es ist kein Presslufthammer, der sich durch die Wände frisst, und auch kein Erdbeben, sondern das liebevoll »Panzeraufzug« genannte Ungetüm, das seit über acht Jahrzehnten Lasten bis zu 4 000 kg vom Keller in den vierten Stock und wieder zurück befördert. Laut Beschilderung finden auf den 5 x 2,5 m bis zu 53 Personen Platz, was in den letzten Jahren allerdings niemand mehr in die Tat umgesetzt hat, da der Aufzug nur noch für den Lastentransport zugelassen ist.

Die erste Fahrt (selbstverständlich nur zur Begleitung der Lasten) ist wohl für jeden ein Erlebnis, wenn sich die käfigartige Kabine brummend in Bewegung setzt, die Schachtwände an einem vorbeigleiten und man durch das Lochgitter der Decke die dicken Stahlseile sieht.

Ein noch größeres und vor allem außergewöhnliches Erlebnis wartet jedoch auf dem Dachboden, wo das Herz des Aufzugs schlägt. Um dorthin zu gelangen, muss man allerdings erst eine knapp 4 m hohe Leiter erklimmen und eine kleine Luke durchsteigen, was so manches Knie weich werden lässt.

Hat man diese Hürde erfolgreich hinter sich gebracht, wird man von dicken Staubschichten und dem Geruch nach Schmierfett empfangen, und nach ein paar Schritten steht man schließlich vor dem Aufzuggetriebe mit seinen riesigen gusseisernen Zahnrädern, die aus einer völlig anderen Zeit zu stammen scheinen.

Dass der Schein nicht trügt, erkennt man bei einem Blick auf das Typenschild. »C. Haushahn – Aufzugbau München«, steht da zu lesen. »Erbaut: 1937.« Zu dieser Zeit (genauer gesagt zwischen 1937 und 1945) war im sogenannten Gebäude 7 an der Tegernseer Landstraße 210 die Reichszeugmeisterei untergebracht, das zentrale Beschaffungsamt der NSDAP.

Dass der Aufzug wirklich jemals panzerähnliche Fahrzeuge transportiert hat, mutet allerdings schon allein wegen des hölzernen Bodens unwahrscheinlich an. Die Zeugmeistereien, die in mehreren deutschen Großstädten eingerichtet wurden, hatten die Versorgung mit Uniformen, Uniformteilen, parteiamtlichen Ausstattungsstücken und Ausrüstungsgegenständen sicherzustellen. Der Münchner Zeugmeisterei wurde darüber hinaus die Aufgabe zuteil, die Arbeit sämtlicher Zeugmeistereien zu koordinieren, woraufhin sie die Bezeichnung »Reichszeugmeisterei« (RZM) erhielt und sich zur größten Dienststelle der NSDAP entwickelte. Das mit Tuffstein verkleidete Gebäude beherbergte sowohl die Verwaltung als auch Lager- und Verpackungsräume sowie eine Kantine, Aufenthaltsräume und Wohnungen für die Beschäftigten.

Es ist also davon auszugehen, dass der Aufzug dem Transport wesentlich harmloserer Gegenstände diente als dem von Panzern oder anderen Kriegswaffen; der Legendenbildung hat dies aber keinen Abbruch getan. Noch heute halten sich hartnäckig die Gerüchte über Tunnelanlagen bis weit hinein in den Perlacher Forst oder den Münchner Osten sowie über unterirdische Schießanlagen, die von Polizeigeneration zu Polizeigeneration weitergetragen werden, und von denen nach Kriegsende auch die Angehörigen der amerikanischen Streitkräfte, die neuen Hausherren im Areal an der Tegernseer Landstraße, infiziert wurden. So war unter den hier stationierten Beschäftigten unter anderem die Rede von unterirdischen Gängen und Verbindungen bis zum Ostbahnhof oder einer Kelleretage, die bis nach Dachau reichte.

Wie das gesamte Gebäude, so wurde auch der Aufzug durch die Amerikaner weiterhin genutzt, wovon besonders eindrucksvoll die Beschriftung der Innenseite der Aufzugstüren im vierten Stock zeugt, die auch heute noch in großen gelben Lettern auf die einstmalige »Restricted Area« hinweist. Leider finden sich keine Quellen, aus denen hervorgeht, warum dieser Bereich zugangsbeschränkt war und welcher Teil der Streitkräfte ihn für sich beanspruchte. Belegt ist zwar, dass das Hauptquartier der 66. Nachrichtendienst-Heeresgruppe (Hq 66th Military Intelligence Group, ab 1986 Hq 66th Military Intelligence Brigade) im Areal an der Tegernseer Landstraße untergebracht war, allerdings in einem anderen Gebäude.

Dieses »Wissens-Vakuum« befeuert natürlich die Mutmaßungen, ob nicht gar Geheimdienste hier ihren Tätigkeiten nachgingen, und hin und wieder kommt es vor, dass ein Polizeibeamter gegen die Wand klopft und flüsternd einen nicht ganz ernst gemeinten Gruß an CIA, NSA und Co. schickt.

Text: **Manuela Obermeier**

002

VOM KAROSSERIEBAU ZUR POLIZEIBEHÖRDE

Das Areal Tegernseer Landstraße 210 ff.

Kaum ein öffentliches Gebäude in München dürfte so eng mit der wechselvollen deutschen Geschichte der zurückliegenden 100 Jahre verwoben sein wie der Gebäudekomplex an der Tegernseer Landstraße 210 ff. Hier errichteten die Autopioniere und Brüder Daniel und Hermann Beissbarth 1912 eine neue Produktionsstätte ihrer Karosseriebaufirma. Im Zuge der weltweiten Wirtschaftskrise wurde das Areal Anfang der Dreißigerjahre von der Bayerischen Hypotheken- und Wechselbank München ersteigert und 1934 an die NSDAP veräußert.

Am Stadtrand Münchens verkehrstechnisch günstig gelegen, bot das 3,5 ha große Grundstück genügend Platz, um die Logistik des NS-Propagandaapparats adäquat unterzubringen. Für die Massenveranstaltungen der Partei wurden mobile Verpflegungseinrichtungen, umfangreiche Veranstaltungstechnik und mehrere Hundert Transportfahrzeuge benötigt. Infolge des großen Aufwands, der auch für die Lizensierung und Kontrolle der Parteiausstattung (Uniformen, Fahnen, Abzeichen etc.) betrieben wurde, musste daneben für das zentrale Beschaffungsamt der Partei, die Reichszeugmeisterei, ein neues Gebäude konzipiert werden.

Im Zuge der umfangreichen Bautätigkeiten wurde die ehemalige Autofabrik als Mittelbau in den vierflügeligen Monumentalbau der Reichszeugmeisterei integriert. Angrenzend an den seinerzeit größten Verwaltungsbau der NSDAP entstanden innerhalb von drei Jahren eine Großgarage, eine Tankstelle, eine Werkstatthalle und mehrere Wohngebäude. Auf dem ebenfalls neu erworbenen Grundstück gegenüber der Tegernseer Landstraße wurde eine weitere monumentale Halle errichtet. Die Konstruktion, insbesondere der 50 m breiten freitragenden Mittelhalle, repräsentierte damals den neuesten Stand der Technik. Neben der Reichszeugmeisterei wurde die heute so bezeichnete »Halle 19« zwischenzeitlich als wichtiges Zeugnis für die Geschichte der NS-Diktatur vom Landesamt für Denkmalpflege als Baudenkmal eingestuft.

Nach Kriegsende beschlagnahmten die amerikanischen Streitkräfte den Gebäudekomplex und richteten hier zunächst die Militärregierung für Bayern ein. Im Lauf der Jahrzehnte fanden wechselnde Serviceeinrichtungen der Militärverwaltung sowie zivile amerikanische Freizeit- und Bildungsstätten, u. a. eine Außenstelle der »University of Maryland«, ihren Platz. Benannt nach dem in Deutschland gefallenen US-amerikanischen Soldaten Francis Xavier McGraw wurde so aus der Reichszeugmeisterei die McGraw-Kaserne und aus dem Logistikzentrum der Nationalsozialisten eine zentrale Versorgungseinrichtung der Amerikaner für ganz Europa.

Halle 19
Werkstattgebäude,
Turm zwischenzeitlich abgetragen
ehem. »University of Maryland«
Hauptgebäude,
ehem. Reichszeugmeisterei

Während der jahrzehntelangen amerikanischen Nutzung wurde das Gelände stark abgeschottet. Die Tegernseer Landstraße wurde auf Höhe des Anwesens für den Durchgangsverkehr gesperrt, ehe die Straße in den 70er-Jahren im sogenannten McGraw-Graben tiefergelegt wieder für den Verkehr freigegeben wurde.

Mit dem Abzug amerikanischer Streitkräfte nach dem Mauerfall wurde auch die McGraw-Kaserne Ende 1992 vollständig geräumt. Heute erinnert ein kleines, kaum mehr lesbares Schild am Haupteingang an den amerikanischen Aufenthalt von 1945 bis 1992. Die Amerikaner widmeten es der Stadt München in Anerkennung der hervorragenden Unterstützung für die »Munich Military Community«.

Während die Bezeichnung »McGraw-Kaserne« und die von den Amerikanern eingeführte Nummerierung der Gebäude weiterhin Verwendung finden, verblassen andere amerikanische Spuren zusehends. Dem Verein »Freunde Giesings e.V.« ist es u. a. zu verdanken, dass die bedeutsame deutsch-amerikanische Epoche gründlich recherchiert und dokumentiert wurde. In dem 2013 erschienen Buch »Amis in Giesing« widmeten die Historiker Karin Pohl und Willibald Karl ein Kapitel ihrer umfassenden Stadtteilbetrachtung der McGraw-Kaserne.

Im Mai 1992, noch etliche Monate vor der endgültigen Räumung der Kaserne durch die Amerikaner, erstellte der Freistaat Bayern als Eigentümer des Areals ein vorläufiges Belegungskonzept. Im September 1992 erfolgte u. a. die Zuweisung des Hauptgebäudes an das Polizeipräsidium München, das beauftragt wurde, dieses so schnell wie möglich zu belegen. Nur die notwendigsten Reparaturen und Neuinstallationen wurden durchgeführt, ehe 1993 die ersten Kripodienststellen einzogen.

Nach dem Willen der Landeshauptstadt München sollte die Neuentwicklung des Gesamtareals rasch erfolgen. Ein bereits 1992 dem Stadtrat vorgelegtes Konzept sah vor, hier eine Mischung aus Wohnbebauung, öffentlicher Infrastruktur und Verwaltung zu verwirklichen.

1995 stellte der Freistaat Bayern dann eine deutlich abweichende Konzeption vor. Auf den östlichen Flächen sollten Wohnungen für Staatsbedienstete entstehen, das Gebiet westlich des McGraw-Grabens sollte überwiegend in behördlicher Nutzung verbleiben und hierfür weiterentwickelt werden. Der Landeshauptstadt München kamen die neuen Pläne nicht ungelegen, konnte das Polizeipräsidium München so u. a. städtische Mietflächen in der Dachauer Straße räumen, welche dringend für Einrichtungen der Münchner Kammerspiele benötigt wurden.

Von den Stadtteilvertretern in Giesing und Harlaching wurde die Entwicklung scharf kritisiert. Der Landeshauptstadt München wurde vorgeworfen, eine einmalige Chance für eine bürgerfreundliche Entwicklung des seit Jahrzehnten abgeschotteten Stadtteils vertan zu haben.

1997 wurde schließlich der städtebauliche Ideenwettbewerb auf Basis der neuen Eckdaten entschieden und eine rasche Realisierung optimistisch bewertet.

20 Jahre später bleibt festzuhalten, dass die Ziele zur Weiterentwicklung des Areals, insbesondere zu Wohnzwecken und Schaffung einer öffentlichen Infrastruktur, kaum verfolgt wurden.

An dem Gebäudeensemble selbst hat sich so seit 1937 wenig verändert. Die Strukturen erwiesen sich vor allem für die Polizei von großem Nutzen. Man fand in dem Arrangement aus Verwaltungsgebäuden und Hallen optimale Voraussetzungen, u. a. Dienststellen mit zentralen Aufgaben, spezifischer Ausstattung, Werkstätten und Fuhrparks zu situieren. Aus der Versorgungseinrichtung der amerikanischen Streitkräfte entwickelte sich so eine zentrale Versorgungseinrichtung des Polizeipräsidiums München mit 1 000 Mitarbeitern.

Nach Jahrzehnten des baulichen Stillstands fällt die jüngste Maßnahme zumindest optisch ins Gewicht. Der weithin sichtbare, zwischenzeitlich aber ungenutzte und sehr marode Heizturm musste

2018 aus statischen Gründen abgetragen werden. Der Turm war zuletzt ein beliebter Rückzugsort für die Vogelwelt. Tierische Randnotiz und gleichsam Beleg für den Wandel der Zeit: vor dem Rückbau waren entsprechend der artenschutzrechtlichen Ausnahmegenehmigung der Regierung von Oberbayern neue Nistkästen für Falken und Dohlen in unmittelbarer Umgebung anzubringen.

Die Planungen zur Wohnbebauung nehmen jüngst wieder Fahrt auf. Unter dem Eindruck des großen Wohnungsdrucks in München fasste der Ministerrat am 15. Mai 2018 vor Ort den Beschluss, die städtebauliche Entwicklung massiv voranzutreiben. Ziel sei es, hier »ein neues Stadtquartier mit bis zu 1 000 Wohnungen und Wohnheimplätzen für niedrige Einkommensgruppen […] zu schaffen«.

Begonnen wird mit dem seit Jahrzehnten kaum genutzten und als Schandfleck kritisierten Gebäude der ehemaligen »University of Maryland« an exponierter Stelle am Mangfallplatz. Darin werden nach Sanierung ca. 150 Wohnungen für Staatsbedienstete zur Verfügung stehen. Gleichzeitig soll die Entwicklung des östlichen Areals unter Einbeziehung der »Halle 19« forciert sowie die polizeiliche Nutzung im westlichen Bereich optimiert werden.

Text: **Erika Weisser**

003

BEQUEME KUTSCHE FÜR BÖSE BUBEN

Der große Gefangenenkraftwagen

Der Wagen mit dem Kennzeichen M - 31960 ist eine Sonderanfertigung und hat einen festen Standplatz im sogenannten Roten Hof des Polizeipräsidiums. Namensgeber für diesen Teil des Präsidiums ist die mit roter Farbe versehene Fassade des Arresthauses, das mit Blick auf die darin Inhaftierten in direkter Verbindung mit diesem Fahrzeug steht. Sein Parkplatz, der sogar namentlich beschriftet ist, liegt unmittelbar neben einer steinernen Treppe, über die Gefangene geführt werden. Konkret handelt es sich bei diesem Wagen um einen weiß-grün lackierten Daimler Chrysler 815, der wohl besser als Mercedes bekannt ist. Das besagte Sonderkraftfahrzeug ist 7,65 m lang und verfügt einschließlich Fahrer über 20 Sitzplätze, wobei 17 Fahrgastplätze für besondere Mitfahrer vorgesehen sind. Es ist ein wahrlich außergewöhnliches Gefährt, das seit 2002 – sofern genügend Fahrgäste bereitstehen – fast jeden Tag in den Morgenstunden zu einem Frühtransport gestartet wird: es handelt sich um den großen Gefangenenkraftwagen (GefKw) des Polizeipräsidiums München. In nun über 15 Jahren hat der im Präsidium stationierte Wagen vor allem im Pendelverkehr mit den Münchner Justizvollzugsanstalten mehr als 87 000 km zurückgelegt. Das Innere dieses Fahrzeuges haben zwischenzeitlich sehr viele Straftäter erblicken dürfen. Dass dies nicht immer zu ihrer Freude geschah, bedarf wohl keiner weiteren Erörterung. Anders liegt der Fall beim Fahrer. Der Wagen wird von einigen Lenkern gerade deshalb geliebt, weil er seine kleinen Eigenheiten hat. So gilt er vor allem wegen seines langen Hecks als nicht sehr übersichtlich und daher als anspruchsvoll zu lenken. Auch der große Wendekreis trägt nicht dazu bei, die Anforderungen an den Fahrer zu schmälern. Insbesondere in der kalten Jahreszeit fällt auf, dass die Heizung vor allem auf den ersten Kilometern nicht allzu überragend ihre Arbeit verrichtet. Darüber hinaus ist das besondere Gefährt mit einer nicht übermäßig leistungsstarken Batterie ausgestattet. Deshalb wird der abgestellte Wagen regelmäßig durch ein Ladekabel mit dem Präsidium verbunden und ist daher – wenn er auf seinem festen Platz vor der Treppe zur Haftanstalt steht – fast immer im angesteckten Zustand zu sehen. Geladen wird hierbei aber nur die Batterie, um den Wagen sicher starten zu können und nicht – wie man vielleicht vermuten könnte – ein E-Mobil. Wenn wir über 100 Jahre zurückblicken, scheint diese Annahme bei genauerer Betrachtung gar nicht mehr so abwegig.

Damals gehörte der Transport der von der Schutzmannschaft aufgegriffenen und der von den Behörden übergebenen Gefangenen zu den Aufgaben der Königlichen Schutzmannschaft München. Anfangs wurden diese Transporte innerhalb des Stadtgebiets auf abgelegenen Straßen (bei Einzeltrans-

POLIZEI

porten) zu Fuß, mit der Straßenbahn oder mit dem polizeieigenen, pferdebespannten Schubfuhrwerk durchgeführt. Mussten Gefangene außerhalb Münchens verbracht werden, wurden sogenannte Schubtransporte eingesetzt. Diese führte man mit der Eisenbahn durch, wobei die Bahnverwaltung hierfür in den Bahnhöfen und Zügen eigene Räume und Coupés zur Verfügung stellte. Die Transporte wurden von Schutzleuten begleitet.

Das Automobil hatte bis zu dem Typ, der uns heute bekannt ist, eine langjährige Entwicklungsgeschichte hinter sich. Zahlreiche Pioniere trugen ihren Teil dazu bei, allen voran der in München wirkende Uhrmacher Christian Reithmann (1818-1909), der noch vor Nicolaus Otto 1873 einen Viertaktmotor für seine Uhrmacherwerkstatt gebaut hatte, der Wiener Siegfried Marcus (1831-1898) und der Belgier Jean Joseph Étienne Lenoir (1822-1900), die sich um den Zweitaktmotor verdient gemacht hatten und natürlich Nicolaus Otto (1832-1891), durch den die erste serienmäßige Produktion von Viertaktmotoren 1876 durch die Deutz AG in Köln ermöglicht wurde. Sein heutiges Aussehen erhielt das Automobil durch Carl Benz (1844-1929) in Mannheim, Gottlieb Daimler (1834-1900) in Stuttgart und Wilhelm Maybach (1846-1929) in den 1890er-Jahren. Dabei war in der frühen Phase des Automobils nicht abzusehen, ob sich der Verbrennungsmotor oder der elektrische Antrieb durchsetzen wird. 1888 baute die Coburger Maschinenfabrik A. Flocken den weltweit ersten elektrisch angetriebenen Personenkraftwagen, 1901 erreichte ein elektrisch betriebenes Fahrzeug erstmals eine Geschwindigkeit von über 100 km/h. Um und kurz nach der Jahrhundertwende hatten Elektroautos einen Marktanteil von etwa 40 %. Deren Niedergang setzte ab etwa 1910 ein, als das Starten von Benzinern durch das Betätigen eines Anlassers anstelle des Ankurbelns viel bequemer wurde, diese eine größere Reichweite aufwiesen und das Angebot billigen Benzins die sensiblen Akkus verdrängte.

Auch das Bayerische Staatsministerium der Justiz wollte sich den neuen Entwicklungen nicht verschließen und beauftragte am 2. März 1909 die Justizvollzugsanstalt München-Stadelheim, der Frage nach dem Ersatz der Pferdefuhrwerke durch Kraftwagen intensiv nachzugehen. Die Gefängnisverwaltung setzte sich daraufhin mit der Firma Pfister, Mayr & Co aus Berlin in Verbindung und ließ sich von dieser ein Angebot über einen elektrischen Gefangenentransportwagen mit einer Leistung von 5 PS und einer Fahrgeschwindigkeit von 15 bis 16 km/h, fabriziert von der Münchner Firma Anton Aumüller, anfertigen. Die Gefängnisverwaltung war dem Vorschlag nicht grundsätzlich abgeneigt, glaubte man, die Kosten für das Pferdefuhrwerk, die drei Kutscher und sechs Pferde im Wesentlichen einsparen zu können. Schließlich sprach sich die Gefängnisverwaltung Stadelheim nach eingehender Prüfung für die Anschaffung eines Fahrzeugs aus, beharrte jedoch aus Sicherheitsgründen auf einem Fahrzeug mit Elektroantrieb, da sich »Kraftwagen mit Benzin- oder Benzolbetrieb – wegen der gegebenen Feuer- und Explosionsgefahr für Gefangenentransportzwecke von vorneherein« nicht eignen würden. Die Stellungnahme ging schließlich an das Ministerium, wo die Angelegenheit jedoch nicht weiterverfolgt wurde, denn der erste Einsatz eines Kraftwagens in der Justizvollzugsanstalt München-Stadelheim erfolgte im Jahr 1920.

Anders verlief die Entwicklung bei der Polizeidirektion München. Sie führte bis zum Jahre 1913 keine eigenen Kraftfahrzeuge. Erst ein paar Monate vor dem Einzug der Polizeidirektion in die Ettstraße war es so weit: Die Gefangenen wurden ab Herbst 1913 mit einem Kraftwagen transportiert! Dieser Gefangenenkraftwagen wurde mit Benzin betrieben, der Elektroantrieb hatte sich nicht durchgesetzt. Das mit Pferden bespannte Schubfuhrwerk kam nur noch dann zum Einsatz, wenn die Kapazität des neuen Kraftwagens nicht ausreichte, also zu viele Gefangene verschubt werden mussten, was ab und zu vorkam. Während es beim Standort für das Pferdefuhrwerk bei der alten Unterkunft der Polizeidirektion an der Weinstraße blieb, hatte man für den motorisierten Gefangenenwagen im Neubau an der Ettstraße eine Einstell- und Pflegemöglichkeit geschaffen.

Heute verfügt das Polizeipräsidium neben dem eingangs beschriebenen Mercedes, Typ 815, über 15 VW-Busse (T 5) und einen Ford Transit, die alle fast täglich zu kleineren Transportfahrten von Gefangenen eingesetzt werden. Daneben gibt es noch einen zweiten großen Gefangenenwagen, der keinen festen Stellplatz im Präsidium hat. Dieser Mercedes mit dem Kennzeichen M - 32591 ist dem eingangs beschriebenen Wagen sehr ähnlich, wird aber nur noch bei besonderen Einsatzlagen in Bewegung gesetzt. Ob dieses noch mit Holzsitzen ausgestattete Gefährt gegenüber den mit Plastiksitzen versehenen Gefangenenkraftwagen hinsichtlich seiner Bequemlichkeit punkten kann, darüber müssen die Fahrgäste befinden.

Fakt ist, dass der große Gefangenentransportwagen aus dem Roten Hof im Präsidium noch im Laufe des Jahres 2019 seinen angestammten Platz räumen muss und durch einen Mercedes Benz, Sprinter 906, in den neuen Polizeifarben silber-blau ersetzt werden wird. Das bislang verwendete Ladekabel wird dann aus dem täglichen Blickfeld verschwinden. Dies aber nicht nur, weil der Neue über eine leistungsstarke Starterbatterie verfügt, sondern vor allem deshalb, weil man auf einen mit Diesel getriebenen Motor und nicht auf E-Antrieb gesetzt hat. Man muss kein wohl großer Prophet sein, um folgende Vorhersage wagen zu dürfen: Kaum einer der fast ausschließlich unfreiwilligen Fahrgästen wird sich darüber während seines Transportes Gedanken machen.

Text: **Peter Gloël und Dr. Christoph Bachmann**

004

SCHUTZ VOR BELASTUNGEN

Das Kindervernehmungszimmer

An meine erste Videovernehmung von Kindern kann ich mich noch sehr gut erinnern, obwohl sie schon über 15 Jahre zurückliegt. Die damals 13-jährige Anna[1] war über mehrere Jahre hinweg von einem Nachbarn unzählige Male sexuell missbraucht worden. Nach Bekanntwerden der Tat beantragte die Staatsanwaltschaft München I – ohne vorherige Anhörung der Geschädigten – beim Amtsgericht München einen Haftbefehl. Der Täter wurde festgenommen und in die JVA Stadelheim eingeliefert. Wenige Tage nach Erlass des Haftbefehls wurde Anna von einem Ermittlungsrichter im Kindervernehmungszimmer in unserem damaligen Dienstgebäude in der Bayerstraße angehört. Die Vernehmung dauerte rund eineinhalb Stunden und wurde auf Video aufgezeichnet. Anna schilderte auf sehr eindrucksvolle und beklemmende Weise das Tatgeschehen. Ich saß mit dem Staatsanwalt, dem Beschuldigten und dessen Verteidiger im sogenannten Prozessbeteiligtenzimmer und verfolgte die Anhörung mit ihnen zusammen via Bildschirm.

Bis zur Einrichtung dieses Kindervernehmungszimmers mit Videoaufzeichnung war es ein langer Weg. Der Schutz kindlicher und jugendlicher Zeugen vor potenziellen Belastungssituationen im Ermittlungs- und Strafverfahren war in den zurückliegenden Jahren wiederholt Gegenstand von Fachdiskussionen gewesen. Dies hat sich nicht zuletzt auch in Passagen des Opferschutzgesetzes von 1987 niedergeschlagen.

Neue Begriffe wie »sekundäre Viktimisierung« oder »potenzielle Belastungsfaktoren« machten die Runde. Das Fazit hieraus war, dass mehr getan werden musste, um den durch die Straftat geschädigten Kindern und Jugendlichen im Ermittlungs- und Strafverfahren zusätzliches neues Leid zu ersparen. Auch steht hier der Opferschutzgedanke im Vordergrund, wenn durch unsere Einrichtung versucht wird, Mehrfachvernehmungen durch Polizei, Staatsanwaltschaft, Gericht und Glaubwürdigkeitsgutachter auf ein notwendiges Minimum zu reduzieren.

Nach einer Presseveröffentlichung der FAZ vom 27. Februar 1997 (»Der kleine Tiger schaut zu – Köln: Kindgerechtes Anhörungszimmer für Opfer von Sexualverbrechen«) nahmen zwei Mitarbeiter unserer Dienststelle mit den Kollegen in Köln Verbindung auf und besichtigten dort das Videovernehmungsstudio. Erfahrungsberichte aus Kiel und Holland wurden beschafft. Nach Auswertung der Unterlagen stand zweifelsfrei fest, dass auch in München eine solche Einrichtung entstehen soll.

1 Name geändert

Das Kindervernehmungszimmer wurde von meinen Kolleginnen und Kollegen unter Mitwirkung der Staatsanwaltschaft, des Gerichtes, des Zentralen Psychologischen Dienstes der Bayerischen Polizei und Anregungen von externen Psychologen ausgestattet. Es erstreckte sich insgesamt über vier Büros und war gegliedert in Anhörungszimmer, angrenzendem Technikraum (hinter einem venezianischen Spiegel), Prozessbeteiligtenzimmer und einem weiteren Raum für Begleitpersonen der Geschädigten.

Das Anhörungszimmer wurde mit kindgerechten Möbeln, Grünpflanzen, einigen Spielsachen und bunten Bildern ausgestattet. Die Technik besteht aus vier Kameras, je zwei Decken- bzw. Richtmikrophonen. Zudem aus einem Bildschirm, in den vom Technikraum aus zusätzliche Fragen an den Vernehmungsbeamten oder die Vernehmungsbeamtin eingespielt werden können. Der Bildschirm ist vom Geschädigten aus nicht einsehbar, um ihn nicht zu irritieren.

Im angrenzenden Technikraum befanden sich zunächst zwei Videorekorder, die mittlerweile durch zwei Festplattenrekorder ersetzt wurden. Ein Rekorder ist für die Quad(ratur)-Aufnahme (alle vier Kameras auf dem Bild), der andere für die Nahaufnahme. Über Monitore kann das Geschehen von hier aus direkt in die weiteren Räumlichkeiten übertragen werden. Über das Mischpult kann mittlerweile das digitale Diktiergerät angeschlossen werden. Von diesem werden die Vernehmungsprotokolle geschrieben.

Seit dem 7. Januar 1999 ist das Kindervernehmungszimmer nun in Betrieb. Anfang März 1999 wurde es durch den damaligen Innenminister Dr. Günther Beckstein offiziell dem Polizeipräsidium München übergeben und öffentlichkeitswirksam der Presse vorgestellt. Bis dato wurden hier weit über 1 000 Vernehmungen durch Kriminalbeamte und Ermittlungsrichter und Ermittlungsrichterinnen durchgeführt. Seit Januar 2009 verfügt das Amtsgericht München über ein eigenes Vernehmungszimmer, um dort die richterlichen Anhörungen durchzuführen. Bis zu diesem Zeitpunkt erfolgten diese in den Räumlichkeiten des Kommissariats 15.

Der Vorteil einer richterlichen Videovernehmung besteht darin, dass nur die richterliche Videovernehmung den Geschädigten die doch sehr belastende Zeugenaussage in einer Hauptverhandlung vor Gericht erspart. Eine richterliche Videovernehmung ist gleichsam ein vorweggenommener Teil der Hauptverhandlung nach § 255a Abs. 2 StPO mit allen Prozessbeteiligten, und der/die Geschädigte muss später nicht mehr erneut vor Gericht aussagen.

Die Deliktzahlen sind leider von Jahr zu Jahr gestiegen. Ein den zeitgemäßen Erfordernissen angepasstes Arbeiten wäre ohne das Kindervernehmungszimmer nicht mehr möglich. Ein effektives Zusammenarbeiten zwischen dem ermittelnden Fachkommissariat, der Staatsanwaltschaft/dem Gericht sowie den Beratungsstellen (hier das Kommissariat 105 – Opferschutz) zeigt sich als immer wichtiger.

Aber nun wieder zurück zu meiner ersten Videovernehmung. Ich saß neben dem Täter. Bei seiner Festnahme und bis zur Videovernehmung hatte er ja den Missbrauch geleugnet. Jetzt starrte er wie gebannt auf den Bildschirm. Der detaillierten Aussage von Anna, eindrucksvoll untermalt von ihrer Mimik und Gestik, konnte er sich nicht entziehen. Sein Verteidiger, der noch während der Vernehmung wiederholt Beweisanträge hinsichtlich der Unschuld seines Mandanten ankündigte, rief drei Tage später den Staatsanwalt an und teilte mit, dass sein Mandant nun ein Geständnis ablegen möchte.

Der Täter wurde vom Landgericht München I zu einer mehrjährigen Haftstrafe verurteilt; das Urteil wurde auch rechtskräftig. In der schriftlichen Urteilsbegründung führte das Landgericht hierzu Folgendes an: »Der festgestellte Sachverhalt beruht zur Überzeugung der Kammer auf dem umfassenden Geständnis des Angeklagten und der gemäß § 255a/II StPO erfolgten Vorführung der Bild-Ton-Aufzeichnung der richterlichen Vernehmung der Zeugin Anna. … Das hier von ihr geschilderte Tatgeschehen deckt sich mit dem Geständnis des Angeklagten.« Später widerrief er zwar im nachfolgenden Zivilprozess wegen Schmerzensgeldes seine Aussage, wurde aber dennoch verurteilt.

Text: **Ignaz Raab**

S-KE 600

005

EFFEKTIVES EINSATZMITTEL

Die Motorradstaffel

»Am 1. August 1925 nahm die neu gebildete ›Kraftfahrerpolizei‹ ihren Dienst auf. Sie hatte die Aufgabe, ›die Straße von Rennfahrern auf Autos, Kraft- und Fahrrädern freizuhalten und die Passanten auf die Straßendisziplin aufmerksam zu machen‹. Die Uniform dieser Truppe bestand aus einem Lederanzug mit Rangabzeichen und Mütze. Ausgestattet war sie mit zehn Krafträdern mit Beiwagen, besetzt mit dem Fahrer und einem Schutzmann und mit drei Krafträdern ohne Beiwagen.« Also waren ab August 1925 Münchner Polizeibeamte mit Motorrädern unterwegs. Eine Geburtsstunde! Vieles hat sich seitdem geändert, politische Umwälzungen, technische Fortschritte, neue Dienstherren, ein professionelles und gesellschaftlich anerkanntes Rollenverständnis der Polizei – und noch heute nutzen Münchner Polizeibeamte Motorräder für die tägliche Dienstverrichtung.

Unmittelbar nach dem Zweiten Weltkrieg bestand der Fuhrpark der Dienststelle S 2 (die spätere Verkehrspolizeiinspektion Verkehrsüberwachung – VPI VÜ) aus fünf Krädern mit Beiwagen und zehn Solokrafträdern. Einen hohen Stand von knapp 80 Motorrädern erreichte das Polizeipräsidium München bereits 1957 – weil auf fast allen größeren Revieren der Stadtpolizei zwei oder mehr Kräder im Fuhrpark waren. Dies ist nun nicht mehr der Fall, nur die VPI VÜ verfügt über Motorräder. Aktuell sind dies 30 moderne Kräder, davon zwei zivile Maschinen zur Verkehrsüberwachung mittels Videotechnik.

Und wie haben sich Kleidung und Ausrüstung im Lauf der Zeit geändert? Die Kollegen trugen zur Lederjacke der Stadtpolizei eine Stiefellederhose, zum Schutz hatten sie lediglich Handschuhe, Schal und Brille; zu Beginn war der Helm ein Luxus. Bei sommerlichen Temperaturen fuhren die Kollegen sogar nur mit Hemd und Krawatte! Ein wirklicher Fortschritt war die grüne Lederkombi und ein entsprechender Schutzhelm mit Kabelverbindung zum Funkgerät. Die Entwicklung neuer Materialien führte nach der Jahrtausendwende zum Gore-Tex-Anzug mit Protektoren und seit 2018 folgte eine moderne Funktionsbekleidung in Blau mit deutlich sichtbaren gelben Reflektoren. Der einfache weiße Schutzhelm der ersten Generation wurde von einem Integralhelm in gelber Signalfarbe mit Bluetoothverbindung abgelöst.

Das Auto entwickelte sich im Laufe der Jahre zum bedeutendsten Fortbewegungsmittel. Dennoch blieb das Motorrad ein wichtiges Einsatzmittel für die Münchner Polizei. Natürlich ging auch hier der technische Fortschritt rasant weiter. Waren die ersten Nachkriegsmodelle noch in schwarzer Lackierung mit gerade mal um die 20 bis 25 PS, stiegen Leistung und Sicherheit bei jeder Modellreihe.

Das aktuelle Polizeimotorrad auf Münchens Straßen verfügt über 125 PS mit einer Höchstgeschwindigkeit von mehr als 220 km/h. Die Kräder haben Griff- und Sitzheizung, verfügen über Tempomaten, Schaltassistenten und ABS. Beiwagen sieht man übrigens schon lange nicht mehr.

»Der Dienstelle obliegt die laufende Überwachung des gesamten Straßenverkehrs durch motorisierte Verkehrsstreifen. Diese haben den bestehenden Verkehrsvorschriften Geltung zu verschaffen und gleichzeitig erzieherisch auf die Kraftfahrzeugführer einzuwirken. Bei größeren motorisierten Bewegungen übernimmt sie den Lotsendienst.« Diese Aufgaben – formuliert im Jahre 1948 – haben sich im Laufe der Jahrzehnte nicht wesentlich geändert. Zu den ständigen Aufgaben gehören die Begleitung und Sicherung von Veranstaltungen wie dem Münchner Marathonlauf oder dem CityBike Marathon, aber auch Pilgermärsche und Autokorsos werden geführt. Die Millionenstadt München bietet dazu viele Anlässe und das Motorrad hat sich bei mobilen Veranstaltungen als schnelles und sehr wendiges Einsatzmittel herausgestellt.

Durch Annahme der Verfassung von 1946 war der Freistaat Bayern berechtigt, ausländische Staatsgäste zu empfangen und diese Begleitung von Staatsgästen durch eine Motorradeskorte darf wohl als Beginn der Eskortenfahrten angesehen werden. Die Anzahl dieser Motorräder ist übrigens nicht willkürlich, sondern durch internationale Normen geregelt. Staatspräsidenten aus allen Kontinenten waren ebenso unter den Besuchern wie Kaiser und Könige, das Gästebuch der VPI VÜ dokumentiert eine lange Reihe von Persönlichkeiten.

Keine Regel ohne Ausnahme: Papst Johannes Paul II. erhielt eine Eskorte aus 17 Kräder, vorgesehen waren und sind maximal nur 15 Motorräder. Nachvollziehen können wir die Steigerung nicht mehr, vielleicht eine politische Entscheidung. Andererseits gab es beim Antrittsbesuch von Bundespräsident Christian Wulff kurzfristig mal nur 14 Motorräder. Schuld waren technische Probleme aufgrund enormer Kälte. Durch eine geschickte Aufteilung durch den Eskortenführer hat's aber niemand gemerkt.

Zur Begleitung von Staatsgästen gehören regelmäßig auch Vorauskräder, die sogenannten Ausputzer. Diese Motorradfahrer sorgen für eine reibungslose Fahrt von Kolonnen mit möglichst geringen Beeinträchtigungen für andere Kraftfahrer. Diese Tätigkeit gilt gemeinhin als die schwierigste Aufgabe der Motorradfahrer.

Das Leben eines Kradfahrers bei der Verkehrspolizei ist schon interessant. Eskorte und Vorauskräder waren beim Papsteinsatz 2006 in Südbayern unterwegs, wir sind zur NATO-Tagung 2009 nach Baden-Baden gefahren und haben mehrmals die Berliner Kollegen bei Großveranstaltungen unterstützt. Es gibt zudem Personalabstellungen für die Einsatzleitungen, zum Beispiel bei der Arber-Rundfahrt, beim Ironman in Regensburg oder bei der Bayernrundfahrt.

Ohne Zweifel müssen unsere Kradfahrer trainieren. Neben den regelmäßigen Programmen des Fahrsicherheitszentrums üben die Kolleginnen und Kollegen auch intern das Fahren einer Eskortenformation. Das Führen einer Kolonne wird unter realen Bedingungen im Münchner Stadtverkehr trainiert. Die besten Kradfahrer finden sich dann im Kradzirkus der VPI VÜ. Diese sind mit ihrer Akrobatik gern gesehene Akteure bei zahlreichen polizeilichen Veranstaltungen. Aktuell verfügt die Dienststelle etwa über 70 ausgebildete Motorradfahrer, davon sind rund die Hälfte Eskortenfahrer und Ausputzer und einige wenige beim Kradzirkus.

Motorradfahren bei der Polizei ist kein Selbstzweck. Die Kunst besteht darin, das Motorrad am Ende so zu beherrschen, dass Staatsbesuche sicher begleitet werden und im täglichen Streifendienst das Verkehrsgeschehen mit dem Ziel zu beobachten, schwere Verkehrsverstöße zu erkennen und zu ahnden.

Hobby und Beruf können manche Kolleginnen und Kollegen gut verbinden, aber Schattenseiten kennen die Einsatzkräfte auch. Dramatische Stürze führten schon zu wochenlangen Krankenhausaufenthalten und langwierigen Reha-Maßnahmen. Und über die Griff- und Sitzheizung sollte niemand lächeln, denn eine Fahrt vom Flughafen nach München bei Minustemperaturen – zum Beispiel regelmäßig während der Münchner Sicherheitskonferenz im Februar – ist kein Vergnügen. Private Motorradfreunde sitzen da im warmen Auto, aber die Kolleginnen und Kollegen können sich das polizeiliche Einsatzgeschehen nicht aussuchen. Aber ganz ehrlich – wir wollen es auch so!

Text: **Johann Schmieg & Wolfgang Szabo**

006

DIE GOLDENE BARKE

Ein ungewöhnliches Gastgeschenk

In den Vitrinen im 1. Stock des PP München befinden sich zahlreiche Gastgeschenke aus aller Welt. Es ist guter Brauch, dass Delegationen oder Besucher aus anderen Ländern etwas mitbringen, wenn sie die Münchner Polizei besuchen. Ebenso geschieht dies beim Besuch Münchner Polizeiangehöriger in anderen Ländern. Man bringt etwas zur Erinnerung an den Besuch mit.

So steht in einer der Vitrine das Modell eines antiken Bootes, das aus den Vereinigten Arabischen Emiraten stammt. Um dieses interessante Boot rankt sich aber eine besondere Geschichte, wie Polizeipräsident Hubertus Andrä mitteilen kann.

Am Abend des 14. Oktober 2015 wurde ein Brüderpaar aus den Vereinigten Arabischen Emiraten, das gemeinsam mit seinen Eltern München besuchte, als vermisst gemeldet. Die verzweifelten Eltern verloren ihre beiden Söhne im Stachus-Untergeschoss aus den Augen und erstatteten daraufhin umgehend Vermisstenanzeige. Die sofort eingeleiteten umfangreichen Suchmaßnahmen nach den Söhnen, einem 6-jährigen Jungen und dessen am Downsyndrom leidenden und deshalb weitgehend orientierungslosen 21-jährigen Bruder, verliefen leider zunächst ohne Erfolg. Nach einer breit angelegten Öffentlichkeitsfahndung ging der entscheidende Hinweis ein:

Die Brüder wurden von einer Zeugin in einem Zug in Richtung Frankfurt/Main gesehen. Wie sich herausgestellt hatte, hatten sich die beiden Bahnfans eigenständig in den Zug gesetzt und fuhren bis nach Nürnberg, wo sie in der Nacht aufgegriffen wurden und zunächst in die Obhut einer Jugendeinrichtung gegeben wurden.

Die informierten Eltern konnten ihre wohlbehaltenen Söhne kurze Zeit darauf glücklich und erleichtert wieder in die Arme schließen.

Seine Exzellenz Khalid Salim Ali Ghalaitah Almehairi, Generalkonsul der Vereinigten Arabischen Emirate, kam am 2. November 2015 persönlich zum Polizeipräsidenten Hubertus Andrä, um sich für die polizeiliche Arbeit, die letztlich erfolgreich zum Auffinden der beiden vermissten Söhne geführt hatte, zu bedanken. Als Zeichen der Wertschätzung der erfolgreich geleisteten Polizeiarbeit überreichte er eben dieses Modell eines antiken Bootes (Barke).

Text: **Arved Semerak**

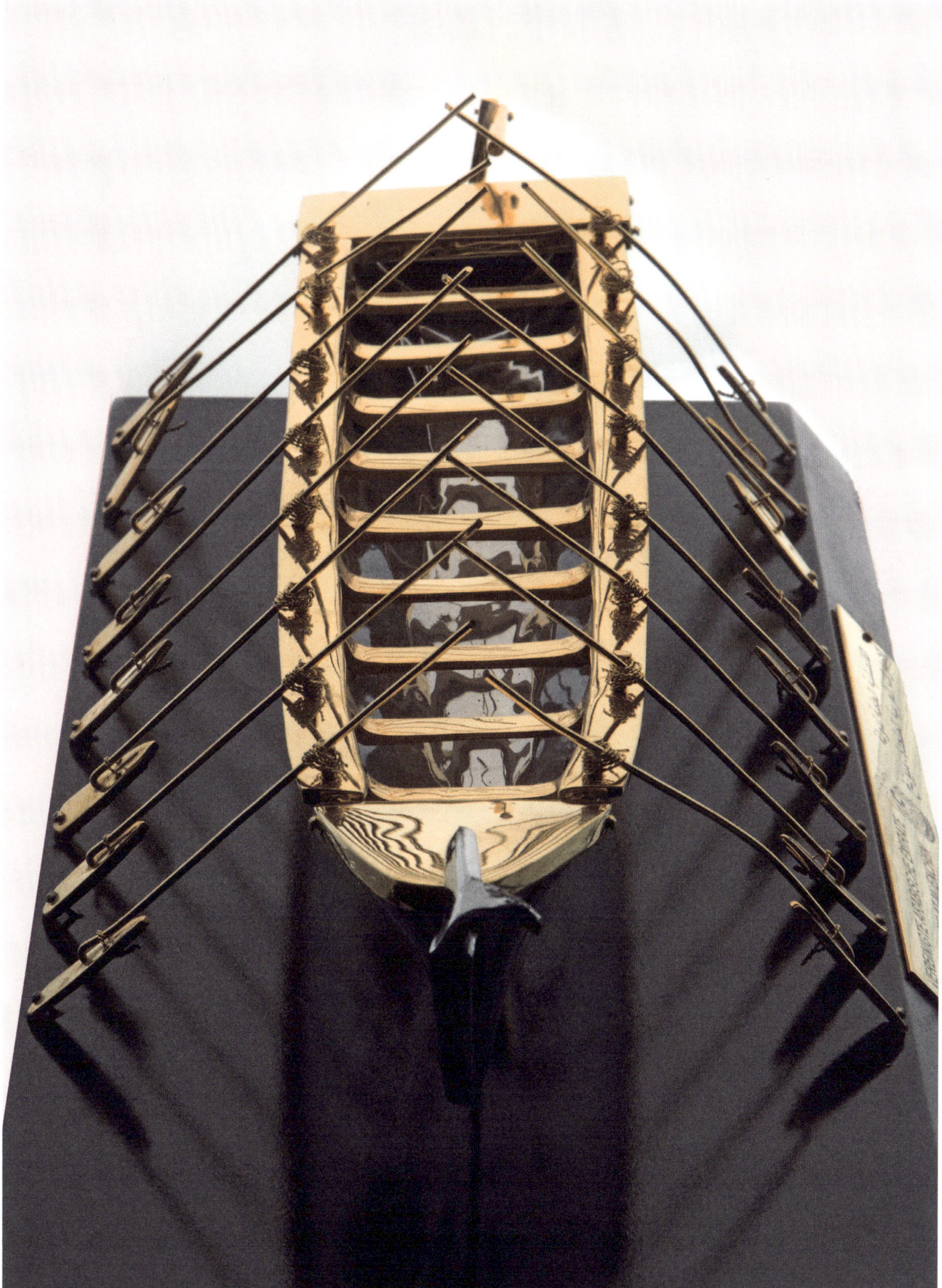

007

RUND UM DIE UHR UND JEDEN TAG

Die Einsatzzentrale

Die rasche Hilfe für die im Bereich des Polizeipräsidium München lebenden Menschen war der Behördenleitung stets ein primäres Anliegen. Während nach dem unseligen Zweiten Weltkrieg in der Landeshauptstadt München die Wiederaufbauphase begann, konnte unter großen Mühen polizeilicherseits ein funktionelles Funksystem geschaffen werden. Dieses war die grundsätzliche Voraussetzung, um Polizeifahrzeuge mit einem Funkgerät auszustatten, damit diese von einer Einsatzzentrale gezielt zu Einsatzorten beordert werden konnten. Die Vollversammlung des Münchner Stadtrates beschloss deshalb am 11. November 1948, der Polizei die hierzu erforderliche Sachausstattung zu finanzieren. Somit konnten sukzessive 15 sogenannte Funkfahrzeuge beschafft und die Einsatzzentrale aufgebaut werden. Diese nahm den Dienstbetrieb am 1. Juni 1949 auf, ihren Sitz hatte sie – wie auch noch heute – im Polizeipräsidium. Die Inbetriebnahme der Einsatzzentrale war ein Meilenstein in der Münchner Polizeigeschichte.

Im Jahr 1972 war die Stadt München der Austragungsort der Olympischen Sommerspiele. Dies bedeutete auch für die Einsatzzentrale eine enorme Herausforderung. Deshalb wurde sie auf den neuesten technischen Stand gebracht, beispielsweise zeichnete fortan eine »Assmann-Maschine« alle eingehenden Notrufe und Funksprüche mittels Magnetbändern auf, um diese zu dokumentieren. Dennoch mussten auch weiterhin alle eingehenden Notrufe von den Beamten handschriftlich auf entsprechenden »Meldezetteln« (DIN A6) notiert werden. Diese Meldezettel wurden anschließend mittels aus Gummi bestehenden Laufbändern an die Funksprecher der jeweiligen Funkkreise weitergeleitet. Bei sehr hohen Einsatzbelastungen lagen deshalb zeitgleich mehrere Dutzend dieser Zettel auf den Funktischen – dies sollte sich erst 13 Jahre später ändern!

Das Jahr 1985 brachte der Einsatzzentrale eine technische Revolution: Erstmalig konnte mittels des »CEBI«-Systems (Computerunterstützte Einsatzleitung, Bearbeitung und Information) eine EDV-unterstützte Einsatzbearbeitung durchgeführt werden. Hierdurch verkürzten sich die Bearbeitungszeiten der eingehenden Notrufe erheblich, wodurch die Streifenfahrzeuge schneller zu den jeweiligen Einsatzorten geschickt werden konnten. Dafür war es jedoch notwendig geworden, in allen Streifenwagen ein sogenanntes Funkmeldesystem (FMS) einzubauen. Mit diesem FMS ist es technisch möglich, durch vordefinierte Ziffern sogenannte Statusmeldungen aus den Streifenfahrzeugen in die Einsatzzentrale zu übermitteln. Aufgrund der Statusmeldungen, die auf den Monitoren in der Einsatzzentrale angezeigt werden, ist ersichtlich, ob das Einsatzmittel (im Regelfall ein Streifenwagen) sofort verfügbar

25-Münchner Freiheit
Verkehr3
27-Leopoldstr / Franz-Joseph
27-Leopoldstr / Franz-Joseph
Verkehr5

ist, sich bereits an einem anderen Einsatzort oder auf einer Polizeidienststelle befindet. Überdies führte die Einführung des FMS zu einer ganz erheblichen Entlastung des Funksprechverkehrs.

Am 13. Oktober 1996 löste das Einsatzleitsystem »ZEUS« (Zentrales Einsatz- und Unterstützungs-System) »CEBI« ab. Obgleich sich dieses seit seiner Einführung bei ca. 2,3 Millionen Einsätzen bestens bewährt hatte, war es technisch nicht mehr auf dem neuesten Stand. Neben etlichen technischen Neuerungen stellte »Zeus« der Einsatzzentrale unter anderem ein wesentlich größeres Dateninformationsvolumen zur Verfügung. Beispielsweise war es nun möglich, 61 000 Objektdatensätze (Banken, Kaufhäuser, Behörden, gefährdete Personen, öffentliche Einrichtungen, Konsulate, Schulen, U-/S-Bahnhöfe etc.), 60 000 Aliasnamen für Straßen und Plätze (beispielsweise Stachus für Karlsplatz), 140 000 Hausnummern im Stadtgebiet, 2 154 unterschiedliche Funkrufzeichen und 6 000 münzfreie Notruftelefone in das neue Computersystem einzupflegen.

Mit der Einführung des abhörsicheren Digitalfunks am 17. Dezember 2012 erfolgte eine erneute Modernisierung der Einsatztechnik.

Die Einsatzzentrale des PP München ist die drittgrößte in Deutschland. Deshalb muss deren Mitarbeitern eine moderne technische Ausstattung zur Verfügung stehen, um die eingehenden Notrufe optimal bearbeiten zu können. Der örtliche Zuständigkeitsbereich des PP München umfasst ca. 1 000 km², darin wohnen ca. 1,8 Millionen Menschen. Pro Jahr erreichen die Einsatzzentrale durchschnittlich 530 000 Notrufe, aus denen ca. 320 000 Soforteinsätze entstehen. Überdies sind pro Jahr ca. 5 320 Alarmmeldungen (ca. 1 020 Polizeialarme und ca. 4 300 Fremdalarme) zu bearbeiten und zwischen 20 000 bis 23 000 Kfz-Abschleppungen zu bewältigen. Die Einsatzzentrale muss für jeden Bürger erreichbar sein, weshalb Gehörlose per Notruf-Fax.pdf sowie per SMS einen Notruf absetzen können. Des Weiteren kann sich jedermann mittels des Bürgertelefons (089/2910-1910) rund um die Uhr mit Anfragen oder Hinweisen an die Polizei wenden.

Allein die vorgenannten Einsatzzahlen verdeutlichen, welcher Arbeitsbelastung die Mitarbeiter in der Einsatzzentrale ausgesetzt sind – eines gilt für alle und zwar bei jedem gemeldeten Notruf: Ruhe bewahren und ganz individuell auf diejenige Person, die Hilfe benötigt, eingehen. Verständlicherweise erwartet jeder Bürger, der den Polizeinotruf wählt, rasche und effiziente Hilfe. Um dies auch organisatorisch stets gewährleisten zu können, wurde dafür eine prinzipielle Aufgabenverteilung festgelegt.

Die Münchner Einsatzzentrale arbeitet nach dem sogenannt Dispatcher-Prinzip und ist deshalb in zwei Arbeitsbereiche aufgeteilt: An zehn Arbeitsplätzen werden rund um die Uhr die eingehenden Notrufe entgegengenommen, analysiert und priorisiert. Sodann werden diejenigen Einsätze, die ein sofortiges Handeln erfordern, unverzüglich an den Funksprecher des örtlich zuständigen Funkkreises, in dem sich der Einsatzort befindet, weitergeleitet. Der Funksprecher führt sofort und gezielt die von ihm eingesetzten Streifenfahrzeuge nach einsatztaktischen Gesichtspunkten an den Einsatzort heran. Die strikte Trennung zwischen der Notrufannahme und der sogenannt Funkdisponie (unverzügliche Weitergabe des Einsatzes an den/die Streifenwagen) bringt eine wesentliche Erhöhung jener Geschwindigkeit, die für eine effiziente Einsatzsatzabwicklung unabdingbar ist.

Die Anzahl der den Funksprechern zur Verfügung stehenden sogenannt Einsatzmittel (Streifenfahrzeuge, Motorradstreifen, Fußstreifen, Kontaktbeamte, Diensthundeführer usw.) korrespondiert mit den jeweiligen Einsatzbelastungen, sodass die Anzahl der Einsatzmittel von ca. 180 bis zu ca. 450 Einsatzmitteln (im Extremfall darüber hinaus) reichen kann. In München gibt es drei Funkkreise (Einsatzabschnitt Ost/Mitte/West), auf die sich die vorgenannten Einsatzmittel gleichmäßig verteilen, um alle Bereiche im örtlichen Zuständigkeitsbereich ausreichend abzudecken.

Selbstverständlich muss jeder durchgeführte Polizeieinsatz im Nachgang, insbesonders hinsichtlich der tatsächlich festgestellten Einsatzlage und den vor Ort getätigten Maßnahmen, dokumentiert werden. Deshalb geben die jeweils eingesetzten Erstzugriffsbeamten nach dem Einsatzende der Einsatzzentrale stets einen situationsbezogenen Abschlussbericht.

Mit Videokameras überwacht die Einsatzzentrale drei Örtlichkeiten im Stadtgebiet: die Bereiche des Hauptbahnhofs, des Sendlinger Tors und des Karlsplatzes. Im konkreten Einzelfall kann die Einsatzzentrale bei schweren Straftaten (Tötungsdelikt, Raub oder sonstige Straftaten gegen hohe persönliche Rechtsgüter) auf die Kameras der Münchner Verkehrsgesellschaft zurückgreifen, um unverzüglich nach flüchtigen Tätern zu fahnden. Im positiven Fall kann sie dadurch die Einsatzkräfte an den Ort, an dem sich der gesuchte Täter gerade aufhält, gezielt heranführen und somit dessen Festnahme ermöglichen.

Das Personal der Einsatzzentrale ist auf vier Schichten aufgeteilt. Jede Schicht wird von einem »Schichtleiter«, dem ein Stellvertreter zur Seite steht, geleitet. Etwas mehr als 30 Personen verrichten in einer Schicht ihren Dienst.

Obwohl in der Einsatzzentrale permanent Telefonate geführt und Funksprüche an die Einsatzmittel übermittelt werden, hört man ein Wort nie: »Dienstschluss!« Die Einsätze sowie alle zu veranlassenden Maßnahmen finden rund um die Uhr, sonn- und feiertags, an 365 Tagen im Jahr statt – mitunter sehr geballt, und immer gilt es, in Sekunden die richtigen Entscheidungen zu treffen, um als bürgernahe Polizei demjenigen Menschen, der um Hilfe ersucht, situativ gerecht zu werden! Gerade diese Gegebenheiten machen den Dienst in der Einsatzzentrale sehr interessant und stellen eine prinzipielle Herausforderung dar. Die Mitarbeiter sind an der zentralsten Stelle eingesetzt, wenn es darum geht, unverzüglich und lageangemessen drohenden Gefahren für die öffentliche Sicherheit gezielt und nachhaltig entgegenzuwirken.

Schon allein deshalb ist es notwendig, hoch motivierte Mitarbeiter sowie für diese Aufgabenwahrnehmung speziell ausgebildete Polizeibeamte einzusetzen. Alle Beamten müssen über eine ausreichende Einsatzerfahrung im Streifendienst verfügen, bevor sie sich überhaupt für eine Tätigkeit in der Einsatzzentrale bewerben können. Verständlicherweise müssen die neu in der Einsatzzentrale tätigen Beamten speziell geschult werden. Hierbei wird besonderer Wert darauf gelegt, diesen Beamten durch das »Lernen-durch-Handeln-Prinzip« von Anfang an das für sie notwendige Wissen sowie die erforderliche Handlungskompetenz zu vermitteln. Dadurch ist sichergestellt, dass die Beamten auch in stressigen Einsatzsituationen die technischen und taktischen Arbeitsabläufe optimal koordinieren. Damit einhergehend erhalten sie das erforderliche psychologische Rüstzeug, das notwendig ist, um auch hochemotional erregte Anrufer beruhigen und gezielt nach den notwendigen Einsatzinformationen befragen zu können.

Je gezielter diese Erstinformationen angegeben werden, um so wertvoller sind sie. Deshalb ist es immer wichtig, bei einem Notruf den Beamten folgende Basisinformationen zu geben: Wer meldet sich? Wo ist Was passiert? Wann ist es passiert? Wie viele Beteiligte? Womit ist es passiert?

Aus der Sicht eines um Hilfe Ersuchenden ist die Einsatzzentrale nicht nur der erste und unmittelbarste polizeiliche Ansprechpartner, sondern das Herzstück der Münchner Polizei und die »110« der Garant für schnelle Hilfe.

Text: **Walter Nickmann**

008

WAS JOACHIM FUCHSBERGER VERSCHWIEG …

Das Olympiastadion

In der heutigen Zeit kann man es sich nicht mehr vorstellen, aber von der ersten Idee, sich für die Olympischen Spiele zu bewerben, bis zur Abgabe der Bewerbung beim IOC dauerte es nur zwei Monate. Und nur vier Monate danach wurden die Spiele im April 1966 an München vergeben. Alles in allem also knapp ein halbes Jahr und München durfte eine der größten Veranstaltungen der Welt ausrichten.

Im Oktober 1967 gewinnt die Architektengruppe Behnisch & Partner den 1. Preis beim Architekturwettbewerb, allerdings fiel erst im Juni 1968 die endgültige Entscheidung für das heute weltberühmte Zeltdach. Im November 1969 entstehen die ersten Fundamente für die Zeltdachkonstruktion und im Frühjahr 1970 legen die Arbeiter mit der Anlage des Spielfeldes im Olympiastadion los.

Ab August 1971 werden die Acrylglasplatten eingesetzt, acht Monate später ist das Dach fertig gedeckt – rund einen Monat bevor das Olympiastadion im Mai 1972 mit dem Fußball-Länderspiel Deutschland – UdSSR (4:1) eröffnet wird. Vom 26. August bis 11. September 1972 finden die Olympischen Spiele statt. Am 5. September 1972 verübte die palästinensischen Terrorgruppe »Schwarzer September« das Attentat auf die israelische Mannschaft im Olympischen Dorf.

Das Münchner Olympiastadion war deutschlandweit das erste Stadion, das mit einer Rasenheizung sowie einem VIP-Bereich ausgestattet war, und es verfügte weltweit über das modernste Stadionflutlicht, mit dem Tageslicht simuliert werden kann. Das Olympiastadion steht seit 1997 unter Denkmalschutz.

Mit der Einweihung des Olympiastadions am 26. Mai 1972 mit dem Fußball-Länderspiel Deutschland-UdSSR begann auch für die Münchner Polizei eine umfang- und abwechslungsreiche Serie von verschiedensten Veranstaltungen, die alle polizeilich betreut werden mussten.

Fußballspiele des FC Bayern München oder des TSV 1860 München wurden ebenso begleitet wie die Spiele von Nationalmannschaften bei Europameisterschaften. Als ein Höhepunkt sei nur an das Finale der Fußball-Weltmeisterschaft 1974 zwischen der Bundesrepublik Deutschland und den Niederlanden erinnert, bei dem die Bundesrepublik zum zweiten Mal Weltmeister wurde.

Aber auch nach dem Auszug des Fußballs aus dem Olympiastadion (das letzte Spiel fand am 14. Mai 2005 zwischen dem FC Bayern München und dem 1. FC Nürnberg statt) war z. B. während der Weltmeisterschaft 2006 (»Sommermärchen«) das Olympiastadion als Austragungsstätte des »Public Viewings« ein viel besuchter Veranstaltungsort.

Konzerte von Rock- und Popkünstlern (Rolling Stones, U2, AC/DC, Andreas Gabalier, Helene Fischer, Robin Williams, Bruce Springsteen usw.) finden ebenso statt wie Aufführungen bekannter Opern (Turandot). Aber auch Autorennen (Stock-Car, DTM) oder Leichtathletik-Europameisterschaften wurden dort schon veranstaltet. Sogar eine Messe mit Papst Johannes Paul II. wurde 1987 darin abgehalten.

Es gibt praktisch keine Art von Veranstaltung, die das Olympiastadion noch nicht gesehen hat und für die immer auch eine polizeiliche Betreuung erforderlich war.

Gerade die polizeiliche Veranstaltungsbetreuung hat sich in den Jahren enorm verändert. Alleine der gestiegene Parkdruck rund um das Olympiastadion macht eine verstärkte verkehrspolizeiliche Überwachung erforderlich. Wo früher noch ausreichend Parkraum rund um das Stadion vorhanden war (z. B. Ackermannbogen), stehen heute Wohnhäuser. Veranstaltungen erhöhen das Verkehrsaufkommen zusätzlich.

Die Ausstattung der Polizeiräume war fast immer auf der Höhe der Zeit (Funk, PC usw.). In letzter Zeit wurde hier jedoch nicht mehr wirklich investiert, da dem Olympiastadion nach einem Beschluss des Stadtrats eine umfangreiche Grundsanierung und Instandsetzung bevorsteht.

Hier sind auch Investitionen im Bereich Sicherheit erforderlich. Durch immer neue Bedrohungsszenarien im Bereich Terrorismus, aber auch nach den schrecklichen Ereignissen der »Loveparade« in Duisburg, wurden neue, ständig aktualisierte Sicherheitskonzepte für jede größere Veranstaltung erforderlich.

Wie sehr sich die polizeiliche Einsatzleitung bei Großveranstaltungen geändert hat, lässt sich auch an folgendem Beispiel aufzeigen:

Während der Abschlusskundgebung der Olympischen Spiele 1972 gab es eine Anschlagswarnung für das Olympiastadion, nachdem ein Flugzeug des Typs Douglas DC-8 mit ausgefallener Radaranlage elf Meilen nordwestlich von Ulm Kurs auf München genommen hatte. Joachim Fuchsberger, Stadionsprecher zu diesem Ereignis, erhielt in einem Schreiben die Mitteilung: »Nicht identifizierte Flugobjekte im Anflug auf das Olympiastadion – möglicherweise Bombenabwurf –, sag, was du für richtig hältst.« Um eine Massenpanik zu vermeiden, schwieg Fuchsberger, sodass die Feier weiterging.

Die verirrte DC-8 landete schließlich am Münchner Flughafen. Eine derartig schwerwiegende Entscheidung würde heute sicherlich nicht mehr einem, wenn auch sehr guten, Stadionsprecher überlassen bleiben.

Text: **Thomas Feulner**

SMARTES HILFSMITTEL

Das Polizei-Smartphone

»Wiesn-Streife 11 an Einsatzzentrale. Die Beschreibung der auf dem Oktoberfest vermissten 5-jährigen Laura lautet wie folgt: ca. 1,10 m bis 1,15 m groß, blonde, schulterlange Haare, zum Zopf geflochten. Sie trägt ein dunkelblaues Dirndl mit hellblauer Schürze. Die Eltern haben außerdem ein aktuelles Bild vom heutigen Wiesn-Besuch auf ihrem Handy. Besteht die Möglichkeit, dies den anderen Kollegen zur Verfügung zu stellen?«

Bis ins Jahr 2016 lauteten Funksprüche bei Fahndungen nach Vermissten oder Straftätern in etwa so wie oben beschrieben. Die Übermittlung von Bildern, zum Beispiel ergänzend zu einer Personenbeschreibung, an eine Vielzahl von Polizeistreifen war nicht ohne Weiteres möglich. Zur Unterstützung der täglichen Polizeiarbeit standen den Streifen neben dem Digitalfunk als Hauptkommunikationsmittel natürlich mobile Informations- und Kommunikationstechnik, wie etwa Laptops, zur Verfügung. Aufgrund einer nicht einheitlichen Ausstattung der Streifen war eine Übermittlung von Bildmaterial jedoch sehr aufwendig bzw. nicht vollumfänglich möglich.

Im Laufe der zurückliegenden Jahre änderte sich die sicherheitspolitische Lage wie in ganz Europa so auch in Deutschland signifikant. Neben anderen Teilen Europas (Paris, Brüssel, London) war auch Deutschland einschließlich Bayerns das Ziel von Terroristen. Weitere herausragende polizeiliche Großeinsätze, etwa der Amoklauf am 22. Juli 2016 im Olympia-Einkaufszentrum München, verdeutlichten die Notwendigkeit einer schnellen und unkomplizierten Bild- und Nachrichtenübertragung innerhalb der Bayerischen Polizei, um ergänzend zu den bereits bestehenden Kommunikationsmitteln die eingesetzten Polizeikräfte noch besser miteinander zu vernetzen und zu verbinden. Dieser Baustein der technischen Kommunikation, die Übertragung von Nachrichten und Bildern über ein Messenger-Programm (z. B. WhatsApp), einem jeden aus dem Privatbereich bekannt, gab es im Bereich der Bayerischen Polizei bis dahin noch nicht.

Im August 2016 wurde, auch aufgrund der zurückliegenden Ereignisse (OEZ-Amoklauf, Terroranschläge), die Erprobung eines polizeieigenen Messenger-Dienstes beschlossen und seitens des Bayerischen Innenministeriums priorisiert. Aufgrund der besonderen Anforderungen der Polizeiarbeit an den Datenschutz sowie die Datensicherheit bestand nicht die Möglichkeit, auf gängige Messenger-Programme (WhatsApp, Threema, o. Ä.) zurückzugreifen. Die Firma Vodafone, bereits Vertragspartner der Polizei im Bereich der Telekommunikation, konnte ein entsprechendes Paket zur Verfügung stellen. Somit begann der Aufbau einer besonderen und bis zu diesem Zeitpunkt noch nicht vor-

POLIZEI
POLIZEI

handenen Sicherheitsstruktur für die Bayerische Polizei – der Polizei-Messenger war geboren. Die speziell für diesen Messenger-Dienst beschafften Smartphones der Firma Apple wurden zum Polizei-Smartphone. Ergänzt wird das System durch eine PC-Anwendung, mit der Informationen zwischen den Smartphones und einzelnen Desktop-PCs ausgetauscht werden können.

Nach erfolgreicher Erprobung des Gesamtpaketes »Polizei-Messenger« wurden die Polizei-Smartphones ab Mitte des Jahres 2017 an alle bayerischen Polizeiverbände verteilt. Somit stand jeder Polizeistreife ab diesem Zeitpunkt ein Smartphone zur Verfügung, um unkompliziert Informationen mit anderen Einsatzkräften sowie der Einsatzzentrale oder den Einsatzstäben austauschen zu können. Zum Jahresende 2018 gab es bei der Bayerischen Polizei ca. 5 000 Polizei-Smartphones.

Eine beispielhafte Aufzählung verdeutlicht das breite Spektrum des Polizei-Smartphones:

- Schnelle Übermittlung von Lichtbildern/Fahndungsfotos
- Übermittlung von Positionsdaten zu einem Einsatzort
- Visualisierung von Einsatzinformationen
- Überprüfung von Gegenständen/Dokumenten
- Unterstützung der späteren Sachbearbeitung durch Versand von Informationen
- Zugriff auf speziell zur Verfügung gestellte Einsatzinformationen

Selbstredend bietet das Polizei-Smartphone neben den für den Polizeieinsatz spezifischen Funktionen auch alle Vorteile eines handelsüblichen Smartphones. Das Polizei-Smartphone wird den Anforderungen gerecht, die moderne Polizei-Arbeit an ein Kommunikationsmittel stellt.

Nachdem selbstverständlich auch die Einsatzkräfte der Wiesn-Wache über ein Polizei-Smartphone verfügten, konnte das Bild der 5-jährigen Laura schnell und einfach an alle Polizeistreifen verteilt werden. Keine fünf Minuten später meldete sich eine weitere Oktoberfest-Streife: »Wiesn-Streife 13 an Einsatzzentrale und Wiesn-Streife 11. Wir haben das Bild der vermissten 5-jährigen Laura auf dem Polizei-Smartphone erhalten. Wir haben das Mädchen soeben am Haupteingang aufgegriffen. Wir bringen es nun zu euch, um es wieder den Eltern übergeben zu können.«

So konnte dieser Vermisstenfall dank Polizei-Smartphone schnell gelöst werden und die Familie den Wiesn-Besuch ungetrübt fortsetzen.

Text: **Peter Stenglein**

010

IN DER GRUBE DES LÖWEN

Das Polizeipräsidium

In der Ettstraße stand bis zum Anfang des 20. Jahrhunderts das Gebäude eines ehemaligen Augustinerklosters, das nach der Säkularisation, der Verstaatlichung des kirchlichen Besitzes, immer mehr verwahrloste. 1910 schrieb das Staatsministerium des Innern ein Bauvorhaben für das Gelände mit der Vorgabe aus, dass die ehemalige Augustinerkirche des Klosters baulich erhalten werden müsste. Mit dem Bauvorhaben sollte ein neues Dienstgebäude für die Polizeidirektion München realisiert werden.

Den Architektenwettbewerb gewann Theodor Fischer (1862–1938). Fischer war ein bekannter Architekt seiner Zeit, der viele öffentliche und private Gebäude sowie Brücken in München entworfen hatte. Dazu war er auch in der kommunalen Bauverwaltung in München tätig und stellte einen Generalbebauungsplan für München auf, der bis zum Zweiten Weltkrieg gültig war. Zur Zeit der Machtergreifung der Nationalsozialisten verteidigte er die neue Architekturschule des Staatlichen Bauhaus, die für die Nazis nicht »auf dem Boden der nationalsozialistischen Ideenwelt stand«, was zu einem Bedeutungsverlust seiner Person in seinen letzten Lebensjahren führte.

Ihm war es wichtig, das Äußere des Präsidiums so zu gestalten, dass Rücksicht auf die Beschaffenheit der Umgebung genommen und das Straßenbild bereichert wurde. Falsche Monumentalität sollte vermieden werden. Dies zeigt sich gut am Problem des Ettplatzes. Vor dem heutigen Haupteingang befand sich früher ein Klostergarten. Fischer wollte, im Gegensatz zu den meisten anderen Architekten, die Eingangssituation nicht wie bei einem Barockschloss gestalten. Der südliche Teil des Ettplatzes musste für Polizeizwecke als Verkehrshof genutzt und mit einer Mauer abgegrenzt werden. Um einen repräsentativen Haupteingang trotzdem deutlich erkennbar zu gestalten, stellte Fischer das Hoftor mit zwei Pfeilern, jeweils mit Löwenskulpturen, im 90°-Winkel zur Ettstraße in die Hauptblickrichtung ankommender Personen. Fischer war es wichtig, den Menschen, die sich dem Gebäude von der Neuhauser Straße aus nähern, mit dem Hoftor ein repräsentatives Blickziel zu bieten.

Gerade die Neuhauser Straße war auch damals schon die Straße, aus der die meisten Besucher zum Polizeipräsidium kamen. Die Fassade am Ettplatz wurde ruhig gestaltet – mit Freskobemalungen und auch mit Terrakotten, die Tierkreiszeichen zeigen. Der Haupteingang zeigt Elemente verschiedener Stilepochen. Vier Achteck-Säulen mit Relief-Kassetten und ein Hauptbogen im romanischen Stil, barocke Ornamente um die Fenster und ein Deckbalken im griechischen Stil; darin eine Inschrift mit einem Schrifttyp wie bei römischen Denkmalen – »Nach Seinem Sinne Leben Ist Gemein Der Edle Strebt Nach Ordnung Und Gesetz.« Der Satz stammt von Goethe (»Die natürliche Tochter«).

Die Fassade an der Löwengrube wurde mit Fresken von sechs Todsünden geschmückt. Direkt unter diesen Fresken befand und befindet sich auch heute noch die Einfahrt für Fahrzeuge, mit denen festgenommene Tatverdächtige ins Arresthaus gebracht werden – das heute Haftanstalt genannte Arresthaus hat vier Etagen und damals gab es 47 Arresträume, sowohl Einzel- als auch Massenzellen. Nach wie vor verbringen Personen, die von freiheitsentziehenden Maßnahmen der Polizei betroffen sind, dort ihre Zeit, bis sie einem Richter vorgeführt werden oder ihr auf meist wenige Stunden befristeter Freiheitsentzug endet. Die Fresken mit den Todsünden sind laut Fischer »in grotesker Scheußlichkeit dargestellt zur Warnung vor den Leidenschaften, die den Menschen auf Abwege führen und in Konflikt mit der Polizei bringen«. Im Rahmen von Instandsetzungsmaßnahmen nach dem Zweiten Weltkrieg wurden diese Fresken übermalt, sie sind heute nicht mehr sichtbar.

An der Ecke Augustinerstraße/Löwengrube waren nicht alle Grundstücke in staatlichem Besitz, sodass das Gebäude nicht in einem schönen Abschluss zusammengeführt werden konnte. Erst Jahrzehnte später wurde diese Stelle 2001 mit dem Neubau am Posteck vollendet; Posteck, da an dieser Stelle früher ein Postamt war. Neben den Diensträumen befanden sich in dem Gebäude noch eine Haftanstalt, 27 Dienstwohnungen und Wohnräume für unverheiratete Schutzleute. In der Erdgeschosshalle direkt hinter dem Haupteingang der Ettstraße waren das polizeiliche Fundbüro, die Abteilung für Passwesen und das Einwohnermeldeamt. Dort herrschte viel Publikumsverkehr und es gab mehrere Schalteranlagen. Auch die Verkehrspolizei war dort. Im nahen Verkehrshof fand die Überprüfung öffentlicher und privater Fuhrwerke statt. Gegenüber war der Rapportsaal, in dem mehrmals täglich der Rapport (Berichte und Meldungen) der Kriminalschutzleute stattfand. Im nördlichen Mitteltrakt, in dem das polizeiliche Zahlamt und die Hausverwaltung lagen, fährt bis heute einer der wenigen in München noch erhaltenen Paternoster. In der ersten Etage befanden sich die Arbeitsräume des Polizeipräsidenten und seine dahinterliegende Dienstwohnung. Damals musste der Präsident oder sein Vize immer im Haus sein, damit es gewährleistet war, dass sie bei spontanen Großeinsätzen die Leitung übernehmen konnten. Im 4. Obergeschoss wurden die Kriminaltechnik, die Lichtbildwerkstätte, Sammlungen des Erkennungsdienstes, das sogenannte Verbrecheralbum, ein Kriminalmuseum und die Fingerabdrucksammlung untergebracht; die Fingerabdrucksammlung extra in einem Raum mit einem Oberlicht, da dort ein gut belichteter Arbeitsplatz notwendig war.

Beim Umbau der Augustinerkirche wurden bereits damals Belange des Denkmalschutzes beachtet, »das geschärfte Gewissen unserer Zeit gegenüber historischen Denkmalen«. Beim Umbau wurde der sogenannte Weiße Saal eingerichtet, ein hoher, lichter Raum. Er diente als Wahllistensaal für das städtische Einwohneramt. Bei öffentlichen Wahlen brauchte man viel Platz für zusätzliche Arbeitskräfte und zur öffentlichen Listenauflage. In dem Saal ließ man alle alten Stuckarbeiten aus der Kirche unversehrt, für den Fall, dass in späteren Zeiten die Kirche im ursprünglichen Zustand wiederhergestellt werden sollte.

Im Juli 1911 begannen die Arbeiten für den Neubau durch den Bauunternehmer Leonhard Moll. Im Oktober 1913 konnten die ersten Dienstwohnungen bezogen werden. Danach zog die Schutzmannschaft ein und im März 1914 die Polizeidirektion. Der Neubau kostete 2 982 539 Mark und der Umbau der Augustinerkirche ca. 532 000 Mark.

Text: **Sven Müller**

EIN RAUM VOLLER ZEITGESCHICHTE

Das Präsidentenzimmer

War das Polizeipräsidium grundsätzlich als »Bürohaus mit vielen gleichartigen Räumen«[1] konzipiert, so entstanden zusätzlich im nordwestlichen Kopfbau/Eckbau des Westtrakts 27 Dienstwohnungen, wovon eine für den Polizeipräsidenten bestimmt war. Dieser in den Plänen als »Wohnhaus« bezeichnete Teil des Präsidiums war über eigene vom Haupteingang und dem Eingang Löwengrube des Präsidiums unabhängige Außentüren zugänglich. Die Präsidialräume befinden sich in diesem Bau am nördlichen Ende der Halle des 1. Obergeschosses: »Das Amtszimmer des Polizeipräsidenten ist aus dem Haupttrakt in den Vorbau herausgezogen, der über den Ettplatz nach Süden schaut, hat also den Vorteil der südlichen Lage und direkten Anschluss an die im selben Geschoss im Vorbau angeordnete Dienstwohnung des Präsidenten.«

Das etwa 60 m² große Amtszimmer des Präsidenten weist einen Eingangsbereich auf. Dieser ist »durch ein Pfeilerpaar unterteilt, entsprechend der Verschiedenartigkeit der Lichtzufuhr« und besitzt einen Zugang zum Vorzimmer und einen weiteren zum Konferenzraum. Nach Norden öffnet sich eine Besprechungsnische mit einem Besprechungstisch. Fenster nach Norden und eine größere Fensterfront nach Süden sorgen für eine großzügige Zufuhr von Tageslicht.

Die Räume wurden von den »Münchener Vereinigten Werkstätten für Kunst im Handwerk« ausgestattet und bilden heute wie damals ein Ensemble aus dem »hellen warmen Ton des Kirschbaumholzes mit dunkleren Nussbaumeinlagen,« dem schwarzen »Leder der Bezüge«, dem »Weinrot der Wandbespannung« und dem lichten »Grün der Vorhänge.« Der Boden besteht aus einem Holzparkett im Fischgrätmuster.

Im Präsidentenzimmer residierten eine Vielzahl von Präsidenten, angefangen von Ludwig von Grundherr zu Altenthann und Weyerhaus, Präsident vom 1. August 1913 bis 19. Oktober 1916 und Rudolph Beckh in den Zeiten des Ersten Weltkriegs bis 8. November 1918. In den Wirren der anschließenden Revolutionszeit zu Beginn der Weimarer Republik sind verschiedene Präsidenten verzeichnet, die teilweise nur wenige Tage im Amt und selbst strafrechtlich auffällig waren und teilwiese im eigenen Interesse erkennungsdienstliche Straftäterkarteien vernichten ließen. In der dann folgenden Amtszeit von Ernst Pöhner (Polizeipräsident von 1919-1921), einem Wegbereiter des Natio-

1 Sofern nichts anderes angegeben, stammen die Zitate aus: Das Polizeidirektionsgebäude in München, Architekt Prof. Theodor Fischer, München, Sonderdruck des Profanbau, Leipzig, aus: Der Baumeister, 21. August 1923, Heft 8 und September 1923, Heft 9 / Theodor Fischer, München

nalsozialismus, wurden u. a. politische Morde vertuscht, »Akten gefälscht oder vernichtet, Anzeigen unterschlagen und falsche Pässe ausgegeben.«[2]

Im Rahmen des Hitler-Ludendorff-Putsches war das Präsidentenzimmer am Abend des 8. November 1923 Schauplatz der vorübergehenden Ernennung des Leiters des Sicherheitsdienstes der Kriminalpolizei Oberamtmann Dr. Wilhelm Frick zum neuen Polizeipräsidenten. Die Ernennung erfolgte durch den Verbindungsmann zwischen dem »Kampfbund« und der Polizeidirektion Max Neunzert im Auftrag von Hermann Kriebel, dem militärischen Führer des Kampfbundes, unmittelbar aus dem Bürgerbräukeller. Kurz nach der Ernennung kam außerdem die telefonische Bestätigung, dass der Putsch geglückt war mit dem Codewort: »Glücklich entbunden«. Es fanden sich weitere Polizeioffiziere im Präsidentenzimmer ein, denen sich der bereits oben erwähnte, inzwischen zum Oberstlandesgerichtsrat avancierte Ernst Pöhner als Ministerpräsident und Dr. Wilhelm Frick als Polizeipräsident vorstellten. Dass der Putschversuch gescheitert war, erfuhren die beiden noch in derselben Nacht anlässlich ihrer Verhaftung durch die Bayerische Landespolizei.

Unmittelbar nach der »Machtergreifung« am 30. Januar 1933 und der Absetzung seines Vorgängers Julius Koch übernahm Heinrich Himmler für etwa vier Wochen das Präsidentenamt. Die folgenden Präsidenten während des Dritten Reichs und des Zweiten Weltkriegs waren von der Berliner Regierung und zeitweise von dem Staatsminister und Gauleiter Adolf Wagner dominiert.

Üblicherweise dringt von den Vorgängen, Teilnehmern, Inhalten und Ergebnissen von Besprechungen im Präsidentenzimmer nichts an die Öffentlichkeit. Eine Ausnahme bilden die Geschehnisse in den letzten Stunden des NS-Regimes, wie sie Pauline Micheler, die langjährige Verwalterin der dem Präsidentenzimmer nahe liegenden Bücherei, berichtet: »Der Polizeipräsident – Hans Plesch – war schon Tage nicht mehr ins Büro gekommen. Seine Sekretärin hatte sich am Samstag, den 28. April 1945 von mir verabschiedet, weil sie versuchen wollte, noch zu ihren Angehörigen durchzukommen. Wir schrieben den 30. April 1945. Es war ein Montag. Ich befand mich im Präsidentenzimmer zur Entgegennahme von Telefongesprächen. Anwesend waren der stellvertretende Polizeipräsident – Ministerialrat Dr. Artur Kääb – , Polizeiamtmann Löhr von der Personalstelle und einige uniformierte Schutzpolizeibeamte, welche sich – vom auswärtigen Einsatz kommend – durchgeschlagen hatten und zu ihren Familien wollten. Gegen 15:00 Uhr kam ein Anruf. Ich begab mich ans Telephon. Der Gesprächspartner war ein Amerikaner. Er sagte auf Deutsch: ›Übergeben Sie die Stadt!‹ Ich erklärte ihm, dass die Polizei für die Übergabe nicht zuständig sei und ließ ihn mit dem Rathaus verbinden. Gegen 16:00 Uhr wurde telephonisch gemeldet, daß die Amerikaner den Stiglmaierplatz erreicht hätten. Bald darauf erschien im Vorzimmer des Polizeipräsidenten ein amerikanischer Offizier mit einem Begleitmann. Die anwesenden Herren des Polizeipräsidiums legten ihre Waffen ab.«[3]

Nach dem Zweiten Weltkrieg wurde als erster (damals kommissarischer) Nachkriegspolizeipräsident Johann Paul Ritter von Seißer von der amerikanischen Militärregierung eingesetzt. Auf ihn folgten Franz Xaver Pitzer, Anton Heigl, Dr. Manfred Schreiber, Gustav Häring, Dr. Roland Koller, Dr. Wilhelm Schmidbauer und seit 2013 Hubertus Andrä.

Text: **Dr. Josef Boiger**

2 Stolle, Rainer: Ettstraße – 80 Jahre Münchner Polizeipräsidium, München, S. 3
3 Falter, Josef: Chronik des Polizeipräsidiums München, Band I, München 1995, S. 85

012

KEINE FALLE – EINE NOTWENDIGKEIT!

Das Radargerät

5. November 1908 | Geschwindigkeitssünder wehren sich
»Gelegentlich der diesjährigen Rennen in Daglfing und Riem wurden zahllose Chauffeure wegen Schnellfahrens zur Anzeige gebracht und mit gerichtlichen Strafbefehlen bestraft. 126 von ihnen erhoben bisher Einspruch und betrauten den Rechtsanwalt Nussbaum mit ihrer Verteidigung. Auf dessen Antrag wurden Probefahrten an der Stelle, die seitens der Gendarmen zur Feststellung der Fahrgeschwindigkeiten abgemessen war, vorgenommen. Eine Reihe von Automobilen durchfuhr die Strecke in verschiedener Geschwindigkeit, die Gerichtskommission, die Sachverständigen und Gendarmen suchten das Tempo mit Stoppuhren festzustellen. Das Ergebnis war ungleich.«

19. September 1931 | Ermittlungsersuchen der Polizei Reichertshofen
»Die Geschwindigkeit wurde von zwei Beamten mit zwei Stoppuhren festgestellt und durchfuhr das Fahrzeug eine an beiden Seiten bebaute mit Stahlband abgemessene Strecke von 200 m in 13 Sekunden, was die obige Geschwindigkeit ergibt …«

Interessant am Rande: Das Ersuchen ging an die Polizeidirektion München und wurde zur weiteren Bearbeitung an den Polizeibezirk 5 Bogenhausen gesandt. Fahrzeughalter war Adolf Hitler, wohnhaft am Prinzregentenplatz 16. Laut Ermittlungsersuchen bewegte sich das Fahrzeug mit 55,3 km/h, damals waren innerorts lediglich 30 km/h erlaubt. Als Fahrer wurde Julius Schreck ermittelt, der Chauffeur fuhr im Auftrag Hitlers nach München.

Diese Messmethoden hatten natürlich keine Zukunft. 1956 stellte die Firma Telefunken den Prototypen eines Verkehrsradargeräts (VRG) bei der Internationalen Polizeiausstellung in Essen vor. Das Interesse war geweckt, erschien es doch als wesentlichen Fortschritt, die Geschwindigkeitsüberwachung zu modernisieren und professionalisieren. Nach Testreihen ging das Radargerät als VRG II in Serienfertigung und wurde von den Polizeien der Länder eingesetzt.

Die Verantwortlichen hatten allen Grund zum Handeln. 1955 wurden in der Bundesrepublik nicht weniger als 13 000 Verkehrstote registriert. Damals wie heute galt und gilt zu schnelles Fahren als eine der Hauptunfallursachen. Zudem wurde am 1. September 1957 in geschlossenen Ortschaften 50 km/h als Höchstgeschwindigkeit eingeführt, seit 1953 gab es dazu keine gesetzlichen Regelungen mehr.

Natürlich konnte die Stadt München nicht tatenlos zuschauen. Der Sicherheitsreport des Polizeipräsidiums (PP) München von 1960 berichtet, dass am 21. November 1960 ein neues Verkehrsradar-

M-UT 4491

M-UX 984

gerät in Betrieb genommen wurde: »Es dient zur Überwachung der Fahrgeschwindigkeit. Gegenüber dem bisher gebräuchlichen Funkstoppverfahren hat das Radargerät den Vorteil, dass die Messstrecke verhältnismäßig gering (etwa 8-15 m) und die Messkapazität erheblich größer ist. Dieses Gerät wird vorwiegend bei der motorisierten Verkehrsüberwachung (S III/4) verwendet.«

Es handelte sich um die zweite Ausführung des VRG II von Telefunken, Baujahr 1960. Das Gerät war tatsächlich bis 1976 bei der Münchner Verkehrspolizei in Betrieb. Zu diesem Grundgerät gehörten eine Radarsonde und ein Fototeil, bestehend aus Kamera und Blitz. Das Radargerät kostete etwa 20 000 DM; zum Vergleich: Das damals aktuelle Porschemodell 356 war für etwa 15 000 DM zu haben.

Und wie kann es anders sein, die Geschwindigkeitsüberwachung war von Anfang an ein Ärgernis in den Augen der kraftfahrenden Bevölkerung. Sie war damals bereits eine wichtige Aufgabe der Polizei, war doch etwa 1970 jeder vierte von den mehr als 20 000 Verkehrstoten deshalb zu beklagen, weil das Opfer selbst oder ein anderer Verkehrsteilnehmer zu schnell unterwegs war. Dennoch waren die Begriffe »Abzocke« und »Wegelagerer« schnell in aller Munde.

Die Verkehrspolizeiinspektion München Verkehrsüberwachung (VPI VÜ) hat im Laufe der vielen Jahre ihre Erfahrungen mit der Überwachung der Geschwindigkeiten gemacht und musste sich sogar des Vorwurfs erwehren, zur besseren Tarnung der Radaranlage Bäume gepflanzt zu haben. Im August 2000 wurden wir mit einem Artikel des ›Münchner Merkur‹ mit dem Titel »Wenn's hinter der Tanne blitzt« überrascht, deren Autor uns vorwarf, an der B 13 extra Büsche und Tannen gepflanzt zu haben, um unser Radarfahrzeug besser tarnen zu können. Das war natürlich Unsinn, kein Beamter der VPI VÜ hat im Dienst Zeit für gärtnerische Aktivitäten. Die Pflanzaktion konnte nie geklärt werden, die Sache verlief im Sande.

Im April 2009 stellte ein Beamter der Verkehrsüberwachung den MultaGuard-Radarcontainer am Wintrichring auf und musste kurz darauf dringend zum Austreten. Während seiner Abwesenheit hat ein unbekannter Täter den Container entführt und ihn einige Hundert Meter zu einer Nebenstraße verschleppt. Der Täter brach die Kamera gewaltsam heraus, damit war das Filmmaterial unbrauchbar. Die schändliche Tat war getan und der Messbeamte musste sich genügend Spott anhören.

2012 schließlich wollte es ein Mopedfahrer schon mal genau wissen. In dem Bewusstsein, dass sein hinteres Kennzeichen nicht fotografiert wird, fuhr der Fahrer im Richard-Strauss-Tunnel permanent zu schnell und zeigte der Kamera regelmäßig den ausgestreckten Mittelfinger. Deutlicher geht der Vorsatz nicht und bei jedem Verstoß haben wir uns stärker geärgert. Wir konnten den Fahrer schließlich ermitteln und anhalten. Bis dahin waren immerhin 26 Verstöße zusammengekommen und da jeder Verstoß einzeln zu ahnden ist, hatte der 17-Jährige rein rechnerisch neben Punkten und Bußgeld schon fünf Monate Fahrverbot angesammelt. Monate später erhielten wir ein handgeschriebenes Entschuldigungsschreiben des Betroffenen. Er nannte sich darin selbst »Stinkefingerraser«, beteuerte aber glaubhaft, dass er keine Kolleginnen oder Kollegen persönlich beleidigen wollte, sondern nur die »fiese Tunnelkamera« …

Die Zeit der Nassfilme für Kameras ist praktisch vorbei, die Digitalisierung hat vollends Einzug gehalten. Piezoelektrische Drucksensoren, Dreifach-Messprinzip, Piezo-Vorverstärker, Messquerschnitte, Schnittstellenumsetzer, SmartCamera, Black Flash-Lichttechnik, Lichtwellenleitung, Datenintegrität, Transponder – das waren die neuen Begriffe und es gab viel zu lernen. Zuerst ein umfangreicher

Test, dann Probemessungen mit Dienstfahrzeugen und nach der Tunnelfeier ging die Überwachungsanlage im Richard-Strauss-Tunnel in Betrieb. Dies war für die Münchner Polizei der erste Schritt in die weiter fortschreitende Digitalisierung der Geschwindigkeitsüberwachung.

Schon mal geblitzt worden? Verwarnung bzw. Bußgeld bezahlt? Aus Einsicht? Zwei Dinge stehen fest: Zu hohe oder nicht angepasste Geschwindigkeit ist eine der Hauptunfallursachen und dort, wo die Geschwindigkeit regelmäßig überwacht wird, bewegt sich der Verkehr langsamer. Ohne Kontrolle und Sanktion ist die Einhaltung der vorgeschriebenen Geschwindigkeit eben weit weniger gewährleistet.

Und damit möchten wir auch mit dem Begriff der »Radarfalle« aufräumen, der im vorliegenden Text bewusst nicht gefallen ist. Eine Falle ist bösartig, gefährlich, heimtückisch, man kann ihr regelmäßig nicht entkommen. Die Geschwindigkeitsüberwachung durch die Polizei ist keine Falle, sondern eine Notwendigkeit in der Verantwortung für die vielen tödlichen und schwer verletzten Opfer von Raserei.

Text: **Johann Schmieg**

013

DAS SCHANDISCHACHTERL

Der Polizeikiosk erwies sich als Flop

Dem einen oder anderen unter Ihnen ist dieses tägliche Ärgernis des Münchner Straßenverkehrs bestimmt auch schon passiert: Sie kehren, nichts Böses ahnend, zu Ihrem geparkten Wagen zurück und stellen einen Unfallschaden fest, zum Beispiel eine verkratzte Stoßstange oder einen abgefahrenen Außenspiegel, und vom Verursacher fehlt jede Spur. Sofern Sie dies bei der Polizei anzeigen, erhalten Sie bei der Anzeigenerstattung ein Merkblatt mit der Bitte, mit Ihrem Fahrzeug zur Spurensicherung bei der Verkehrspolizei in der Tegernseer Landstraße vorzufahren.

An der Einfahrt zum Gelände in der Tegernseer Landstraße ist Ihnen bestimmt ein kleines Häuschen aus Metall aufgefallen, welches als Unterstand für das dortige Wachpersonal dient. An und für sich wäre der schmucklose Container auch nicht weiter erwähnenswert, hätte er nicht als »Schandischachterl« eine Zeit lang eine prominente Stellung im Herzen von München eingenommen.

Die Geschichte des »Schandischachterls«, auch als »Polizeikiosk« oder »Container« bezeichnet, reicht bis in die Mitte der 1970er-Jahre zurück. Die Idee dazu hatte der damalige Polizeipräsident Dr. Manfred Schreiber während einer Reise durch Japan aufgegriffen. In Tokio existierten zu dieser Zeit über eintausend sogenannter Police-Boxes, also kleine, mit einem Polizeibeamten besetzte Infokioske. Die Idee, solche Kioske in München aufzustellen, wurde präsidiumsintern immer wieder diskutiert, jedoch einige Male aufgrund vordringlicherer Projekte verschoben und verworfen.

Erst im Jahr 1981 nahmen die Planungen für einen Polizeikiosk konkrete Formen an. Durch die Schließung und Zusammenlegung kleinerer Polizeireviere zu den, größtenteils bis heute bestehenden, »Großrauminspektionen« wurden Defizite bei der polizeilichen Präsenz im öffentlichen Raum befürchtet. Diese sollten durch leicht auffindbare Polizeikioske aufgefüllt werden. Zudem sollte das subjektive Sicherheitsgefühl der Bevölkerung erhöht und zugleich ein Beitrag zur polizeilichen Öffentlichkeitsarbeit geleistet werden.

Für die äußere Gestaltung des Polizeikiosks, welche ansprechend und modern sein sollte, gelang es, den damaligen Stadtheimatpfleger und zu dieser Zeit bereits bekannten Architekten Alexander Freiherr von Branca zu gewinnen. Dieser hatte über Jahrzehnte das Münchner Stadtbild maßgeblich mitgeprägt, unter anderem durch den Bau der Neuen Pinakothek, die Neugestaltung der Fassade des Residenztheaters am Max-Joseph-Platz sowie die Gestaltung der U-Bahnhöfe Marienplatz, Theresienwiese und Prinzregentenplatz. Auch für die Fertigung der Kioske gelang es, einen namhaften Hersteller zu finden. Die Firma Fritz Gartner in Gundelfingen hatte unter anderem die Fassaden der

JUWELIE

Hypobank-Bauten sowie die weithin sichtbare Außenverkleidung des BMW-Hochhauses am Petuelring hergestellt.

Weitaus komplizierter sollte sich das Genehmigungsverfahren für das »Schandischachterl« darstellen, da hier Zuständigkeiten von allen möglichen Behörden und verschiedenste baurechtliche Gegebenheiten zu beachten waren. Zudem wurden zunächst zwei Prototypen gefertigt, wobei die Kosten eines Exemplars mit denen eines voll ausgestatteten Streifenwagens der damaligen Zeit vergleichbar waren. Geplant war, später im gesamten Stadtgebiet Polizeikioske aufzustellen und auch mobile »Schandischachterl«, zum Beispiel für Großveranstaltungen, bereitzuhalten.

Am 7. Mai 1983 erfolgte schließlich nach einer langwierigen Planungsphase die feierliche Einweihung des Polizeikiosks. Nach längerer Standortsuche wurde entschieden, das »Schandischachterl« am Marienplatz an der Ecke zur Kaufinger- und Rosenstraße aufzustellen. Im Vorfeld der Einweihung hatte man intensive Berichterstattung in den Medien und begleitende Öffentlichkeitsarbeit betrieben. In diesem Zusammenhang erfolgte auch ein Preisausschreiben, durch welches der Kiosk schließlich den Namen »Schandischachterl« erhielt. In der Außenwirkung wurde der Kiosk von der Bevölkerung weitestgehend positiv aufgenommen. In der damaligen Zeit ohne Internet oder gar Smartphones diente der Polizeikiosk in erster Linie als Anlaufstelle für Rat suchende Bürger und Touristen, hauptsächlich für Wegbeschreibungen, Hinweise zu Sehenswürdigkeiten oder Fahrplanauskünfte, aber auch für die Erreichbarkeit der nächsten Notdienstapotheke oder der nächsten Arztpraxis. Allein in den ersten vier Monaten seines Bestehens wurden 58 350 (!) Anfragen registriert. Nachdem das »Schandischachterl« nur tagsüber besetzt war, wurde es natürlich gelegentlich Opfer von Vandalismus, in erster Linie durch Schmierschriften. Der Beamte im Kiosk wurde jedoch überwiegend als positive Erscheinung wahrgenommen, ein Gendarm auf Du und Du, welcher einem mit allen möglichen Auskünften helfend zur Seite stand und welchem man eine gefundene Geldbörse genauso anvertrauen konnte wie ein zugelaufenes Kind.

Innerhalb der Polizei wurde der Dienst im »Schandischachterl« eher mit gemischten Gefühlen betrachtet. Insbesondere in der ersten Zeit seines Bestehens besaß der Polizeikiosk weder eine vernünftige Heizung für den Winter noch einen Ventilator oder etwas Vergleichbares für den Sommer. Letzteres sorgte vor allem in den Sommermonaten für teilweise unerträgliche Temperaturen im aus Glas und Metall bestehenden Polizeikiosk. Zudem dienten für die Beleuchtung des Kiosks nur zwei schwache Leselampen, welche von einer simplen Autobatterie gespeist wurden. Die Lesbarkeit von Stadtplänen oder Auskunftsverzeichnissen wurde hierdurch erschwert. Durch technische Verbesserungen wurde hier im Laufe der Zeit Abhilfe geschaffen.

Abschließend sei bemerkt, dass die meisten Informationen zu diesem Artikel einem Beitrag der Fachzeitschrift »Münchner Polizei« aus dem Jahre 1984 entnommen wurden.[1] Danach verliert sich die Spur des »Schandischachterls« in den präsidiumsinternen Archiven, wobei sich das Grundkonzept mobiler polizeilicher Beratung unter anderem in »RoSi«, dem »Rollenden Sicherheitsberaterbus« des Kommissariats für Prävention und Opferschutz, wiederfindet. In jedem Fall trugen Projekte wie das »Schandischachterl« langfristig dazu bei, das Bild einer helfenden, wohlwollenden und greifbaren Polizei in der Bevölkerung zu verankern.

Text: **Matthias Pötsch**

1 Weinfurtner, Günter: Ein Jahr Polizeikiosk. In: Münchner Polizei '84 – Eine Fachzeitschrift für die Angehörigen des Polizeipräsidiums München, 1984, 31. Jahrgang, S. 43 – 45

WILKOMMEN BEI DER POLIZEI

Das Werbemobil

Die Personalgewinnung ist ein wesentlicher Teil der Personalwirtschaft. Sie wurde in den letzten Jahrzehnten immer wieder an die sich ständig verändernden Anforderungen angepasst. In der Zeit von 1951 bis 1966 erfolgte die Einstellung von angehenden Polizeibewerbern ausschließlich über die Bayerische Bereitschaftspolizei. Mitte der 1960er-Jahre blieben die Betten in den Ausbildungsunterkünften allerdings leer. Die Wirtschaft in Deutschland boomte, nur wenige hatten Interesse an einer Ausbildung beim Staat. Auch der Versuch, bei jeder Polizeiinspektion in Bayern einen eigens geschulten Beamten für Personalwerbung einzusetzen, war nicht von Erfolg gekrönt. Die Gesprächsanbahnung blieb weiterhin dem Zufall überlassen, die Ansprache geeigneter Kandidaten fand meist in der dienstfreien Zeit statt, eine Abklärung der erforderlichen Einstellungsvoraussetzungen im Vorfeld der eigentlichen Bewerbung erfolgte dabei eigentlich nicht. Hinzu kam neben der Unzufriedenheit vieler Polizeibeamter hinsichtlich ihres Ansehens in der Gesellschaft, auch die wiederkehrend als abwertend und unsachlich empfundene Berichterstattung in den Medien, bei gleichzeitiger Zurückhaltung der politischen Entscheidungsträger zu kritischen Einsatzsituationen und ausbleibender Reaktionen der Gerichte.

Um dieser Entwicklung entgegenzutreten, startete im August 1969 in vier Landkreisen mit unterschiedlicher Wirtschafts- und Bevölkerungsstruktur ein Modellversuch zur Nachwuchsgewinnung. Hier wurde u. a. in München die Einführung eines vollzeitbeschäftigten Nachwuchswerbers getestet. Nach Ablauf einer halbjährigen Erprobungsphase war klar, dass die Einführung der »Individuellen Direktwerbung«, heutzutage würde man im weitesten Sinn vom »Employer Branding« sprechen, den größtmöglichen Erfolg bei der Bindung von geeigneten Interessenten erzielen kann. Erst im Jahr 1972 stand die Nachwuchswerbung in Bayern endlich auf einem belastbaren Fundament. Die ersten Werber beim Polizeipräsidium München waren Heinrich Munzert und Johann Waldleitner. In den frühen Jahren der professionellen Nachwuchswerbung mussten die Beamten selbst Lösungen finden, um ihre Aufgaben zu organisieren. Mangels fehlender Sachausstattung fanden die damals noch üblichen Hausbesuche des Einstellungsberaters bei potenziellen Bewerbern mit dem Privatfahrzeug statt.

Von solchen Rahmenbedingungen sind wir heute Gott sei Dank weit entfernt. Beim Polizeipräsidium München sind inzwischen zehn Einstellungsberater für die Interessenten aus der Stadt München mit Landkreis und ganz Deutschland (ohne Bayern) eingesetzt. Zur Durchführung der Beratungen hat jeder Einstellungsberater ein eigenes Büro mit adäquater Ausstattung, welche ein zeitgemäßes Arbeiten erlaubt.

Um die Nachwuchswerbung auch direkt bei der Zielgruppe vor Ort, z. B. bei einer Vielzahl von Messen oder Veranstaltungen, betreiben zu können, stimmte das Polizeipräsidium München im Jahr 2016 der Beschaffung eines eigenen »Werbemobils« zu. Bei dem Fahrzeug handelt es sich um einen Mercedes Sprinter, der auf den Namen »WeMo« (Werbemobil) getauft wurde. WeMo wurde im Ausbauzentrum Süd der Zentralen Kraftfahrzeugwerkstatt der Bayerischen Bereitschaftspolizei in Dachau an die Bedürfnisse der Einstellungsberatung angepasst und ausgestattet. Im Innenraum besteht die Möglichkeit, eine kurze Beratung für Interessenten in einem geeigneten diskreten Umfeld durchzuführen. Durch die angebrachte Markise entfallen lange Aufbauzeiten bei Veranstaltungen unter freiem Himmel. Einen zusätzlichen, optischen Anreiz bietet ein nach außen gerichtetes Fernsehgerät. So können aktuelle Filme zur Nachwuchswerbung abgespielt werden und die Betrachter zum Stehenbleiben animieren.

Beim Ausbau wurde darauf geachtet, dass die Außengestaltung auch zukünftig an die jeweiligen Anforderungen angepasst werden kann. Das Fahrzeug ist mit einer Folierung zur bayernweiten Werbekampagne versehen, welche im Bedarfsfall geändert werden kann.

Die Schlüsselübergabe an die Werbestelle des Polizeipräsidiums München erfolgte am 10. Juli 2017 durch Polizeipräsident Hubertus Andrä.

Seitdem wird das Werbemobil bei jeder sich bietenden Gelegenheit genutzt und findet sowohl bei der Bevölkerung, den Kolleginnen und Kollegen als auch bei den Einstellungsberatern großen Anklang.

Text: **Silke Rehag**

VERKEHRSERZIEHUNG FÜR DIE KLEINEN

Der Lkw der Jugendverkehrsschule

Hauptaufgabe der Verkehrspolizeiinspektion Verkehrserziehung und -aufklärung (VPI VE) ist die Fahrradausbildung in den 4. Klassen der Grundschulen und den 5. Klassen der Sonderförderzentren. Mit dem Material aus dem Lkw wird von Ende Februar bis Weihnachten die Fahrradausbildung unterrichtet. Es handelt sich um drei Übungseinheiten und die praktische Fahrradprüfung mit je 90 Minuten sowie einer Fahrt im Umfeld der Schule, dem sogenannten Realverkehr, für die 135 Minuten eingeplant sind. Dieser Realverkehr findet zeitnah nach der Prüfung statt.

Zudem steht am Verkehrszentrum des Deutschen Museums auf der Theresienhöhe ein stationärer Übungsplatz zur Verfügung, der im September 2014 den Übungsplatz an der Grundschule Tumblingerstraße ablöste, da innerstädtische Schulen teilweise zu wenig Fläche für einen eigenen Verkehrsübungsplatz haben. Das Material und die Fahrräder sind dort in einem Container untergebracht.

Im Januar und Februar verhindert die winterliche Witterung oftmals die Fahrradausbildung. Daher wird von der 5. Klasse bis zur Berufsschule Unterricht in den Klassen mit je nach Altersstufe spezifischen Themen durchgeführt.

Bei den Lkw der JVS handelt es sich nicht um vom Freistaat beschaffte Polizeifahrzeuge. Träger und damit für die Ausrüstung zuständig, ist die jeweilige Kommune. Für das Polizeipräsidium München heißt das, dass die Stadt München für die Stadt und der Landkreis München für die Gemeinden des Landkreises die Ausrüstung finanzieren. Derzeit stellen die Stadt München zehn Lkw und der Landkreis München vier Lkw zur Verfügung.

Am 14. März 2018 wurde der VPI VE der 14. Lkw und damit der vierte vom Landkreis beschaffte Lkw für die mobile JVS übergeben. Damit umfasst der Fuhrpark vierzehn 7,49 t-Lkw folgender Typen: einen Mercedes Atego 712, drei Mercedes Atego 816, vier MAN TGL, einen Iveco Eurocargo und fünf Mitsubishi Fuso Canter. Während die kleineren und wendigeren Mitsubishi schon serienmäßig mit Rückfahrkameras ausgestattet sind, wurden 2017 die anderen Lkw mit Rückfahrkameras und Rückfahrwarnern nachgerüstet. Die Lkw sind mit 18 Kinderfahrrädern, zwei Erwachsenenfahrrädern und verschiedenen Verkehrszeichen mit Ständern bestückt. Sollte ein Kind nicht Radfahren können, steht auch ein Tretroller zur Verfügung, damit es die Übungen mitmachen kann. Außerdem werden Planen für die Unterrichtung des »Toten Winkels« mitgeführt. Sollte kein fest markierter Übungsplatz vorhanden sein, kann mit Hilfe eines Markierwagens ein Übungsplatz aufgezeichnet werden. Für die Schüler werden außerdem Fahrradhelme und Warnwesten mitgeführt,

Jugendverkehrsschule 1960 und 2013

falls sie keinen eigenen Fahrradhelm haben, da Fahrradhelme bei der Ausbildung getragen werden müssen.

Der Nutzungszeitraum der Fahrzeuge beträgt grundsätzlich 18 Jahre. Die Stadt München plant für das Jahr 2020 die Anschaffung eines 15. Lkw und den Austausch des ältesten Lkw, Mercedes Atego 712, Baujahr 2002. Gemäß eines Beschlusses des Stadtrates München werden dann Elektro-Lkw beschafft.

Nach dem Zweiten Weltkrieg wurde in Bayern die Polizei nach amerikanischem Vorbild neu organisiert. Es wurden kommunale Polizeidienststellen eingeführt, so dass die Stadt München eine eigene Stadtpolizei hatte. In den ersten Jahren bis 1950 wurde die Wiedereinführung des Verkehrsunterrichtes durch die Polizei mit der Begründung abgelehnt, dass für die deutsche Polizei die Kontrollratsgesetze maßgebend sind, die der Polizei jegliche Gerichtsbarkeit absprechen. In Bayern war die Durchführung des Verkehrsunterrichts an den Schulen daher Aufgabe der Klassenlehrer.

Erst zum 1. September 1953 kam es zur Einführung eines Verkehrskundeunterrichts als Pflichtfach in den zwei Münchner Berufsschulen der Allgemeinen Abteilung an der Hirschbergstraße 33 und St.-Martin-Straße 30, der durch Polizeibeamte gehalten wurde. Zunächst wurde 1959 vom Schulreferat der Bau eines Verkehrsübungsplatzes an der Volksschule am Agilolfingerplatz geprüft. Man kam jedoch zu dem Schluss, dass die unverhältnismäßig hohen Kosten für den Bau und Betrieb eines stationären Übungsplatzes in keinem Verhältnis zum Nutzen stehen würden. Man entschied sich daher für die Einführung einer mobilen JVS. Das Inventar dieses »mobilen Verkehrserziehungsgartens« wurde dem Schulreferat von der deutschen Shell AG kostenlos zur Verfügung gestellt.

Am 8. März 1960 wurde der vom Schulreferat beschaffte Wagen mit der Shell-Kinderfahrschule in Anwesenheit von Bürgermeister Adolf Hieber im Prunkhof des Rathauses der Landeshauptstadt München der Öffentlichkeit übergeben. Es handelte sich um einen Rundhauber-Lkw Magirus-Deutz Sirius. Das Fahrzeug hatte die Farbe Schwarz mit weißer Aufschrift »Jugendverkehrsschule der Landeshauptstadt München«. Der Schwerpunkt lag auf dem Vermitteln der Verkehrsregeln. Es wurden daher nicht nur acht Fahrräder, sondern auch sieben Tretautomobile mit Vollkarosserie eingesetzt. Außerdem umfasste die Ausrüstung 37 Verkehrszeichen auf mobilen Ständern, eine Ampel und ein Streugerät, um einen Übungsplatz markieren zu können.

Erst ab 1962 gab die Polizei an allen Berufsschulen und höheren Schulen Münchens je Klasse mindestens eine Stunde im Jahr Verkehrsunterricht. An den Volks- und Mittelschulen wurde der Verkehrsunterricht durch Polizeibeamte erst im Jahre 1964 eingeführt. Die Radfahrprüfungen führten die Schulen mit Unterstützung der Polizei durch.

Am 24. November 1964 wurde der VPI VE die zweite mobile JVS übergeben. Es handelte sich um einen Mercedes LP 321 Frontlenker-Lkw.

Erst im Schuljahr 1973/1974 erfolgte die Aufnahme der Fahrradausbildung in den Lehrplan für die 4. Klassen der Grundschulen. Sie umfasste vier Lerneinheiten mit jeweils 90 Minuten, an deren Abschluss eine theoretische und praktische Fahrradprüfung stand.

Am 7. Mai 1974 wurde die bereits seit Jahren von der Verkehrswacht München unterhaltene und von Lehrkräften betreute stationäre JVS an der Tumblingerstraße übernommen und von zwei Beamten der Polizeidienststelle betreut. Am 8. Mai 1975 erfolgte dann die Indienststellung der 3. und 4. mobilen JVS. Dafür hatte man Lkw 6.90F von MAN, die von 1967 bis 1977 Leicht-Lkw des französischen Herstellers Saviem unter eigenem Namen verkauften, beschafft. Die Lkw erhielten die übliche Lackierung in Moosgrün-Weiß.

Mit der Verstaatlichung der Stadtpolizei München am 1. Oktober 1975 übernahm das Polizeipräsidium München auch die Zuständigkeit für die 39 Gemeinden des Landkreises München. Mit dem Landkreis München wurde auch ein stationärer Übungsplatz in Unterhaching an der Fasanenschule 67 übernommen. Er wurde von zwei Beamten der PI Unterhaching betreut, wobei die VPI VE die Fachaufsicht führte.

Bereits am 10. Mai 1976 kam es zum Erwerb der 5. und 6. sowie am 23. Juli 1976 der 7. mobilen JVS. Die 8. mobile JVS folge am 6. Mai 1977 und die 9. mobile JVS am 14. September 1978.

Nach der Übergabe der 10. mobilen JVS am 5. Mai 1992 wurde durch die VPI VE am 1. März 1993 auch die Betreuung des Übungsplatzes an der Fasanenschule in Unterhaching übernommen. Die beiden Beamten der PI Unterhaching wechselten in andere Verwendungen bei anderen Dienststellen. Die Betreuung des Übungsplatzes wurde durch die VPI VE durchgeführt. Als Fahrzeuge kamen Lkw MAN-VW G90 und Mercedes LP 809 und später Mercedes LK 709 zum Einsatz. Mit der Übergabe der 11. mobilen JVS am 11. April 1994 wurde zeitgleich die stationäre JVS in Unterhaching aufgelöst. Erst zum April 2011 wurde dann der 12. Lkw in den Dienst gestellt. Der 13. Lkw folgte im März 2014.

Text: **Florian Mayer**

016

DEN SCHÜTZEN AUF DER SPUR

Der »Beschussraum«

Da Schusswaffendelikte oft ohne direkten Täterkontakt stattfinden, ist es insbesondere bei flüchtigen Schützen unausweichlich, eine umfassende Spurensicherung durchzuführen. Es ist deshalb unerlässlich, abgeschossene Munitionsteile akribisch zu suchen und zur Spurenauswertung sicherzustellen. Jede Waffe hinterlässt auf dem Geschoss sowie auf der Hülse individuelle Spuren. Aus diesem Grunde unterhält das Bundeskriminalamt (BKA) eine »Zentrale Tatmunitionssammlung« (ZTMS).

In der ZTMS des BKA werden alle im Bundesgebiet anfallenden Tatmunitionsteile registriert, ausgewertet und soweit sie schusswaffenerkennungsdienstlich verwertbar sind, gesammelt. Darin befinden sich aktuell Munitionsteile von mehr als 8 000 Tatwaffen.

Mit Schreiben des »Bayerischen Staatsministeriums des Innern« vom 29. Mai 1973, Nr. IC5-2312/27-6, wurde u. a. dem Polizeipräsidium München, aufgrund des erhöhten »Terroraufkommens in Deutschland« der Auftrag zum erkennungsdienstlichen Beschuss von Waffen erteilt. Damit wurde das Bayerische Landeskriminalamt München (BLKA), das den Schusswaffenerkennungsdienst seit 1951 durchführt, entlastet.

Vor diesem Hintergrund hat das PP München in den 1970er-Jahren einen Beschussraum eingerichtet, der sich seit 2002 aktuell im Keller des »Posteck-Neubaus« befindet. Dieser Raum gehört zum Kommissariat 92 – Spurensicherung (KTU). Dort können jetzt professionell mittels eines Kugelfanges und eines ca. 3 m langen, beweglichen Wattekastens ein »Funktionsbeschuss« sowie ein »Erkennungsdienstlicher Beschuss«, mit »sanfter« Geschossgewinnung in Watte, vorgenommen werden. Durch die Watte, in die geschossen wird, wird das Geschoss ohne Spurenverlust und Spurenveränderung aufgefangen.

Bei der Waffenfunktionsprüfung kann die geladene Schusswaffe für die technische Beurteilung in den Kugelfang abgefeuert werden. Dadurch wird die tatsächliche Waffenfunktion festgestellt, was oft nicht unerheblich für eine Beweisführung der Justiz ist.

Der erkennungsdienstliche Beschuss von sogenannten Tatwaffen oder Verdachtswaffen, die z. B. bei Kontrollen oder Durchsuchungen etc. aufgefunden werden, wird hier für den Bereich des PP Münchens ebenfalls durchgeführt. Dabei liegt das Augenmerk auf den Individualspuren, die von der abgefeuerten Waffe auf das Geschoss und die Hülse übertragen werden. Die dabei sanft aufgefangenen Munitionsteile werden sorgfältig verpackt, beschriftet und an das BKA zum Vergleich in der ZTMS gesandt.

Verfeuerungsspuren auf einer Patronenhülse

Die Druckwirkung des Stoßbodens einer Schusswaffe überträgt
beim Verfeuern „Defekte“ auf den Patronenboden

Ebenso ist hier der Eindruck (A) im Zündhütchen (B) durch den Schlagbolzen sichtbar.
Individualcharakteristische Spurenmerkmale sind so gegeben.

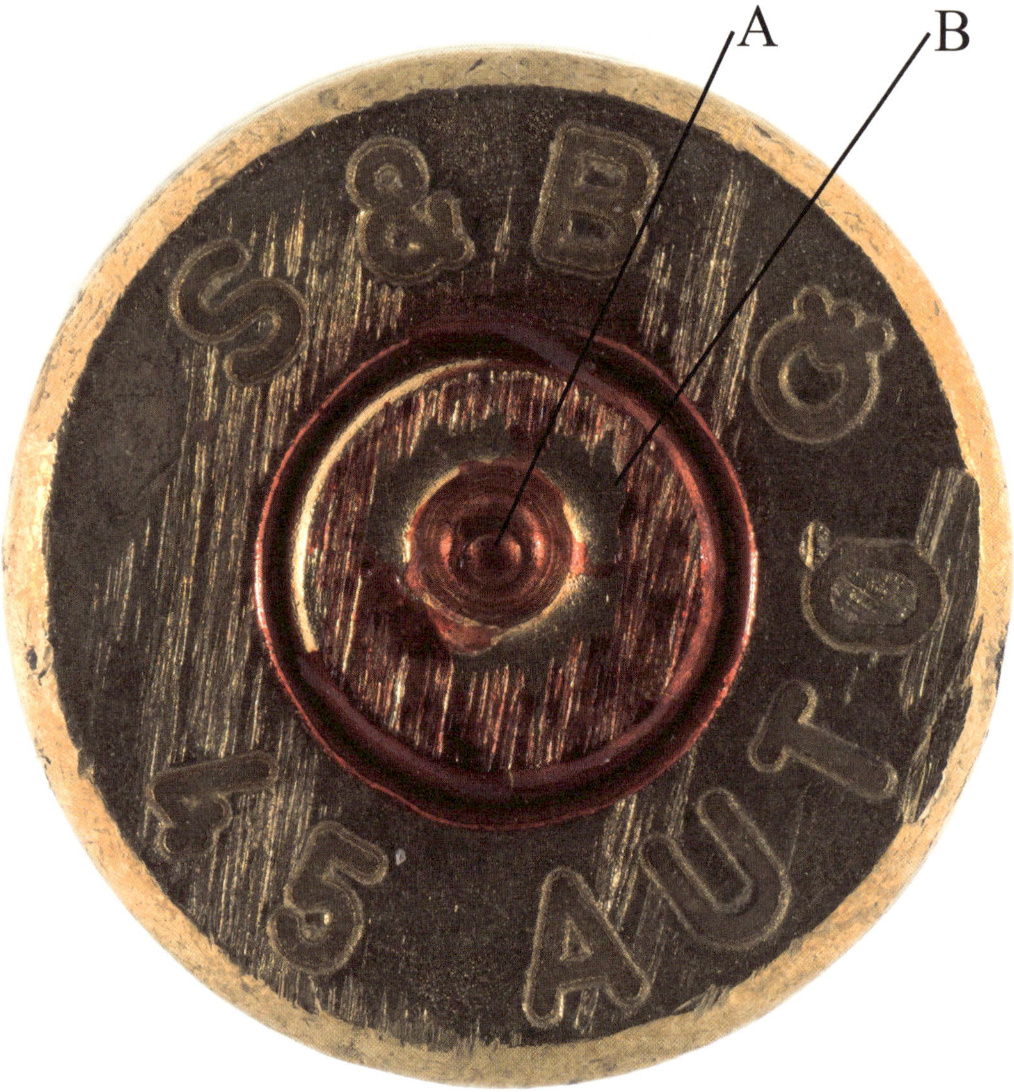

Was sind die Individualspuren bzw. Schussspuren an Geschossen und Hülsen, durch was werden sie verursacht? Im Lauf und Patronenlager entsteht bei Handfeuerwaffen ein großer Druck von etwa 2 000 bzw. 2 550 bar bei Kurzwaffen, bei Langwaffen bis zu 5 900 bar. Alle mikrofeinen Unebenheiten zeichnen sich mit Schartenspuren auf dem Geschoss ab; ebenso die Züge und Felder des Laufes. Die im Lauf eingearbeiteten Windungen (Züge und Felder) verleihen dem Geschoss durch den Drall eine Stabilisierung in der Flugbahn. Diese hinterlassen auf dem Geschoss Eindrücke, dadurch können die Anzahl, die Feldbreite, die Drallrichtung und der Drallwinkel vom Geschoss abgelesen werden. Die Vertiefung im Geschoss wird als Feldeindruck, die Erhöhung als Zug bezeichnet. Weitere Spuren auf dem Geschoss vom Lauf können z. B. bereits vorhandene Verschmutzungs- und Abnutzungsspuren wie Kratzspuren, Rostpartikel, Schmauchrückstände, Ölrückstände, Staubpartikel etc. sein.

Diese Spuren, insbesondere Schartenspuren, lassen auf Grund ihrer Individualität den Schluss zu, dass sie aus einer bestimmten Waffe verfeuert und dadurch auf das Geschoss übertragen wurden. Bei Repetier- und Selbstladewaffen werden die Patronenhülsen entweder manuell oder automatisch nach dem Schuss ausgeworfen. So können die am Tatort aufgefundenen Hülsen ebenfalls zu einer Identifizierung einer Schusswaffe herangezogen werden. An der Hülse befinden sich Eindruckspuren vom Stoßboden, Patronenlager, Schlagbolzen sowie Kratz-, Schürf- und Schartenspuren vom Auszieher und Auswerfer sowie evtl. von der Magazinlippe.

Dies gilt natürlich auch für erlaubnisfreie Schreckschusswaffen. Für eine zusätzlich mögliche Hersteller- oder Systembestimmung einer nicht vorhandenen Tatwaffe können außer den oben beschrieben Hülsenspuren auch die Prägungen des Herstellers, das Kaliber und die Art des Zündsystems festgestellt werden.

Eine der wohl aufsehenerregendsten Waffenidentifizierung sowohl im Bereich der Individualspuren wie auch der Systembestimmung war wohl in jüngster Vergangenheit eine der Tatwaffen der »NSU-Morde« im Bundesgebiet. Dabei konnte an Hand der Munitionsteile eine Ceska 83 im Kal. 7,65 mm Browning identifiziert und als Tatwaffe bestimmt werden. Ebenso konnten z. B. auch Diabolo-Geschosse bei einer Sachbeschädigung nach Ermittlung eines Tatverdächtigen seinem erlaubnisfreien Luftgewehr zugeordnet werden. Dazu ist zu erklären, dass entsprechende Geschosse in keiner Datei (ZTMS) gesammelt werden. Da aber auch Luftdruckgewehre in der Regel einen gezogenen Lauf (Züge und Felder) haben und sich entsprechende Spuren auf das Geschoss übertragen, ist ein bezüglicher Direktvergleich mittels Rasterelektronenmikroskops möglich.

Abschließend ist zu sagen, dass immer nur die Waffe, nicht aber der Schütze mit der o. g. Spurenauswertung festgestellt werden kann. Dafür sind dann Vernehmungen, daktyloskopische und humanbiologische Spuren zielführend.

Text: **Hermann Nerb**

017

»HALLO, POLIZEI?«

Der Eiserne Schutzmann

Der »Eiserne Schutzmann« war in München lange Jahre ein Begriff und bei der Bevölkerung und der Polizei gleichermaßen bekannt. Seit 1898 hieß die Münchner Polizei »Schutzmannschaft«, weshalb sich schon ein Bezug zur Polizei herstellen lässt. Wenn man im Internet surft, dann findet man in den Suchportalen Hinweise beim Bayerischen Rundfunk und der Süddeutschen Zeitung, die sich auf Führungen im Verkehrszentrum des Deutschen Museums berufen. Der dortige Führer erklärt den Besuchern, beim Eisernen Schutzmann handele es sich um eine Figur aus Blech, die wie ein Verkehrspolizist aussah, die Arme ausgebreitet hatte und von einem Verkehrspolizisten mit einem Hebel immer in die entsprechende Richtung gedreht wurde. Ganz richtig ist das nicht, weil es sich nicht um eine Polizeifigur handelte, sondern um ein Verkehrsregelungsinstrument mit Schildern, welches in ähnlicher Art in vielen anderen Ländern der Welt benutzt und von den ersten Ampeln abgelöst wurde. In München war diese Art Eiserner Schutzmann 1927 am Odeonsplatz zur Verkehrsregelung eingesetzt.

Die Geschichte des Eisernen Schutzmannes, der vereinzelt noch bis heute in Gebrauch ist, beginnt bereits im Jahr 1912 und hat mit dem Verkehrsregelungsinstrument nichts zu tun. Die Firma Siemens & Halske entwickelte zu dieser Zeit die ersten Polizeirufanlagen für die Städte Winnipeg in Kanada sowie Rio de Janeiro in Brasilien. In Deutschland setzten sich ähnliche Modelle erst in den 1930er-Jahren durch. Die Stadt München erhielt ab 1932 insgesamt 230 Polizeistraßenmelder, um die Sicherheit der Bevölkerung erheblich zu verbessern.

Im Zweiten Weltkrieg wurde München zu 45 % zerstört und ebenso die Polizeistraßenmeldesysteme. Erst in den 1950er-Jahren installierte man zunächst Notrufmasten als Polizeistraßenmelder, die auch teilweise in Masten von Ampelanlagen zu finden waren. Im Jahr 1955 verfügten nicht einmal 10 % der Gesamthaushalte in Deutschland über einen eigenen Telefonanschluss, weshalb telefonische Notrufe nur in Ausnahmefällen möglich waren und deshalb bundesweit öffentliche Polizeirufsysteme installiert wurden.

Als Weiterentwicklung der alten Straßenmelder und Notrufmasten stellte man bei der Internationalen Polizeiausstellung in Essen 1956 eine Notrufeinrichtung zur kostenlosen Alarmierung der Polizei und Feuerwehr durch die Bevölkerung vor. Dieses war die eigentliche Geburtsstunde des neuzeitlichen Eisernen Schutzmannes: Der Eiserne Schutzmann ist eine Notrufsäule in einer bundeseinheitlichen Erscheinung, sodass diese Einrichtung leicht zu finden war. In der Fachsprache handelte es

POLIZEI
POLIZEI
N-NM 898

sich um eine PRS (Polizeirufsäule), wobei man zwei Modelle differenzieren muss. Das erste Modell, PRS 56, war komplett aus Metall gefertigt und meist in einem dunklen Tannengrün lackiert. Die Neuauflage dieser Säulen war das Modell PRS 61A ab 1961: Moderne Aufmachung, aus lindgrünem Polyester-Kunststoff gefertigt mit einem durchgängig weißen allseitig beleuchteten Kunststoffoberteil und einer Beschriftung »Polizei« oder »Polizei + Feuer«. Auf der Dachspitze der 2,40 m hohen Säule befand sich eine meist gelbe Rundumkennleuchte. Hersteller von Polizeirufsäulen waren die Firmen Siemens & Halske AG (Berlin, München), TEKADE (Nürnberg), Neumann Elektronik (Mühlheim/Ruhr), Telefunken GmbH AG (Berlin) und DeTeWe in Berlin.

Bei der Einführung der Eisernen Schutzmänner wurde der Bevölkerung mitgeteilt, man könne sich zu jeder Zeit über diese Rufsäulen an die nächste Polizeidienststelle wenden – ganz egal, ob man einen Notruf absetzen oder der Polizei Probleme berichten möchte, Wünsche oder Anregungen übermitteln oder vielleicht auch nur eine Auskunft benötige. Man musste lediglich den Rufhebel herunter drücken und schon war man mit dem nächsten Revier verbunden. Der Wachtmeister konnte an seinem Telefonapparat erkennen, von welchem Standort die Rufsäule betätigt wurde. Zusätzlich zu diesen Notrufsäulen wurden Polizeirufstellen an Polizeigebäuden angebracht, die nicht 24 Stunden besetzt waren. Hier war es den Bürgern möglich, ebenfalls Kontakt mit dem nächsten besetzten Polizeirevier Kontakt aufzunehmen, um Hilfe anzufordern und einen Notruf abzusetzen.

Am 20. September 1973 trat das »Notrufsystem 73« in Kraft und von da an wurde der bundeseinheitliche Polizeinotruf 110 eingeführt und die gelben Telefonzellen der Deutschen Bundespost mit Notrufmeldern ausgerüstet. Zum kostenlosen Notruf musste man an einem 20 x 15 cm großen und gekennzeichneten Kasten einen überdimensional großen Hebel nach rechts in Richtung Notruf/ Polizei umlegen und konnte dann mit dem Fernsprecher die Polizeieinsatzzentrale anrufen.

Der Eiserne Schutzmann war aber nicht nur für die Bevölkerung da, denn das Polizeirevier konnte der Fußstreife durch Schaltung der Rundumleuchte signalisieren, dass sie von der Wache gerufen wird. Zu diesem Zweck führte der Polizeibeamte einen speziellen Schlüssel mit sich, mit dem er die seitliche Klappe links der Säule öffnen konnte. Im Innenteil war zur Kommunikation mit dem Polizeirevier ein Telefonapparat vorhanden. Der Beamte konnte aber auch von sich aus dort Kontakt mit der Wache aufbauen, falls er etwas benötigte.

Erst mit Beginn des Telefonbooms Ende der 1960er-Jahre verloren in den nächsten Jahrzehnten die Eisernen Schutzmänner ihre Bedeutung und mit Einführung der Handytelefone gänzlich. Bei der Polizei kamen in den 1970ern vermehrt Funkgeräte zum Einsatz und die Beamten konnten ihrerseits ebenfalls auf Rufsäulen verzichten. Seit 1994 wurden diese Polizeinotrufsäulen nach und nach demontiert und seit 2000 waren sie gänzlich aus dem Münchner Straßenbild verschwunden?

Nein, nicht ganz! 170 der Münchner Polizeirufsäulen wurden einfach »umgeschult« und zu grauen Taxi-Rufsäulen der Taxi-München eG umgebaut und versahen noch gute zehn Jahre ihren Dienst. Ihrer Verschrottung waren sie durch ihre Umschulung in den Taxidienst bis ins Jahr 2010 entgangen. Einige wenige dieser Säulen wurden von der Taxi-München eG eingelagert und meist für Filmzwecke aufgespart.

Die letzte bekannte Polizeirufsäule PRS 61 auf öffentlichem Grund steht noch heute vor der Münchner Feuerwehrwache 5 in der Anzinger Straße. Sie wurde irgendwann in Rot umlackiert und steht immer noch auf ihrem lindgrünen Sockel. Eine andere Säule befindet sich in der Pressestelle des Polizeipräsidiums München zu Ausstellungszwecken.

Text: **Klaus Hinkelmann**

VON JETZT AN BLAU!

Der erste blaue Streifenwagen

Am 15. September 2016 erfolgte in Anwesenheit zahlreicher Ehrengäste die offizielle Präsentation der neuen Streifenwagengeneration durch den Staatsminister des Innern für Bau und Verkehr, Joachim Herrmann, in der »BMW Welt« in München. In Anwesenheit des Münchner Polizeipräsidenten Hubertus Andrä übernahmen zwei Streifenbeamte der PI 12 den ersten Streifenwagen dieser neuen Generation. Was aber war nun die Besonderheit an diesem Streifenwagen? Der Fahrzeugtyp (BMW 320d Touring) konnte es nicht sein, denn dieser Fahrzeugtyp ist bereits seit Längerem als Streifenfahrzeug im Einsatz. Für die anwesenden Ehrengäste war das Neue jedoch sofort augenfällig, denn: Dieser Streifenwagen war der erste (konventionell) angetriebene »Blaue« und zudem auch sonst farblich sehr auffällig gestaltet. Seine Grundfarbe war Silbermetallic, die Hauptklebefolien »Verkehrsblau« (RAL 5017). Vor allem beeindruckte die markante, neu eingeführte neongelbe Warnklebefolie, die besonders am Fahrzeugheck durch das sogenannte Chevron-Muster weithin sichtbar ist. Ferner sind nun an den hinteren Seitenscheiben dieses neuen Streifenfahrzeuges ein Handysymbol sowie die »110«, als Hinweis auf die Polizeinotrufnummer, gut sichtbar angebracht. Überdies verfügt der »Neue« über eine LED-Sondersignalanlage (Hella RTK 7) sowie die modernsten polizeispezifischen Einbauten, wie beispielsweise einen »Powerblitz« (im Kühlergrill eingebaute Frontblitzer), ein fest eingebautes Navigationsgerät mit integrierter Bluetooth-Freisprecheinrichtung, eine »PDC«-Einparkhilfe, Sitzheizung, Digitalfunkgerät und vieles mehr.

Die neue Fahrzeugfarbgebung korrespondiert mit der neuen blauen Polizeiuniform und basiert auf dem neu entwickelten »Corporate Design« der Bayerischen Staatlichen Polizei, mit dem der vollständige Farbwechsel der Polizeiorganisation vollzogen wurde.

Für den Bürger stellte sich aufgrund der Präsentationsörtlichkeit die Frage, ob dieser farblich völlig neu gestaltete Streifenwagen quasi automatisch ein Fahrzeug der Marke BMW sei musste. Nein, dies musste er natürlich nicht sein – aber hierzu gibt es Folgendes zu sagen: Natürlich steht es gerade der Münchner Polizei gut an, Fahrzeuge der Marke »BMW« als Streifenfahrzeuge zu verwenden, denn der Hauptsitz dieses weltweit agierenden Fahrzeugherstellers ist in München. Und dennoch: Dies ist kein Kaufkriterium, auch nicht das sportliche Image, das dieser Fahrzeugmarke zugeschrieben wird, und vor allem nicht die sprichwörtliche »Freude am Fahren«. Alle vier-Jahre schreibt das Bayerische Innenministerium im Einklang mit den vergaberechtlichen Vorschriften die Neuanschaffung von Dienstfahrzeugen europaweit aus. Nur diejenigen Fahrzeughersteller, die ausnahmslos alle

Ausschreibungskriterien erfüllen und zudem das beste Preis-Leistungsverhältnis aufweisen, erhalten den Zuschlag, denn die Fahrzeuge werden mit Steuermitteln finanziert. Obwohl diese Ausschreibungen europaweit erfolgen, hat bis dato kein außerdeutscher Fahrzeughersteller auf die diesbezüglichen Ausschreibungen der Bayerischen Polizei reagiert. In Deutschland ist VW der einzige Fahrzeughersteller der bundesweit Polizeifahrzeuge anbietet. Die anderen inländischen Automobilproduzenten beschränken sich punktuell auf bestimmte Regionen, insbesonders auf jene, in denen sie ihren Firmensitz haben. Deshalb sind im Bereich des PP München – wenn auch in verminderter Anzahl – neben Fahrzeugen der Firma BMW die VW-Modelle T6 und Touran als Streifenfahrzeuge im Einsatz.

Wer war im Bereich des Polizeipräsidiums München für die Beschaffung dieses neuen Streifenfahrzeuges sachlich zuständig – wer führt gegebenenfalls die Wartungs- und Reparaturarbeiten durch? Verantwortlich für die Beschaffung dieses Streifenfahrzeuges ist – wie bei allen Dienstfahrzeugen – das Sachgebiet V 4; die Fahrzeugwartung und -reparatur erfolgt grundsätzlich in den zur Polizeiinspektion Kraftfahrzeugdienste gehörenden Kfz-Werkstätten.

Dieses Streifenfahrzeug ist – wie alle anderen Streifenwagen – nicht nur ein reines Einsatzmittel, es ist schlichtweg der Arbeitsplatz der Streifenbeamten, und zwar 24 Stunden am Tag. Gerade vor diesem Hintergrund ist nicht nur die Fahrzeugqualität (sowohl die Zuverlässigkeit als auch die aktive und passive Sicherheit) sowie die hochmoderne Ausstattung als solche von Bedeutung: Ergonomisch geformte Fahrzeugsitze vermeiden langfristig Rückenprobleme bei den Streifenbeamten, die Klimaanlage erleichtert diesen im wahrsten Wortsinne, auch in der heißen Jahreszeit einen kühlen Kopf zu bewahren und nicht zuletzt gewann das Ladevolumen zunehmend an Bedeutung. Gerade die nicht zu leugnenden Bedrohungslagen erforderten ab dem Jahr 2017 eine zusätzliche Ausstattung der Streifenwagen: Die hartballistische Schutzausrüstung hielt Einzug. Diese hochqualitativen Schutzele-

mente bieten für die Einsatzkräfte im Bedarfsfall ein größtmögliches Maß an Sicherheit. Auch diesem Kriterium wurde der »Neue« gerecht, denn er war ein »Touring« und keine Limousinen-Ausführung.

Die Motorleistung des neuen Streifenwagens hält diesen Herausforderungen ebenso stand, denn mit 140 KW bzw. 190 PS ist das Fahrzeug wahrlich ausreichend motorisiert.

Die aktive und passive Sicherheit sowie die Dynamik dieses hochmodernen Streifenwagens sind das eine, die Handhabungssicherheit der Streifenbeamten beim Führen ihres Fahrzeuges, vor allem im Eilfalle, wenn das Sonder- und Wegerecht in Anspruch genommen wird, etwas völlig anderes. Gerade in einer verkehrsreichen Großstadt wie München ist dies besonders wichtig. Deshalb ist es nur konsequent, dass bereits in der Ausbildung bei der Bereitschaftspolizei die jungen Auszubildenden Einsatzfahrten auf einem sehr hochwertigen Fahrsimulator trainieren sowie zusätzlich ein Fahrsicherheitstraining erhalten. Auch beim Polizeipräsidium München besteht die Möglichkeit, einen Fahrsicherheitskurs zu belegen, der von speziell hierfür ausgebildeten Fahrsicherheitstrainern durchgeführt wird.

Bei den verschiedensten Öffentlichkeitsveranstaltungen des Polizeipräsidiums München wird zur Freude der Besucher oftmals die legendäre »Isar 12« präsentiert. Im Vergleich mit diesem nostalgischen Streifenwagen und dem vorstehend beschriebenen neuen Einsatzfahrzeug wird besonders deutlich, wie hochwertig die Streifenfahrzeuge der Münchner Polizei bereits in der Vergangenheit waren und es auch in der Gegenwart sind. Dies verwundert nicht, denn der Schutz der Bürger hatte und hat bei der Behördenleitung stets oberste Priorität und qualitativ hochwertige Streifenfahrzeuge sind ein Bestandteil der sehr guten Sicherheitslage im Zuständigkeitsbereich des Polizeipräsidiums München.

Text: **Walter Nickmann**

019

SICHER FAHREN KANN MAN LERNEN

Der Fahrsimulator

Bereits am 31. März 1959 wurde die erste Version eines auch als »Fahrsimulator« bezeichneten Reaktionstestgerätes (RTG) beschafft. Das Gerät markierte mithilfe von zwei beweglichen Zeigern den jeweiligen Reaktions- und Bremsbeginn. Ein Beamter erläuterte dann, wie daraus aus einer angenommenen Geschwindigkeit die Länge des Anhalte- und Bremsweges berechnet wird. Im Jahr 1981 wurde das zweite RTG in Betrieb genommen, wobei zunächst das eher einer Seifenkiste ähnelnde Fahrzeug des ersten RTG mit einer neuen Lackierung übernommen wurde. Neben einer LED-Anzeige für die Reaktionszeit wurden nun auch die Werte für Reaktions- und Bremsweg sowie den gesamten Anhalteweg einschließlich der zugrunde liegenden Geschwindigkeit angezeigt. Die Testperson konnte durch das Gaspedal die Geschwindigkeit selbst wählen. Anlässlich des Automobilsalons 1984 auf dem Münchner Messegelände übernahm die VPI VE am 28. April 1984 einen im Hause Daimler Benz, Niederlassung München, gefertigten neuen Fahrerstand, der eher wie eine Fahrgastzelle gestaltet war. Für Veranstaltungen musste das RTG von einem Lkw transportiert und vor Ort auf einem Podium aufgebaut werden.

Bei dem im Jahr 1999 konzipierten und seit 2002 im Einsatz befindlichen »Fahrsimulator« der VPI VE handelt es sich nicht um einen Fahrsimulator im eigentlichen Sinne, sondern um das dritte RTG, jetzt mit Realbildverfahren (Firma SimuTech, Bremen). Basis des RTG ist ein Anhänger in Alu-Leichtbauweise, dessen linke Bordwand hochgeklappt wird. Zum Betreten des Anhängers wird eine etwa 2 m lange Treppe heruntergeklappt. Auf dem Anhänger befinden sich neben dem Fahrzeug die gesamte technische Ausrüstung wie Rechner, Steuergeräte, Projektionsgeräte und Lautsprecheranlage.

Fahrerstand ist ein BMW M3 Cabrio, das hinter dem Fahrer-/Beifahrersitz durchtrennt wurde. Bereits beim Einsteigen der Testperson in das Fahrzeug werden durch den Moderator erste Hinweise zur richtigen Sitzposition, der Einstellung von Sitzlehne und Nackenstütze und dem Anlegen des Sicherheitsgurtes gegeben. Erst anschließend geht es mit den Verkehrsszenen los.

Um einen möglichst starken lokalen Bezug herzustellen, wurden die Verkehrsszenen im Großraum München gedreht. Dafür stellte die Firma SimuTech den Kameramann samt Ausrüstung. Bereits bei der Ausschreibung hatte man sich dafür entschieden, keine Verkehrsszenen als Computeranimationen zu beschaffen, sondern echte Filmaufnahmen für die Darstellung von Gefahrensituationen zu verwenden. Dadurch sollte der Testperson ein näherer Bezug zur Verkehrswirklichkeit vermittelt werden und trotzdem ein möglichst realitätsnaher Eindruck erhalten bleiben. Die Testperson sollte also trotz realer Filmaufnahmen bei Lenkbewegungen eine Seitwärtsbewegung durchführen können.

Fahrsimulatoren 1959 und 2019

Die Firma SimuTech hat dazu ein entsprechendes Verfahren entwickelt. So entstanden 15 Szenen, bei denen eine plötzliche Gefahr zu einer Gefahrenbremsung führen soll. Je nach dem Reaktionsvermögen der Testperson und deren »voraussehenden Fähigkeiten« fällt die Reaktionszeit entsprechend länger oder kürzer aus. Folge ist dann ggf. ein Unfall. Diese kurzen Filmszenen thematisieren unterschiedliche Belange der Verkehrssicherheit und können durch den Moderator vertieft werden. Zum Beispiel: Verhalten an Haltestellen, Kinder, motorisierte Zweiradfahrer, Senioren, unaufmerksame Verkehrspartner. Kommt es zum »Unfall«, werden auch die Aufprallgeschwindigkeit und die damit zugrunde liegende Aufprallwucht dargestellt.

Um dem Fahrer die Szenen vorzuspielen, werden diese auf eine Fläche vor der Windschutzscheibe projiziert. Für die Zuschauer steht eine Großflächenleinwand mit einem lichtstarken Projektor zur Verfügung. Zu den Szenen werden dort auch die Auswertungen bezüglich Reaktionszeit, Bremsdruck, Ausgangsgeschwindigkeit und daraus resultierend, der Reaktions- und Bremsweg angezeigt. Durch den Moderator können mittels Fernbedienung die Einflussfaktoren Ausgangsgeschwindigkeit, Reaktionszeit, Bremsdruck und Fahrbahnverhältnisse auf der Auswertungsanzeige verändert und die Auswirkungen der Veränderung transparent gemacht werden. Die Auswirkungen werden vergleichend mit der Ausgangssituation der Testperson dargestellt. Die Hinweise des Moderators, insbesondere die Erläuterungen zu den Messergebnissen und deren Bewertung, sind zentraler Bestandteil beim Einsatz des RTG. Deshalb ist eine professionelle Beschallungsanlage Grundvoraussetzung für den Einsatz.

Das RTG wird als logische Fortentwicklung bisheriger Reaktionstestgeräte für die Messung der Reaktionszeit verwendet. Dabei ist die Testperson nicht mehr auf ein bestimmtes Ereignis, z. B. eine rote Lampe, festgelegt, sondern muss selbst erkennen, welche Gefahr sich entwickelt. Das Steuern des Fahrzeuges mit Kuppeln, Schalten, Gas geben und Lenken macht das RTG ebenfalls realitätsnäher.

Am 9. Mai 2018 wurde die 4. Version des Fahrsimulators im Rahmen einer Unterrichtsstunde Vertretern des Kultusministeriums, des Innenministeriums und des PP München vorgestellt. Bei einer Marktschau hatte POK Niebauer, Anwenderbetreuer der VPI VE, die Software SILAB von der Firma Ergoneers als Grundlage für den neuen Fahrsimulator ausgewählt. Im Gegensatz zu dem seit 2002 im Einsatz befindlichen Reaktionstestgerät mit Realbildverfahren handelt es sich dabei um eine computergenerierte Grafiklösung. Dabei wird für den Fahrer durch Computer auf drei Bildschirmen ein Bild erzeugt, das die Sicht durch die Frontscheibe und die rechte und linke Seitenscheibe einschließlich der drei Rückspiegel darstellt. Als Hardware werden Komponenten, wie sie auch für Rennsportspiele verwendet werden, eingesetzt. Sie setzen sich aus einem Lenkrad, einer Schaltung, die sowohl als Automatik als auch als Schaltgetriebe genutzt werden kann, und einem Sitz zusammen. Der Sitz wurde federführend von PHK Schlagintweit, VPI VE, mit Unterstützung der Schreinerei des PP München auf einer Plattform montiert. Mittels eines Beamers wird die Frontsicht des Fahrers für Zuschauer auf eine Leinwand projiziert.

Die Software SILAB ist frei konfigurierbar, sodass die zu fahrende Strecke einschließlich aller im Bild erscheinender Elemente, wie z. B. Verkehrszeichen, andere Fahrzeuge und Verkehrsteilnehmer, städtische Bebauung und Landschaft, durch eine Arbeitsgruppe der VPI VE selbst erstellt werden kann.

In dieser ersten Version wird der Fahrsimulator derzeit an weiterführenden Schulen ab der 10. Klasse zur Demonstration der Gefahren der Ablenkung beim Führen von Kraftfahrzeugen durch Handybenutzung und die Beeinflussung des Fahrers bei einer Discofahrt durch laute Musik und Beifahrer eingesetzt. Je nach Finanzierbarkeit sind weitere Ausbaustufen mit Integration des Anhängers des 3. RTG geplant.

Text: **Florian Mayer**

EIN EWIGES AUF UND AB

Der Paternoster

»Paternoster« stammt aus dem Lateinischen. Vermutlich wissen selbst diejenigen, die während ihrer Schulzeit keinen Lateinunterricht besuchen durften oder mussten, dass es übersetzt »Vater unser« bedeutet. Doch wieso erhielt diese besondere Art des Aufzugs – technisch auch Personen-Umlaufaufzug genannt – ausgerechnet einen religiös anmutenden Namen? Bei der Führung einer Personengruppe durch unser 1913 von dem Architekten Theodor Fischer (1862-1938) errichtetes Polizeipräsidium München in der Ettstraße, bei der die Besichtigung des Paternosters stets ein Highlight darstellt und eine Fahrt in eben diesem schon fast obligatorisch ist, erzählte mir eine ältere Dame, dass es mit der Namensgebung Folgendes auf sich hat:

Die sich in einer Endlosschleife bewegenden, vorne offenen Fahrgastkabinen sind bildlich gesehen wie die Perlen des Rosenkranzes an einer Kette aufgefädelt. Beim Beten des Rosenkranzes lassen die Gläubigen die Perlen der Kette durch die Finger gleiten. Die Perlen bleiben dadurch stetig in Bewegung – genau wie der Paternoster. Eine entsprechende Erklärung lieferten im Anschluss auch Recherchen im Internet.

Paternoster, die während der industriellen Revolution in England entwickelt wurden, fanden ihren Weg schnell nach Deutschland. Bereits zu Beginn des 20. Jahrhunderts waren sie hierzulande in Rathäusern, Verwaltungs- und Bürogebäuden weit verbreitet. Und so wird der Paternoster im Mutterhaus der Münchner Polizei seither gerne von den Bediensteten und Besuchern genutzt. Inzwischen gibt es aufgrund einer seit 1974 gültigen Verordnung, dass neue Paternoster nicht mehr in Betrieb genommen werden dürfen, leider nur noch wenige Aufzüge dieser Art.

2015 stand sogar der Altbestand der Personen-Umlaufaufzüge in öffentlichen Gebäuden kurz vor dem endgültigen Aus. Experten im Bundesarbeitsministerium hatten 2015 eine neue Fassung der Betriebssicherheitsverordnung erarbeitet, die besagte, dass entsprechende Beförderungssysteme nur von eingewiesenen Beschäftigten verwendet werden dürfen. Da der Paternoster im Präsidium nicht öffentlich zugänglich ist, waren die Angehörigen der Münchner Polizei zunächst fein raus. Es gab kurzerhand von der zuständigen Abteilung für die Liegenschaften eine Handlungsanleitung zur Nutzung des Paternosters an alle Mitarbeiter des Präsidiums. Damit war die Verpflichtung zur Einweisung aller Mitarbeiter abgegolten. Doch die geplante Verordnung bedeutete in der Folge, dass Gäste künftig nicht mehr mit dem Aufzug fahren durften.

Prüfbuch Nr.
0095 - 0099
AUFZUG
LÖWENGRUBE
Aufzug im Brandfall nicht benutzen!
2 Personen
Für Behinderte und Lastenbeförderung verboten
6

Die gesetzliche Neuerung sollte am 1. Juni 2015 in Kraft treten. Doch die geplante Neufassung sorgte für viel Aufruhr, hätte in öffentlichen Gebäuden doch nur die Stilllegung von Personen-Umlaufaufzügen sichergestellt, dass Unberechtigte diese nicht weiter nutzen können.

In der Pressestelle der Münchner Polizei häuften sich zu dieser Zeit die Anfragen, wie mit der geplanten Verordnung künftig umgegangen würde. Mitunter wegen des großen medialen Interesses und der kritischen Stimmen bezüglich der geplanten Änderung einigte man sich am Ende wohl auf eine mildere Version: »Der Arbeitgeber darf Personenumlaufaufzüge von anderen Personen als Beschäftigten nur verwenden lassen, wenn er geeignete Maßnahmen zum Schutz anderer Personen vor Gefährdungen durch Personenumlaufaufzüge trifft.« (BGBl. I, S. 49).

Natürlich ist es auch dem Präsidium München ein großes Anliegen, dass für ausreichend Sicherheit gesorgt ist. Deshalb gab es bereits vor Bestehen der aktuellen Betriebssicherheitsverordnung gewisse Maßgaben für die Nutzung des Paternosters.

Zum einen ist er nur zu Bürozeiten von Montag bis Freitag von ca. 07:00 bis 16:00 Uhr in Betrieb, wenn die technisch versierten Hausmeister, die sich mit der Betriebsanlage auskennen, im Dienst sind und sich um Störungen kümmern können.

Zudem regeln mehrere Warn- und Hinweisschilder die Nutzung. Es dürfen pro Kabine – insgesamt sind es 12 – maximal zwei Personen einsteigen. Die Nutzung für Behinderte, zur Lastenbeförderung und im Brandfall ist untersagt. In den Kabinen stehen Haltegriffe zur Verfügung. Zudem gibt es in den einzelnen Etagen jeweils einen Knauf für die Notbremse.

In all den Jahren, seit die Münchner Polizei in die Ettstraße eingezogen ist, stand der Paternoster ein paar wenige Male still. Um die Jahrtausendwende mussten die technischen Anlagen überholt werden. Über die Zeit hatten sich insbesondere die Zahnräder abgenutzt. Zweimal war die Anlage defekt, weil Handwerker die Größe ihrer Leitern unterschätzt hatten; diese verkeilten sich und sorgten für längeren Stillstand. Zum Glück konnte der Schaden mit viel Aufwand behoben werden.

Und so drehen sich die Fahrgastkabinen des Paternosters im Polizeipräsidiums München nun hoffentlich noch viele Jahre weiter und verbreiten nostalgisch ihren Charme.

Text: **Elizabeth Matzinger**

021

DER GOLDENE APFEL

Ausgezeichnete Pressearbeit beim Amoklauf im OEZ

Der sonnige Spätnachmittag am Freitag, 22. Juli 2016, animiert die Münchner Bürgerinnen und Bürger dazu, es sich gut gehen zu lassen; zahlreiche Menschen shoppen bzw. kaufen für das bevorstehende Wochenende ein – so auch im Olympia-Einkaufszentrum (OEZ). Das an der Hanauer Straße 68 (Moosach) gelegene OEZ ist eines der größten Einkaufszentren Bayerns. Allein die Verkaufsfläche beträgt 56 000 qm, täglich kommen durchschnittlich 33 400 Besucher in das OEZ. Diese Daten sind ein rein statistischer Wert, gleichwohl werden sie für die Münchner Polizei an diesem Nachmittag eine wichtige Rolle spielen. Dies ahnen zu diesem Zeitpunkt weder die OEZ-Besucher noch die Einsatzkräfte des PP München und dann: Ab 17:51 Uhr gehen bei der Einsatzzentrale (EZ) zeitgleich mehrere Anrufe ein, in denen mitgeteilt wird, dass im Bereich des OEZ mehrere Schüsse zu hören waren. Aufgrund der unterschiedlichen Standorte der Mitteiler und dem Hinweis, dass ein roter Mercedes, der mit zwei Insassen besetzt war, in schneller Geschwindigkeit von dieser Örtlichkeit weggefahren wurde, stellt sich eine Lage dar, von der anzunehmen ist, dass mehrere bewaffnete Täter um sich geschossen hatten und zumindest zwei Täter nun mit einem Auto im Stadtgebiet unterwegs sind.

Es kann nicht ausgeschlossen werden, dass ein Anschlag verübt worden ist, denn seit Anfang 2015 hatte es in Europa, insbesondere in Frankreich und Belgien, eine Reihe islamistischer Terroranschläge gegeben; der letzte größere forderte am 22. März 2016 in Brüssel zahlreiche Tote und Verletzte. Ferner war es am 18. Juli 2016 kurz vor dem Haltepunkt »Würzburg-Heidingsfeld« in einem Regionalzug zu einem massiven Messer-/Axtangriff durch einen 17-jährigen Afghanen auf Mitreisende gekommen. Der Täter hatte »Allahu Akbar« gerufen und sich dem Zugriff durch das SEK massivst widersetzt, indem er die Beamten mit einer Axt brutal angriff. Vor diesem Hintergrund muss der »Höhere Beamten vom Dienst« (HvD), der sofort nach Bekanntwerden der Ereignisse die Einsatzleitung übernimmt, die aktuelle Lage beurteilen. Bereits nach zehn Minuten ist POR Martin Rieder als HvD am Ort des Geschehens, vor ihm sind bereits eine Vielzahl an Streifenbesatzungen im OEZ-Bereich eingetroffen. Unverzüglich beginnt der HvD mit dem Aufbau einer »Besonderen Aufbauorganisation« und bildet entsprechende Einsatzabschnitte, allen voran die Einrichtung der Kräftesammelstelle sowie die Evakuierung aller im OEZ befindlichen Personen. Zeitgleich setzen Passanten die ersten Informationen über die sozialen Netzwerke ab, vor allem über WhatsApp-Gruppen. Fernsehbilder zeigen einen Täter, der vor einer McDonald's-Filiale am OEZ mehrmals gezielt auf Passanten schießt.

Pressestelle des Jahres 2016 Sonderpreis

Fortfolgend überschlagen sich nun die Ereignisse und was niemand erahnen konnte: In der Zeit von 17:51 bis 24:00 Uhr werden in der Einsatzzentrale 4 310 Notrufe eingehen. Insgesamt erfolgen für das Stadtgebiet 310 Mitteilungen mit Amokbezug. Davon werden einundsiebzig Mal Schüsse gemeldet. Glücklicherweise können diejenigen Einsatzkräfte, die unverzüglich zu den jeweils angegebenen Örtlichkeiten gefahren waren, keine dieser Meldungen als wahr bestätigen. Dennoch darf eines nicht vergessen werden: Alle Beamten, die zu den jeweils gemeldeten »Tatorten« fuhren, taten dies in dem Bewusstsein, dort Verletzte oder gar Tote vorzufinden sowie auf bewaffnete Täter zu treffen, die zu allem entschlossen sind und auch vor dem Einsatz ihrer Waffen gegen Polizisten keine Hemmungen haben.

Alle denk- und verfügbaren Kräfte werden alarmiert, denn es gilt, den Münchner Bürgern den höchstmöglichen Schutz zu geben. Zahlreiche Beamte des PP München, die sich in ihrer Freizeit befanden, treffen zum Teil noch vor ihrer Alarmierung auf ihren Dienststellen ein, da sie aus den Medien von den Geschehnissen gehört und sich sofort eigenständig in den Dienst versetzt hatten! Ferner kommen nach ihrer Alarmierung massive Kräfte der Bayerischen Bereitschaftspolizei, der Bundespolizei und Spezialkräfte aus verschiedenen Bundesländern nach München. Überdies wird auf entsprechende Anforderung die GSG 9 eingeflogen und auch die österreichische Spezialeinheit »Cobra« eilt nach entsprechendem Ersuchen zur Unterstützung in die bayerische Landeshauptstadt. Flankierend ist die bayerische Hubschrauberstaffel mit allen verfügbaren Maschinen eingesetzt. Ferner werden Kriminalbeamte des Bayerischen Landeskriminalamtes (BLKA) sowie Polizeikräfte der PP Oberbayern Nord und Oberbayern Süd aktiviert, die auf den Autobahnen Kontrollstellen einrichten.

Polizeivizepräsident Werner Feiler leitet vom Polizeipräsidium aus diese Großlage. Er steht mit dem Innenministerium und der Münchner Stadtspitze in ständigem Kontakt, um den politisch Verantwortlichen ein dezidiertes Bild von der aktuellen Lage in München zu vermitteln. Allein die Tatsache, dass innerhalb von zwei Stunden ca. 2 300 Beamte (taktisch über das gesamte Stadtgebiet verteilt) eingesetzt sind, legt ein deutliches Zeugnis von deren Motivation sowie der Organisationseffizienz ab. Nichts wird dem Zufall überlassen, denn es gilt, weitere Gefahren abzuwehren und den/die Täter festzunehmen. Um dies zu gewährleisten, wird konsequenterweise polizeilich angeordnet, sowohl den öffentlichen Personennahverkehr (ÖPNV) als auch den Schienenfernverkehr in München einzustellen. Über Rundfunk-/Fernsehmitteilungen sowie mittels des Warn- und Informationssystems »KATWARN« und des Facebook »Safety Check« wird die Bevölkerung aufgefordert, öffentliche Plätze zu meiden und sich in ihren Büros/Wohnungen aufzuhalten, um keiner Gefahr ausgesetzt zu sein.

Nun setzt etwas ein, mit dem nicht zu rechnen war: Spontan gewähren Bürger auf die unterschiedlichste Weise Passanten eine Bleibe. Mittels des Hashtags »#Offene Tür« ist auf Twitter zu sehen, wer und wo Passanten in seiner Wohnung/Haus aufnimmt. Gaststätten, Hotels sowie Kaufhäuser gewähren kostenlosen Schutz für Personen, die aufgrund des eingestellten ÖPNV nicht mehr nach Hause kommen. Aus Sicht der Bevölkerung ist es naheliegend, auch bei Behörden Hilfe zu bekommen – beispielsweise finden Schutzsuchende in der Staatskanzlei, im Polizeipräsidium und auf Polizeiinspektionen einen sicheren Aufenthaltsort. Zudem werden ca. 500 aus dem OEZ Evakuierte mit Bussen in die im Olympiagelände befindliche Werner-von-Linde-Halle gefahren, um ihnen Schutz und so früh wie möglich Kriseninterventionshilfe zukommen zu lassen. Die im OEZ-Bereich eingesetzten Beamten sind einer extrem hohen Stressbelastung ausgesetzt; ihnen ist bewusst, dass sie unvermittelt dem/den Täter(n) gegenüberstehen und somit in Lebensgefahr geraten können. Auch die Tatsache, dass sie in dieser Situation von ihrer Schusswaffe Gebrauch machen müssen, erhöht deren Anspannung enorm.

Obwohl es in Deutschland eine derartige Lage noch nie gegeben hatte und München sich nahezu in einem Ausnahmezustand befindet, greifen alle polizeilichen Bemühungen zur Beruhigung der Bevölkerung.

Neun Stunden nach dem Einsatzbeginn tritt am Samstagmorgen, 23. Juli 2016, um 2:00 Uhr, Polizeipräsident Hubertus Andrä vor die im Medienzentrum des Polizeipräsidiums zahlreich versammelten Journalisten, um in einer Pressekonferenz sowohl ihnen als auch der Bevölkerung klare Informationen über die Geschehnisse und die aktuelle Lage zu geben. Er teilt mit, dass ein als Einzeltäter agierender 18-jähriger Deutsch-Iraner aus München neun Personen und sich selbst erschossen hatte; 21 Verletzte waren von Münchner Rettungsdiensten in Krankenhäuser transportiert worden, fünf Personen wurden mit Privat-Kfz in Kliniken gebracht. Weitere leicht verletzte Opfer hatten sich selbstständig zur medizinischen Behandlung begeben. Um 11:30 Uhr desselben Tages gibt der Polizeipräsident eine zweite Pressekonferenz, in der er weitere Einzelheiten zu diesem Fall bekannt gibt.

Erfreulicherweise normalisierte sich nach diesen höchst dramatischen Stunden das Alltagsleben in München sehr schnell. Wesentlich hierzu beigetragen hatte die Erkenntnis der Bürger, dass die Münchner Polizei alles in ihrer Macht Stehende aufgeboten hatte, um den Menschen einen höchstmöglichen Schutz zu bieten und objektiv tatsächlich keine Gefahr mehr bestand.

Nachfolgend erhielt die Münchner Polizei für ihren Einsatz und die dabei an den Tag gelegte Leistungsfähigkeit nationales und internationales Lob. Vor allem das zielorientierte, schnelle und entschlossene Handeln, einhergehend mit der beeindruckenden Einsatztaktik sowie das redliche Bemühen, die Bevölkerung maximal zu schützen und zu beruhigen, wurden als vorbildlich bezeichnet. Seitens der Politik brachten der Bayerische Innenminister und der Bundesinnenminister ein hohes Lob auf die Münchner Polizei aus, Bundeskanzlerin Angela Merkel sprach von »großartigen Sicherheitskräften!«. Münchner Bürger kamen mit Blumensträußen zu einzelnen Polizeiinspektionen und bedankten sich bei den Beamten; spontan zeigten Autofahrer bei Begegnungen mit Streifenfahrzeugen deren Besatzungen den hochgestreckten Daumen.

Eine ganz besondere Auszeichnung erhielt die Pressestelle des Polizeipräsidiums. Kurz nach den ersten Meldungen von der entsetzlichen Tat hatte sie unverzüglich in englischer, französischer, spanischer und türkischer Sprache einen Twitterstream begonnen. Flankierend hierzu trat PR Marcus da Gloria Martins, Leiter der Pressestelle, wiederholt vor die live berichtende Presse, die er ehrlich und konsequent informierte. Dies führte zu einem erfreulichen Erfolg: Die Pressestelle des PP München wurde zur Pressestelle des Jahres 2016 ernannt. Ferner konnte Martins am 21. September 2016 beim Kommunikationskongress in Berlin den Sonderpreis des »Bundesverband deutscher Pressesprecher« für die während der Amoklage gezeigte Pressearbeit entgegennehmen – den »Goldenen Apfel«. Wiederholt und ausdrücklich betonte er, diesen stellvertretend für alle eingesetzten Kräfte in Empfang genommen zu haben, da bei der Bewältigung dieser komplexen Einsatzlage die Gesamtleistung aller zählte und die Pressearbeit bei diesem Einsatz eben nur ein Bereich von vielen war.

Text: **Walter Nickmann**

022

KRAFT, SCHNELLIGKEIT UND MUT

Der »Greif« – das Abzeichen des Unterstützungskommandos (USK)

Mit der am 1. April 1967 aufgestellten 1. Einsatzhundertschaft (EH) sowie der am 1. Juni 1969 in Dienst gestellten 2. EH (als vollständige Hundertschaft) gab es beim PP München zwei Dienststellen, die rund um die Uhr ad hoc in Zugstärke zur Verfügung standen. Beide Dienststellen hatten sich bestens bewährt. Vor dem Hintergrund der zunehmenden Einsatzbelastung war absehbar, dass die Aufstellung einer dritten EH nur noch eine Frage der Zeit sein würde. Im Sommer des Jahres 1987 kam es zur Realisierung dieser Pläne: Mitte September 1987 hatten alle drei Züge ihre Sollstärke erreicht; am 1. Oktober übernahm der Hundertschaftsführer die Einheit.

Zwei Ereignisse bedingten, dass diese Einsatzhundertschaft im Gegensatz zu den bereits bestehenden eine gänzlich andere Konzeption erhalten sollte. Zum einen waren dies die permanenten gewalttätigen Ausschreitungen um die Wiederaufbereitungsanlage in Wackersdorf sowie die Pistolenschüsse auf hessische Bereitschaftspolizisten während einer Demonstration gegen die sogenannte Startbahn West des Frankfurter Flughafens am 2. November 1987. Bei diesem Gewaltexzess kamen zwei Beamte ums Leben, sieben wurden schwer verletzt. Vier Tage nach diesen Morden ordnete der bayerische Innenstaatssekretär Dr. Peter Gauweiler die Aufstellung von sogenannten Unterstützungskommandos für Bayern an. Da auch in München ein Kommando aufzustellen war, bot sich hierfür die 3. EH als »USK München« an. Neben der allgemeinen Unterstützung des Vollzugsdienstes im Stadtgebiet war von Anfang an klar, dass für diese Dienststelle völlig neue Aufgaben hinzukommen würden. Das USK München sollte auf der Grundlage des USK-Konzeptes befähigt werden, bei Aufzügen, Versammlungen bzw. Demonstrationen und sonstigen Veranstaltungen, wie z. B. Fußballspielen mit gewalttätigem Störerpotenzial, rechtskonform sowie zielführend zur schnellen Bereinigung dieser Einsatzlagen einsatzbereit zu sein und eine gerichtsverwertbare Beweissicherung der jeweiligen Ereignisse sicherzustellen.

Rasch zeigte sich der Dualismus sowie die Stärke der 3. EH (USK): Die Verwendung zur Verhütung bzw. Unterbindung gewalttätiger Ausschreitungen schloss den Einsatz als »normale« EH nicht aus. Das USK absolviert zwar eine spezifische Ausbildung und verfügt über eine spezielle Ausstattung, es ist aber kein »SEK-light«. Seine Einsätze liegen grundsätzlich unterhalb der Schwelle, bei der das SEK eingesetzt wird. Im Gegensatz zur 1. und 2. EH, die reine Ausbildungsdienststellen für neu nach München gekommene Vollzugsbeamte darstellen, war die Personalrekrutierung für die 3. EH (USK) eine völlig andere. Hier mussten eine gezielte Personalauslese sowie eine spezifische Ausbildung der

30 JAHRE USK MÜNCHEN
1987
2017
POLIZEI
USK

rekrutierten Beamten, die alle eine Einzeldiensterfahrung haben müssen, erfolgen.

Zudem waren die Aus- und Fortbildungsinhalte der 3. EH (USK) auf einer völlig anderen Ebene anzusetzen. Zwingend war es erforderlich, dass jeder USK-Bewerber seine Eignung in einem genau festgelegten Einstellungstest nachweisen musste; dies wurde auch bis heute beibehalten. Einen besonderen Ausbildungsschwerpunkt bilden die Zugriffstechniken und die Einsatzkommunikation.

Von Anfang an kamen die Kernkompetenzen des USK zum Tragen: Insbesondere bei Demonstrationen, den wöchentlichen Fußballeinsätzen, Razzien im kriminellen Milieu, Wohnungsdurchsuchungen bei gewaltgeneigten Personen, speziellen Gefangenentransporten usw. war das USK permanent präsent. Das polizeiliche Gegenüber erkannte sehr rasch, dass die USK-Beamten das ihnen zur Verfügung stehende rechtliche Befugnisinstrumentarium konsequent umsetzten. Die USK-Beamten kamen und kommen häufig in höchst konfliktträchtigen Situationen zum Einsatz. Aufgrund dessen geriet das USK auch mitunter in die Kritik. Besonders deutlich wurde dies anlässlich des sogenannten Münchner Kessels am Vormittag des 6. Juli 1992 während des Münchner Wirtschaftsgipfels (MWG '92). Ferner kam es infolge einiger Fußballeinsätze mehrmals zu Anschuldigungen gegen USK-Beamte. In der Tat zeigt das USK allein durch seine Ausrüstung, das strukturierte Auftreten in Gruppen-, Zug- oder Hundertschaftsstärke sowie durch die Anwendung der Zugriffstechniken beim polizeilichen Gegenüber Wirkung. Sein Einsatzwert liegt aber auch und gerade in der Möglichkeit des offensiven und zielgerichteten Vorgehens gegen gewaltbereite Störer.

Bei einer Vielzahl von Einsätzen zeigte sich deutlich, dass das USK in der Lage ist, ohne Vorlaufzeit schwierige Einsätze abzuarbeiten. Gerade die Doppelfunktionalität in Form des Tätigwerdens als Einheit für besondere Aufgaben sowie als konventionelle 3. Einsatzhundertschaft macht das USK zu einer nicht mehr wegzudenkenden Dienststelle im Bereich des PP München mit stetig steigendem Aufgabenspektrum.

Bereits seit dem Jahr 2005 tragen die USK-Beamten nicht mehr grüne Einsatzanzüge, sondern dunkelblaue (»parisblue«) Einsatzoveralls. Dieser Overall weißt eine spezifische Besonderheit auf: den (babylonischen) Greif! Dieses der Heraldik entliehene Wappentier ist das Abzeichen des USK. Der Greif hat den Rumpf und die Hinterbeine eines Löwen, der Kopf ist dem Adler entliehen und durch einen ausgeprägten Schnabel sehr markant; überdies verfügt dieses Fabelwesen über majestätische Flügel/Schwingen. Somit steht es als ein Sinnzeichen für Kraft, Schnelligkeit sowie Mut und zeugt hierdurch von einigen Attributen, die Beamte des USK aufweisen müssen, um im Einsatz bestehen zu können.

Text: **Walter Nickmann**

STÄNDIGER BEGLEITER DER TODESERMITTLER

Der Leichenkoffer

Auch wenn dieses Thema in der heutigen Gesellschaft häufig ausgeblendet wird, so zählt es doch unter anderem zu den täglichen Aufgaben der Münchner Polizei: Die Ermittlung und Bearbeitung von Todesfällen. Rechtlich betrachtet muss, sobald ein Mensch verstirbt, ein Arzt am Verstorbenen eine Leichenschau durchführen. Auf der hierüber zu erstellenden Todesbescheinigung hat der Arzt drei Möglichkeiten, eine Todesart festzustellen: Eine natürliche Todesart, eine nicht natürliche Todesart oder eine ungeklärte Todesart.

Bei den meisten Todesfällen wird auf eine natürliche Todesart erkannt, zum Beispiel bei schwerer Krankheit. Bei Anhaltspunkten für ein Unfallgeschehen oder einen Suizid ist zwingend eine nicht natürliche Todesart zu bescheinigen. Sofern der leichenschauende Arzt keine Aussage zur Todesursache treffen kann, bleibt ihm die Möglichkeit, eine ungeklärte Todesart zu attestieren. Bei sämtlichen Fällen von ungeklärter oder nicht natürlicher Todesart muss zwingend die Polizei verständigt werden, auch wenn kein Verdacht auf ein Verbrechen oder ein Tötungsdelikt besteht. Die Polizei hat in solchen Fällen vor allem die Aufgabe, die Hintergründe des Todesfalles zu untersuchen, die Angehörigen zu verständigen und zu klären, ob möglicherweise ein Verbrechen vorliegt – oder nicht.

So weit die Theorie, aber wie sieht das Ganze in der Praxis aus? Mitteilungen über Sterbefälle erreichen die Münchner Polizei auf unterschiedlichste Weise. In der Regel teilen Krankenhäuser, die Rettungsleitstelle, Altenheime oder Pflegedienste der Einsatzzentrale der Polizei einen Todesfall mit. Manchmal wenden sich Nachbarn des Verstorbenen an die Polizei und teilen mit, dass man diesen länger nicht gesehen habe, dass der Briefkasten überquelle und dass es im Haus komisch rieche. In Extremfällen kommt es auch vor, dass Personen, die Suizid begangen haben, von Angehörigen oder, sofern der Suizid im Freien geschehen ist, von Passanten aufgefunden werden.

Im Regelfall wird zunächst eine uniformierte Streife des örtlichen Reviers zum Ablebensort beordert. Sofern eine ungeklärte oder nicht natürliche Todesart bescheinigt wird, verständigt die Streife zu Tagdienstzeiten die Todesermittler der Münchner Kriminalpolizei, welche beim Kommissariat 12 arbeiten, und nachts den Kriminaldauerdienst. Die Kriminalbeamten begeben sich anschließend zum Sterbeort und versuchen dort, Hinweise auf die Todesursache zu erlangen und die Umstände zu ermitteln, unter denen der Verstorbene zu Tode gekommen ist. Dies geschieht durch die Befragung von Nachbarn, Zeugen und, sofern vorhanden, Angehörigen, durch eine Nachschau in der Wohnung des Verstorbenen, durch die Sichtung von medizinischen und persönlichen Unterlagen und, nicht zuletzt, durch die präzise Begutachtung und Beschreibung des Leichnams.

Die Todesermittler, welche tagtäglich mit solchen Fällen konfrontiert sind, haben die hierfür benötigte Ausrüstung meist in ihrem persönlichen Einsatzkoffer dabei. Den Beamten des Kriminaldauerdienstes stehen hierfür sogenannte Leichenkoffer zur Verfügung, die zum Einsatz mitgenommen werden. Diese geräumigen Aluminiumkoffer enthalten zahlreiche wichtige Ausrüstungsgegenstände, wie zum Beispiel Meterstäbe, Kleiderscheren, Schutzanzüge, Thermometer, Einmalhandschuhe und Desinfektionsmittel. Jeder Beamte führt zudem seine persönliche Ausrüstung mit sich, zum Beispiel Taschenlampen, Fotokameras, notwendige Formulare, Asservatenbeutel und Diktiergeräte. All dies ist notwendig, um sowohl den Sterbeort als auch den Leichnam des Verstorbenen so genau wie möglich dokumentieren zu können.

Sobald die Ermittlungen vor Ort abgeschlossen sind, verständigt die Kriminalpolizei den Bestattungsdienst, welcher den Leichnam anschließend ins Institut für Rechtsmedizin bringt. Am nächsten Werktag entscheidet bei jedem ungeklärten oder nicht natürlichen Todesfall die Staatsanwaltschaft, ob der Verstorbene obduziert wird. Erst nach dieser Entscheidung beziehungsweise nach der Obduktion ist der Leichnam zur Bestattung freigegeben und kann beigesetzt werden. Verantwortlich für die Bestattung sind die Angehörigen des Verstorbenen. Allerdings kommt es nicht selten vor, dass keine Angehörigen ermittelt werden können. In solchen Fällen veranlasst die zuständige Kommune die Bestattung und übernimmt hierfür auch die Kosten.

Zugegeben wird hier durch die Kriminalpolizei ein nicht unerheblicher Aufwand betrieben, um die Hintergründe von Todesfällen aufzuklären, auch ohne den Verdacht auf ein Tötungsdelikt. Pro Jahr bearbeiten Todesermittler und Kriminaldauerdienst immerhin etwa 2500 solcher Todesfälle. Allerdings hat die Erfahrung gezeigt, dass es vielen Hinterbliebenen in der Trauerbewältigung sehr hilft, wenn die Todesumstände eines Angehörigen möglichst umfassend aufgeklärt werden. Und auch wenn zu einem Verstorbenen keine Familienangehörigen bekannt sind, so ist es doch unerlässlich, den Todesfall gründlich aufzunehmen und zu untersuchen. Schließlich muss in jedem Fall geklärt werden, ob ein Verbrechen vorliegt. Auch dauert es in der Anonymität der Großstadt teilweise Wochen, bis ein Verstorbener aufgefunden wird. Mitunter kann die Aufnahme solcher Todesfälle auch sehr unappetitlich und belastend sein. Oft genug kommen hier teilweise tragische Schicksale ans Licht, geprägt von psychischen Erkrankungen, Verwahrlosung, Alkoholismus oder Drogenmissbrauch sowie, nicht selten, Vereinsamung. Dennoch: Eine gründliche Aufnahme von Todesfällen ist immer unerlässlich. Denn gäbe es einen dramatischeren Fehler, als dabei ein Verbrechen zu übersehen?

Text: **Matthias Pötsch**

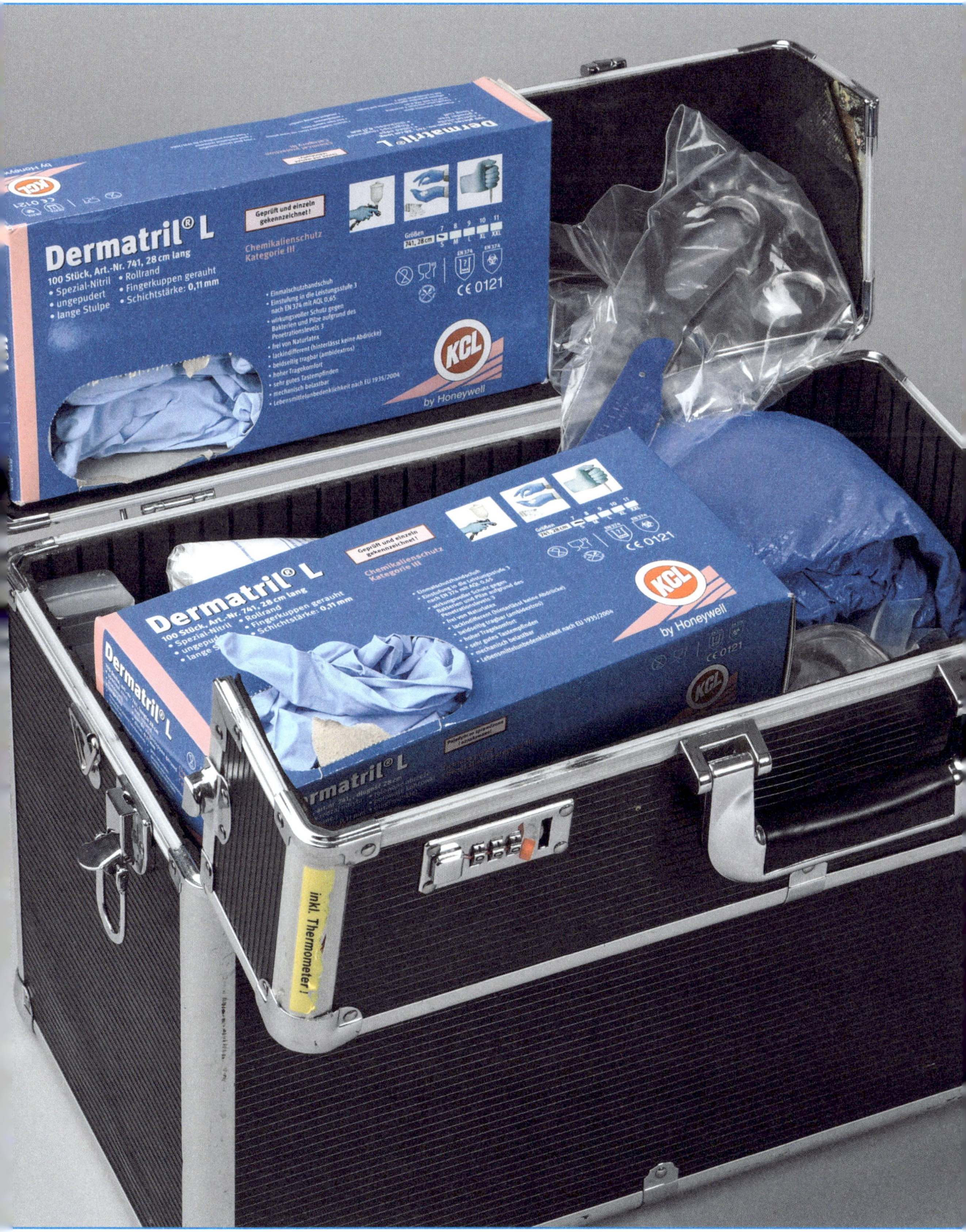
Dermatril® L
100 Stück, Art.-Nr. 741, 28 cm lang
• Spezial-Nitril • Rollrand
• ungepudert • Fingerkuppen gerauht
• lange Stulpe • Schichtstärke: 0,11 mm
Geprüft und einzeln gekennzeichnet!
Chemikalienschutz Kategorie III
CE 0121
KCL
by Honeywell
inkl. Thermometer!

024

EIN MORD SCHOCKT MÜNCHEN

Der Mordfall Sedlmayr

Der Mord an dem berühmten bayerischen Volksschauspieler Walter Sedlmayr vor fast 30 Jahren ist als einer der spektakulärsten, umfangreichsten und kompliziertesten Mordfälle in die bayerische Kriminalgeschichte eingegangen. Allerdings können sich die wenigsten noch an die Hintergründe erinnern und viele glauben noch heute, der Fall sei nie geklärt worden. Da dieser »Jahrhundertfall« ein dickes Buch füllen würde, wollte man sämtliche Facetten beschreiben, hier zumindest die wichtigsten Fakten:

Aufgefunden wurde die schrecklich zugerichtete Leiche des berühmten Schauspielers am Sonntag, dem 15. Juli 1990, in den späten Abendstunden durch den 27-jährigen Privatsekretär. Wie rekonstruiert werden konnte, wurde Sedlmayr in seiner Wohnung überfallen, geschlagen und mittels Klebeband gefesselt und geknebelt. Sodann schleppte man ihn ins Schlafzimmer und warf ihn dort bäuchlings auf sein Bett. Mit einem Küchenmesser aus seinem Besitz, Klingenlänge 30 cm, schnitt man ihm den Hals unterhalb des Kinns vom linken zum rechten Ohr auf, ohne aber die Hauptschlagadern zu eröffnen. Dann stach man ihm das Messer in seiner gesamten Klingenlänge links und rechts in die Nieren. Endgültig getötet wurde er durch wuchtige Schläge mit einem 1000 g schweren Schlosserhammer auf den Kopf, die das Schädeldach fast vollständig zertrümmerten. Dieser Schlosserhammer, der an den Tatort mitgebracht und dort zurückgelassen wurde, sollte zum Symbol dieses außergewöhnlichen Falles und letztendlich auch der Schlüssel zur Aufklärung werden.

Am Montag, 16. Juli 1990, brach ein gigantischer Mediensturm los. Unter der bayerischen Bevölkerung machte sich Fassungslosigkeit breit. Hauptsächlich aber deswegen, weil dieser beliebte Ur-Bayer, diese Ikone bajuwarischer Lebensart, dieses »gestandene Mannsbild«, schwul gewesen sein soll.

Da die Täterschaft ungeklärt war, setzte der vom Gericht bestimmte Nachlassverwalter des auf 17 Millionen geschätzten Gesamtvermögens eine Belohnung von 500 000 DM für Hinweise aus, die zur Aufklärung des Verbrechens führen würden. Es war die höchste Auslobung, die jemals bei einem Mordfall angeboten wurde.

Kein Wunder, dass schon in den ersten Tagen Hunderte von Hinweisen bei der rasch gegründeten, 35-köpfigen »SOKO-Sedlmayr« eingingen, wobei die meisten Hinweisgeber einen Zusammenhang mit der sexuellen Orientierung des Opfers vermuteten. Was wohl damit zu tun hatte, dass Sedlmayrs sexuelle Veranlagung Schwerpunkt der medialen Berichterstattung war.

Die Tatortarbeit in der 250 m^2 großen Wohnung in der Schwabinger Elisabethstraße sollte ein ganzes Jahr in Anspruch nehmen und verlangte der Spurensicherung Höchstleistungen ab. 240 Fingerspuren sowie Haar-, Faser-, Blut- und andere Spuren mussten mit Personen aus dem riesigen Bekanntenkreis des Tatopfers verglichen werden. Die Tatzeit konnte ziemlich exakt auf die Zeit zwischen 18:00 und 19:00 Uhr eingegrenzt werden. Die Spurenlage deutete darauf hin, dass es sich um mindestens zwei Täter gehandelt haben dürfte, möglicherweise auch um mehr. Ein gewaltsames Eindringen in die Tatwohnung konnte ausgeschlossen werden, sodass die Täter entweder eingelassen wurden oder einen Schlüssel hatten.

Als Glücksfall erwies sich die ziemlich rasche Ermittlung von mehr als 50 Sexualpartnern des Schauspielers, die eine erste wichtige Erkenntnis ermöglichten: Die Sexszenerie am Tatort war vorgetäuscht. Die tatsächlichen sexuellen Praktiken des Schauspielers – und wer hätte diese besser beschreiben können als seine Sexualpartner – waren nicht kompatibel mit den Präservativen, Gleitcremes und Peitschen, die im Tat- bzw. Schlafzimmer allzu auffällig drapiert worden waren. Die Ermittler sollten wohl etwas glauben, was nachweislich – so auch die rechtsmedizinische Untersuchung – nicht stattgefunden hat.

Ebenso zügig konnte ein weiteres dunkles Kapitel im Leben des Walter Sedlmayr abgeklärt werden: Seine Vorliebe für Kunst und Antiquitäten, egal woher diese stammten. War es doch kein Geheimnis, dass er sich schon einmal im Zusammenhang mit dem spektakulären Diebstahl der »Blutenburger Madonna« in Untersuchungshaft befunden hatte. Nicht wenige glaubten auch, dass er evtl. in mafiöse Strukturen verstrickt gewesen sein könnte. Um es vorwegzunehmen: Auch diese Spur konnte ausgeschlossen werden, sodass letztendlich alles auf eine Beziehungstat hindeutete.

Als Erster wurde der junge Privatsekretär und Auffindungszeuge unter die Lupe genommen. Wie sich allerdings herausstellte, hatte er, Sedlmayrs neuer Liebling, kein Tatmotiv. Ganz im Gegenteil. Durch den Tod seines Gönners stand er plötzlich vor dem Nichts. Also fälschte er noch in derselben Nacht ein Testament, in das er sich als Universalerbe eintrug. Dumm war nur, dass es mit Schreibmaschine geschrieben war und dass die Unterschrift Sedlmayrs als Fälschung erkannt wurde. Immerhin aber deutete dieser Verzweiflungsakt darauf hin, dass der Sekretär vom Tod seines Chefs tatsächlich überrascht worden war, und so konnte er nicht nur als Täter ausgeschieden werden, er wurde sogar noch zu einem der wichtigsten Zeugen.

Mehr und mehr geriet nun der Ziehsohn und Geschäftspartner Sedlmayrs in den Fokus der Ermittler. War es doch schon Monate vor der Tat zu einem tiefen Zerwürfnis zwischen den beiden gekommen, nachdem Sedlmayr erfahren hatte, durch Warenverschiebungen aus dem gemeinsamen Lokal betrogen worden zu sein. Dieser Streit spitzte sich schließlich am Samstag, dem 14. Juli 1990, dramatisch zu, als in der Abendzeitung zu lesen war, dass der Geschäftspartner Sedlmayrs eine Rentnerin um ihr Grundstück in Spanien betrogen haben soll. Sedlmayr fürchtete um seinen guten Ruf und geriet regelrecht in Panik. Er ließ die Gaststätte sofort schließen und kündigte seinem Ziehsohn telefonisch an, ihn am kommenden Montag wegen Betruges anzuzeigen und die Verbindung zu ihm endgültig zu lösen. Aber diesen Montag sollte Sedlmayr nicht mehr erleben …

Auffällig war auch, dass sämtliche Gegenstände, die aus der Tatwohnung entwendet wurden, einen Bezug zum Ziehsohn hatten. So fehlte u. a. ein wertvoller Münzkoffer, den er Sedlmayr als Pfand für ein Darlehen überlassen hatte. Lediglich die rotfaserigen Einlegeböden blieben zurück, deren seltene Flockfasern noch zu einem wichtigen Indiz werden sollten. Vor allem aber wurden gewisse Dokumente aus einem Tresor entwendet, darunter eine Verzichtserklärung bezüglich der gemeinsamen Gaststätte, die der Ziehsohn leichtsinnigerweise schon bei Gaststätteneröffnung wegen eines kleinen Streites unterzeichnet hatte und von der er wusste, dass sie sich als letzten Trumpf noch immer im Be-

sitz Sedlmayrs befand. Dieses Dokument hätte ihn als Nachfolger des wertvollen Pachtvertrages mit der Brauerei ausgeschlossen. Also musste es verschwinden und tatsächlich ist es auch verschwunden. Allerdings nur die Kopie, das Original wurde übersehen.

Die Ermittlungen im äußerst kriminellen Umfeld des Ziehsohnes gestalteten sich sehr schwierig. Niemand traute sich, den Mund aufzumachen. Dafür sorgte schon dessen Bruder, der den Spitznamen »Hammer-Manne« hatte, weil er angeblich jedes Schloss mit einem einzigen Hammerschlag öffnen konnte. Er galt als »Mann fürs Grobe«, war Büttel und ständiger Schatten seines ehrgeizigen, arroganten Bruders und wegen seiner Unberechenbarkeit sehr gefürchtet.

Es sollte fast ein Jahr dauern, bis die Ermittler – vor allem auch durch den erfolgreichen Einsatz der V-Männern – genügend Indizien und Beweise zusammengetragen hatten, dass es zum Erlass von Haftbefehlen gegen das Brüderpaar reichte.

Am 2. Juli 1991 war es so weit. Der Ziehsohn wurde festgenommen, den Bruder ließ man absichtlich flüchten, allerdings unter Kontrolle eines V-Mannes. Eine erfolgreiche, kriminalistische List, wie sich erweisen sollte. Natürlich lösten die Festnahme des Ziehsohnes und die angebliche Flucht von »Hammer-Manne« ein gigantisches Presseecho aus, wobei wieder und wieder der Tathammer als Symbolgegenstand dieses Falles in allen Zeitungen abgebildet war. Und tatsächlich geriet die Verlobte des Geflüchteten derart in Panik, dass sie sich tränenreich dem zweiten V-Mann anvertraute und diesem gestand, dass es sich bei dem in den Zeitungen abgebildeten Tathammer um ihren »Familienhammer« handle. Dabei beschrieb sie individuelle Merkmale, die auf keinem Bild zu sehen waren, und damit galt der Tathammer, der später übrigens auch von »Hammer-Manne« als sein Eigentum anerkannt wurde, als zugeordnet.

Die Festnahmeaktion war auch verbunden mit Durchsuchungen in mehreren Objekten. Dabei wurde auf dem Dachboden der Villa des Ziehsohnes eine hochwertige Schrotflinte aufgefunden, die der Tatbeute aus einem Raubmord an einem pensionierten Förster im Raum Schweinfurt zugeordnet werden konnte. Dieser Zufallsfund sollte aber nicht nur zur Aufklärung dieses Mordfalles führen, sondern auch zur Aufklärung mehrerer versuchter Tötungsdelikte und Raubüberfälle durch eine Bande junger Jugoslawen, darunter auch ein gewisser Boro Matic, der im Jahre 1995 am Bonner Platz den jungen Polizeibeamten Markus Jobst erschoss.

Ein weiterer Mordfall konnte geklärt werden, weil sich einer der »guten Freunde« des Ziehsohnes, ein Berufskrimineller und Hehler, der gerade eine Haftstrafe wegen Betruges absaß, als Hinweisgeber anbot. Um seine Glaubwürdigkeit zu untermauern, gab er quasi als Einstiegsempfehlung einen Hinweis zu einem ungeklärten Raubmord aus dem Jahre 1986 an einem alten Mann in München-Giesing. Den Tipp hatte er von einem Mitgefangenen erhalten, der sich in ihn verliebt hatte. Was der Verliebte allerdings verschwieg: Er war selbst einer der Täter. Die beiden anderen Täter wurden überführt und zu lebenslangen Freiheitsstrafen verurteilt, während sich der Verliebte vor Verhandlungsbeginn in seiner Zelle erhängte.

Am 23. November 1992 begann vor dem Schwurgericht München I der Prozess gegen den Ziehsohn und dessen Bruder. Kein anderer Prozess war jemals von mehr Zwischenfällen, unliebsamen Überraschungen und Skandalen durchzogen wie dieser. Mit 53 Verhandlungstagen sollte es der bis dahin längste Schwurgerichtsprozess der Münchner Justizgeschichte werden.

Am 23. Mai 1993 wurde das Urteil gesprochen. Es war von Tumulten begleitet, beide Angeklagten wurden des Saales verwiesen, die Urteilsbegründung erfolgte ohne sie. Der Ziehsohn, dem der Einsatz des Tatmessers zugeschrieben wurde, erhielt lebenslange Haft mit besonderer Schwere der Schuld, sein Bruder, dem der Tathammer gehörte, bekam lebenslang ohne Schwere der Schuld. Trotzdem wurde der Ziehsohn, der die Haft in Hessen verbüßte, im August 2007 nach nur 16 Jahren entlassen, während der Bruder in Straubing, obwohl ohne Schuldschwere, insgesamt 17 Jahre absitzen musste. Was beweist: In Bayern gehen die Uhren halt doch etwas langsamer.

Was die hohe Auslobung betraf, so erhielten die beiden V-Leute den Löwenanteil. Ein Betrag von 80 000 DM wurde dagegen unter mehreren Personen aufgeteilt.

In den folgenden Jahren wurden mehrere Anträge zur Wiederaufnahme des Verfahrens gestellt, die aber allesamt abgelehnt wurden. Allerdings setzte das Brüderpaar gerichtlich durch, dass nicht einmal mehr ihre Namenskürzel im Zusammenhang mit dem Mordfall Sedlmayr genannt werden dürfen. Deshalb wurden sie hier als Ziehsohn und »Hammer-Manne« bezeichnet.

Text: **Josef Wilfling**

025

DAS MASKOTTCHEN DER JUGENDBEAMTEN

Der Schanderl

Die Karikatur »Der Schanderl« ist das Maskottchen von 46 ausgewählten Polizistinnen und Polizisten des Polizeipräsidiums München: den Jugendbeamten[1]. Zwischen 1960 und 1970 stieg die Jugendkriminalität in München um 100 % an. Vor allem im Bereich der Gewaltdelikte war die Zahl der jugendlichen Straftäter auffallend hoch. Nachdem sozialpädagogische Ansätze allein nicht Erfolg versprechend waren, schuf das Polizeipräsidium München die Funktion des Jugendbeamten, zu diesem Zeitpunkt einmalig bei der Polizei. Zum 1. Januar 1970 wurden auf allen Münchner Polizeirevieren ein bzw. zwei ausgewählte Beamte mit den Aufgaben eines Jugendbeamten betraut, nachdem sie in mehreren Schulungen dazu unterrichtet wurden. Diese Beamten verrichteten nun ihren Dienst in legerer Zivilkleidung.

Vor allem in den ersten zehn Jahren wurde die Arbeit der Jugendbeamten, insbesondere aus dem Bereich der Sozialarbeit, heftig kritisiert, sie wurden unter anderem als »Polizei-Spitzel« bezeichnet. Dabei spielten die Beamten im Kontakt mit Jugendlichen von Anfang an mit offenen Karten und machten die Bindung an das Legalitätsprinzip deutlich. Dies bedeutet, dass sie, wie jeder andere Polizeibeamte auch, eine Straftat verfolgen müssen, wenn sie davon erfahren. Die Arbeitsweise und der Aufgabenbereich der Jugendbeamten haben sich seit damals nicht verändert.

In erster Linie nehmen Jugendbeamte Kontakt zu Kindern und Jugendlichen bzw. Gruppierungen auf, um sie von der Begehung von (weiteren) Straftaten abzuhalten. Dies findet im familiären Umfeld, in Jugendzentren und Jugendeinrichtungen, Schulen, aber auch direkt an jugendspezifischen Örtlichkeiten statt. Im optimalen Fall kann ein Vertrauensverhältnis zwischen Jugendbeamten und Jugendlichen aufgebaut werden. Hiermit soll den Kindern und Jugendlichen ein Weg ohne Kriminalität aufgezeigt, aber auch ein Ansprechpartner bei polizeilich relevanten Themen und Problemen gestellt werden.

Um diese Aufgabe erfüllen zu können, besteht ein enger Kontakt zwischen den Schulen und den Jugendeinrichtungen mit den für sie örtlich zuständigen Jugendbeamten.

Um diese Zusammenarbeit zu verstärken, beteiligen sich die Jugendbeamten seit jeher regelmäßig aktiv an Veranstaltungen für und mit Jugendlichen. Wenn die Jugendlichen mit »ihren« Polizisten Spaß haben und sie als »normale« Menschen kennenlernen, fällt es ihnen oft leichter, Fragen und

1 Die Formulierung »Jugendbeamte« gilt ab 1990 ebenfalls für Jugendbeamtinnen. Ebenso gilt dies für Schüler*innen, Lehrer*innen und Sozialpädagog*innen.

POLIZEI
POLIZEI
M HF 5016
Polizeipräsidium München
gut "drauf"
Jugendbeamte

Probleme zu äußern. Sie fühlen sich von ihnen häufig ernster genommen als von uniformierten Polizisten.

Um ihre Funktion, und auch die Zugehörigkeit zum Polizeipräsidium München, bei Veranstaltungen besser präsentieren zu können, wurde Ende der 90er-Jahre ein einheitliches weißes T-Shirt eingeführt, auf dem der »Schanderl« abgebildet war. Dieser wurde 1994 von dem Karikaturisten Horst Haitzinger entworfen und sorgt seitdem für einen hohen Wiedererkennungswert, nicht nur auf den Shirts. 2002 wurde das T-Shirt durch ein knallblaues Polo-Shirt ersetzt, der Schanderl ist natürlich geblieben.

Zur weiteren Ausstattung gehört der »Schanderl-Bus«, ein Event-Mobil, das sich alle Münchner Jugendbeamten und das K 105 (Kommissariat für Prävention und Opferschutz) teilen. Er bietet für Veranstaltungen unter anderem eine Button-Maschine und einen Foto-Drucker für die Kleinen, eine große Musik- und Videoanlage sowie eine Spielkonsole, wovon auch die etwas älteren Jugendlichen begeistert sind.

Aber natürlich sind die Jugendbeamten auch strafverfolgend tätig, wenn die Prävention an ihre Grenzen stößt bzw. sie von konkreten Straftaten erfahren. Außerdem unterstützen sie sowohl ihre uniformierten Kollegen als auch die Kriminalpolizei bei Ermittlungen, da sie ihre »Pappenheimer« kennen. Auch die Überwachung der gesetzlichen Jugendschutzbestimmungen fällt, polizeilich gesehen, vor allem in den Zuständigkeitsbereich der Jugendbeamten.

Wenn die Jugendbeamten bepackt, u. a. mit Schwimmnudeln, ihre Inspektion verlassen, sorgt das oft für Verwunderung bei den Kollegen, aber sicher auch beim Bürger. Nicht selten kommt die Frage: »Na, geht ihr schwimmen?« Dabei gehören die Schwimmnudeln wie der Moderationskoffer und Flipchart-Papier zur Grundausstattung für das Projekt »Zammgrauft« – von Antigewalt bis Zivilcourage. Gemeinsam mit durch das K 105 geschulte Lehrer/Sozialpädagogen wird dieses Präventionsprojekt seit 2001 an möglichst vielen Schulen, aber auch in anderen sozialen Einrichtungen im Bereich des Polizeipräsidiums München, durchgeführt. Dabei geht es für Kinder ab ca. elf Jahren um Selbstbehauptung, Mobbing, Zivilcourage, Kommunikationsfähigkeit und Konfliktbewältigung, sei es im Klassenrahmen oder im öffentlichen Leben. Spielerisch erarbeiten sich die Schüler diese Themen, wobei die Rollenspiele, in denen die Polizisten in die Rolle eines Kleinkriminellen schlüpfen, besonders beliebt sind.

Schon bei den etwas jüngeren Kindern setzt seit 2015 »Sei gscheid« an, das im Umgang mit den Neuen Medien sensibilisieren soll. Auf Urheber- und Persönlichkeitsrechte wird ebenso eingegangen wie auf den Konsum verschiedenster Medien. Hierbei zeigt sich sehr deutlich, wie schnell sich die Attraktivität einzelner Netzwerke bei den Kindern/Jugendlichen ändert. Der Austausch mit den Erfahrungen und dem Wissen der Schüler macht dieses Projekt besonders spannend.

Seit 2005 dient »Sauba bleim« in der Suchtprävention ab 12 Jahren. Durch Spiele, Übungen und Diskussionen ist auch dieses Projekt interaktiv gestaltet und wird von geschulten Lehrern unterstützt.

Den ersten Kontakt mit den Jugendbeamten haben die meisten Münchner Kinder Ende 2./Anfang 3. Klasse, wenn sie von ihnen ein spezielles Hausaufgabenheft überreicht bekommen. Es beinhaltet u. a. die Themen »Eigentum«, »Verkehrssicherheit« und »Schutz vor sexuellem Missbrauch«, natürlich kindgerecht aufbereitet. Das Heft gilt schon als Kultgegenstand bei den Schülern, wurde es doch bereits im Schuljahr 1996/97 erstmalig ausgegeben.

Text: **Monika König**

FÜR ALLES AUSGERÜSTET

Der Tatortbus des Kriminaldauerdienstes

So vielfältig die Aufgaben der Münchner Polizei sind, so vielfältig ist auch ihr Fuhrpark. Am geläufigsten sind im Straßenbild die blau-silbernen Streifenwagen. Weniger auffällig sind hier sinnigerweise die Fahrzeuge der Zivilstreifen. Daneben gibt es natürlich diverse Spezialfahrzeuge für Mensch, Gerät und Tier sowie die bei Veranstaltungen gerne vorgezeigten Oldtimer wie den »Barockengel«.

Auch die Kriminalpolizei arbeitet nicht nur am Schreibtisch. Für Festnahmen, Durchsuchungen, Ermittlungen am Tatort und Spurensicherung braucht es auch hier einen funktionstüchtigen Fuhrpark. Die meisten »Ausrücker«, so bezeichnet man bei der Kriminalpolizei zumeist Ermittlungen außerhalb des Büros, hat der Kriminaldauerdienst, kurz KDD. Arbeiten die regulären Kommissariate in der Regel zu den üblichen Tagdienstzeiten unter der Woche, so ist der KDD rund um die Uhr besetzt. Die Beamten des KDD sind für alle Fälle zuständig, die aufgrund der Schwere des vorliegenden Deliktes oder aufgrund der Intensität der zu treffenden Maßnahmen sofortige Ermittlungen durch die Kriminalpolizei notwendig machen. Hierzu zählen unter anderem Tötungsdelikte, Suizide, Einbruchdiebstähle, Sexualdelikte, Vermisstensachen, Raub, Erpressung sowie, je nach Einzelfall, gefährliche und schwere Körperverletzungen. Hinzu kommt eine breite Palette an Zusatzaufgaben. Egal ob jemand dem Haftrichter vorgeführt werden soll, in Eilfällen eine Telekommunikationsüberwachung eingerichtet werden muss oder einfach nur dringend eine bestimmte Kriminalakte gebraucht wird: Der KDD vertritt außerhalb der Tagdienstzeiten die gesamte Münchner Kriminalpolizei und übernimmt deren Aufgaben so lange, bis das jeweilige Fachkommissariat wieder im Dienst ist.

Der Platz, von dem aus die Koordination der Ermittlerteams erfolgt, wird beim Münchner KDD als »Aquarium« bezeichnet. In diesem in der Ettstraße befindlichen Büroraum, dessen Beiname von seinen großflächigen Glasfenstern herrührt, sind rund um die Uhr zwei erfahrene Kriminalbeamte für die Einsatzannahme und die Informationsweitergabe eingesetzt. Im Regelfall rufen die uniformierten Streifen, die als Erste am Einsatzort sind, im »Aquarium« an und schildern dort den Sachverhalt. Je nach Sachlage rücken dann ein oder mehrere Besatzungen des KDD zum Tat- oder Ereignisort aus und übernehmen dort die kriminalpolizeilichen Ermittlungen.

Bereits im Jahr 1956 hatte man, als Vorläufer des heutigen KDD, eine ständige Kriminalbereitschaft mit drei Schichten eingerichtet. In seiner heutigen Form besteht der KDD seit der Verstaatlichung der Münchner Stadtpolizei im Jahr 1975. Seit der Neuorganisation des Polizeipräsidiums München im Jahr 2008 ist der »Kriminalpolizeiliche Dauerdienst« offiziell als Kommissariat 91 benannt.

HONDA

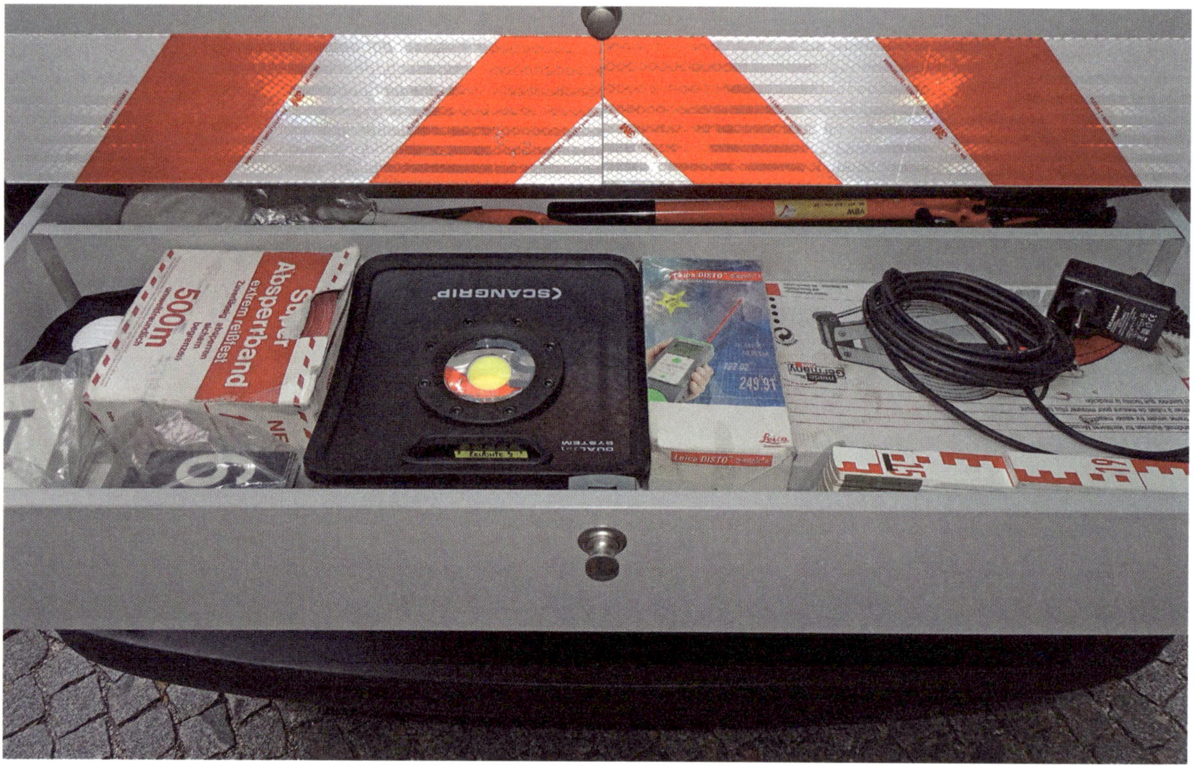
Absperrband
500m

Insgesamt beschäftigt der Münchner KDD, übrigens das größte Kriminalkommissariat in ganz Bayern, über 90 Beamte und Angestellte. Diese wiederum sind, abzüglich der Kommissariatsleitung, in vier Schichten aufgeteilt, welche nach einem festgelegten Schichtplan das gesamte Jahr abdecken. Rein formell betrachtet muss jeder Kriminalbeamte in München einmal in seinem Berufsleben für zwei Jahre beim KDD arbeiten. Da normalerweise jedes Fachkommissariat für einen speziellen Deliktsbereich zuständig ist, soll durch diese Regelung gewährleistet werden, dass bei den Beamten des KDD möglichst viel Fachwissen aus unterschiedlichen Kriminalitätsfeldern versammelt ist. Gleichzeitig sind pro Schicht mindestens vier Kriminalbeamtinnen vorgesehen. Gerade bei Sexualdelikten oder bei schweren Fällen von häuslicher Gewalt fällt es den oftmals weiblichen Geschädigten zumeist leichter, sich in der Akutphase unmittelbar nach der Tat einer Frau anzuvertrauen. Drei Angestellte pro Schicht übernehmen wichtige Zusatzaufgaben wie Datenerfassung und Verwaltungsaufgaben, die Verständigung von Dolmetschern für Vernehmungen sowie die Bedienung des beim KDD befindlichen MVG-Rechners, auf welchem die Videoaufzeichnungen aus allen Münchner U-Bahnhöfen eingesehen werden können.

Für ein derart großes Aufgabenspektrum benötigt man natürlich eine entsprechende Ausrüstung. Neben der üblichen Polizeiausstattung verfügt der KDD unter anderem über eine Geldzählmaschine, Generalschlüssel für sämtliche Dienstgebäude der Münchner Kriminalpolizei sowie zahlreiche Hilfsmittel zur Leichensachbearbeitung. Auch im Fuhrpark findet sich, neben einigen zivilen Kombilimousinen, ein besonderes Fahrzeug, der »Tatortbus«. Hierbei handelt es sich um einen Kleinbus mit Allradantrieb, welcher unter anderem mit Teleskopleuchten, einem Generator, einer separaten Batterie und diversem Werkzeug ausgestattet ist. Der Innenraum lässt sich mittels drehbarer Sitze und Ausklapptischen in ein mobiles Büro verwandeln, in dem sich auch Anschlüsse für Laptops und Drucker befinden. Außen am Fahrzeug ist für ungünstige Witterung eine Markise angebracht, ein abnehmbares Blaulicht ist natürlich obligatorisch.

War eine Abordnung zum Dauerdienst in den vergangenen Jahren, insbesondere aufgrund des Schichtdienstes, in der Kriminalbeamtenschaft eher unpopulär, so gilt der KDD heutzutage bei vielen jüngeren Kriminalbeamten als beliebte Dienststelle. Reizvoll sind insbesondere der breite Zuständigkeitskatalog, die abwechslungsreiche Tätigkeit und nicht zuletzt die Möglichkeit, bei der Aufnahme komplexer oder spektakulärer Fälle von Anfang an mit dabei zu sein – eben nicht nur am Schreibtisch!

Text: **Matthias Pötsch**

027

SCHUTZ BEI LEBENSBEDROHLICHEN EINSÄTZEN

Der SEK-Schutzhelm

Im Bereich des Polizeipräsidiums München gibt es Dienststellen, die aus verschiedenen Gründen für ihre Beamten Schutzhelme vorhalten. Beispielsweise ist aus verkehrsrechtlichen Gründen das Tragen eines Schutzhelmes für einen Streifenbeamten mit Motorrad zwingend vorgeschrieben. Kräfte von geschlossenen Einheiten führen bei Demonstrationen stets einen an ihren Einsatzanzügen befestigten Schutzhelm mit. Anders ist dies bei den Beamten des Spezialeinsatzkommandos (SEK): Wenn diese ihre Helme aufsetzen, tun sie dies nicht, um einer gesetzlichen Norm zu entsprechen, sondern um anlassbezogen ihr Leben zu schützen, denn die SEK-Kräfte kommen immer dann zum Einsatz, wenn es gilt, lebensbedrohliche Einsatzlagen zu bewältigen. Aus diesem Grunde ist der Schutzhelm der SEK-Beamten ganz speziell für extreme Einsätze konzipiert.

Allein der Begriff »Spezialkräfte« verdeutlicht deren exponierte Aufgabenstellung. Sowohl das beim PP Mittelfranken angesiedelte SEK-Nordbayern als auch das zum PP München gehörende SEK-Südbayern genießen weit über die bayerischen Grenzen hinaus ein ausgezeichnetes Ansehen. Besonders deutlich zeigte sich dies bei der 40-Jahr-Feier des SEK am 23. April 2013: Der Bayerische Innenminister Joachim Herrmann hob die Verdienste der SEK für die Sicherheit der in Bayern lebenden Bürger ganz besonders hervor. Im Rückblick auf diese Historie wird deutlich, wie sehr das dringende Bedürfnis zur Gründung des SEK durch schwerste kriminelle Handlungen indiziert war.

Erstmals zeigte sich die Notwendigkeit zur Gründung der Spezialkräfteeinheiten am 4. August 1971 bei dem Überfall auf die Deutsche Bank-Filiale in der Münchner Prinzregentenstraße 70. Hier trat ein Verbrechensphänomen zutage, das es vorher in der Bundesrepublik noch nie gegeben hatte: Eine Geiselnahme zur Durchsetzung einer Lösegeldforderung in Millionenhöhe. Während der XX. Olympischen Spiele kam es am 5. September 1972 zu einer erneuten Geiselnahme. Elf Mitglieder der israelischen Olympiamannschaft wurden von Tätern einer palästinensischen Terroristenorganisation festgehalten. Bei der Befreiungsaktion kam es zu einem Desaster: Keine einzige Geisel konnte durch die Polizei gerettet werden, zudem verstarb ein Münchner Polizeiobermeister durch einen Querschläger.

Diese tragischen Ereignisse führten zum Entschluss der Bayerischen Staatsregierung, das SEK ins Leben zu rufen: Am 1. Februar 1973 nahmen in Bayern die Spezialeinheiten ihren Dienst auf, um bei besonderen Lagen, wie z. B. Geiselnahmen, Entführungen oder der Terrorismusbekämpfung eingesetzt zu werden. Diese Dienststellen waren fortan bei den Polizeipräsidien Mittelfranken und München angesiedelt, um den nord- bzw. südbayerischen Raum abzudecken.

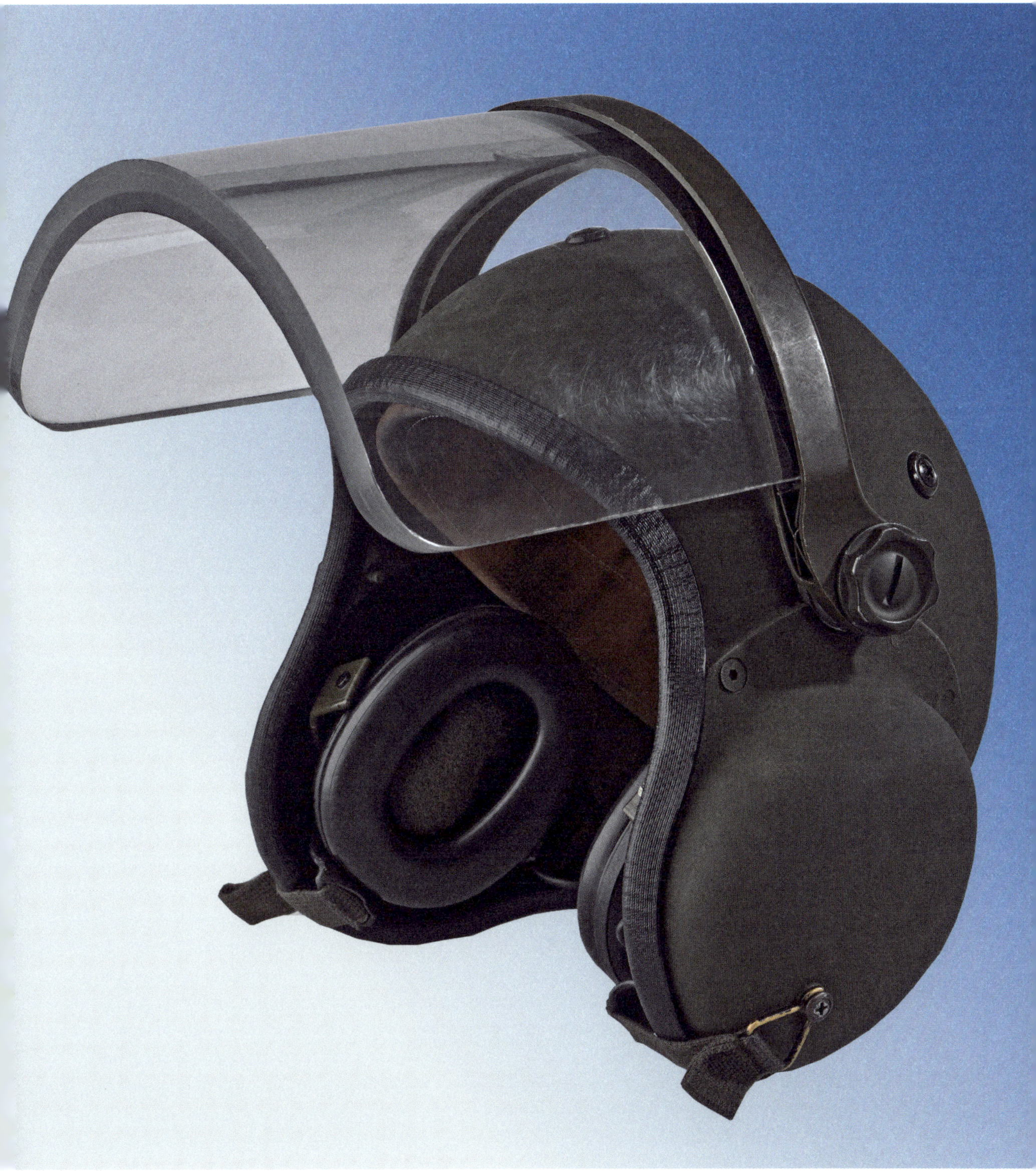

Im Februar 1974 führte ein Beschluss der Innenministerkonferenz zu einer Umstrukturierung des SEK. Eine Modifizierung dieses Konzeptes sowie der Struktur der Spezialkräfte ergab sich am 30. April 1979 infolge einer Geiselnahme in Landshut. Ähnlich des Überfalles auf die Deutsche Bank-Filiale im Jahre 1971 hatte ein 27-jähriger Metzger eine Bank überfallen und 15 Personen in seine Gewalt gebracht, um seiner hohen Geldforderung Nachdruck zu verleihen. Dieses brutale Vorgehen erforderte den raschen Notzugriff der Spezialkräfte. Alle Geiseln konnten körperlich unversehrt befreit werden, der Geiselnehmer erlitt tödliche Verletzungen. Gerade bei diesem Einsatz zeigte sich, dass ein Erfordernis für sogenannte Großgruppen bestand und diese Tag und Nacht einsatzbereit sein müssen. Dies führte zur Zusammenlegung der Spezialkräfteeinheiten zu einer Gesamtorganisationseinheit. Als Folge der dramatischen Geiselnahme am 16. August 1988 in Gladbeck (Nordrhein-Westfalen) kam es im Jahre 1991 zu einer erneuten Umstrukturierung. Auch die im November 2007 beim PP München vollzogene Polizeireform führte bei den Spezialkräften zu einer Organisationsanpassung (aus Geheimhaltungsgründen wird darauf nicht näher eingegangen).

Auswahl, Ausbildung und Training der Beamten orientieren sich an den sich immer wieder ändernden oder neu hinzutretenden Verbrechensphänomen sowie der Bandbreite der Einsatzlagen. Exemplarisch sind hier Razzien im Rockermilieu, Einsätze zur Bekämpfung der organisierten Kriminalität oder die Bewältigung von Amoklagen zu nennen. Zudem unterstützen die SEK-Kräfte die Kollegen des Streifendienstes oder der Kriminalpolizei, wenn sich herausstellt, dass seitens des polizeilichen Gegenübers Waffen, Brand-/Sprengmittel oder Ähnliches eingesetzt werden könnten oder bereits wurden. Bei den Einsätzen des SEK stehen der Schutz und die Rettung von Menschenleben im Vordergrund. Opferrettung hat immer Vorrang. Im Extremfall kann dies bis zur Abgabe des finalen Rettungsschusses auf den Täter führen.

Es versteht sich von selbst, dass die SEK-Beamten bei ihren Einsätzen einer deutlich erhöhten Gefahr ausgesetzt sind und aufgrund der exponierten Einsatzlagen, die sie zu bewältigen haben, im besonderen Blick der Öffentlichkeit stehen. In der heutigen Zeit bedeutet dies, dass die Medien live vom Einsatzort und schon während des Einsatzes durchaus kritisch berichten. Die Rekrutierung von Beamten, die ihren Dienst beim SEK ausüben wollen, erfordert ein strenges Auswahlverfahren. Jeder Bewerber muss mindestens 24 Jahre alt sein und eine mehrjährige Einzeldiensterfahrung nachweisen können. Neben diesen objektiven Kriterien haben die Bewerber in einem Sporttest sowie einem ganz speziellen psychologischen Prüfungsverfahren ihre persönliche Eignung zu zeigen. Besondere Wesensmerkmale aller Beamten sind ihre ausgesprochen starke Stressresistenz, große Sportlichkeit, kognitive Flexibilität, sehr hohe Teamfähigkeit und ein großes Maß an Besonnenheit, denn Draufgänger oder Rambo-Typen eigenen sich allenfalls in Filmszenen für das SEK. Das permanente Training aller denkbaren Szenarien ist fester Bestandteil der Aus- und Fortbildung. So verwundert es nicht, dass es längere Zeit dauert, bis ein Beamter zum Einsatz kommt. Die zu bewältigenden Einsätze sind in jeder Hinsicht fordernd. Allein die lageangepasste Schutzausrüstung wiegt durchschnittlich 20 kg. Die Stärke des SEK-Teams besteht im Verbund des Zusammenwirkens der einzelnen Gruppenmitglieder, die sich durch ihre jeweiligen Spezialausbildungen optimal ergänzen.

Jedem Beamten des SEK ist zu wünschen, dass er bei den extrem fordernden Einsatzlagen nie auf die Schutzfunkton seines Helmes angewiesen ist, denn dies würde bedeuten, dass ihm ein Straftäter eine massive Kopfverletzung, bis hin zum Kopfschuss, zufügen wollte.

Text: **Walter Nickmann**

028

FÜR MEHR VERKEHRSSICHERHEIT

Der Infostand der VPI VE

Die VPI VE ist die Präventionsdienststelle des Polizeipräsidiums München für den Verkehrsbereich. Sie nimmt an vielfältigen Informations- und Aufklärungsveranstaltungen, Tagen der offenen Tür und Messen teil. Genau genommen muss man daher eigentlich von den verschiedenen Infoständen der VPI VE sprechen, da sie je nach Anlass die unterschiedlichsten Umfänge haben.

Als Blickfang wurde 2014 ein neuer Desk entworfen und mithilfe der Betriebswerkstätte selbst gebaut. Er hat eine halbrunde Form und eine transparente Front mit dem Polizeistern und einer Silhouette von München. Er kann von hinten beleuchtet werden und hat innen Ablagefächer. Um die Holzoberfläche gegen Verkratzungen zu schützen, wurde eine Plexiglasscheibe auf der Oberseite angebracht. Er wird hauptsächlich für Veranstaltungen in Räumen genutzt, kann aber bei entsprechender Witterung auch im Freien verwendet werden.

Die einfachste Form des Infostandes kommt nach schweren Verkehrsunfällen von Senioren und Fahrradfahrern zum Einsatz. Dabei wird ein Flyer mit der Unfallursachenschilderung und Empfehlungen, wie der Verkehrsunfall hätte vermieden werden können, erstellt. Dieser wird möglichst bald nach dem Unfall an der Unfallörtlichkeit verteilt. Dabei wird ein Fahrzeug, meistens das »Infomobil«, ein VW T4 mit Hochdach, eventuell zusätzlich mit einem Stehtisch und zwei Stühlen, zwei Beamten der VPI VE und möglichst einem Kontaktbeamten der für den Unfallort zuständigen Polizeiinspektion eingesetzt. Der Flyer wird dann an die Zielgruppe, Senioren oder Fahrradfahrer, mit entsprechenden Hinweisen der Beamten ausgegeben. Die Dauer solcher Aufklärungsaktionen beträgt in der Regel zwei Stunden.

Dann gibt es Informationsstände zu bestimmten Verkehrsthemen, z. B. »Bayern mobil – sicher ans Ziel«. Dabei wird meistens ein Pavillon aufgebaut mit einem Informationstisch, teilweise auch Fahnen, sogenannte Kundenstopper, und Flyerständer. Zu verschiedenen Themenbereichen hat die VPI VE auch eigene Flyer herausgegeben, so z. B. »Toter Winkel«, »Mobil im Alter«, »Kinder im Straßenverkehr« oder »Liefern und Anfahren«, die an den Infoständen mit angeboten werden.

Bei Themen rund um den Fahrradverkehr bietet sich die Kombination mit einem Lkw zur Erklärung des »Toten Winkels« an. Dafür werden vor, hinter und an beiden Seiten des Lkws orange Planen ausgelegt. Sie zeigen die Bereiche, die vom Fahrersitz nicht eingesehen werden können. Da Lkw in der Regel geschlossene Aufbauten haben, ist die Fläche hinter dem Lkw nicht einsehbar. Hier kann eine Rückfahrkamera Abhilfe schaffen, die dem Fahrer über einen Monitor das Bild einer

Kamera, die am Heck des Fahrzeugs angebracht ist, zeigt. Auch ein Warnton, der beim Einlegen des Rückwärtsgangs ertönt, macht andere Verkehrsteilnehmer auf die Rückwärtsfahrt aufmerksam. Für die Bereiche vor und neben dem Lkw können teilweise zusätzliche Rückspiegel die nicht einsehbaren Bereiche verkleinern.

Bei ganz großen Veranstaltungen, wie dem Tag der offenen Tür im Polizeipräsidium München oder beim Bayer. Staatsministerium des Innern, kann der Infostand auch mit dem Fahrsimulator, einem Anhänger, auf dem das Vorderteil eines BMW montiert ist (siehe eigener Artikel zum Fahrsimulator der VPI VE), kombiniert werden.

Auch ein Verkehrsquiz kann angeboten werden. So wurden zum Thema Ablenkung durch das Handy verschiedene Fragen mit mehreren Antwortmöglichkeiten erstellt. In zwei Gruppen können die Teams abwechselnd Fragen beantworten und am Ende Preise gewinnen.

Eine weitere Möglichkeit ist ein Parcours für die sogenannte »Rauschbrille«. Die Rauschbrille ähnelt einer Taucherbrille und liefert ein verschwommenes Bild, so als ob man unter dem Einfluss von Alkohol stehen würde. Auf einer Plane ist ein Weg vorgezeichnet, der zurückgelegt werden muss. Dabei sind verschiedene Aufgaben zu erledigen, wie das Fangen eines Balles oder das Einfädeln eines Gegenstandes in das Loch eines Leitkegels.

Auch ein Glücksrad wird bei solch großen Veranstaltungen verwendet. Dabei können vor allem Kinder verschiedene Preise je nach dem »erdrehten« Feld gewinnen.

Polizeifahrzeuge können in Kombination mit dem Infostand präsentiert werden, z. B. Oldtimerfahrzeuge der Polizei wie der BMW 501 »Isar 12«.

In Zusammenarbeit mit anderen Dienststellen werden auch Infostände auf Messen betrieben. Auf der »f.re.e«, der Freizeit- und Reisemesse im Februar, die auf dem Messegelände in Riem stattfindet, werden verschiedene Verkehrsthemen präsentiert. Dabei wird gemeinsam mit der Pressestelle des Polizeipräsidiums München ein Messestand errichtet. Beispielsweise wurde dort 2014 das neue Punktesystem für das Verkehrszentralregister in Flensburg vorgestellt. Auch ein eigener Flyer für Caravans und Reisemobile wurde erstellt.

Bei der Motorradmesse »IMOT«, die ebenfalls im Februar im MOC veranstaltet wird, erfolgt die Zusammenarbeit mit der Pressestelle des Polizeipräsidiums München und der Verkehrspolizeiinspektion Verkehrsüberwachung (VPI VÜ), die beim PP München die einzige mit Motorrädern ausgestattete Dienststelle ist. Hier wird auf die besonderen Gefahren für Motorradfahrer hingewiesen. Dabei wurden auch schon Unfälle nachgestellt, mit Leitplanken und verunfallten Krädern.

Eine weitere Messe, auf der die VPI VE mit einem Infostand vertreten ist, ist die Seniorenmesse »Die 66«, die zuletzt im April auf dem Messegelände in Riem stattfand. Da die Lebenserwartung der Bevölkerung laufend steigt und die Senioren als Bevölkerungsgruppe ebenfalls zunehmen, sind sie für die VPI VE eine besondere Zielgruppe. Auf der Seniorenmesse wird auch für die Teilnahme an einem Sicherheitskurs für Senioren geworben. Er findet in Zusammenarbeit mit der Kriminalpräventionsdienststelle K 105 einmal im Monat im Verkehrszentrum auf der Theresienhöhe statt. An mehreren Stationen werden drei Themen aus dem Verkehrsbereich, Sehen und Hören im Straßenverkehr, Fußgänger, Radfahrer, Kfz-Führer oder toter Winkel und aus dem K-Bereich die Themen Enkeltrick, Einbruch oder Zivilcourage angeboten. Zudem finden 4- bis 6-mal im Jahr Fahrten mit einem Bus ins Tölzer Oberland statt. Neben den Vorträgen zu Präventionsthemen in einer Gaststätte werden für einen kleinen Unkostenbeitrag auch ein Mittagessen und eine Stadtführung in Bad Tölz angeboten.

Zum Jahreswechsel 2018/2019 wurde das bisherige Infomobil VW T4 mit Hochdach, noch in Weiß mit grüner Bauchbinde, durch einen Mercedes Sprinter in den neuen Farben der Polizeifahrzeuge Silber/Blau/Gelb ersetzt. Das Fahrzeug erfüllt dann mehrere Aufgaben. Es dient zum Transport des Fahrsimulators der 4. Generation (siehe Artikel über den Fahrsimulator) im Laderaum des Hecks. Außerdem befindet sich in der Mitte des Fahrzeuges ein Raum mit einem großen Fernseher, der für Infoveranstaltungen auch ausgeschwenkt werden kann.

Text: **Florian Mayer**

029

BITTE PLATZ NEHMEN!

Der Stuhl beim Erkennungsdienst

Man kennt sie häufig aus einschlägigen Illustrierten sowie aus Promi-Magazinen im Fernsehen: Sogenannte Mug Shots, zu Deutsch landläufig bezeichnet als Polizeifotos. Es handelt sich hierbei um die berühmt-berüchtigten Porträt- und Seitenaufnahmen, die gerne für die Berichterstattung über angebliche oder tatsächliche Skandale bei Prominenten herangezogen werden und die teilweise Kultstatus erreicht haben. So sind insbesondere in den USA zahlreiche berühmte »Mug Shots« entstanden, zum Beispiel von Musikern wie Johnny Cash, David Bowie, Mick Jagger und sogar Elvis Presley.

Bei der Münchner Polizei wird dieses Verfahren, zusammen mit der Erstellung einer Personenbeschreibung sowie der Abnahme von Fingerabdrücken, als »erkennungsdienstliche Behandlung«, kurz »ED-Behandlung«, seit über 100 Jahren als erfolgreiches Mittel zur Kriminalitätsbekämpfung eingesetzt. Die Spezialisten hierfür arbeiten beim Kommissariat 93 der Münchner Kriminalpolizei, besser bekannt als Erkennungsdienst.

Die ersten Ansätze für die Entwicklung der ED-Behandlung in ihrer heutigen Form lassen sich bis in das 19. Jahrhundert zurückverfolgen. Zu dieser Zeit nahmen verstärkt naturwissenschaftliche Erkenntnisse Einfluss auf die Methoden der Kriminalistik. Zahlreiche Verfahren wurden zunächst als bahnbrechende Meilensteine in der Kriminalistik gefeiert, wie das »Jodogramm«, die »Photogrammetrie« oder die »Anthropometrie«. Bereits um 1840 wurden von Straftätern auch bereits Frontal- und Seitenaufnahmen gefertigt, insbesondere für die Verwendung dieser Aufnahmen in Steckbriefen. Ab 1879 begann der Franzose Alphonse Bertillon zudem mit der Entwicklung von Verfahren für die Beschreibung von Personen sowie deren körperlichen Merkmalen. Zwischen 1892 und 1895 veröffentlichte der britische Naturforscher Francis Galton seine Erkenntnisse über die Einzigartigkeit von Fingerabdrücken, wodurch die Grundlagen für die Daktyloskopie geschaffen waren. Bei der Münchner Polizei wurde erstmals im Jahr 1907 daktyloskopiert.

Konkurrierten die einzelnen Verfahren zunächst teilweise miteinander, so wurden sie im Laufe der Jahre zur heute angewandten ED-Behandlung zusammengefasst. Vor allem die Methodik der ED-Behandlung hat sich den technischen Gegebenheiten angepasst. Wurden zum Beispiel zu früheren Zeiten Fingerabdrücke mit Druckerschwärze auf Papier abgenommen, so geschieht dies mittlerweile auf einem speziellen Scanner, über welchen die Fingerabdrücke direkt in die polizeilichen Datenbanken eingespeist werden können. Zudem wurden analoge Fotoapparate zwischenzeitlich abgelöst durch digitale Spiegelreflexkameras. Im Polizeipräsidium München gibt es in mehreren Dienstgebäu-

den Räume mit der benötigten Technik, ED-Behandlungen werden im Bedarfsfall durch den Erkennungsdienst oder durch den Kriminaldauerdienst durchgeführt. Auch die internationale polizeiliche Vernetzung ist vorangeschritten: Je nach Schwere des Deliktes, weswegen ein Straftäter erkennungsdienstlich behandelt wird, können beispielsweise Fingerabdrücke innerhalb kurzer Zeit anderen europäischen Polizeibehörden zur Verfügung gestellt und mit deren Datenbestand abgeglichen werden.

Trotz aller moderner Technik, verfeinerter Methodik und verbesserter internationaler Vernetzung gibt es im Präsidium in der Ettstraße, am Hauptsitz des Erkennungsdienstes, ein Hilfsmittel für die ED-Behandlung, welches wie aus der Zeit gefallen zu sein scheint. Die Rede ist vom sogenannten ED-Stuhl. Es handelt sich hierbei um einen schmalen, kantig wirkenden Holzstuhl, welcher auf einer den aktuellen Anforderungen angepassten, drehbaren Holzplatte montiert ist. Sobald der Straftäter, welcher erkennungsdienstlich behandelt wird, auf dem Stuhl Platz genommen hat, kann der Beamte des Erkennungsdienstes die drehbare Holzplatte mit einem Hebelmechanismus so drehen, dass er den für die zu fertigenden Lichtbilder notwendigen Winkel von Gesicht und Oberkörper des Probanden erhält und diesen mit einer vor dem Stuhl montierten Kamera abfotografieren kann.

Auf einer aus dem Jahr 1969 stammenden Aufnahme aus dem Archiv des Erkennungsdienstes ist der heute noch verwendete Stuhl bereits abgebildet. Anhand einer weiteren Aufnahme kann die Verwendung eines ähnlichen ED-Stuhls, mit zumindest bauartgleicher Technik, bereits im Jahr 1899 nachvollzogen werden.

Hier drängt sich natürlich die Frage auf, warum nun bei allem hochmodernen Equipment ausgerechnet bei einer der bewährtesten Methoden der Kriminalitätsbekämpfung auf ein solch altertümlich anmutendes Hilfsmittel zurückgegriffen wird. Zum einen können die Lichtbilder durch die einheitliche Position des Probanden qualitativ hochwertiger hergestellt werden. Zweitens kann die benötigte Zeit für eine ED-Behandlung durch die Hilfe des ED-Stuhls verringert werden. Mögen es pro Fall vielleicht nur wenige Minuten sein, so summiert sich diese Zeitersparnis bei allein im Jahr 2017 in München durchgeführten 6 368 ED-Behandlungen enorm. Und drittens, so banal dies auch klingen mag, ist der analoge und einfache Hebelmechanismus des ED-Stuhls erstaunlich robust und wenig störanfällig. Somit ergab sich vermutlich schlichtweg nie die Notwendigkeit, den ED-Stuhl gegen ein neueres Modell auszutauschen, so wie sich die gesamte ED-Behandlung bisher trotz ihres über 100 Jahre alten Prinzips als wichtiges Mittel zur Kriminalitätsbekämpfung bewährt hat.

Text: **Matthias Pötsch**

»ICH WÜRDE GERNE EINE ANZEIGE ERSTATTEN!«

Der Wachtresen

»Ich würde gerne eine Anzeige erstatten«, mit diesen Worten betreten die meisten Bürgerinnen und Bürger Münchens die jeweiligen Polizeidienststellen. Der Wachtresen, der als Objekt stellvertretend für den Wachbetrieb in den örtlichen Polizeiinspektionen steht, könnte dahingehend, über Jahrzehnte gesammelt, sicherlich von verschiedensten Anliegen erzählen.

Der Wachtresen ist Arbeitsort für den klassischen Parteiverkehr zwischen Polizeibeamten und Bürgern. Im Gegensatz zu sonstigen Behörden ist jede Polizeiinspektion im Bereich des Polizeipräsidiums München ganzjährig und rund um die Uhr durch mindestens einen Polizeibeamten besetzt.

Die örtliche Polizeiinspektion und der dort wachhabende Beamte am Tresen sind regelmäßig erste Anlaufstelle für Probleme, Fragestellungen und Sorgen der Bürger, oft über den polizeilichen Aufgabenbereich hinaus. Als Servicestelle wird alles getan, um den manchmal auch nicht alltäglichen Anliegen Abhilfe zu schaffen.

Exemplarische Fälle sind Anzeigen, weil ein Fahrrad gestohlen oder weil Bürger Opfer von Betrugsfällen nach Online-Einkäufen wurden. Darüber hinaus begeben sich Personen, die in einen Verkehrsunfall verwickelt waren und sich einer der Beteiligten unerlaubt von der Unfallstelle entfernt hat, häufig direkt zu ihrer zuständigen Polizeiinspektion. Weiterhin werden immer wieder unsere vierbeinigen Freunde, die ihren Besitzern entlaufen sind, bis zur Übergabe an ihre Herrchen in Obhut genommen und gepflegt. Neben der Aufnahme des Sachverhalts trägt der Polizeibeamte auch zur Beruhigung von Bürgerinnen und Bürgern bei, die mit Kriminalität in Kontakt gekommen sind und Opfer einer Straftat wurden.

Manchmal lassen sich auch vermeintliche Diebstähle von Kraftfahrzeugen in den meisten Fällen durch den Wachbeamten aufklären. Denn: Es handelt sich gar nicht um einen Diebstahl im eigentlichen Sinne, das Fahrzeug wurde wegen Falschparkens abgeschleppt. Die Erleichterung, dass das Fahrzeug doch nicht gestohlen worden war, überwiegt manchmal sogar die fällige Zahlung des ›Knöllchens‹ und der Abschleppkosten.

Diese vermeintlichen ›Diebstähle‹ steigen gerade während des Oktoberfestes massiv an. Die an die Theresienwiese angrenzende Polizeiinspektion 14 ist dabei oft erster Ansprechpartner. Deutlich wird dies auch anhand der großen Stadtkarte im Wachraum. Sie ist an den Stellen der Theresienwiese und der Kfz-Verwahrstelle in Trudering durch das häufige Deuten und Erklären bereits nahezu bis zur Unleserlichkeit abgenutzt.

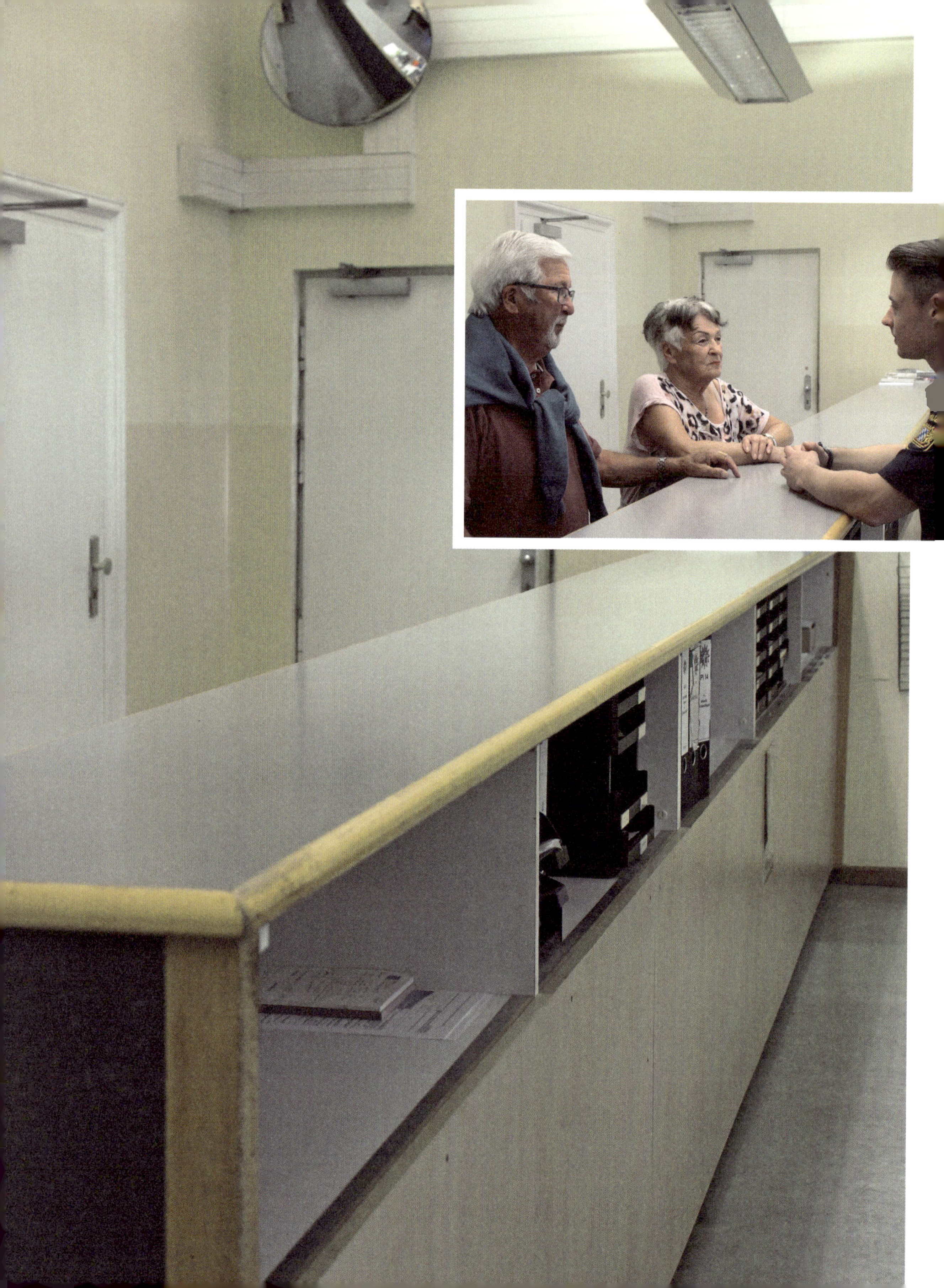

Trotz der wirklich vielfältigen Aufgaben einer Polizei hat der Wachbetrieb in einer Inspektion einen hohen Arbeitsanteil bei der Polizei. Denn für viele Bürger ist der persönliche Kontakt zu ihrer Polizeiinspektion vor Ort unverzichtbar, trotz der durchaus möglichen Online-Anzeigenmitteilung via Internet.

Der Wachtresen ist für den Polizeibeamten vor allem auch Arbeitsfläche für sein Aufgabenspektrum. Hier befinden sich neben vielen unterschiedlichen Formblättern auch Arbeitsmaterialien, wie Stifte, Klammern und Hefter, die zur Anzeigenaufnahme und -bearbeitung benötigt werden. Für die Bürgerinnen und Bürger stehen zudem Informationsflyer und Broschüren mit wertvollen Präventionshinweisen zur Verfügung und – persönliche Tipps aus der Erfahrung des Beamten gibt es überdies.

Die besondere Bedeutung des Wachtresens, der schon immer stellvertretend für die Wachräume steht, zeigt sich auch bei Renovierungen oder gar Grundsanierungen von Polizeidienststellen. Der Wachtresen nimmt stets wieder einen bedeutungsvollen Platz ein, auch in der heutigen, modernen Arbeitswelt. Der Tresen bietet als offene Anlaufstelle für die Münchner Bürgerinnen und Bürger direkte Kommunikationsmöglichkeiten und wird so schlichtweg unentbehrlich.

Sowohl in der flächenmäßig kleinsten Polizeiinspektion 11 mit einer Inspektionsfläche von etwa 2 km^2 als auch in der Polizeiinspektion 28 mit einem 160 km^2 großen Gebiet gilt: Das Gefühl von Sicherheit ist ein essenzielles Grundbedürfnis und damit ein wichtiger Bestandteil der Lebensqualität der Bürgerinnen und Bürger in unserem Land.

Dabei ist der Wachtresen unabdingbar.

Text: **Franziska Bauer und Johannes Wudy**

031

TRI TRA ... TATÜ TATA

Der Verkehrskasperl

Das Verkehrspuppentheater (VPT) der Münchner Polizei trat am 24. Mai 1965, fünf Jahre nach Installierung der Dienststelle Verkehrsaufklärung bei der Münchner Stadtpolizei, das erste Mal in der Grundschule am Anger der Armen Schulschwestern an der Blumenstraße auf. Im Vorfeld wurden im Jahr 1964 auf Anregung des Leiters der Puppentheatersammlung der Stadt München, Ludwig Krafft, und dem Leiter der Dienststelle Verkehrsaufklärung, Polizeioberinspektor Wilhelm Schneider, vier Beamte nach Reinbek (bei Hamburg) entsandt und im Rahmen eines Grundlehrgangs des Puppenspiels von Max Jacob zu Puppenspielern ausgebildet. Die Stadt Hamburg hatte übrigens zu diesem Zeitpunkt bereits drei Puppenbühnen, die seit 1949 an den Schulen spielten.

Anfänglich wurden in München an einigen Schulen diverse, bereits von anderen Verkehrspuppenbühnen »erprobte« Stücke gespielt. Die vier Stücke »Besuch aus Mexiko«, »Der unvorsichtige Maxl«, »Gefahren der Straße« und »Gefahren des Schulwegs« wurden in einem Vier-Jahres-Turnus gewechselt. In diesen Stücken kamen natürlich immer der Kasperl und der Schutzmann als Hauptfiguren vor. Diese Puppen, sogenannte Hohnsteiner, benannt nach einem Figurentheater mit Handspielpuppen aus dem Erzgebirge, das auf der dortigen Burg Hohnstein seine Aufführungen präsentierte, hatten einen meist aus Lindenholz geschnitzten Kopf und trugen ein Stoffgewand. Dadurch konnte nur sehr wenig Mimik mit den Puppen erzeugt werden.

Themen waren damals wie heute das Überqueren der Straße an gesicherten Übergängen (Fußgängerüberweg, Ampel) und ungesicherten Stellen oder das verkehrsgerechte Verhalten als Radfahrer, damals übrigens noch ohne Fahrradhelm.

Das große Altersspektrum (5- bis 10-jährige Kinder) ist übrigens nach wie vor eine Besonderheit der Münchner Verkehrspuppenbühne, da die meisten Polizeibühnen nur für Kindergärten oder an den Schulen mit verschiedenen Stücken auf die jeweiligen Altersgruppen 1./2. Klasse bzw. 3./4. Klasse eingehend, spielen. Auch die Themen erweiterten sich, so zum Beispiel die Gurtpflicht oder der »Tote Winkel«.

Im Laufe der Zeit änderten sich Geschmack, Sprache und Themen der Stücke, sodass es erforderlich schien, eigene Stücke zu schreiben. Für das Schuljahr 1990/1991 wurde das Stück »Der kleine Mexikaner« geschrieben und aufgeführt. Die damaligen Puppenspieler des Polizeipräsidiums München nahmen sich natürlich der – für Grundschüler – relevanten Themen an. Erstmals wurde aber auch auf »kriminalpolizeiliche« Themen eingegangen. Seitdem werden in jedem neuen Stück,

Verkehrskasperl Ende der 1970er-Jahre

neben der Verkehrserziehung, auch Themen wie Körperverletzung, Diebstahl, Sachbeschädigung oder Raub gezeigt, die Taten natürlich aufgeklärt und vor allem den Kindern als schlechtes Beispiel dargeboten.

Nach dem Erfolg des ersten selbst geschriebenen Stücks, etablierte sich – bis heute – die jährliche Neuinszenierung eines Stückes. Dies erfordert natürlich auch einen hohen Aufwand an Engagement und Kreativität von Seiten des Ensembles.

Die seit 1965 bespielte Bühne wurde zweimal, zuletzt 1993, erneuert. Am 14. Mai 1997 konnte dann eine neue Panorama-Bühne für das VPT im Rahmen des Festaktes zum 40-jährigen Jubiläum der VPI VE im Münchner Stadtmuseum am Jakobsplatz offiziell der Öffentlichkeit vorgestellt werden. Sie ist auch heute noch in Gebrauch und hat im Gegensatz zu ihren Vorgängerinnen einen wesentlich breiteren halbrunden Bühnenausschnitt. Das ermöglicht den Puppenspielern sogar selbst einen Kraftfahrzeugführer auf der Bühne darzustellen um beispielsweise das Thema Gurtanlegepflicht oder den »Toten Winkel« zu behandeln.

Neben den Puppen tritt immer auch ein Polizeibeamter auf. Er erscheint vor und öfters auch während des Spiels und kommuniziert mit den Kindern und den Puppen auf der Bühne, stellt Fragen zum richtigen Verhalten und erklärt Sachverhalte.

Auch die Spielfiguren wandelten sich im Laufe der Zeit. Die Kinder interessierten sich mehr für Außerirdische, Monster und Fabelwesen. Im Puppenspiel wurden zunehmend sogenannte Klappmaulpuppen eingesetzt. Bei den Klappmaulpuppen kann der Mund durch die in der Puppe steckende Hand geöffnet werden und der Puppe kann damit mehr Ausdruck verliehen werden.

Mit dem Wechsel von den Hohnsteiner Puppen mit ihren geschnitzten Köpfen zu den Klappmaulpuppen entschieden sich die Verantwortlichen der VPI VE, auf den Verkehrskasperl zu verzichten. Im Schuljahr 1999/2000 wurde mit »Immer dieser Willi« erstmals ein Stück geschrieben, in dem der Verkehrskasperl nicht mehr vorkam. Der Verkehrskasperl hatte sich zuvor in den »Urlaub nach Hawaii« verabschiedet.

Am 28. Juli 2015 feierte das VPT der Münchner Polizei sein 50-jähriges Bestehen. Unter Anwesenheit des damaligen Polizeivizepräsidenten Robert Kopp fand die Feier im Münchner Stadtmuseum statt. Dazu wurden Kinder der Grundschule am Anger der Armen Schulwestern an der Blumenstraße, dem ersten Auftrittsort, eingeladen. Im Rahmen der Feierlichkeiten wurde der Münchner Verkehrskasperl der Puppensammlung des Stadtmuseums übergeben. In der Puppensammlung des Stadtmuseums können heute viele Hohnsteiner Puppen und Kulissen aus früheren Aufführungen des VPT besichtigt werden.

Im Schuljahr 2016/2017 kam es im Stück »Wacki schaffts immer« zu einem Gastauftritt des Kasperls aus seinem »Urlaub auf Hawaii«. Allerdings trat er als Klappmaulpuppe auf und hatte aufgrund der Alterung keine Ähnlichkeit mehr mit dem Hohnsteiner Verkehrskasperl. Der Polizeihund Wacki tritt seitdem wiederholt in den jährlichen Stücken auf und arbeitet mit dem Polizeibeamten zusammen, z. B. wenn es gilt, die Bösewichte zu fangen.

Bei einer Vorstellung des VPT am 9. Dezember 2018 im Verkehrszentrum des Deutschen Museums wurde dem VPT vom Vorsitzenden des Vereins Münchner Blaulicht ein vom Verein gestifteter Frontbehang für die Panoramabühne mit dem Staatswappen auf blauem Grund übergeben. Nachdem das VPT zu Beginn seiner Tätigkeit bei der Stadtpolizei München noch das Stadtwappen trug, hatte der ehemalige Bayerische Ministerpräsident Alfons Goppel dem VPT einen Frontbehang mit dem Staatswappen auf grünem Grund gestiftet. Mit dem Wechsel der Uniformfarbe zu blau, war der Frontbehang nicht mehr aktuell.

Seit seiner Gründung konnte das VPT ca. 2,5 Millionen kleine und auch große Besucher begeistern.

Text: **Andreas Ehlert und Florian Mayer**

032

HIER KOMMT ALLES ZUSAMMEN

Die Akten

Da der Pkw rein äußerlich recht runtergekommen war und sich die Streifenbesatzung der Polizei nicht vorstellen konnte, dass derartige Fahrzeuge noch TÜV bekommen, streckt PM Müller die Anhaltekelle aus dem Fenster und zeigt dem Fahrer des alten BMW an, dass er anhalten soll. »Guten Tag«, stellt sich PM Müller vor und verlangt Führerschein und Fahrzeugschein. Den Fahrzeugschein kann der Fahrer, übrigens Herr Birnbaum, übergeben. Den Führerschein hat er »vergessen«. Nun folgt Routine und PM Müller überprüft Fahrzeug und die Angaben des Herrn Birnbaum. Es stellt sich heraus, dass Herr Birnbaum gerade ein vierwöchiges Fahrverbot wegen zu schnellen Fahrens verbüßt. Hierzu hat er seinen Führerschein schon vor zwei Wochen bei der Polizei in Schwabing abgegeben. Doch wo ist dieser denn abgeblieben?

Beim Polizeipräsidium München werden Führerscheine, die zur Vollziehung eines Fahrverbotes abgegeben werden, zentral bei der Verkehrspolizeiinspektion Verkehrsanzeigen verwahrt. Jede entgegennehmende Dienststelle schickt den einbehaltenen Führerschein dorthin. Die Beamten der sogenannten »Fahrverbotsstelle« asservieren den Führerschein und sorgen dafür, dass der Betroffene diesen nach Ablauf des Fahrverbotes wieder pünktlich zurückerhält. Darüber hinaus prüfen sie auch die Echtheit des Dokumentes. Der Führerschein kann nach Ablauf des Fahrverbotes entweder direkt bei der Verkehrspolizeiinspektion Verkehrsanzeigen in München Giesing abgeholt oder auf Wunsch auch kostenpflichtig zugesandt werden. Das kann der Betroffene bei der Abgabe selbst entscheiden.

Herr Birnbaum hat also aktuell keine Fahrerlaubnis und hat damit ein Vergehen nach dem Straßenverkehrsgesetz begangen. Er muss als Ersttäter mit einem Strafbefehl und einer Geldstrafe rechnen. Hierzu nimmt PM Müller die Personalien von Herrn Birnbaum auf und gibt ihm, nachdem er ihn als Beschuldigten über seine Rechte im Strafverfahren belehrt hat, Gelegenheit, sich zu seinem Tun zu äußern. Herr Birnbaum will weiter nichts dazu sagen, was sein gutes Recht als Beschuldigter ist. Weiterfahren darf Herr Birnbaum natürlich nicht. Nachdem der alte Pkw bereits am Fahrbahnrand steht, kann er dort auch geparkt bleiben und Herr Birnbaum geht, nachdem ihm PM Müller nochmals ins Gewissen geredet hat, zu Fuß nach Hause.

Plötzlich ein Scheppern! PM Müller erschrickt ebenso wie sein Kollege PM Konrad. Diese stehen zusammen mit Herrn Birnbaum beim Streifenwagen, der vor dem alten BMW abgestellt wurde. Ein anderer Pkw war auf den Pkw des Herrn Birnbaum aufgefahren. Das ist schon seltsam, denn der war mit laufender Warnblinkanlage gut sichtbar am Straßenrand abgestellt. Da stimmt was nicht.

Sie eilen zum Unfallverursacher und sehen, dass der Fahrer des schwarzen Ford Geländewagens offenbar unverletzt ist. Zwar haben sich die Airbags geöffnet, doch der Fahrer steigt schon aus dem Fahrzeug aus. Trotz der Aufregung grüßen die Polizeibeamten, wie sich später herausstellt, Herrn Hammer, und fragen nach Verletzungen. Gott sei Dank, körperlich unversehrt. Herr Hammer erklärt nun, dass er den abgestellten Pkw nicht bemerkt hat und gibt sofort zu, dass er ein wenig Alkohol getrunken hat. Nachdem er sich recht merkwürdig verhält, fragt ihn PM Konrad, ob er auch Drogen eingenommen habe. Hier zögert Herr Hammer und weicht PM Konrads Frage aus. Er habe vor ca. zwei Stunden ein paar Schnäpse getrunken. Für PM Konrad und PM Müller beginnt wieder die Arbeitsroutine. Sie bieten Herrn Hammer einen Alkotest an, den er freiwillig mitmacht. 0,21 mg/l zeigt das Gerät. Dies entspricht ungefähr 0,42 Promille. Herr Hammer macht auch freiwillig den Drogenschnelltest. Hierzu muss er ein wenig Urin abgeben, der auf den Teststreifen aufgebracht wird. Der Test zeigt eindeutig an, dass Herr Hammer auch Cannabis konsumiert hat. PM Konrad und PM Müller erklären nun dem überraschten Herrn Hammer, dass er Beschuldigter in einem Strafverfahren ist und belehren ihn über seine Rechte. Er hat sich wegen des unter Alkohol- und Drogeneinfluss verursachten Verkehrsunfalls der Straßenverkehrsgefährdung schuldig gemacht und somit eine Straftat nach dem Strafgesetzbuch begangen. Der Alkoholwert liegt zwar noch unterhalb der 0,5 ‰ Grenze, ist jedoch ausreichend, da offenbar ursächlich daraus ein Unfall geschehen ist.

PM Müller stellt deshalb auch den Führerschein von Herrn Hammer sicher und veranlasst eine Blutentnahme im Institut für Rechtsmedizin. Hierzu füllen PM Konrad und PM Müller einige Formblätter zur Dokumentation aus und übergeben Herrn Hammer dann einer unterstützenden Streife, die ihn ins Institut für Rechtsmedizin bringt. Vom diensthabenden Arzt wird dann eine Kanüle Blut bei Herrn Hammer abgenommen. An sich ein Vorgang wie beim Hausarzt. Das Blut wird gut verpackt und genau gekennzeichnet zur Landesuntersuchungsstelle in Bayreuth gesandt, wo der genaue Alkoholwert und die Art und der Wert der konsumierten Drogen bestimmt und das Ergebnis dann der sogenannten Blut- bzw. BAK-Stelle bei der Verkehrspolizeiinspektion Verkehrsanzeigen schriftlich mitgeteilt wird. Das Blut selbst verbleibt derweil bei der Untersuchungsanstalt. Den sichergestellten Führerschein senden die Beamten ebenfalls zur BAK-Stelle. Bei der BAK-Stelle der Verkehrspolizeiinspektion Verkehrsanzeigen werden alle relevanten Dokumente zusammengeführt, registriert und mit dem Führerschein auf schnellstem Wege zur Staatsanwaltschaft gebracht. Diese entscheidet dann über einen vorläufigen Entzug der Fahrerlaubnis, bis die Ergebnisse der Blutuntersuchung vorliegen.

Nachdem Herr Hammer durch Kollegen zur Blutentnahme verbracht wird, können sich PM Konrad und PM Müller um das beschädigte Fahrzeug und die Unfallaufnahme kümmern. Sie fotografieren die Unfallstelle und halten die entstandenen Beschädigungen fest. Einen Zeugen, der alles beobachtet hatte, vernimmt PM Konrad noch direkt an der Unfallstelle. Da das beschädigte Fahrzeug von Herrn Birnbaum keine Gefahr darstellt, kann es zunächst am Unfallort verbleiben. Herr Birnbaum muss sich selbst darum kümmern. Das Fahrzeug von Herrn Hammer wird in die Polizeiverwahrstelle gebracht, wo es Herr Hammer ebenfalls abholen lassen kann. Selbst darf er ja nicht mehr fahren. Nachdem die Situation bzw. der Unfallhergang so weit klar sind, begeben sich die beiden Beamten zur Dienststelle und fertigen eine Unfallanzeige und eine Unfallskizze. Sie nehmen die Zeugenaussage und die Beschuldigtenvernehmung von Herr Hammer zu den Akten. Sie können dann ihre Ermittlungen abschließen und schicken die gefertigten Dokumente zur Verkehrspolizeiinspektion Verkehrsanzeigen. Dort werden die Straftaten und der Verkehrsunfall registriert und ergänzend endbearbeitet.

Da in diesem Fall bereits alle Vernehmungen durchgeführt sind, wartet der Endsachbearbeiter auf das Ergebnis der Blutuntersuchung und des toxikologischen Gutachtens. Er prüft und ordnet die Ergebnisse ein, ergänzt gegebenenfalls die Anzeige um die Feststellungen aus den Gutachten, nimmt die Ergebnisse zur Akte und fertigt eine sogenannte Auslagenvormerkung, damit die Kosten für die Untersuchungen dem Beschuldigten bei einer Verurteilung in Rechnung gestellt werden können. Die fertige Anzeige mit allen Fakten und einer Lichtbildmappe der Unfallstelle und Beschädigungen übergibt er der Staatsanwaltschaft.

Herr Birnbaum wird bereits kurze Zeit danach wegen Straßenverkehrsgefährdung infolge des Alkohol- und Drogengenusses zu 40 Tagessätzen à 60 Euro verurteilt. Ihm wird die Fahrerlaubnis entzogen. Die Verfahrenskosten und Auslagen in Höhe von 1 500 Euro hat er ebenfalls zu tragen. Die von den aufnehmenden Beamten verständigte Führerscheinstelle wird Herrn Birnbaum erst nach erfolgreicher medizinisch-psychologische Untersuchung (MPU) eine neue Fahrerlaubnis erteilen.

Text: **Simone Kirsten und Jürgen Greil**

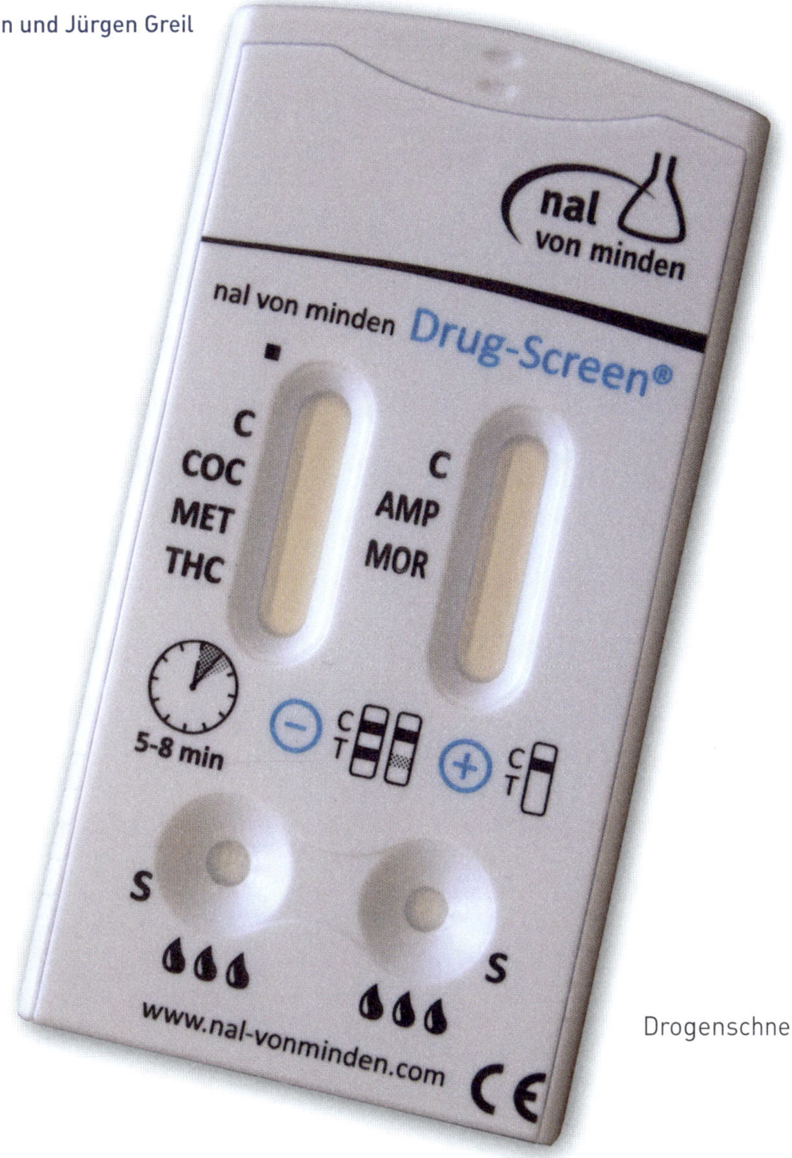

Drogenschnelltest

033

DER UNTERHAK-MAYER UND DIE MÜNCHNER LINIE

Taktische Einsatzkommunikation

München-Schwabing am 21. Juni 1962: Sommer in der Stadt. Schwabing, das studentisch geprägte Viertel, das für seine Bars, Kneipen und Lokale berühmt war. Schwabing, das pochende Herz der Münchner Kleinkunst, der Straßenmusikanten und der Pflastermaler. Was am Abend des 21. Juni mit einem harmlosen Einsatz begann, endete erst nach fünf Tagen Straßenschlachten und zahlreichen Festnahmen dank eines Wetterumschwungs. Was war geschehen? Gegen 22:35 Uhr wurde laut Polizeibericht eine Streife zur Leopold-/Martiusstraße gerufen. Anwohner beschwerten sich über zu laute Straßenmusik. Eine große Zuhörerschar hatte sich um die Gruppe der fünf Gitarrenspieler gebildet. Als die Beamten die Gitarristen aufforderten, in den Streifenwagen einzusteigen, kam es zu Protesten, zu Unmut und zu Rangeleien. Die schnell anrückende Verstärkung konnte die bald mehrere Hundert Personen trotz unmittelbaren Zwangs nur kurz vom Ort des Geschehens zurückdrängen. Diese und die folgenden Nächte waren bestimmt von Straßenblockaden, zahlreichen Anwendungen von unmittelbarem Zwang, Räumungen von Straßen und Cafés durch die Polizei sowie Festnahmen. Insgesamt haben sich in den Nächten vom 21. bis 26. Juni 1962 etwa 30 000 Demonstranten versammelt.

Die Gründe für die Ausschreitungen waren vielfältig. Zusammenstöße zwischen Polizei und Demonstranten waren in München Dauerthema: DGB-Kundgebung gegen das Betriebsverfassungsgesetz am 26. Mai 1952, Demonstrationen bei Auerbachs Beerdigung am 18. August 1952, Proteste im Rahmen des »Münchner Ladenschlusskrieges« 1953/54 sowie die Halbstarkenkrawalle 1956/57 gingen den Schwabinger Krawallen voraus. Eine Art Protestkultur wurde dadurch in Gang gesetzt. Im Unterschied zu den vorherigen Protesten unterschied sich das Publikum im Alter und in der Zusammensetzung: In den ersten Protestnächten waren es zum großen Teil Studenten und junge Leute, die die Ordnungskräfte auf die Probe stellten.

So verstehen sich die Schwabinger Krawalle – zumindest in der Anfangsphase – auch als eine Protestkultur der Jugend gegen die Obrigkeit und die alten traditionellen Werte. Die größte Gruppe der Beteiligten waren in den ersten Nächten Studenten. Ihr Anteil ging aber in den Folgenächten stark zurück. Auch wenn man historisch gesehen weit davon entfernt ist, die Schwabinger Krawalle als Initialzündung zu der 68er-Bewegung zu sehen, lässt sich die zunehmend kritische Sicht auf die Ordnungshüter, den Obrigkeitsstaat und die unverarbeitete Nazivergangenheit nicht von der Hand weisen. Für viele Demonstranten waren die Straßenblockaden zunehmend ein Spiel mit der Polizei und weitgehend spontan durchgeführt. Es spiegelten sich hier also die sich immer weiter ausbreitende Infragestellung

Der »Unterhak-Mayer« im Einsatz

der Staatsgewalt und der Verlust des Respekts vor der Amtsperson wider. Die starre Ausführung von Befehlen erinnerte Demonstranten tatsächlich an die Mechanismen des Dritten Reiches.

In den Zeitgeist trat nach den Schwabinger Krawallen eine Entwicklung, die die bestehenden Verhältnisse fundamental hinterfragte: Glaube, Weltanschauung, staatsbürgerliche Pflichten und wissenschaftliche Gewissheiten: die Rede ist von der 68er-Bewegung. Die Kritik richtet sich unter anderem gegen die Nichtauseinandersetzung mit der NS-Vergangenheit sowie die in West-Deutschland praktizierte Demokratie.

Früher gab es Disziplin, Gehorsam, Ordnung, Pflichterfüllung, Treue, Fügsamkeit, Anpassungsbereitschaft und Unterordnung. Heute hingegen dominieren Richtwerte des Individualismus (Kreativität, Spontanität, Selbstverwirklichung, Eigenständigkeit), des Hedonismus (Genuss, Abwechslung, Abenteuer) und der idealistischen Gesellschaftskritik (Emanzipation von Autoritäten, Gleichbehandlung, Gleichheit, Partizipation, Autonomie des Einzelnen). Autoritative Außenanforderungen, regulative Normen und soziale Selbstverständlichkeiten wurden und werden hinterfragt.

Die 60er- und 70er-Jahre gingen einher mit einem extremen Wertewandel, der das durch nichts zu entschuldigende Verhalten im Dritten Reich mit einer Verdammung des Konservativen, Autoritären und Hierarchischen beantwortete. Infolgedessen wurden konservative Werte wie Disziplin, Gehorsam, Pflichterfüllung, Treue oder auch Fügsamkeit und Unterordnung massiv abgelehnt – ja sogar bekämpft.

Dieser Wertewandel blieb für das polizeiliche Einsatzgeschehen nicht folgenlos. Leider dauerte es jedoch bis Ende der 60er-Jahre, bis die Polizei ihre aus der Weimarer Zeit stammende Einsatzphilosophie über Bord warf und sich mit dem Phänomen der Straßenproteste befasste. Die Konzeptionen der Weimarer Zeit waren auf einen Kampf- und Räumeinsatz bei Konfliktsituationen ausgelegt: »Die Polizeitaktik gegenüber demonstrierenden Mengen war damals jene der Bayerischen Landespolizei vor 1933: ›Aufsitzen, Ausrücken, Absitzen, Räumen, Aufsitzen, Einrücken, Essenfassen‹.«[1] Erste unsystematische Ansätze der taktischen Kommunikation sind in den späten 50er bereits in München vorhanden. So heißt es in den Ausbildungsrichtlinien für den Einsatz geschlossener Polizeiverbände: »Zur Einwirkung auf die Menschenmenge sind weitgehend Lautsprecher zu verwenden […]. Eine mit ruhiger und klarer Stimme in höflicher Form an die Menge gerichtete Aufforderung wird in vielen Fällen die Durchführung von polizeilichen Zwangsmaßnahmen nicht notwendig machen.«[2] Bei aller Innovation zu dieser Zeit gingen jedoch die einzelnen deeskalierenden Maßnahmen in Anbetracht der Vielzahl der repressiven Konzeptionen unter.

Im Ergebnis betonten polizeiliche Richtlinien und Konzepte, dass ein zurückhaltendes Handeln der Polizei in Einsatzlagen mit Menschenmassen sinnlos ist. Eine aufgebrachte Menschenmasse handle nicht nach rationalen Denkmustern. Insofern müssen die Polizeikräfte entschlossen, geschlossen und vor allem autoritär agieren. Auch im Zusammenhang mit den Schwabinger Krawallen ging die Polizei paramilitärisch vor und konnte die Lage nicht in Griff bekommen. In der Einsatzstrategie zur Bewältigung der Krawalle war eine Kommunikation mit den Demonstranten nicht vorgesehen. Lediglich Oberbürgermeister Dr. Vogel unternahm am zweiten Abend einen Gesprächsversuch. Allerdings war die Stimmung derart aufgeheizt, sodass keine Deeskalation erreicht werden konnte.

Die taktische Kommunikation musste sich über Jahrzehnte erst einmal entwickeln. Entsprungen

1 Schreiber, Manfred: Die »Schwabinger Krawalle«: Versuch einer Zwischenbilanz. In: Die Polizei. (55), 1964, S. 38

2 Polizeidirektion München: Ausbildungsrichtlinien für den Einsatz von geschlossenen Polizeiverbänden. München 1957, S. 97

ist diese nach den Schwabinger Krawallen aus der Münchner Linie. Manfred Schreiber erkannte die Notwendigkeit, die Präsenz einer kritischen Öffentlichkeit in den polizeilichen Einsatz mit aufzunehmen und das Agieren entsprechend zu verkaufen, zu erklären und zu kommentieren: »Sicher haben wir den Polizeieinsatz der öffentlichen und den Verfassern der veröffentlichten Meinung schlecht nahegebracht. Wir haben die Presse nicht genug mit unseren Schwierigkeiten vertraut gemacht und ihr nicht unsere Betrachtungsweise dargelegt.«[3] Zentrales Thema in Schreibers Veränderungsimpulsen war die Verbesserung des Verhältnisses zwischen Polizei und Öffentlichkeit. So sollte in konfliktträchtigen Situationen die Anwendung kommunikativer deeskalierender Methoden durch speziell geschulte Beamte praktiziert werden. Bundesweit sorgte die »Münchner Linie« für große Aufmerksamkeit. Neben organisatorischen Neuerungen setzte die Münchner Polizei als erste Behörde Deutschlands einen Polizei-Psychologen, Dr. Rolf Umbach, ein. Umbach sorgte dafür, dass die taktische Kommunikation einen rasanten Aufstieg erfuhr.

Die Intervention geschah insbesondere durch »integrierte Beamte«, die mit Teilen der Demonstranten kommunizieren sollten, um Konflikte von vornherein zu entschärfen. Umbachs Nachfolger, Georg Sieber, baute die taktische Kommunikation weiter aus, so wie sie heute im PP München noch besteht: Unter der Bezeichnung »Integrierter Einsatz der Schutzpolizei« sind Beamte mit weißen Verkehrspolizeimützen einzusetzen, um mit potenziellen Störern und Demonstranten ins Gespräch zu kommen.

Berühmt wurde Ende der 1960er Polizeioberkommissar Rudolf Mayer. Dieser mischte sich häufig in die erste Reihe von Demonstrationen, um deeskalierend auf die Versammlungsteilnehmer einwirken zu können. Durch seine Anwesenheit konnte zudem der Weg der Versammlung geleitet werden. Diese Strategie, bereits damals ein gutes Beispiel für die »Münchner Linie«, brachte ihm den Spitznamen »Unterhak-Mayer« ein.

Die Münchner Polizei war damals auf dem richtigen Weg. So wurde später der hohe Stellenwert des Grundrechts auf Versammlungsfreiheit 1985 durch das Bundesverfassungsgericht im sogenannten »Brokdorf-Beschluss« betont. Diese Entscheidung setzt hohe Anforderungen an Polizei und Versammlungsbehörde und schärft das Rollenverständnis für die Polizei als versammlungsfreundliche Behörde. Die Vorgaben haben Bindungswirkung für die Strategie und Taktik der Polizei.

Sowohl im polizeilichen Alltag als auch in Einsätzen wird die Deeskalation sehr ernst genommen. Mittels Kommunikation sollen Konflikte erst gar nicht entstehen bzw. wenn sie entstehen, können negativen Folgen dezimiert werden. Die deeskalierende Wirkung wird vor allem dann zur Herausforderung, wenn mit Gruppen kommuniziert werden soll. Gruppen sind regelmäßiger risikoscheu und neigen eher zu einer Emotionalisierung. Dies kann sehr schnell zu irrationalen oder sogar aggressiven Handlungen führen. Taktische Kommunikation soll polizeiliches Handeln transparent machen und somit die Deeskalation von Konflikten fördern. Heutzutage findet die taktische Kommunikation durch Kommunikationsbeamte, durch Lautsprecherwagen und durch Social Media statt.

Text: **Dr. Jürgen Brandl**

3 Schreiber, Manfred: Die »Schwabinger Krawalle«: Versuch einer Zwischenbilanz. In: Die Polizei. (55), 1964, S. 39

034

ALLES IM BLICK

Die Befehlsstelle in der Allianz Arena

Bis zum Jahr 2005 trugen beide Münchner Vereine, der FC Bayern München und der TSV München von 1860 ihre Heimspiele im Münchner Olympiastadion aus. Insbesondere auf Wunsch des FC Bayern nach einer moderneren Spielstätte wurde Ende der 90er-Jahre des letzten Jahrhunderts zuerst der Umbau des Olympiastadions geprüft und mit dem damals noch lebenden Architekten des Olympiageländes, Günter Behnisch, ein Konsensmodell erarbeitet, welches unter anderem die völlige Überdachung vorsah. Letztendlich wurden die Umbaupläne vom Büro Behnisch Ende 2000 dann aber doch überraschend abgelehnt.

Am 19. Dezember 2000 beschlossen der Freistaat Bayern, die Landeshauptstadt München und die beiden Vereine, auch im Hinblick auf die anstehende Fußball Weltmeisterschaft in Deutschland im Jahr 2006, den Neubau eines Stadions. Auf der Suche nach einer geeigneten Örtlichkeit wurde man schließlich an der nördlichen Stadtgrenze, im Stadtteil Fröttmaning fündig. Nachdem die Münchner Bürgerschaft bei einem Bürgerbegehren am 21. Oktober 2001 eindeutig für den Neubau eines Fußballstadions votiert hatte, begannen dort die Arbeiten an einer modernen Fußballarena für damals 66 000 Zuschauer, die bereits vor Beginn der Bundesliga-Saison 2005/2006 mit zwei Freundschaftsspielen am 30. und 31. Mai 2005 in Betrieb genommen werden konnte.

Auch die Münchner Polizei hatte bereits eifrig an den für sie vorgesehenen neuen Räumen im Olympiastadion mitgeplant und konnte nun ihre Vorstellungen bei den Besprechungen mit den Architekten und Bauherren der neuen Arena einbringen.

Die Versammlungsstättenverordnung, der Deutsche Fußballbund DFB und auch die internationalen Verbände geben den Erbauern und Betreibern eines solchen Stadions verbindliche Standards in Sachen Sicherheit vor und neben anderen Sicherheitspartnern wie Feuerwehr und Rettungsdiensten hat auch die Polizei Anspruch auf entsprechende Räumlichkeiten in der Veranstaltungsstätte, von denen aus sie das Geschehen überblicken kann.

Die Einsatzleitung gliedert sich in zwei Bereiche – die Videotechnik und die eigentliche Befehlsstelle. Daneben befinden sich noch ein Technikraum und der Raum für den sogenannten Krisenstab, welcher für Besprechungen mit allen Verantwortlichen aufgrund einer aktuellen Situation vorgesehen ist.

Die Räumlichkeiten für die Polizei befinden sich in der »Behördenebene« unter dem Dach auf der Nordostseite der Arena. Hier sind unter anderem auch die Feuerwehr, der Rettungsdienst, der Ordnungsdienst, die Verkehrszentrale und die Stadionregie untergebracht.

In einem so weitläufigen Areal wie der Arena in Fröttmaning mit dem U-Bahnhof, den Straßen und Wegen sowie der Stadionanlage selbst mit ihren sechs Ebenen ist die Polizei bei der Gewährleistung eines sicheren An- und Abmarsches der Zuschauer auf die Videotechnik angewiesen, um den Überblick zu behalten. Nach den bereits erwähnten Standards für Stadien hat der Betreiber der Polizei auch eine Videoanlage für diese Zwecke zur Verfügung zu stellen. Zusätzlich zu den Bildern der Arena-Kameras haben wir auch Zugriff auf die Kameras der Münchner Verkehrsbetriebe, um die Situation bei An- und Abfahrt mit Fahrzeugen und der U-Bahn im Blick zu haben.

Von unseren Arbeitsplätzen aus haben wir einen guten Überblick auf die Zuschauerbereiche. Zur Überwachung der Bereiche, in denen sich erfahrungsgemäß die Personengruppen aufhalten, von denen potenzielle Gefahren wie der Missbrauch von Pyrotechnik oder Gewalt ausgehen, wird ein spezielles, hochauflösendes Kamerasystem namens »Panomera«© eingesetzt, mit dessen Hilfe Straftäter besser identifiziert werden können als mittels herkömmlicher Kameras.

Die Einsatzkräfte – auch diejenigen, die sich in der Münchner Innenstadt um die ankommenden Fußballanhänger kümmern – werden von hier aus koordiniert. Bei einem Spiel in der Allianz Arena sind neben den Hundertschaften der Bayerischen Bereitschaftspolizei oder den Einsatzhundertschaften des Polizeipräsidiums München auch Polizeireiter, Hundeführer, Beamte der Münchner Polizeiinspektionen und der Kriminalpolizei eingesetzt, um einen reibungslosen und friedlichen Ablauf sicherzustellen. Mit dem für die Arena zuständigen Ordnungsdienst des Veranstalters arbeiten wir sehr eng zusammen.

Die Kommunikation erfolgt über den Digitalfunk. Wichtige Sachverhalte und Funksprüche werden sofort in einem bayernweit verfügbaren Einsatzprotokollsystem dokumentiert und nach Spiel- und Einsatzende wird ein Verlaufsbericht erstellt, der bundesweit allen Polizeidienststellen mit Vereinen der Bundesligen zur Verfügung gestellt wird, um einen schnellen Informationsaustausch zu gewährleisten.

Unser Dienst in der Befehlsstelle beginnt meist schon lange vor Stadionöffnung, da die Polizei schon vor dem Eintreffen der Zuschauer ihre Positionen in der Stadt und rund um die Arena einnimmt. Auch ist unser Dienst nicht mit dem Abpfiff beendet, sondern erst, wenn die Arena schon fast menschenleer ist und sich alle Fußballfans wieder auf den Heimweg begeben haben.

Text: **Hermann Straub**

EIN BELESENER ORT, DER SELBST EIN BUCH SCHREIBEN KÖNNTE

Die Bücherei

Die Bibliothek des Polizeipräsidiums München ist die älteste der Polizeibüchereien in Bayern. Nach dem Abbruch des Augustinerklosters 1911 zogen Ende 1913 die ersten Dienststellen der damaligen Polizeidirektion in den Neubau an der Löwengrube ein. Auch die Bücherei wurde dort untergebracht. Ihre Räume befinden sich auch nach über hundert Jahren immer noch am ursprünglichen Ort im Präsidium. Sie begann mit einem Anfangsbestand von ca. 1 500 Büchern und Nachschlagewerken, die in alten Wandschränken zur Ausleihe zur Verfügung standen. Der Zeit entsprechend wurde Eichenholz für Einrichtung und Mobiliar benutzt und ursprünglich eine Stuckdecke mit figürlichen und ornamentalen Elementen des bekannten Bildhauers Wilhelm Nida-Rümelin eingezogen. Die ältesten Bücher datieren um 1860, so ein Adressbuch der Stadt München aus dieser Zeit und das Reichsgesetzblatt ab 1871. In diesem Erstbestand befindet sich auch das Buch »Leben und Treiben der Gauner« von 1889. Der ungarische Autor Koloman Berkes beschreibt darin – aus heutiger Sicht in fast humorvoller zeitgenössischer Wortwahl – die damaligen Vorgehensweisen (heute: modi operandi) von Einbrechern und Dieben (neudeutsch: Eigentumsdelikte). Manches hat an seiner Aktualität nichts eingebüßt. So existiert auch heute noch der sogenannte Beischlafdiebstahl durch Prostituierte. Diesem Delikt hat der Autor unter der Überschrift »Die Melkerinnen« einen Beitrag gewidmet, mit dem der Verfasser sicher eher eine sachliche Wissenserweiterung und vor allem Warnung für den geneigten Leser im Sinn hatte. Regelmäßig wird ein Teil der alten Bücher auch dem Staatsarchiv übergeben. Diese Bücher geben Einblicke in die Historie der Kriminalistik (»System nach Alphonse Bertillon«, 1899), der Kriminologie (»Das Verbrechen als sociale Erscheinung«, Ferri/Kurella 1896), der Forensik (»Gerichtliche Psychopathologie«, Delbrück, 1897) und natürlich der Rechtsentwicklung.

Wer die Bücherei in der Löwengrube in den ersten Jahren leitete oder verwaltete, ist leider nicht bekannt. Die erste Bibliothekarin, die namentliche Erwähnung fand, war Pauline Micheler. Spätestens seit 1943 stand sie in der Verantwortung für den Bestand. Nach einem Bombeneinschlag am 25. April 1944 eine Stunde nach Mitternacht, der in den Räumlichkeiten großen Schaden anrichtete, ist ihr die Rettung vieler Bücher zu verdanken, die sonst unweigerlich in Schutt und Asche versunken wären. Die Bücherei wurde so stark beschädigt, dass unter anderem die historische Stuckdecke nicht wiederhergestellt werden konnte. Frau Micheler war auch Zeitzeugin in den letzten Tagen zum Kriegsende. Sie war am 30. April 1945 an ihrem Arbeitsplatz und erlebte, was sich in diesen letzten Stunden des NS-Regimes im Polizeipräsidium zutrug. So war der damalige Präsident Plesch schon einige Tage nicht mehr im Präsidium gesehen worden. Sie war mit dem Vizepräsidenten Dr. Kääb anwesend, als sie gegen 15:00 Uhr den Anruf eines Amerikaners entgegennahm, der sie auf Deutsch aufforderte, »die Stadt zu übergeben«. Sie erklärte die Polizei für nicht zuständig und verband den Anrufer anschließend mit dem Rathaus. Eine Stunde später erschienen amerikanische Offiziere im Vorzimmer des Präsidenten, und die anwesenden Polizeibeamten legten die Waffen nieder. Nach einigen Turbulenzen und Verbringen zum Stiglmaierplatz durch die Amerikaner kehrte Frau Micheler noch einmal alleine zum Präsidium zurück. Pragmatisch veranlagt, wie sie offensichtlich war, schaltete sie dort erst noch einen Elektrokocher aus, der vergessen worden war und versperrte alle Zimmer gewissenhaft, bevor sie sich auf den Heimweg nach Bogenhausen machte. Etwa 14 Tage später war nach ihrer Erinnerung erst wieder an einen Arbeitsbeginn zu denken.

Pauline Micheler leitete die Bücherei bis 1964 und erlebte in dieser Zeit insgesamt sechs Polizeipräsidenten. Ihre Nachfolgerin Hanna Reiger war weitere 29 Jahre in dieser Funktion, bis ihre damalige Mitarbeiterin, Renate Hauberger ab 1990 in die Leitung hineinwuchs und diese Funktion immer noch innehat. Wer nachrechnet, wird erstaunt feststellen, dass es in den vergangenen 75 Jahren die genannten drei »Kontinuitätsfaktoren« gegeben hat. Demgegenüber wurden im gleichen Zeitraum (bis 2018) zehn Polizeipräsidenten gezählt (mit einer Präsidentschaftsdauer zwischen zwei Monaten und 20 Jahren!), die wohl regelmäßig die Dienste ihrer Bücherei in Anspruch nahmen. Der Bestand der Bücher wuchs im Laufe der vielen Jahre und Jahrzehnte kontinuierlich an. Aktuell zählt die Bibliothek ca. 15 000 Nachschlagewerke, hat sich also gegenüber den Anfangsjahren so gut wie verzehnfacht. Neben den klassischen Bereichen von Polizeigesetzen und dazugehörigen Kommentaren wird der Bestand durch Kriminalistik, Kriminologie, Besonderes Polizeirecht, Verwaltungs- und Haushaltsrecht, sowie Gerichtsentscheidungssammlungen, Lexika, Nachschlagewerke anderer Art und Stadt-/Landkarten, Fachzeitschriften und fachliche Abschlussarbeiten ergänzt. Mittlerweile kann auch auf verschiedene digitale Medien zurückgegriffen werden. Einen bunten Akzent setzt der kleine Anteil an Kriminalromanen aus der Gegenwart, der sich steigender Beliebtheit bei den Beschäftigten des Präsidiums erfreut sowie die schriftstellerischen Erinnerungen einiger pensionierter Polizeibeamter.

Die Räume der Bibliothek wurden bis 2012 auch ab und an als Drehort für Münchner Krimiserien, z. B. »Der Alte« mit Siegfried Lowitz oder »Derrick« mit Horst Tappert genutzt. Heute ist der Hauptbereich immer wieder Besprechungs- und Veranstaltungsraum für in- und ausländische Gäste und Besucher.

Die Bibliothek ist Teil eines Wissensnetzwerkes. Die Bedürfnisse der Angehörigen des Präsidiums sind so vielfältig, dass auch Dokumente aus anderen Buchbeständen anderer (Behörden-)Einrichtungen im Bedarfsfall beschafft werden können, und dies deutschlandweit. Umgekehrt gibt es auch viele Anfragen von außerhalb für den Bestand, z. B. durch Schüler, Studenten oder andere Polizeibehörden. Der Service für die Angehörigen des Präsidiums wird großgeschrieben. Selbst »exotische« Anfragen können und werden meist innerhalb ganz kurzer Zeit – oft maximal eines Tages – an den Anfragenden beantwortet und das gewünschte Dokument versendet. Genutzt wird das Archiv von ca. 1 100 Büchereiausweisbesitzern und sonstig Interessierten von außerhalb. In den vergangenen 20 Jahren sind mehr als 24 000 Ausleihen dokumentiert.

Kein bayerischer Polizeiverband kann auf eine eigene Bibliothek zurückgreifen, die bereits so lange existiert und eine solche Fachsammlung ihr Eigen nennt.

Text: **Carolin Krapp**

Die Polizei
Stadt-
1936
Reichs-
Verkehrs-
Blatt
1936
STAATS
LEXIKON

036

TIEF UNTER DEM POLIZEIPRÄSIDIUM

Die ehemalige Luftschutzbefehlsstelle

Das verwinkelte und verzweigte Kellergeschoss des Polizeipräsidiums ist in weiten Teilen den Münchner Polizeivollzugsbeamten bekannt, denn darin befinden sich unter anderem eine moderne Raumschießanlage und praxisbezogene Übungsräume, die tagtäglich genutzt werden, um das sogenannte Polizeiliche Einsatzverhalten zu trainieren. Dass in diesem unter der Erde befindlichen Gebäudeteil Räume sind, die spezifische Eigenheiten aufweisen und von einer dunklen Vergangenheit zeugen, weiß heutzutage nahezu niemand mehr. Könnten die Mauern dieser Räume ihre eigene Geschichte erzählen, würden sie leidvolle Jahre, in denen Not, Hunger, Elend und die sonstigen Schrecken des Krieges zu den ständigen Begleitern der damaligen Beamtenschaft zählten, wiedergeben.

Im Zuge der Aufrüstung der deutschen Luftwaffe wurden ab dem 1. April 1936 im Reichsgebiet 15 Luftgaukommandos eingerichtet, deren Anzahl sich am 1. Juli 1938 auf zehn verringerte. Infolgedessen entstand in der Münchner Prinzregentenstraße ein 225 m langer Neubau, in dem 1938 das Luftgaukommando VII seinen Dienstbetrieb aufnahm. Diesem oblag unter anderem auch der »Luftschutz« für den Süddeutschen Raum. In der Stadt München war hierfür die Polizei sachlich zuständig. Deshalb entstand im Keller des Polizeipräsidiums eine »Befehlsstelle der örtlichen Luftschutzleitung«. Diese wies eine Vielzahl an Räumen auf, die mit schweren Eisentüren ausgestattet waren. Im Bedarfsfall konnte mittels eines leichten Luftüberdrucks auch ein Eindringen von aerosolen Kampfstoffen verhindert werden, um die Einsatzfähigkeit des Personals zu gewährleisten. In der Befehlsstelle befanden sich verschiedene Fernmeldeeinrichtungen, insbesondere auch Fernschreiber. Hierdurch war sichergestellt, von den außerhalb Münchens eingerichteten Luftbeobachtungsposten frühzeitig Informationen über anfliegende feindliche Bombergeschwader zu erhalten, um im Stadtgebiet »Fliegeralarm« auszulösen.

Am 1. September 1939 begann mit dem völkerrechtswidrigen Angriff der deutschen Wehrmacht auf Polen der Zweite Weltkrieg. In dessen Folge entstand eine Schreckenskausalität, unter der auch die Münchner Bevölkerung zu leiden hatte und die Luftschutzleitung von der Ettstraße aus tätig wurde. Das darin eingesetzte Personal war interdisziplinär zusammengesetzt: Neben Polizeibeamten waren Beamte der »Feuerlöschpolizei« (Berufsfeuerwehr), Mitglieder der örtlichen Parteileitung, Mitarbeiter der städtischen Versorgungsbetriebe (Wasser, Gas, Strom usw.) und sonstige Funktionsträger/ Fachleute eingesetzt. Im Stadtgebiet selbst gab es rund um die Uhr Luftbeobachter, die von hohen Gebäuden oder Türmen ihre jeweiligen Bereiche umfassend übersehen konnten. Deren Aufgabe be-

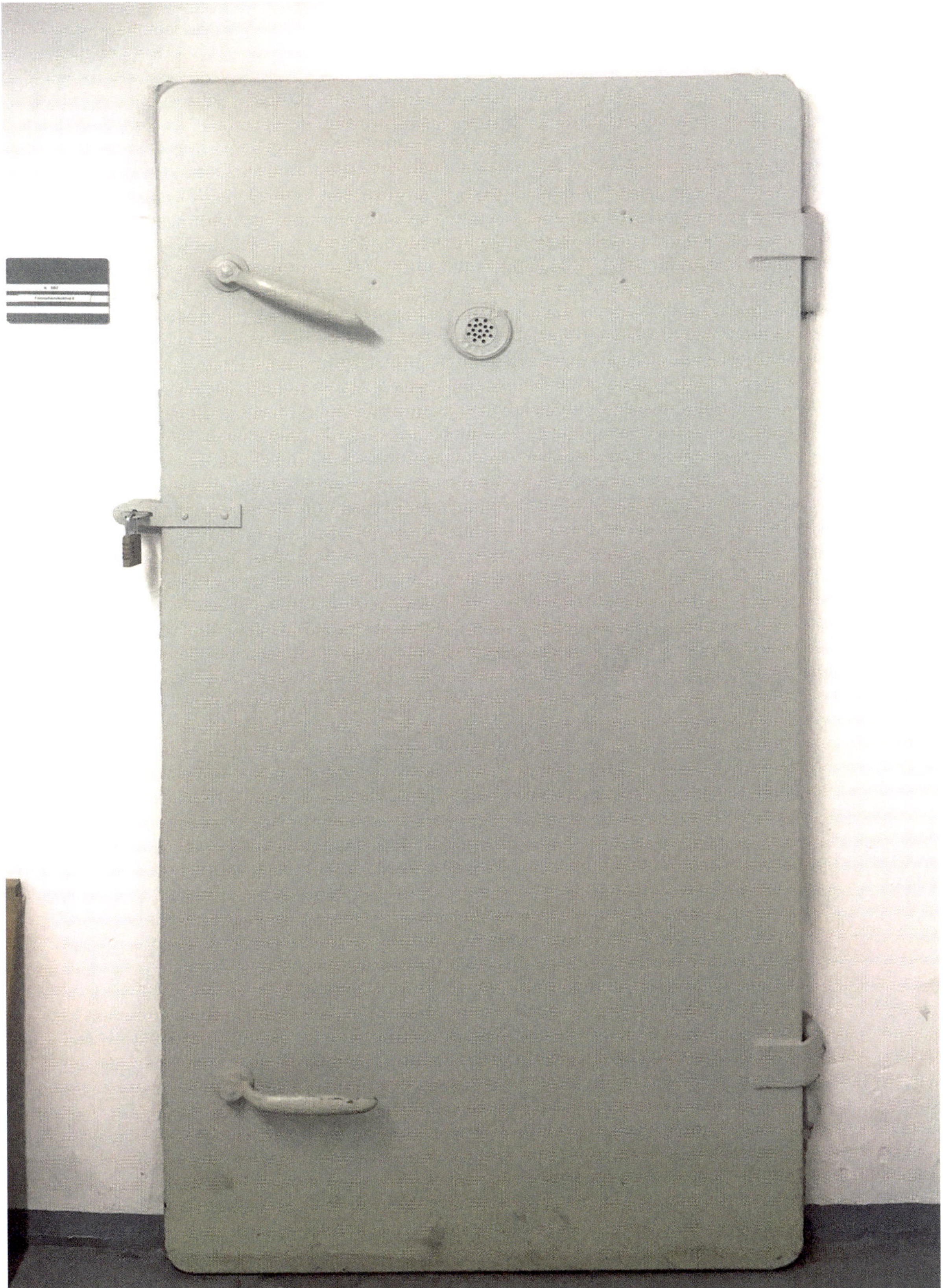

stand darin, sofort Informationen über erfolgte Treffer, verbunden mit der Ortsangabe, unverzüglich in die Luftschutzleitung zu übermitteln. Fußend auf deren Mitteilungen koordinierte die Einsatzleitung die sich daraus ergebenen Maßnahmen, um Brände zu löschen, Verwundete/Verschüttete zu retten/bergen, Versorgungsleitungen zu reparieren oder sonstige notwendige Arbeiten sofort ausführen zu lassen. Im Juni 1940 erfolgte der erste Bombenangriff auf die Stadt München.

Bis zum Ende des Krieges wurden auf das Münchner Stadtgebiet ca. 450 Luftminen, 61 000 Sprengbomben, 142 000 Flüssigkeitsbrandbomben und 3 316 000 Stabbrandbomben abgeworfen. In München waren 90 % der Altstadtgebäude und 50 % des Gesamtgebäudebestandes zerstört. Deutlich konnten die Bewohner der vormaligen »Hauptstadt der Bewegung« nun sehen, wie die anfangs sehr kleine nationalsozialistische Bewegung, die in München entstanden war, sich zu einer Massendynamik entwickelt hatte und ein tausendjähriges Reich etablieren wollte, den Menschen gebracht hatte: Tod, Leid, Hunger und eine große Wohnungsnot!

Als am 30. April 1945, um 16:00 Uhr, die amerikanischen Streitkräfte das Münchner Rathaus übernahmen, die neue Militärregierung München von der nationalsozialistischen Diktatur befreite und dadurch die Basis für das Entstehen der Demokratie schuf, hatte der Luftschutzkeller in der Ettstraße ausgedient!

Am 27. März 1952 rückte der ehemalige Luftschutzkeller in der Ettstraße weltweit in den Blick der Öffentlichkeit. Am Spätnachmittag dieses Tages hatte vor dem Hauptbahnhof ein unbekannter Mann zwei 12-jährigen Buben ein Paket übergeben, das mit einer »Abendzeitung« umwickelt war. Er bat sie, dieses Paket im Postamt an der Leopoldstraße aufzugeben und gab ihnen als Belohnung 3 D-Mark. Die so beauftragen Boten wurden misstrauisch, wendeten sich an den Stationsmeister des Trambahnhauses am Stachus, der seinerseits einen dort angetroffenen Verkehrspolizisten um Hilfe bat. Der Polizeibeamte entfernte nach der Übernahme des Paketes die Einwicklung und konnte somit die Postanschrift ersehen, sie lautete: »An dem [sic] Bundeskanzler Dr. KONRAD ADENAUER BUNDESHAUS BONN«. Unverzüglich wurde eine Funkstreifenbesatzung herbeigerufen und das nun als brisant erkannte Paket an diese übergeben. Die Streife fuhr mit dem Paket sofort in das nahe gelegene Polizeipräsidium, um es fachmännisch untersuchen zu lassen. Zu jener Zeit gab es – im Gegensatz zu heute – keine technische Spezialgruppe (auch die Sachausstattung zur Handhabung hochgefährlicher Gegenstände muss vor dem Hintergrund jener Zeit gesehen werden).

Die sachliche Zuständigkeit zur Sondierung eventueller Zündsätze/Sprengmittel oblag damals der Städtischen Berufsfeuerwehr. Brandmeister Karl Reichart kam in das Polizeipräsidium und öffnete im ehemaligen Luftschutzkeller das verdächtige Paket. Darin befand sich ein Buch, in dem heimtückisch ein Sprengsatz versteckt war. Es kam zur Explosion – Brandmeister Reichert erlitt schwerste Verletzungen und verstarb in deren Folge kurze Zeit später im Krankenhaus. Zwei Funkstreifenbeamte, die sich in einem Nebenraum befanden, überlebten schwer verletzt. Die beiden Buben wurden von Bundeskanzler Konrad Adenauer eingeladen und erhielten als Dank für ihr umsichtiges Handeln von ihm je eine goldene Armbanduhr.

Umgehend übernahmen Spezialisten der Kriminalpolizei die Ermittlungen. Erst 50 Jahre nach dem versuchten Attentat konnte die Tat durch die Aussage eines damals Beteiligten aufgeklärt werden.

Text: **Walter Nickmann**

AUF MÄUSE-PATROUILLE

Die Dienstkatzen

Bei der Reiterstaffel des PP München arbeiten 35 Polizeibeamte, 9 Tarifbeschäftigte, 41 Polizeipferde und Momo und Mogli. Woran denkst du, wenn du die Namen »Momo« und »Mogli« hörst? Ganz klar: Momo ist doch das kleine Mädchen, das den Menschen die gestohlene Zeit zurückbringt, und Mogli kennt doch jeder als den Helden im Dschungelbuch. Richtig gedacht! Aber es gibt da noch zwei, die so heißen, mit ihren Namensgebern aber gar nichts gemein haben. Bei der Reiterstaffel haben wir nämlich neben den Pferden noch andere Vierbeiner: zwei europäische Kurzhaarkatzen. Momo und Mogli kamen im Sommer 2007 im niederbayrischen Simbach als Geschwister im selben Wurf zur Welt. An ihrem dreifarbigen Fell kann man sofort ihr weibliches Geschlecht erkennen. Obwohl sich die Schwestern sehr ähnlich sehen, haben sie doch einen unterschiedlichen Charakter. Momo ist sehr zutraulich und verschmust. Mogli dagegen ist etwas scheu und vorsichtig und liebt es, sich zu verstecken.

Jetzt kommt wahrscheinlich die berühmte Frage, was Katzen bei der Reiterstaffel zu suchen haben. Die Antwort ist ganz einfach: Sie machen das, was ihnen in die Wiege gelegt worden ist. Sie fangen Mäuse! Diese kleinen Nager gibt es leider in jedem Reitstall. Dass sie den Pferden das Futter in Form von Hafer und Müsli streitig machen, wäre nicht allzu problematisch. Bedenklich ist dagegen der Umstand, dass die Mäuse beim Fressen auch ihren Kot im Futter hinterlassen. Der enthält eine Vielzahl giftiger Keime, die der »Rossnatur« erheblich schaden können. Diese sprichwörtliche Widerstandskraft gegen Krankheiten gibt es in Wirklichkeit bei Pferden leider nur sehr selten.

Momo und Mogli nehmen ihren Aufgabenbereich sehr ernst und sind täglich im Stall auf der Jagd. Sie sitzen in den leeren Boxen der Streifenpferde oder lauern im Heuboden auf ihre Beute. Wer meint, dass sie sich von ihrem Fang ernähren würden, irrt. Die erfolgreichen Jäger legen ihren Fang für jedermann gut sichtbar in der Stallgasse ab, sodass wirklich ein jeder sehen kann, wie gut die beiden wieder zum Wohl der Pferde gearbeitet haben. Daher sorgt die Dienststelle mit dem eigenen Budget für das bereits zubereitete Katzenfutter aus der Dose und kümmert sich auch um die Gesundheit von Momo und Mogli, falls sie mal krank sind oder geimpft werden müssen. Dieser finanzielle Aufwand ist jedoch so verschwindend gering, dass der praktische Nutzen durch unsere beiden Katzen diesen Nachteil bei Weitem wieder aufwiegt. Wir wissen nur allzu gut, wie teuer der Tierarzt ist, wenn wieder einmal ein erkranktes Pferd behandelt werden muss. Außerdem fällt das Dienstpferd dann für die Streife oder den Einsatz aus.

Es dauerte daher auch nicht lange, bis sich der Sprachgebrauch der »Dienstkatzen« entwickelt hatte. Die meisten Angehörigen der Reiterstaffel glauben schon, dass Momo und Mogli wissen, dass sie mit ihrer quasi hoheitlichen Aufgabe etwas Besonderes unter ihren Artgenossen sind. Es ist unverkennbar, wie wohl sie sich hier fühlen und unkontrolliert ein und aus gehen. Als Belohnung für ihre erfolgreiche Jagd bekommen sie nicht nur ihr Katzenfutter. Ganz offensichtlich ist es ihnen genauso wichtig, dass sie ihre ausgiebige Ration an Streicheleinheiten von den Mitarbeitern der Reiterstaffel bekommen. Wenn sie mal nicht auf Beutefang sind, genießen sie die warmen Sonnenstrahlen auf ihrem Fell und kuscheln zusammen in einem der Blumenbeete im windgeschützten Innenhof.

Momo und Mogli gehören zur dienstlichen Gemeinschaft der Reiterstaffel genauso wie die Pferde. Mit ihren mittlerweile elf Lebensjahren sind sie über ihr bestes Jäger-Alter aber leider schon hinaus. Daher sind ihre Nachfolger bereits seit Sommer 2018 im Dienst: Mona, eine dunkle, und Lisa, eine schwarz-weiße Katze (Foto), sind Schwestern aus einem Wurf. Sie wurden im Mai 2018 in Moosburg auf einem Bauernhof geboren. Von ihren älteren Kolleginnen haben sie schon fleißig gelernt: So haben sie kurz nach ihrem Einzug voller Stolz eines Tages drei tote Mäuse demonstrativ in der Stallgasse regelrecht gestapelt und zur Belohnung natürlich viele Streicheleinheiten abkassiert. Momo und Mogli sehen ihre beiden jüngeren Artgenossen nicht als Konkurrenz, sondern vielmehr als Bereicherung. Die durchschnittliche Lebenserwartung einer Hauskatze liegt bei 15 bis 20 Jahren. So gut, wie es Momo und Mogli im Hufeisenstall in Riem geht, dürften sie wohl die Statistik der Lebenserwartung nach oben verschieben. Auch wenn mittlerweile ihre Nachfolger auf Mäusejagd gehen, ist unseren beiden Dienst-Katzen-Rentnern ein schöner Lebensabend sicher.

Text: **Andreas Freundorfer**

038

»EIN AUTOGRAMM, BITTE!«

Die Gästebücher der VPI

Es ist interessant zum Lesen … die bayerischen Ministerpräsidenten Alfons Goppel und selbstverständlich Franz Josef Strauß, Erich Honecker aus der nicht mehr existierenden DDR, so unterschiedliche Kanzler wie Helmut Schmidt und Angela Merkel, der Münchner Polizeipräsident Roland Koller, kirchliche Würdenträger wie der bayerische Papst Benedikt XVI., der orthodoxe Patriarch Bartholomaios und Kardinal Reinhard Marx, Russlands Machthaber Wladimir Putin – Monarchen und Demokraten und alle, die sich dafür halten – Frauen und Männer aus allen Erdteilen – in einem Buch verewigt!

Die Gästebücher der Verkehrspolizeiinspektion München Verkehrsüberwachung (VPI VÜ) zeugen davon, dass München nicht nur bei Touristen beliebt ist, sondern auch bei in- und ausländischen Staatsgästen. Dies liegt wohl am Selbstverständnis des Landes Bayern, das sich nicht nur als Teil der Bundesrepublik sieht, sondern auch als ein selbstständiges politisches Zentrum mit den notwendigen Kontakten zu anderen Staaten. Das war bei allen bayerischen Ministerpräsidenten mehr oder weniger stark ausgeprägt.

Im Wesentlichen organisiert die Protokollabteilung der Bayerischen Staatskanzlei diese Staatsbesuche, manchmal kommen auch Gäste auf Einladung des Bayerischen Landtags oder der Landeshauptstadt München – in allen Fällen stehen uns kompetente Ansprechpartner gegenüber. Je nach Umfang und Gefährdung sind mehrere Dienststellen der Münchner Polizei mit der Durchführung beauftragt. Praktisch immer dabei sind die Einsatzkräfte der VPI VÜ.

Die Bewältigung von Staatsbesuchen gehört zu den markant herausragenden polizeilichen Aufgaben der VPI Verkehrsüberwachung. Natürlich sind wir nicht alleine, viele Kolleginnen und Kollegen anderer Dienststellen arbeiten mit. Unsere Stellung ist aber deutlich sichtbar, denn wir sind es, die mit vielen Motorrädern die Ehreneskorte stellen und mit modernen Dienstfahrzeugen die Kolonne führen. Und wir sind wohl die einzige Polizeidienststelle Münchens, die ein Gästebuch in dieser Art führt.

Unsere Gäste sind medienerfahrene Menschen, die in der Lage sind, spontan Interviews zu geben und regelmäßig und souverän ein paar Sätze niederschreiben können – oft genug wird dabei auch allen begleitenden Sicherheitskräften gedankt.

Ganz selten fühlen sie sich überfordert und bringen gerade mal eine Unterschrift auf das Papier. Zuweilen sind sie aber in Zeitnot und verschieben den Eintrag auf später. Wir haben Verständnis, denn unser Gästebuch steht natürlich nicht an erster Stelle des Besuchsprogramms. So kam es vor,

POLIZEI
POL

dass die Delegation des Gastes das Gästebuch einfach mitgenommen hat und uns später per Post zugesandt hat. Die Erinnerung reicht da zum damaligen US-Vizepräsidenten Joseph R. Biden – nach einer Zeit, in der wir uns schon Sorgen um unser Buch machten, erhielten wir unser Gästebuch von der US-Botschaft in Berlin zurück. Mit einem begleitenden Schreiben, in dem um Verständnis für die Verzögerung gebeten wurde.

Den ersten Eintrag hat am 31. Mai 1974 der damalige bayerische Ministerpräsident Alfons Goppel geleistet. Nach mehr als 40 Jahren Existenz von Gästebüchern bei der VPI VÜ erfolgte der bislang letzte Eintrag durch den israelischen Regierungschef Benjamin Netanjahu während seines Besuches bei der Münchner Konferenz für Sicherheit 2018.

Um einen Eintrag im Gästebuch zu erhalten, ist ausreichend Diplomatie und Gespür erforderlich. Das strenge Protokoll und die Achtung vor dem Gast machen es nicht immer möglich, zum Beispiel an die thailändische Königin Sirikit heranzutreten und um ein paar Zeilen für das Buch zu bitten. Immer ist der richtige Zeitpunkt zu wählen und regelmäßig benötigen wir die Unterstützung der Delegation und der Sicherheitskräfte des Gastes.

Königin Sirikit hat uns bei ihrem Münchner Besuch diese Ehre angetan und im Gästebuch unterschrieben. Nicht gelungen ist uns das beim US-Präsidenten Barack Obama, den wir anlässlich des NATO-Jubiläums in Baden-Baden begleitet haben. Der Präsident war streng abgeschirmt und während der wenigen Stunden seines Aufenthalts in der baden-württembergischen Kurstadt war es uns nicht möglich, an Präsident Barack Obama heranzutreten.

Gern erinnern wir uns auch an Kardinal Reinhard Marx, den wir zu seiner Amtseinführung als Erzbischof von München und Freising vom Kloster Scheyern abgeholt haben und der genau wissen wollte, wer schon alles unterschrieben hatte. Damals wurde sogar offiziell ein Raum bestimmt und für den Würdenträger Tisch und Stuhl bereitgestellt. »Gottes Segen auf allen Wegen« – der Eintrag passte für die anstehende Fahrt nach München.

Als sich München als Austragungsort für die Olympischen Winterspiele 2018 bewarb, haben wir die erfolgreichen Wintersportler aus Vancouver vom Flughafen zum Münchner Rathaus begleitet. Die Idee, eine Kollegin in den Bus der Sportler zu setzen, konnten wir umsetzen. Der sympathischen Beamtin gelang es, während der Fahrt eine Reihe von Teilnehmern der Olympischen Spiele auf einer Seite des Gästebuches unterschreiben zu lassen. Da finden sich bekannte Namen wie Tobias Angerer, Natalie Geisenberger, Felix Loch, Magdalena Neuner und Maria Riesch. Im Gästebuch sind also nicht nur die Unterschriften politischer Staatsgäste zu finden.

Es gibt auch ein paar kuriose Dinge. So waren wir stolz auf die Unterschrift von Papst Benedikt XVI., den wir während seines Besuches in Bayern begleiten durften. Ebenfalls auf der gleichen Seite hat leider kurze Zeit später der Staatspräsident der russischen Föderation, Wladimir Putin unterschrieben. Die Unterschriften zweier Personen, die in ihrer historischen Dimension nicht unterschiedlicher sein können, auf einer Seite im Gästebuch der VPI Verkehrsüberwachung. Wir haben daraus gelernt und legen nun ein Foto unseres Gastes auf die jeweilige Seite, auf der wir die Unterschrift wünschen. Seitdem gibt es keine Probleme mehr.

Ein Blättern in diesen fast historischen Büchern spiegelt ein Stück politischer Weltgeschichte wieder. Sie zeigt die Beliebtheit Bayerns und deren politische Vertreter als gute Gastgeber. Und für uns

sind diese Gästebücher eine bleibende Erinnerung an die vielen Einsätze mit den großen und kleinen Geschichten dahinter.

Ministerpräsidenten kommen und gehen, ebenso die Verantwortlichen der Protokollabteilung der Bayerischen Staatskanzlei und die Einsatzkräfte der VPI VÜ, veränderte Konzeptionen zum Staatsbesuchseinsatz werden geschrieben und irgendwann besorgen wir uns ein fünftes Gästebuch. Wir setzen die Tradition fort.

Text: **Johann Schmieg**

039

IN DER PSYCHIATRIE

Die Haarer »Burg«

Die Gemeinde Haar, vor den östlichen Toren Münchens gelegen, war nicht immer der aufstrebende Kultur- und Wirtschaftsstandort in enger Verkehrsanbindung an die Metropole München, wie wir sie heute kennen. Ihre Geschichte war aber von Beginn an eng verknüpft mit der großen psychiatrischen Klinik, früher Kreisirrenanstalt, dann Bezirkskrankenhaus und heute Isar-Amper-Klinikum gGmbH, Klinikum München-Ost genannt, die im Volksmund noch immer oft nur kurz und synonym mit der Gemeinde als »Haar« bekannt ist.

Beide, Gemeinde wie Klinik, gehen auf den Weiler Eglfing zurück, wo im Jahr 1905 eine erste und schon 1912 direkt daneben eine zweite psychiatrische Großklinik errichtet wurden. Als Folge der Industrialisierung und Urbanisierung Bayerns und der damit zusammenhängenden sozialen Auswirkungen kam es damals zu einem enormen Anstieg des Versorgungsbedarfs für psychisch kranke Menschen, was die beiden, später zu einem Klinikum vereinigten Krankenhäuser rasch auf bis zu 3 000 Betten anwachsen ließ. Nach den Krankenmorden in der NS-Zeit, denen hier mindestens 2 500 Patienten zum Opfer fielen, dauerte es bis in die 1980er-Jahre, bis Gemeinde und Beschäftigte gemeinsam mit der Aufarbeitung dieses furchtbaren Kapitels begonnen haben. Diese Aufarbeitung hält bis heute an. Das Bild der Klinik hat sich inzwischen zum Positiven gewandelt: Durch die gleichermaßen politisch und fachlich geleisteten Reformanstrengungen seit Anfang der 1990er-Jahre konnte die Entlassung Langzeit-Untergebrachter (Enthospitalisierung) erreicht und die Ausgliederung regionaler, gemeindenaher Kliniken, beispielsweise nach Agatharied, Garmisch-Partenkirchen, München-Schwabing und Fürstenfeldbruck (Regionalisierung), umgesetzt werden. Zudem konnte im Zusammenwirken mit entsprechenden gesetzlichen Änderungen, mit der Mehrung und fachlichen Qualifizierung des Personals sowie pharmakologischen, psychotherapeutischen und sozialpsychiatrischen Konzepten ein modernes psychiatrisches Behandlungsangebot erarbeitet werden.

Einen spezifischen Status innerhalb dieses Behandlungsangebots nimmt die Klinik für Forensische Psychiatrie und Psychotherapie ein. Sie dient der gerichtlich angeordneten Unterbringung und Behandlung von psychisch Kranken (§ 63 StGB) sowie von suchtkranken Rechtsbrechern (§ 64 StGB). Früher war das Symbol der Forensik Haus 21, die sogenannte »Burg«.

Die »Burg« diente jahrelang als besonders gesichertes Gebäude mit zwei forensischen Stationen zu je 30 Patienten sowie Gemeinschaftsduschen und WCs. Das Innere war düster, erinnerte mit ihrem über hundert Jahre alten Mauerwerk tatsächlich an mittelalterliche Wehrbauten. Die Zimmer waren

mit Stockbetten überfüllt, zwischen der Zelle und der Tür befand sich eine zusätzliche Gittertür. Da zu wenige therapeutische Aktivitäten stattfanden, beschäftigten sich die Patienten entweder mit Krafttraining, oder sie saßen im verräucherten, karg ausgestatteten Aufenthaltsraum herum. Als Arbeitstherapie fand sich im Erdgeschoss eine als »Beton-Therapie« bezeichnete Herstellung von Baumaterial. Umgeben war die »Burg« von einer 5 m hohen, stacheldrahtbewehrten Betonmauer.

Die »Burg« führte sehr überzeugend vor, wie uneffektiv es ist, in der Psychiatrie nur auf äußere, baulich-technische Sicherung zu setzen, sozusagen nur einzusperren, ohne das sozialräumliche Milieu zu berücksichtigen und ohne eine hinreichende Personalausstattung zur individuellen wie auch gruppentherapeutischen Behandlung zur Verfügung zu stellen. Trotz der äußerlich imposanten Sicherung kam es nämlich immer wieder zu Ereignissen, die das Eingreifen von Polizeikräften erforderlich machten, von Verbarrikadierung und Geiselnahmen über Drogengeschäfte der organisierten Kriminalität bis zu einigen spektakulären Ausbrüchen. Der letzte erfolgte an Silvester 2006: Vier Insassen gelang es, sich durch das Fenstergitter zu sägen und sich mithilfe aneinandergeknüpfter Bettlaken über die Mauer abzuseilen. Einer von ihnen zog sich hierbei freilich eine Beinfraktur zu und musste am Fuße der Mauer liegen bleiben, die übrigen wurden innerhalb von Stunden bzw. Tagen durch Zielfahnder der Polizei wieder dingfest gemacht.

Im Jahr 2007 konnte ein völlig neu konzipiertes, therapieorientiertes Hochsicherungsgebäude – Haus 60 – in Betrieb genommen werden. Es löste die überalterte, zudem hoffnungslos überfüllte »Burg« ab und bietet mit sechs Stationen zu je 20 Plätzen moderne Unterbringungs- und Therapiebedingungen, in denen die Verbindung von menschenwürdigen Freiräumen nach innen, Ein- und Zweibett-Zimmern mit Nasszellen, verschiedenen Aufenthalts- und Behandlungsräumen sowie Stationsgärten einerseits mit einem ausgeklügelten, baulich-technischen Sicherungssystem andererseits verknüpft ist, in dessen Entwicklung von Planungsbeginn an Spezialisten der Polizei eingebunden waren. Seit dem nunmehr über zehnjährigen Bestehen von Haus 60 kam es dort bislang kein einziges Mal zu einem Zwischenfall, der ein Eingreifen der Polizei erfordert hätte.

Sowohl seitens des Klinikums München-Ost insgesamt als auch der forensischen Klinik besteht eine ausgesprochen partnerschaftliche Zusammenarbeit mit der Polizeiinspektion Haar. Sie reicht von wechselseitigen Besprechungen und Beratungen in Einzelfragen über die Ermittlung bei Straftaten oder die sichernde Unterstützung bis zu verkehrsrechtlichen Maßnahmen im öffentlich zugänglichen Klinikgelände.

Der Wechsel von der kustodialen »Burg« zum Behandlungsvollzug in Haus 60 fand übrigens ein symbolträchtiges Zeichen: den »Haarer Mauerfall«, mit dem Abriss der Mauer von Haus 21 im Jahr 2008. Das Gebäude wurde generalsaniert und dient heute als weiterführende forensische Therapiestation für suchtkranke Patienten.

Text: **Dr. Herbert Steinböck**

DEM ANDENKEN DER BAYERISCHEN POLIZEIBEAMTEN

Die »alte« Gedenktafel

Im Flur des 1. Stockwerkes im PP München befindet sich an der Wand eine etwa 2 x 3 m große steinerne Gedenktafel zwischen zwei Türen. Am oberen Rand befindet sich eine Inschrift mit folgendem Text: »DEM ANDENKEN DER BAYERISCHEN POLIZEIBEAMTEN, DIE ALS OPFER IHRES BERUFES GEFALLEN SIND.«

Es sind 78 Namen aufgeführt, vom Jahre 1854 bis 1936. Unter den im Dienst getöteten Polizeibeamten sind einige Beamte genannt, die bei aufsehenerregenden Ereignissen ums Leben kamen. So zum einen die beiden vom Räuber Mathias Kneißl am 30. November 1900 erschossenen Beamten

Gendarmeriekommandant Benedikt Brandmaier
Gendarm Wolfgang Scheidler

Am Abend des 30. November 1900 hatte Kneißl beim Flecklbauern Michael Rieger in Irchenbrunn ein Schlaflager bekommen. Der Flecklbauer war selber mehrfach vorbestraft und so hatte sich Kneißl erhofft, dort unterzukommen. Er wurde aber von ihm wegen der 400 Mark Belohnung verraten und als Brandmaier und Scheidler gegen 23:00 Uhr eintrafen, schoss Kneißl sofort und verletzte Brandmaier so schwer, dass er noch am Tatort verstarb, und Scheidler bekam einen Schuss ins Bein. Er starb am 19. Dezember 1900 aufgrund der schweren Verletzung. Später wurde Kneißl auf dem Aumacher Hof in Geisenhofen von 45 Gendarmen aus München verhaftet und am 14. November 1901 in Augsburg im Schwurgericht das Todesurteil gesprochen. Vollstreckt wurde es am 21. Februar 1902 durch den Scharfrichter Franz Xaver Reichhart, der noch viele Jahre Scharfrichter im Dritten Reich und bei der Amerikanischen Militärregierung war.

Außerdem die vier beim Marsch auf die Feldherrnhalle am 9. November 1923 getöteten Polizeibeamten der Bayerischen Landespolizei

Hauptmann Rudolf Schraut
Oberwachtmeister Friedrich Fink
Unterwachtmeister Nikolaus Hollweg
Hauptwachtmeister Max Schoberth

Ihre Namen sind auch auf einer Gedenktafel an der Münchner Residenz (neben den Pfälzer Weinstuben) angebracht und jedes Jahr legt der Bayerische Staatsminister des Innern dort einen Kranz ab, begleitet von einer Delegation der Bayerischen Polizei.

Es ist der Bayerischen Landespolizei zu verdanken, dass der Putsch zusammengebrochen war. Dies ist vor allem dem energischen Einschreiten der Landespolizeieinheit, die unter der Führung von Hauptmann Rudolf Schraut und Leutnant Freiherr von Godin gegen die Putschisten vorging, zu verdanken. Da Hauptmann Schraut bedauerlicher Weise dabei getötet wurde, hatte Leutnant Freiherr von Godin das Kommando übernommen und die Landespolizeieinheit geführt. Er wurde, wie konnte es anders sein, bei der Machtergreifung 1933 zunächst ins KZ gebracht. Ihm gelang es jedoch, die Verantwortlichen im Dritten Reich zu überzeugen, dass er ihnen im Ausland nützlich sein könnte durch seine adeligen Verbindungen. Er grenzt an ein Wunder, dass man ihn in die Schweiz ausreisen ließ. Dort tat er sich aber mit Wilhelm Hoegner und Prof. Nawiasky zusammen und bereitete den Neuaufbau der Bayerischen Polizei nach dem Zweiten Weltkrieg vor. Er wurde der erste Landespolizeipräsident nach 1945.

Bei der Fertigstellung des Polizeigebäudes an der Ettstraße 2 befand sich nach den Unterlagen in der Bibliothek des Präsidiums noch keine Gedenktafel. Sie ist erst später installiert worden. Erstaunlich ist, dass nach der Machtergreifung der Nationalsozialisten unter der Ägide der im Dritten Reich ernannten Polizeipräsidenten weder die Namen der vier vor der Feldherrnhalle getöteten Beamten noch die am Hauseingang angebrachte Inschrift aus dem Drama von Johann Wolfgang von Goethe »Nach seinem Sinne leben ist gemein, der Edle strebt nach Ordnung und Gesetz« entfernt worden waren. Die jeweiligen Polizeipräsidenten (wie z. B. Heinrich Himmler) scheinen dies übersehen zu haben.

Die Angaben auf der Gedenktafel enden 1936. Für die Zeit bis 1945 sind keine Namen bekannt, da vor allem im Zweiten Weltkrieg sehr viele Polizeibedienstete gefallen waren.

Seit dem Ende des Krieges sind bis heute in Bayern 63 bayerische Polizeibeamte im Dienst getötet worden. Zehn der Opfer waren Münchner.

Für die Toten gibt es auf dem Münchner Westfriedhof ein Ehrenmal. Auch hier legt der Bayerische Staatsminister des Innern Joachim Herrmann jährlich einen Kranz nieder. Er führte dabei aus: »Ich hoffe, dass dieses Ehrenmal der Bayerischen Polizei unseren Bürgern bewusst macht, dass die Gewährleistung der Inneren Sicherheit keine Selbstverständlichkeit ist. Jeder Einzelne dieser Polizeibeamten hat im Dienste für unsere Sicherheit und damit für unsere Gesellschaft das Wertvollste geben müssen, das ein Mensch geben kann: sein Leben.«

Text: **Arved Semerak**

DEM ANDENKEN DER BAYERISCHEN
POLIZEIBEAMTEN – DIE ALS OPFER
IHRES BERUFES GEFALLEN SIND

041

DEN IM DIENST GETÖTETEN ...

Die »neue« Gedenktafel

Mit dem Ölgemälde auf Holz, das ausschließlich den im Ersten Weltkrieg gefallenen Beamten der Polizeidirektion und der Schutzmannschaft München gewidmet ist, gibt es in unmittelbarer Nähe zum Präsidentenzimmer und damit im 1. Stock des Polizeipräsidiums drei verschieden ausgestaltete Orte des Gedenkens. In der Nische direkt gegenüber der alten Gedenktafel, deren letzter Eintrag aus dem Jahre 1936 stammt, wurde eine neue, eine dreigeteilte Tafel angebracht. Ihre Einweihung erfolgte am 22. Januar 1997. Die flankierenden Seiten sind jeweils mit einem Eichenlaub aus Bronze verziert. Im Mittelteil sind die Namen der Polizeibeamten des Polizeipräsidiums München verzeichnet, die seit Ende des Zweiten Weltkriegs in Ausübung ihres Dienstes von Rechtsbrechern getötet wurden.

Die neue Gedenktafel trägt zehn Namen, wobei jeweils Dienstgrad, Name und Vorname, Alter und das Sterbedatum genannt sind:

SW[1]	TOMSCHE Ernst 25 J.	12.2.1946
SW	KERN Karl 38 J.	15.3.1946
SW	HAGENRAINER Josef 38 J.	2.4.1946
SW	DERESER Ernst 29 J.	5.4.1946
SW	AIGNER Johann 22 J.	29.7.1946
KW[2]	EICHINGER Franz 33 J.	9.5.1948
SW	WALTER Arthur 27 J.	8.2.1951
PHW[3]	ROTH Karl-Heinz 32 J.	1.2.1961
POM[4]	FLIEGERBAUER Anton 32 J.	5.9.1972
PM[5]	JOBST Markus 21 J.	22.1.1995

1 SW = Sicherheitswachtmeister (eine Amtsbezeichnung, die am 25.10.1945 eingeführt wurde; vormals Wachtmeister der Schutzpolizei; 1958 wurde der SW zum Polizeiwachtmeister (PW)
2 Kriminalwachtmeister
3 Polizeihauptwachtmeister
4 Polizeiobermeister
5 Polizeimeister

Allein für das Jahr 1946 mussten fünf Namen in die Steinplatte eingemeißelt werden. Vier weitere Polizeibeamte entkamen in diesem Jahr – jeweils mit Brustdurchschuss – nur knapp dem Tode, was uns ein erschreckendes Bild der damaligen Zustände, auf eine durch den Krieg gezeichnete und verrohte Gesellschaft deutlich vor Augen führt.

Die rötlichen Tafeln sind aus Knollenkalkstein. Seine Rotfärbung erhält der Knollenkalk durch das in ihm enthaltene Mineral Hämatit, einem Eisenerz. Im Handel wird er als »Rosso Verona«, der Rote aus Verona bezeichnet. Somit ist seine Herkunft klar erkennbar. Er stammt aus Italien, konkret aus Domegliara, einer kleinen Ortschaft nordwestlich von Verona, die in dem für Genießer von Rotwein bekannten Anbaugebiet Valpolicella liegt. Der Stein wird seit dem frühesten Mittelalter oftmals in kirchlichen Bauten eingesetzt und ist daher in unzähligen Kirchenausstattungen in Norditalien, Österreich und Bayern zu finden. Aber auch Burgen und Schlösser, Patrizierhäuser und Offizialgebäude sind mit ihm ausgestattet. Als historisch herausragende Beispiele sind die Arena in Verona, der Dogenpalast (Palazzo Ducale) und der Markusdom (Dom San Marco) in Venedig zu nennen.

Gefertigt und mit den Gravuren versehen wurde die neue Gedenktafel von der Münchner Firma Haberl & Neumayer, einem alteingesessenen Steinmetzbetrieb. Diese ursprünglich in Würzburg gegründete Firma hat seit 1895 ihren Sitz im Münchner Stadtteil Giesing. Seit 1960 führt die Familie Brender die Geschäfte. Die Tafeln wurden 1996 in Auftrag gegeben und sorgsam von Herrn Horst Schweininger bearbeitet, einem Steinmetz, der noch heute in diesem Familienbetrieb beschäftigt ist.

Lange Zeit lag es im Bestreben des Polizeipräsidiums München, eine neue Gedenktafel zu errichten – zur Ausführung kam dieser Gedanke aufgrund verschiedener Überlegungen aber nicht. Erst die Ermordung des 21-jährigen Polizeimeisters Markus Jobst am U-Bahnhof Bonner Platz ließ den bekannten Ruf wieder laut erklingen. Die Umsetzung in die Tat hat dann vor allem ein Mann vorangetrieben: PHM[6] Herbert Joksch. Der ehemals der Münchner Funkstreife zugehörende Beamte übernahm die Initiative und setzte durch Einsammeln von Spendengeldern die letztendlich ausschlaggebenden Impulse, die zur Realisierung des Vorhabens führten. Neben Zuwendungen Dritter, wie beispielsweise der Gewerkschaft der Polizei, steuerten den weitaus größten Teil des Betrages Freunde und Beamte der ehemaligen Funkstreife bei, die 1995 im Rahmen einer großen Feier ihrer Auflösung vor 20 Jahren gedacht hatten.

An der ersten Stelle auf der Gedenktafel steht der 25-jährige Ernst Tomsche, der als Sicherheitswachtmeister auf Probe dem Polizeirevier 24 zugehörig war. Das Auffinden eines Gerichtsaktes ermöglicht es nun erstmals wieder, die damaligen Geschehnisse näher darzustellen. Seine Fallschilderung soll exemplarisch für alle anderen auf der Tafel genannten Schicksale stehen.

Ernst Tomsche wurde während einer sogenannten Holzwache auf der Theresienwiese am Dienstag, den 12. Februar 1946, gegen 21:15 Uhr, am Bavariaring nächst der Güllstraße bei der Kontrolle von zwei Männern erschossen, die mit ihren Fahrrädern ohne Licht gefahren waren und sich – wie später ermittelt werden konnte – auf dem Rückweg von einem Einbruch in der Geroltstraße im Westend befanden. Die beiden Täter ließen nach den tödlichen Schüssen ihre Fahrräder und einen großen Rucksack mit dem Diebesgut (mehrere Kilogramm Butter, Käse und Zucker im Gesamtwert von 79,45 RM) sowie das Einbruchswerkzeug am Tatort zurück und flüchteten zu Fuß über die Güll- und Lindwurmstraße in Richtung Innenstadt. Von den insgesamt drei auf den Polizisten abgegebenen Schüssen traf ihn einer tödlich in die Brust. Ernst Tomsche konnte selbst noch einmal schießen, bevor er zusammenbrach. Schwerst verletzt schleppte er sich noch über die Straße in den Eingangsbereich der von Prof. Dr. Max Lebsche geleiteten Maria-Theresia-Klinik, verstarb aber dort an inneren Blutungen, ehe Hilfe geleistet werden konnte. Zur Ergreifung der unerkannt entkommenen Täter wurde rasch eine sehr hohe Belohnung ausgesetzt. Und tatsächlich erbrachte die ausgelobte Summe in Höhe von 3 000 RM den gewünschten Erfolg. Zwölf Tage nach der Tat ging der entscheidende Hinweis auf einen der Täter beim Polizeirevier 24 ein, das damals seinen Sitz in der Schwanthalerstraße 70 hatte. Als Haupttäter konnten im weiteren Verlauf der 22 Jahre alte Münchner Arthur W. und als sein Komplize, der ebenfalls 22-jährige Münchner Werner T. ermittelt und festgenommen werden. Beide hatten sich bereits im Oktober 1945 zusammengeschlossen, um fortgesetzt und

6 Polizeihauptmeister

gemeinsam Diebstähle bzw. Einbrüche zu begehen. Nach mehreren Instanzen wurden Arthur W. und Werner T. letztendlich wegen Mordes und anderer Straftaten zu lebenslangen Zuchthausstrafen verurteilt, die 1960 in Zuchthausstrafen von jeweils 15 Jahren umgewandelt wurden. Zwei Monate vor Ablauf dieser Strafe wurden die Mörder begnadigt. Sie kamen am Heiligabend bzw. am ersten Weihnachtstag 1960 frei.

In den Dienstlichen Nachrichten des Polizeipräsidiums München vom 26. März 1946 werden vom Polizeipräsidenten vier Kriminalbeamte für ihre vom Erfolg gekrönten Ermittlungen im Mordfall an den Sicherheitswachtmeister Ernst Tomsche gewürdigt. Ihre mühevolle Arbeit hatte zur Überführung der Täter geführt. Die vier Beamten werden namentlich genannt und mit jeweils 200 bzw. 100 RM belohnt. Einer der belobigten Beamten ist der Kriminalwachtmeister Eichinger, dessen Namen zwei Jahre später ebenfalls auf dieser Gedenktafel zu finden sein wird.

Quid sit futurum cras, fuge quaerere …[7] (Horaz, carmina 1,9, 13).

Text: **Peter Gloël**

7 Was morgen sein wird, (das) vermeide zu fragen …

042

VERSTAUBTER GLANZ VERGANGENER TAGE

Das Offizierskasino

Winzige Staubkörnchen tanzen im trüben Februarlicht. Schräg fällt es durch die Flügel der Schwingtüren hinein in einen Raum, dem immer noch ein ganz spezieller Hauch lang vergangener Tage anhaftet, sei es durch die Kristalllüster an der Decke, die Wandvertäfelungen aus rötlichbraunem Mahagoni, die geschwungene, mit rotem Leder verkleidete Bar auf ihrem niedrigen Podest aus weißgrauem Marmor oder die Wandleuchten mit ihren großen Bleikristallen, die die wenigen Sonnenstrahlen einfangen und dadurch matt aufleuchten.

Kneift man die Augenlider zu schmalen Schlitzen zusammen, so kann man sich mit ein wenig Fantasie vorstellen, wie es gewesen sein muss, als sich die Angehörigen der amerikanischen Streitkräfte und deren Familienmitglieder hier im McGraw Officers and Civilians Club and Mess getroffen und gegessen, getrunken, getanzt, amerikanischen oder auch deutschen Bands gelauscht und damit ihr Lebensgefühl und ein Stück Heimat nach München gebracht haben.

Aber nicht nur die Amerikaner, auch der Münchner Oberbürgermeister war laut eines Berichts aus dem Jahr 1960 regelmäßiger Gast im Officers Club, da hier einmal im Monat die Sitzungen des German-American Advisory Council abgehalten wurden.

War das Offizierscasino in den ersten knapp 20 Jahren – wie der Name schon sagt – ausschließlich den Offizieren vorbehalten, so wurde es 1964, nach der Auflösung des SACOM-Hauptquartiers (SA-Com = Southern Area Command), zum Community Club und war somit allen Rängen zugänglich.

Man könnte fast ein wenig wehmütig werden, wenn man die Augen wieder öffnet und die Patina sieht, die sich seit dem Abzug der US-Streitkräfte im Jahr 1992 heimlich, still und leise auf der einst blitzblanken Spüle hinter der Bar niedergelassen hat, die das Bleikristall stumpf und die Spiegel matt hat werden lassen. Leere Glühbirnenfassungen in den Wandleuchtern und zahllose Flecken auf dem fliederfarbenen Teppichboden zeugen davon, dass die glanzvolle Zeit des Offiziersclubs längst der Vergangenheit angehört.

Wo in den ersten Jahren nach dem Einzug der Münchner Polizei noch die eine oder andere Weihnachtsfeier oder Personalversammlung stattfand, ist es inzwischen still geworden, und wenn das Casino nicht als Lagerraum genutzt werden würde, würde es wohl niemand mehr betreten.

Zugegeben, wirklich benötigt wird ein derartiger Clubraum heute natürlich nicht mehr. In den knapp fünf Jahrzehnten, bevor einige Dienststellen des Polizeipräsidiums München hier heimisch wurden, herrschten völlig andere Verhältnisse. Zu Zeiten der Amerikaner waren Arbeit und Frei-

zeit untrennbar miteinander verwoben, denn die Streitkräfte hatten sich in und um die damalige McGraw-Kaserne ihre eigenen kleinen Vereinigten Staaten geschaffen, mit eigenen Einkaufsmöglichkeiten mit Waren aus den USA, eigenen Schulen und eigener Universität, dem Soldatensender AFN, dessen Sendemast auf dem Gelände der McGraw-Kaserne stand, eigenem US-Army-Hospital und natürlich eigenen Vergnügungsmöglichkeiten wie dem »Cincinnati-Kino« und dem unvergessenen »Little Oktoberfest«.

So war auch der Officers and Civilians Club nicht die einzige Freizeit- und Serviceeinrichtung in und um die Tegernseer Landstraße 210. Neben einer Kapelle im dritten Stockwerk von Gebäude 7, wo laut eines Artikels in der Militärzeitung The SACom Scene zwischen 1945 und 1955 in mehr als 100 000 Gottesdiensten Taufen gefeiert, Ehen geschlossen und Tote betrauert wurden, gab es in den Gebäuden 3 und 4 eine Schreinerei, eine Töpferei, ein Fotostudio, eine Autowerkstatt, eine Cafeteria und eine Bowlingbahn, und in Gebäude 19, der mittlerweile unter Denkmalschutz stehenden Großgarage, fand das Clubheim des Fischerei- und Jagdvereins eine Heimat. Die Unteroffiziere trafen sich im NCO-Club in Haus 16 mit seinem »typisch bayrischen Balkon« bei Steaks vom Grill, Hummer und »Hähnchen bayrische Art«.

1950 zog der Supermarkt des Munich Military Post mit modernen Kassenbändern und Einkaufswagen in das von den Nationalsozialisten als »Ehrenhalle« geplante Erdgeschoss von Gebäude 2, und im Stockwerk darüber feierte im selben Jahr das McGraw-Theatre seine Premierenvorstellung mit dem Film »The Flame and the Arrow« (»Der Rebell«) mit Burt Lancaster.

Bereits die Nationalsozialisten hatten im selben Stockwerk von Gebäude 2 einen »Bildwerferraum« eingerichtet, also den Raum eines Kinos, in dem sich die technischen Geräte wie Tonanlage und Projektoren befinden. Ob dort auch tatsächlich Filme gezeigt wurden und welcher Art diese Filme waren, ließ sich leider nicht herausfinden.

Auch wenn das Gelände der ehemaligen McGraw-Kaserne mittlerweile keine Enklave mehr ist und die hier beschäftigten Polizisten, Verwaltungsbeamten und Angestellten nur zum Arbeiten hier sind und ihren Lebensmittelpunkt an völlig anderen Orten haben, ist es dennoch schade, dass die Staubkörnchen die einzigen sind, die noch im Offizierscasino tanzen.

Text: **Manuela Obermeier**

043

ZU DEN AKTEN

Die Kriminalaktenregistratur

Die Erfindung der Schrift machte, schon ab der Nutzung von Tontafeln, alsbald auch eine Archivierung der jeweiligen Dokumente erforderlich. Mit Erfindung der Schriftrolle und nachfolgend des Papiers kam der Ablage von Schriftgut somit immer mehr Bedeutung zu. So ist es auch nicht verwunderlich, dass auch die Polizei – als klassischer Jäger und Sammler – Akten seit jeher fleißig sammelt.

Erstaunlicherweise steht diesem »Grundbedürfnis« des Polizisten eine nur lückenhafte Erwähnung in den bestehenden Aufzeichnungen der letzten Jahrhunderte gegenüber. In diesem Sinne soll versucht werden, die Historie der Aktenhaltung der Münchner Polizei, insbesondere natürlich die in der Ettstraße, näher zu beleuchten.

Eine erste Erwähnung der Aufbewahrung von personenbezogenen Kriminalakten ist der »Dienstordnung der Gendarmerie-Kompanie der Haupt- und Residenzstadt München« Anfang des 18. Jahrhunderts zu entnehmen. Diese besagt unter anderem, dass sie »allenthalben Anzeigen über begangene Verbrecher zu sammeln hat«.

Mit Errichtung der »Criminal-Abtheilung« im Jahr 1899, diese war dem Anwachsen der Stadt München auf fast 500 000 Einwohner und dem damit einhergehenden Anstieg der Kriminalität geschuldet, wurde die Leitung des »Verbrecheralbums« durch die Königliche Polizeidirektion einem Vorstand übertragen.

Anfang des 20. Jahrhunderts musste sich die Münchner Polizei auch mit dem Neubau eines den Erfordernissen angemessenen Dienstgebäudes befassen. Auf dem Areal des sogenannten Augustinerstockes erfolgte der Neubau der Polizeidirektion, welche im März 1914 bezugsfertig war.

Für die (Kriminalakten-)Registratur war ein eigener sechsgeschossiger Bereich im Mitteltrakt vorgesehen. Hier flossen bereits in der Planung die erforderliche Raumhöhe, die Anordnung der Fenster und die Konstruktion der Decken und Stützen mit ein. Zusätzlich erfolgten der Einbau besonderer Fernsprecher sowie ein Aktenaufzug, welcher heute noch in Betrieb ist.

Eine Erwähnung des Aktenbestandes findet sich erst anlässlich der Vernichtung von Personen- und Strafakten durch kommunistische Revolutionäre am 29. April 1919. Obwohl in den nachfolgenden Jahren nicht explizit erwähnt, darf angenommen werden, dass die Registratur auch weiterhin geführt wurde. Erst im Präsidialerlass des PP München vom 4. April 1950 ist ein weiterer Hinweis auf Kriminalakten zu finden: »Die Generalakten des Polizeipräsidiums sind zum Teil bei Luftangriffen vernichtet oder vielleicht schon vorher verschleppt worden …«

Anfang 1953 erfolgte dann eine Neuorganisation der Kriminalpolizei in sechs Kriminalinspektionen und 25 Dienststellen, u. a. auch die Kriminalregistratur/der Aktenraum.

Bedingt durch den Ausbau der EDV konnte beim Polizeipräsidium München Anfang der 1980er-Jahre das sogenannte Ballungsraumverfahren (BRV) in den Betrieb gehen, in dessen Verlauf auch die Dokumentenverwaltung (DokV), d.h. die digitalisierte Ablage von Vorgängen ohne Täter, eingeführt wurde.

Trotzdem drohte 2007 die Kriminalaktenregistratur beim Polizeipräsidium München, verwaltet durch das Kommissariat 106, mit ca. 100 Millionen DIN-A4-Seiten bei knapp 350 000 Kriminalakten, aus allen Nähten zu platzen. Zusätzlich zu der bereits beschriebenen »Kern«-Registratur, mussten zig Keller- und Nebenräume, Flure, ein Garagentrakt und weitere im Gebäude verstreute Zimmer genutzt werden. Im Garagentrakt wuchsen zudem die Regale auf das »artistische Maß« von drei Metern an.

Diesem Problem begegnete man 2008 beim Polizeipräsidium München mit der Einführung der »Elektronischen Kriminal-Akten-Archivierung« (EKAA). Somit konnten nunmehr, mit gewissen

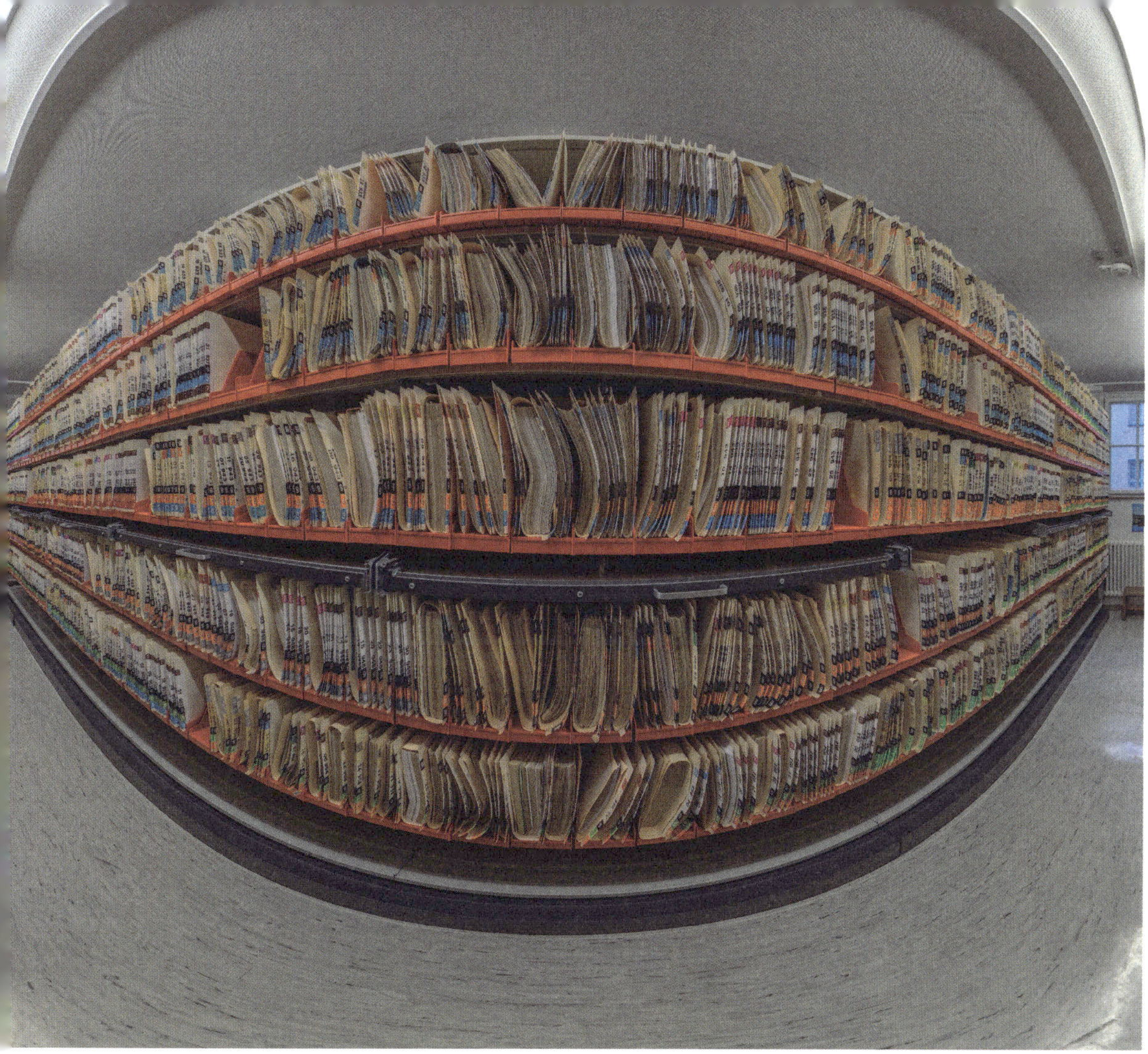

Ausnahmen, auch Kriminalakten digitalisiert werden. Dies galt nicht nur für Neueinstellungen, sondern auch für Aktenbestände vor 2008, welche seither peu à peu digitalisiert werden. Durch die Verscannung konnten die Papierbestände erheblich reduziert werden. So werden zum Jahresende 2018 nur noch knapp 30 000 Kriminalakten in Papierform beim Kommissariat 106 aufbewahrt.

Obwohl derzeit noch nicht abzusehen, wird die (Papier-)Kriminalaktenregistratur vermutlich eines Tages ausgedient haben. Die Verwendung neuer Medien und Technologien zeigt aber bereits jetzt, dass auch weiterhin Bedarf an einer Archivierung, z. B. mobiler Speichermedien, besteht.

Abschließend ein Danke an alle Kolleginnen und Kollegen, welche die polizeilich unverzichtbare Arbeit der Aktenhaltung in all den Jahren am Leben gehalten haben.

Text: **Robert Jaworski**

044

DER COOLE KLASSIKER

Die Lederjacke der Funkstreife

Am 29. September 1954, einem Mittwoch, tagte die sogenannte Bekleidungskommission des Polizeipräsidiums München. Mit in der Runde saßen an diesem Tag auch zwei Spitzenbeamte der Behörde: Polizeipräsident Anton Heigl und Sicherheitsdirektor Dr. Heinrich Martin. Die Anwesenheit der hochrangigen Vertreter des Präsidiums ließ Außergewöhnliches vermuten. Und richtig, in dieser Sitzung wurde das Muster für ein Bekleidungsstück vorgeführt, das neu bei der Münchner Polizei, konkret für die Funkstreife, eingeführt werden sollte – die Lederjacke!

Es mag den heutigen Betrachter überraschen, aber dieses Kleidungsstück gab es bei der Funkstreife nicht von Anfang an. Vielmehr entstand der Gedanke, eine Lederjacke für den motorisierten Streifendienst zu beschaffen, erst nach mehreren Jahren mit teilweise leidlichen Erfahrungen. Die im Außendienst eingesetzten Beamten der Funkstreife verrichteten seit Bestehen dieser Einrichtung im Jahre 1949 ihren Dienst in dem für die Stadtpolizei München nach dem Krieg eingeführten Uniformrock aus blauem Tuch. Dieses Kleidungsstück wurde dabei im täglichen Dienst derart strapaziert, dass es sich als nicht zweckmäßig erwies. So konnten Schmutz- und Ölflecken nur schwer wieder entfernt werden. Zudem bekam der Tuchrock an seiner Rückenseite durch das Sitzen im Auto rasch Falten und schabte an diesen Stellen ab, so dass er unansehnlich wurde.

Auch andere Kleidungsstücke, wie z. B. ein Mantel, erwiesen sich für diesen Dienst – man denke an das Ein- und Aussteigen bzw. an das Überwinden von Hindernissen – als hinderlich und wurden von den Beamten nicht getragen.

Lange Zeit wurde ein geeignetes Kleidungsstück gesucht, das den besonderen Anforderungen des Funkstreifendienstes Genüge tat und darüber hinaus den Beamten ein sauberes Erscheinungsbild in der Öffentlichkeit ermöglichte.

Im Ergebnis sprach man sich dann für eine dreiviertellange schwarze Lederjacke aus bestem Ziegenleder aus. Hierbei erklärten sich die Beamten der Funkstreife bereit, die Kosten für diese Jacke durch Belastung ihres jeweiligen Bekleidungskontos selbst zu tragen. Vor diesem Hintergrund gingen damals beim Polizeipräsidium München Angebote von folgenden Lederbekleidungsfirmen ein: Firma Erdmann, München; Firma Habelt, Crailsheim; Firma Walter, München.

In der eingangs genannten Sitzung stimmten schließlich der Polizeipräsident, der Sicherheitsdirektor und die Bekleidungskommission zu, Lederjacken der Firma Fritz Habelt aus Crailsheim in Württemberg zu beschaffen. Ein Grund für diese Entscheidung war, dass die Firma Habelt die Jacken

in Eigenherstellung fertigte und nicht als Großhändler auftrat. Zudem überzeugten die bessere Qualität des ausknöpfbaren Velveton-Innen- und des Ärmelfutters sowie Verstärkungen am Kragen. Auch überzeugte die Zusage der Firma, die Jacken für den Zeitraum von zwei Jahren kostenfrei zu warten.

Der Stadtrat stimmte daraufhin im Oktober 1954 der vorgeschlagenen Auftragsvergabe zu. Bei den Württembergern wurden 189 Lederjacken für die Münchner Funkstreife bestellt. Mit dieser Entscheidung war das Schicksal des blauen Tuchrocks im Außendienst der Funkstreife besiegelt. Heute mag man es fast nicht glauben, dass der Einzug der Lederjacke in den Funkwagen über fünf Jahre lang auf sich warten ließ.

Ende der 1950er-Jahre wurden die bisherige Formgebung und im Grundsatz die Materialbeschaffenheit der Funkstreifenjacke überdacht. Eine Musterjacke aus den USA, kurz geschnitten und mit den charakteristischen silbernen Schnallen am Bund versehen, diente hierbei für die nachfolgend hergestellten Funkstreifenjacken als Schnittmuster. Das neue, schnittige Modell wurde ab 1959 von der in der Münchner Segenstraße ansässigen Firma Anton Zilker produziert. Bei dieser Firma handelte esv sich um einen alteingesessenen Münchner Betrieb, der nach heutigen Maßstäben mit seinen zwölf Beschäftigten zu Hochzeiten durchaus einen gewissen »Manufakturcharakter« aufwies.

Die Firma Zilker fertigte ausschließlich Lederwaren, wobei der Schwerpunkt einst auf Trachtenhosen und Sporthandschuhen lag. Erst in späteren Jahren wurden neben Berufsbekleidung auch andere Segmente aufgenommen, wie zum Beispiel die Herstellung von Lederbekleidung für Motorradfahrer.

Als Fertigungsschmiede für die kurzen Lederjacken der Münchner Funkstreife wurde die Firma Zilker wohl auch deshalb auserkoren, da die Stadt München hier bereits für ihre Kraftfahrer und für die Feuerwehr Lederjacken fertigen ließ. So war der Schritt zur damals städtischen Polizei nicht weit.

Die besagte Funkstreifenjacke wurde fortan aus robustem, 1 bis 1,2 mm starkem Rindsleder, in geringer Stückzahl auch kurzzeitig noch aus Ziegenleder, hergestellt.

Als Innenfutter beließ man es bei dem bewährten Baumwollgewebe Velveton, das anfangs eine schwarze und später eine blaue Farbgebung erhielt.

Die kurzen Lederjacken der Firma Zilker wurden exklusiv für die Besatzungen der Münchner Funkstreifen gefertigt. Die Kosten betrugen etwa 400 DM und gingen zu Lasten des Bekleidungskontos ihres Trägers. Besser gestellt waren die Beamten, die ab Mitte 1963 zur Funkstreife versetzt wurden. Sie bekamen die nun auch als Lederweste bezeichnete Jacke kostenlos. Jeder Beamte dieser Sonderdienststelle erhielt bei der Firma Zilker nach Vorlage eines Berechtigungsscheins, den er von der Bekleidungskammer der Münchner Stadtpolizei erhalten hatte, seine eigene, auf Maß geschneiderte Jacke.

Außerhalb des Funkstreifendienstes gab es eine Lederjacke mit langem Schnitt und doppelter Knopfleiste. Dieses Modell wurde in verschiedenen Betrieben in den Standardgrößen gefertigt.

Unvergessen bleibt der Auftritt der Funkstreifenjacke in der legendären Fernsehserie »Isar 12«, die zwischen 1960 und 1963 gedreht wurde. Sie bereicherte das Vorabendprogramm und spiegelte die Abenteuer einer Münchner Streifenbesatzung in diesen Jahren wider.

Auch andere Hersteller nahmen im weiteren Verlauf die Produktion von Lederjacken für ihre Funkstreifen auf. So trugen beispielsweise auch die Besatzungen der Hamburger »Peterwagen« ab 1965 ein solches Modell eines anderen Herstellers. Für den geübten Blick aber bleibt eine Funkstreifenjacke der Firma Zilker jedoch stets unverkennbar.

Im Jahre 1975 erfolgte die Verstaatlichung der Münchner Polizei, mit der auch das Ende der Funkstreife einherging. Ab 1. Oktober 1975 mussten die Beamten, wenn sie ein neues Exemplar der kurzen Lederjacke ihr Eigen nennen wollten, diese aus ihrer eigenen Tasche bezahlen.

Bis zum heutigen Tage hat die Funkstreifenjacke für die Münchner Polizisten einen besonderen Stellenwert. Daran konnten bislang weder die Einführung von diversen Nachfolgemodellen, als auch die Umstellung auf die neue, nun wieder blaue Uniform etwas ändern. Und ebenso bis zum heutigen Tag steht Anton Zilker in der Werkstatt im Keller seines gemütlichen Wohnhauses und erfüllt nach wie vor passionierten Münchner Polizisten ihren Wunsch nach einer eigenen, kurzen Lederjacke à la Funkstreife. Auf Maß – versteht sich!

Text: **Peter Gloël und Christian Strobel**

NACHTRAG:

Die beiden Autoren sind immer noch auf der Suche nach einem Originalexemplar der im Artikel eingangs genannten Funkstreifenjacke der Firma Fritz Habelt, Crailsheim. Sofern ein geneigter Leser an dieser Stelle unterstützen kann oder gar als Wunscherfüller in Erscheinung treten könnte, wäre unsere Freude darüber riesengroß. Entsprechende Hinweise auf das gesuchte Objekt werden erbeten und dankend entgegengenommen.

045

DA IST MUSIK DRIN

Die Lyra

Auf den Schulterklappen der uniformierten Polizistinnen und Polizisten lässt sich nicht nur der jeweilige Dienstgrad ablesen, sondern anhand eines Symbols – der Lyra – auch der Grad an Musikalität. Und diese hat bei der Münchner Polizei eine lange Tradition. Im Jahr 1911 fanden vier Münchner Schutzmänner zusammen und begannen, auch während ihres Passierdienstes (Bereitschaft), statt des einstimmigen Volksgesanges vierstimmige Lieder zu singen. Sie erlangten bald eine gewisse Bekanntheit im Kollegenkreis, und als sie bei der Gründungsversammlung des »Vereins der Schutzmannschaft« zur Unterhaltung der Anwesenden auftraten, war der Grundstein für die »Sängerrunde der königlichen Schutzmannschaft« gelegt. Diese Runde wuchs schnell an und entwickelte sich, trotz Ausbruchs des Ersten Weltkriegs und interner Probleme, in den folgenden Jahren zu einem respektablen Männerchor. Schon im Jahr 1931 sang die Sängerrunde erstmals vor dem Mikrofon im Rundfunkhaus. Aufgrund der zunehmenden chorischen Leistung wurde 1932 ein akademisch gebildeter Kapellmeister, also kein Polizist, als Dirigent verpflichtet. Weitere Rundfunksendungen und auch Schallplattenaufnahmen folgten.

Trotz der ab 1938 erlassenen Aufführungsverbote für etliche Kompositionen und der beginnenden Kriegswirren sang der Chor weiter, aber im Herbst 1944 mussten sich die Sänger dem Zweiten Weltkrieg unterwerfen. Bei einem Fliegerangriff wurde auch das umfangreiche wertvolle Notenmaterial vernichtet.

Bereits 1946 wurde der »Sängerchor der Polizei München« sozusagen aus dem Nichts wieder aufgebaut und vereinte nun zum ersten Mal Sänger aus Schutz- und Kriminalpolizei sowie dem Amt für öffentliche Ordnung. Fünf Jahre später zählte der Chor über 100 aktive Mitglieder.

In den folgenden Jahrzehnten entwickelte er sich zu einem der bekanntesten und leistungsstärksten Männerchöre Bayerns, ab 1964 mit dem neuen und bis heute gültigen Namen »Chor der Polizei München«. 1965 wurde die erste Schallplatte aufgenommen, 1973 folgte die erste Konzertreise ins Ausland, 1978 die ersten großen Konzerte in den USA. Neben zahlreichen innerdeutschen Begegnungen unternahm der Chor bis heute 27 Auslandsreisen in 29 Länder. Er stand auf den Bühnen von Peking bis New York, von St. Petersburg bis Dubai. Im Repertoire des Chores schlummern Lieder in 20 verschiedenen Sprachen. In besonderer Erinnerung bleiben sicherlich die erste Amerika-Reise mit sieben Konzerten in sieben Städten, die traumhaften Erlebnisse in der Welt von Tausendundeiner Nacht, das Vaterunser in den Katakomben Roms und die Papstaudienz, die Tränen der Chinesen, als deren Nationalhymne angestimmt wurde, die übervolle Kathedrale in Malaga und der Sendeplatz in

Der Polizeichor 1923 (o.)

den spanischen Abendnachrichten, die Begeisterung des baltischen Publikums und die überaus emotionalen Momente während der Zugabe in estnischer, lettischer und litauischer Sprache. Ganz nach dem Motto des Chores: Guter Ton verbindet …

Für seine Leistungen wurde der Chor mehrfach ausgezeichnet. Im Jahr 2001, also pünktlich zum 90. Jubiläum des Chors wurde ihm die »Orlando di Lasso Medaille« des Bayerischen Sängerbundes (BSB) verliehen. Es ist die höchste Auszeichnung des BSB und belohnt für besondere Verdienste um die Chormusik. 2002 verlieh der damalige Bundespräsident Johannes Rau das Bundesverdienstkreuz an den Ehrenvorsitzenden Walter Renner. 2011 erhielt der Chor von den Staatsministern Dr. Thomas Goppel und Dr. Wolfgang Heubisch die Zelter-Plakette zum 100-jährigen Bestehen und für beständige hohe musikalische Leistungen.

Ob ein anbetendes Ave Maria oder ein raumfüllendes Vaterunser, ob deutsches Volkslied, Comedian Harmonists oder Musical: Der Chor der Polizei München ist in der sakralen wie in der weltlichen Literatur gleichermaßen zu Hause. Neben dem Vollchor bieten Ensembles von Kammerchorbesetzung bis hin zum bayerischen Vierg'sang eine sehr abwechslungsreiche vokale Palette und passendes Repertoire für jeden Anlass.

In Bayern gibt es aktuell elf Polizeichöre. Der Männerchor der Münchner Polizei ist mit seinen 107 Jahren mit Abstand der älteste. Bereits in den 60er-Jahren öffnete sich der Chor auch für externe Sänger. Derzeit arbeitet etwa ein Drittel außerhalb der Polizei.

Aber dass der »Chor der Polizei München« ein reiner Männerchor ist, obwohl doch nun schon etliche Jahre auch Frauen bei der Bayerischen Polizei Dienst verrichten, stieß irgendwann bei manchem oder mancher auf Unverständnis. Wo sich doch auch einige Sängerinnen gefunden hätten… Jedoch macht man aus einem Männerchor nicht einfach einen gemischten Chor – insbesondere bei so einer langen Tradition. Das ist schon aufgrund der verschiedenen Notenpartituren kaum möglich.

Deshalb machte sich der Vorstand des Chors der Polizei München bereits 2010 auf die Suche nach geeigneten Gründerinnen. 2012 wurden schließlich eine organisatorische Leiterin aus den Reihen des Kriminaldauerdienstes des Polizeipräsidiums München sowie eine musikalische Leiterin aus dem Bayerischen Landeskriminalamt gefunden.

Im Februar 2013 fand die erste Probe mit ca. 35 Sängerinnen statt und bereits im ersten Jahr hatte der »Frauenchor der Münchner Polizei« einige öffentliche Auftritte, z. B. anlässlich der Vereinsgründung »Kinder von gestern« von Abi Ofarim. In den folgenden Jahren steigerte sich der Chor enorm, sodass das fünfjährige Jubiläum 2018 schon groß in der Hochschule für Musik und Theater in München gefeiert werden konnte. Gut eingebettet in den Chorverband der Deutschen Polizei führten bislang kleinere Chorreisen nach Dresden und Hamburg zu Konzerten der dortigen Chöre.

Inzwischen ist der Frauenchor der Münchner Polizei auf gut 45 aktive Sängerinnen angewachsen und leistet etwa 16 teils dienstliche Auftritte und meist drei Konzerte im Jahr. Das Repertoire von aktuell fast 100 weltlichen und geistlichen Stücken umfasst Volksmusik, deutsche Schlager, Rock- und Popmusik aus mehreren Jahrzehnten sowie einige Messen.

Der Frauenchor sieht sich hier jedoch keinesfalls als Konkurrenz des Männerchores, sondern als klangliche Ergänzung, die hin und wieder zu einem großen gemischten Chor verschmilzt.

Aber auch abseits vom Gesang ist das Polizeipräsidium München musikalisch: Im Jahr 2008 gründeten sechs Polizeibeamte aus unterschiedlichen Dienststellen »Schandiblech«. Inzwischen bilden etwa 20 Beamte einen Bläser-Pool, auf den, je nach Anlass, zurückgegriffen werden kann. Mit ihren

Blechblasinstrumenten (Trompete/ Flügelhorn, Tenorhorn, Bariton, Tuba) sowie Begleitinstrumenten (Akkordeon, Schlagzeug) gestalten sie dienstinterne Veranstaltungen wie Empfänge, Beförderungen und Vereidigungen, werden aber auch für verschiedenste Anlässe aus dem Kollegenkreis engagiert.

Außerdem begleitet Schandiblech das alljährliche Einsatztraining der Polizei-Reiterstaffel, wenn sie beim »Ross-Daschrecka« (Pferde-Erschrecken) die Abhärtung der vierbeinigen Kollegen für den Oktoberfestumzug übernehmen. Seit einigen Jahren werden die Pferde auch für den Umzug anlässlich des Gäubodenfestes in Straubing im August vorbereitet.

Als besonderes Highlight spielte Schandiblech bei der Eröffnung des Brunnenfestes am Viktualienmarkt im August 2011 – vom Turm des Alten Peters aus. Eine Ehre, die nicht vielen Musikern zuteil wird. Zudem genossen die Musiker unter anderem besonders die Umrahmung von den Bergmessen der International Police Association (IPA) in Kochel (2015) und auf dem Kolbensattel (2017), sowie die musikalische Gestaltung des Festaktes des Staatsministeriums des Innern, für Sport und Integration mit Staatsminister Joachim Herrmann, »Ehrenamt schafft Sicherheit« im September 2018 in der Münchner Residenz.

Bei der jährlichen Herbstjagd im Jahr 1975 kam dem stellvertretenden Dienststellenleiter der Reiterstaffel, PHK Kapfhammer, die Idee, eine eigene Jagdhornbläsergruppe der Reiterstaffel zu gründen. So begannen einige Pensionisten und aktive Beamte der Reiterstaffel mit dem Einstudieren von Jagdstücken. Ein festerer Zusammenschluss fand dann in den 1980er-Jahren statt. Polizeipräsident Dr. Manfred Schreiber erkannte bald, dass diese Gruppe gut im Rahmen einer positiven Außenwirkung einsetzbar war. Viele interne und externe Auftritte unter den Polizeipräsidenten Gustav Häring und Dr. Roland Koller ließen die Gruppe allmählich zu einem festen Bestandteil der Öffentlichkeitsarbeit werden. Bei unterschiedlichsten dienstlichen Anlässen wurde gerne auf diese Gruppe zurückgegriffen, und auch private Nachfragen blieben nicht aus. Mangels Personal mussten die Jagdhornbläser im Jahr 2010 ihren musikalischen Dienst beenden.

Die Chöre und alle Bläser leisten bzw. leisteten ihre musikalischen Beiträge zusätzlich zum täglichen Dienstbetrieb bzw. ehrenamtlich. Die Lyra auf den Schulterklappen kann man jedoch nur bei den Sängern der beiden Chöre und bei den Musikern des Polizeiorchesters Bayern entdecken.

Das Polizeiorchester Bayern, welches in München ansässig und überregional bekannt ist, gehört jedoch nicht zum Polizeipräsidium München, sondern zur Bayerischen Bereitschaftspolizei. Hierbei handelt es sich um professionelle, hauptamtliche Musiker.

Text: **Monika König**

IM EINSATZ FÜR DEN UMWELTSCHUTZ

Die Polizeibienenstaffel

Bienenstöcke sind wohl das Letzte, was man im Polizeipräsidium erwarten würde. Aber seit April 2015 summt es immer mehr im Polizeipräsidium München. Damals fing alles mit einem Pilotprojekt auf einer Dachterrasse des altehrwürdigen Polizeigebäudes in der Ettstraße gleich gegenüber den Türmen des Frauendoms an. Der Initiator des Projektes, Dr. Jürgen Brandl, hatte damals eine Idee: Warum sollte nicht auch eine Bienenhaltung im Polizeipräsidium möglich sein? Gerade weil die ungenutzten Dachterrassen des Polizeipräsidiums so viel Platz boten. Schließlich werden derzeit bei vielen öffentlichen repräsentativen Gebäuden in München und deutschlandweit Bienenstöcke aufgestellt. Das Urban Beekeeping ist bei Städtern voll im Trend. Auch bei Polizeipräsident Hubertus Andrä stieß die Idee auf eine sehr positive Resonanz und so startete der Hobbyimker im Probebetrieb mit zwei Polizeibienen-Völkern, die er nach Dienstende betreute.

Nach jetzt insgesamt drei Jahren Projektlaufzeit konnten insgesamt acht Polizeibienenstandorte quer über das gesamte Stadtgebiet Münchens eröffnet werden. Das Polizeipräsidium München ist so gesehen die erste Behörde Deutschlands, die flächendeckend ein Projekt zur Förderung der Biodiversität initiierte. Für die Betreuung der Polizeibienen konnte hierzu das Polizeipräsidium neben Jürgen Brandl noch weitere sechs imkernde Polizisten für das Projekt gewinnen, die sich in ihrer Freizeit für die Thematik engagieren. Das Projekt zählt mittlerweile insgesamt mehr als ein Dutzend Bienenvölker.

Die Polizeiimker wollen mit ihren Polizeibienen vor allem das Bewusstsein für die massiven Bedrohungen dieser nützlichen Insekten wecken. Schließlich ist auch die Zahl der Insekten allgemein in den letzten Jahren drastisch gesunken. Vor allem der Klimawandel, aber auch Pestizide, Krankheiten und Monokulturen setzen den Bienen ordentlich zu. Immerhin müssen täglich in Deutschland artenreiche Wiesenflächen in der Größenordnung von ca. 100 Fußballfeldern der Umwidmung zu Ackerflächen, Baugebieten und Straßen weichen. Die Wetterextreme nehmen durch den von Menschen verursachten Klimawandel immer mehr zu und bedrohen die Existenz unseres gesamten Ökosystems: Im Februar 2018 war beispielsweise die Meereisfläche in der Arktis so gering wie noch in keinem anderen Februar. Diese Erwärmung fördert auch die periodischen Kälteeinbrüche in unseren Breiten. Unsere Winter werden damit zwar insgesamt gesehen milder, aber gleichzeitig auch deutlich wechselhafter. Für die Bienen bedeuten mildere Winter, dass sich die gefürchtete Varroamilbe auch permanent im Winter vermehren kann. Kälteeinbrüche im Frühling hingegen zerstören durch strenge Fröste die ersten Nektar- und Pollenquellen.

Die Polizeiimker wollen diesem Trend entgegenwirken, indem sie diese Thematik in die Öffentlichkeit tragen und ihre Mitmenschen hierfür sensibilisieren. Durch bereits kleine Verhaltensänderungen kann jeder Einzelne viel bewirken: Wir hängen alle von einem intakten Ökosystem ab! In der Stadt sind die Bedingungen für die fleißigen Sechsbeiner etwas günstiger: Zumindest gibt es eine große Vielfalt an Pflanzen und kaum Einsatz von Pestiziden.

In einer großen Behörde wie dem Polizeipräsidium München müssen natürlich einige Regeln zur Haltung von Bienen beachtet werden. Arbeitsschutzbeauftragte, Personalrat und das Bauamt mussten konsultiert werden und möglichst viel Transparenz bei den Mitarbeiterinnen und Mitarbeitern geschaffen werden. Aber Angst vor den Tierchen muss kein Polizist haben – schließlich fliegen die Bienen zu den nahe gelegenen Parks oder zur Isar und nicht in die Amtsstuben.

Ein Teil des Honigs wird auch an die Öffentlichkeit verkauft. 1,50 Euro pro Glas Polizeibienenhonig werden dabei für gemeinnützige Projekte gespendet und somit einem karitativen Zweck zugeführt. Der Honig ist über die Imker direkt oder ab Sommer auch beim Landesbund für Vogelschutz e.V. erhältlich: https://www.lbv-muenchen.de/

Standorte

- Polizeipräsidium München, Ettstraße 2, 80333 München
- Kriminalfachdezernat 5, Winzererstraße 54 , 80797 München
- Abschnitt Verkehr, Bad-Schachener-Straße 4, 81671 München
- I. Bereitschaftspolizeiabteilung, Rosenheimer Straße 130 , 81669 München
- Polizeiinspektion 15 (München-Sendling), Treffauerstraße 56, 81373 München
- Polizeiinspektion 42 (München-Neuhausen), Landshuter Alle 38, 80637 München
- Polizeiinspektion 24 (München-Perlach) + Kriminalfachdezernat 7, Adenauerring 31, 81737 München
- Polizeiinspektion 11 (München-Altstadt), Hochbrückenstraße 7, 80333 München

Am 6. April 2018 wurden die Münchner Polizeibienen als Projekt der UN-Dekade Biologische Vielfalt ausgezeichnet. Die UN-Dekade Biologische Vielfalt wurde von den Vereinten Nationen für den Zeitraum von 2011 bis 2020 ausgerufen. Ziel der internationalen Dekade ist es, den weltweiten Rückgang der biologischen Vielfalt aufzuhalten. Als Qualitätssiegel machte diese Auszeichnung den imkernden Polizisten bewusst, dass ihr Einsatz für die lebendige Vielfalt Teil einer weltweiten Strategie ist. Möglichst viele Menschen sollen sich von diesen vorbildlichen Aktivitäten begeistern lassen und die ausgezeichneten Projekte als Beispiel nehmen, selbst im Naturschutz aktiv zu werden.

Biologische Vielfalt ist alles, was zur Vielfalt der belebten Natur beiträgt: Arten von Tieren, Pflanzen, Pilzen und Mikroorganismen, ihre Wechselwirkungen untereinander und zur Umwelt sowie die genetische Vielfalt innerhalb der Arten und die Vielfalt der Lebensräume. Die natürliche Vielfalt zu schützen, bedeutet nicht nur, die Schönheit der Natur zu bewahren. Es bedeutet auch, die Grundlagen des Überlebens von uns allen zu sichern. Mit der Auszeichnung der UN-Dekade erlangte das Projekt deutschlandweite Aufmerksamkeit, was uns als imkernde Polizisten im Sinne des Beitrags für den Umweltschutz sehr stolz macht und weiter motiviert!

Mehr Infos unter: www.polizeibienenhonig.de

Text: **Dr. Jürgen Brandl**

Vielfalt
Ausgezeichnetes Projekt
leben.natur.vielfalt

047

JETZT ÜBERNEHMEN DIE DAMEN

Die Polizeihostessen

Bereits im Jahr 1964 fasste der Münchner Stadtrat den Beschluss, weibliche Angestellte zur Überwachung des ruhenden Verkehrs einzustellen. Sie werden sich jetzt fragen, was der Münchner Stadtrat mit dieser eigentlich polizeilichen Angelegenheit zu tun hatte. Vor dem Jahr 1975, dem Jahr der Verstaatlichung der Bayerischen Polizei, gehörte das Polizeipräsidium München zur Stadtverwaltung. Seit 1975 ist das Polizeipräsidium München direkt dem Bayerischen Staatsministerium des Innern unterstellt. In Zeitungsinseraten wurde für die neuen Arbeitsplätze geworben und es meldeten sich etwa 250 Interessentinnen. Bei einer ersten Sondierung der Bewerberinnen stellte sich jedoch heraus, dass so manche Dame ganz besondere Ziele mit ihrer Bewerbung verfolgte. Die Beweggründe reichten von der Realisierung von Rachegedanken am Verflossenen über die Ausnutzung der Uniform, um unter die Haube zu kommen, bis zu der Vorstellung, im neuen Job verzwickte Mordfälle klären zu können.

In die engere Auswahl kamen schließlich noch 50 Bewerberinnen, von welchen 40 die Einstellungsprüfung ablegten. 15 bestanden diese Prüfung nicht, sodass am 1. Juli 1965 exakt 25 Damen als Polizeihostessen eingestellt werden konnten.

Bevor sie aber ihren Dienst beginnen konnten, war noch eine harte sechswöchige Ausbildung zu absolvieren. Hierbei mussten sie sich mit Straf-, Verkehrs- und Polizeirecht auseinandersetzen. Kenntnisse über die Landeshauptstadt wurden erworben, Erste Hilfe gepaukt und last, but not least standen Kosmetikunterrichtsstunden auf dem Unterrichtsplan.

Am 16. August 1965 war es dann so weit, zwei Hostessen in Zivilkleidung begleiteten einen Polizeibeamten in Uniform auf Streife und wurden in der Praxis unterwiesen. In diesem Sommer kursierte in München alsbald das Gerücht, dass ein Polizeibeamter sein »Gschpusi« mit auf Streife nehmen dürfe, worauf in der Folge die Bewerberzahlen für den Polizeivollzugsdienst sprunghaft anstiegen, wenn auch nur kurzzeitig. Ab 8. September 1965 wurde es dann ernst. Jeweils zwei Hostessen gingen in ihren neuen Uniformen auf Dienstgang und wurden zunächst noch von einem Polizeibeamten in Zivil begleitet. Schließlich mussten sich unsere Damen alleine auf den Weg machen.

Neben der Überwachung des ruhenden Verkehrs wurden an Hilfesuchende Auskünfte erteilt, Kindern und gebrechlichen Personen wurde geholfen, gestohlene Fahrzeuge aufgefunden und Verkehrssünder in freundlicher, aber bestimmter Art auf den Pfad der Tugend zurückgeleitet.

Die dienstliche Heimat der Hostessen wurde die »Dienststelle Parküberwachung«, die räumlich im Tal 72 untergebracht war.

M-UX 983

Schlägt man nun den Bogen von der Vergangenheit zum Heute, kann man feststellen, dass sich gar nicht so viel geändert hat. Die Berufsbezeichnung hat sich von »Polizeihostesse« zum »Polizeilichen Angestellten im Verkehrsdienst« gewandelt, da nun auch männliche Kollegen beim Polizeipräsidium München ihren Dienst verrichten, und das Tätigkeitsfeld änderte sich. Derzeit sind etwa 60 Polizeiliche Angestellte im Verkehrsdienst beim Polizeipräsidium München tätig. Organisatorisch sind sie heute bei den Polizeiinspektionen angesiedelt und leisten neben der Verkehrsüberwachung auch Unterstützung im Rahmen der Aktion »Sicher zur Schule – Sicher nach Hause«. Auch im Bereich der Verkehrsüberwachung sind heute Angestellte beschäftigt, z. B. bei der Geschwindigkeitsüberwachung oder bei der Auswertung der Rotlichtüberwachungskameras. Die Ausbildung wurde den heutigen Anforderungen angepasst. Die Kosmetikstunden wurden durch EDV, Selbstverteidigung und angewandte Psychologie ersetzt.

Die Rahmenbedingungen im Straßenverkehr aber haben sich massiv verändert. Das Straßennetz der Landeshauptstadt München wurde ausgebaut und Straßen in Fußgängerzonen umfunktioniert. Stand in den 1970er-Jahren zunächst der Autofahrer im Mittelpunkt der Verkehrsplanung, rücken heute wieder die Fußgänger, die Radfahrer und der öffentliche Personennahverkehr in den Mittelpunkt der Bemühungen. 1965 waren im Bereich der Landeshauptstadt 298 000 Kraftfahrzeuge, davon 241 000 Pkws, zugelassen. 2018 waren es 875 117 Kraftfahrzeuge, davon 727 179 Pkws, bei weiter steigender Einwohnerzahl. Dass sich durch diese Entwicklung die Problematik des ruhenden Verkehrs in der Stadt trotz aller Anstrengungen zugespitzt hat, ist offensichtlich. Wurden im ersten vollständigen Arbeitsjahr 1966 von den Polizeihostessen 75 000 Verkehrsteilnehmer gebührenpflichtig beanstandet, hatten die Polizeilichen Angestellten im Verkehrsdienst im letzten Jahr fast 500 000 Fahrzeuglenker zur Kasse gebeten.

Seit 1999 werden in den Parklizenzgebieten Verkehrsverstöße mit mobilen Datenerfassungsgeräten aufgenommen und seit 2017 werden die Kennzeichen mit den Fahndungsdaten abgeglichen. Im Jahr 2018 führte die Landeshauptstadt München das »HandyParken« ein, damit können Parkscheine mit einer App gelöst werden. Für die Angestellten bedeutet dies, dass alle Fahrzeuge ohne ausgelegten Parkschein zusätzlich überprüft werden müssen.

Für die Zukunft zeichnet sich für den Ballungsraum München durch weitere Siedlungstätigkeit und die Ausweisung neuer Parklizenzgebiete keine Entspannung im ruhenden Verkehr ab. Sowohl die Landeshauptstadt München als auch viele Gemeinden im Landkreis betreiben mittlerweile eine eigene kommunale Verkehrsüberwachung.

Eine Überwachung des ruhenden Verkehrs ohne Angestellte kann nicht mehr bewerkstelligt werden. Sie leisten einen erheblichen Beitrag zur Sicherheit im Straßenverkehr und auch zum Erhalt der öffentlichen Sicherheit und Ordnung.

Text: **Michael Reisch**

048

SPEKTAKULÄRE EXPONATE

Die Polizeiausstellung

Seit Juli 2011 gibt es im Gebäude des Polizeipräsidiums eine Polizeiausstellung. Sie hat einen musealen Charakter, befindet sich im 2. Stock und zeugt anhand herausgehobener Exponate von den bedeutendsten Fällen in der Münchner Polizei- und Kriminalgeschichte. Anhand eines Zeitstrahles, der mit dem Jahr 1913 (Einzug der damaligen Polizeidirektion München in das Gebäude in der Ettstraße) beginnt, erklären sowohl aktive als auch pensionierte Polizeibeamte in den Führungen die Ausstellungsobjekte sowie ihre Bedeutung für die dargestellten Fälle. Der Rundgang durch die Ausstellung wird von Beamten der Pressestelle und von Mitgliedern des Münchner Blaulichtvereins durchgeführt; die Ausstellung in ihrer Gesamtheit steht im Eigentum des PP München. Verständlicherweise kann aufgrund der Platzverhältnisse nicht jedes Jahr dargestellt werden, zudem würde dies auch die Wertigkeit der Ausstellung konterkarieren.

Bereits der erste dargestellte Fall, der mit dem Jahr 1928 beginnt, zeigt dies besonders deutlich: der Fall Johann Eichhorn. Eichhorn war der gefährlichste Sexualstraftäter in der Münchner Kriminalgeschichte. Elf Jahre lang war er auf zügelloser Mädchenjagd in und um München unterwegs. Ihm konnten fünf Morde und 90 Vergewaltigungen nachgewiesen werden. Die tatsächliche Anzahl seiner Opfer kannte niemand – auch er selbst nicht. Nach seiner Festnahme im September 1939 gab er an, er sei »wie ein wildes Tier« gewesen. In einer Vitrine sind die bei Eichhorn aufgefunden Messer, mit denen er die Morde begangen hatte, sowie ein Fahndungsplakat ausgestellt. Dem gegenüber wird den Besuchern die heutige Vorgehensweise bei der Aufklärung solch schwerwiegender Verbrechen aufgezeigt.

Auch dies ist eine Besonderheit der Polizeiausstellung: Jedem historischen Geschehnis wird jeweils die Herangehensweise in der Jetztzeit gegenübergestellt, was für den Besucher sehr beeindruckend ist. Anhand dessen erkennt er sowohl Parallelen als auch Abweichungen zwischen »früher« und »jetzt«.

Beginnend mit dem Jahr 1933 (in der Nacht vom 9. auf den 10. März 1933 erfolgte die »Machtergreifung« durch die Nationalsozialisten in Bayern) wird die Bedeutung der Polizei als zentrales Herrschaftsinstrument für die nationalsozialistische Diktatur herausgestellt (hierzu ist anzumerken, dass die Münchner Polizei im Jahr 2012 eine diesbezügliche Sonderausstellung präsentierte und ein themenbezogenes Begleitbuch herausgab).

Die Darstellung der Nachkriegszeit zeigt ab dem Jahr 1946 fortfolgend die Restrukturierung der Münchner Polizei. Es würde den Rahmen sprengen, alle ausgestellten Exponate und die jeweiligen

Ereignisse in diesem Artikel aufzuzeigen. Exemplarisch sind jedoch einige spektakuläre Fälle, die nicht nur in die Münchner Polizeigeschichte eingingen, zu nennen.

Am 4. August 1971 überfielen zwei schwer bewaffnete Täter die Deutsche Bank-Filiale in der Prinzregentenstraße 70 mit dem Ziel, durch eine Geiselnahme der Bankangestellten und Kunden zwei Millionen Mark zu erpressen. Noch nie zuvor hatte es ein derartiges Verbrechensphänomen in Deutschland gegeben. Anhand der von den Tätern benutzten Maskierung, einer verwendeten Tatwaffe sowie des originalen Lösegeldkoffers wird dieser spektakuläre Kriminalfall, der unter anderem dazu führte, neue Paragrafen in das Strafgesetzbuch aufzunehmen, dargestellt.

Der am 5. September 1972 begonnene Terroranschlag auf die im Olympiadorf wohnende israelische Olympiamannschaft wird mittels der vom Anführer der palästinensischen Terrorgruppe getragenen Originalkleidung und seiner mitgeführten »Kalaschnikow« sowie eines zerschossenen Kabinenteiles eines der beiden zerstörten Hubschrauber, den Besuchern erklärt.

Sowohl die Geiselnahme in der Prinzregentenstraße als auch das Olympiaattentat führten zur Einführung der Spezialeinsatzkräfte (SEK) im Jahr 1973. Mittels einiger sehr beeindruckender SEK-Exponate erfahren die Ausstellungsbesucher sehr viel Wissenswertes über die Thematik »SEK«.

Auch das verheerende »Oktoberfestattentat« am 26. September 1980, das 13 Tote und 211 Verletzte (davon 68 Schwerverletzte) forderte, wird erläutert, insbesondere auch die modernen jetzigen Schutzmaßnahmen zur Sicherheitsoptimierung der »Wiesn«.

Die »2005« auf dem Zeitstrahl ist für die Besucher gleichermaßen interessant wie die vorausgegangenen aufgezeigten Jahreszahlen: Hier wird der »Moshammer-Mord« mittels der vom Opfer zum Tötungszeitpunkt getragenen Kleidung und des vom Mörder zur Erdrosselung des »Modezars« verwendeten Elektrokabels veranschaulicht.

Des Weiteren wird den Besuchern die Bedeutung von Zivilcourage und des von der Polizei kostenlos angebotenen Polizeikurses aufgezeigt und auch die Einsatzbelastungen bei und durch Großveranstaltungen, die in einer Millionenstadt in gewisser Regelmäßigkeit anfallen, anhand konkreter Beispiele praxisnah dargestellt. Beispielhaft sind hier die Fußballweltmeisterschaft, der Pastoralbesuch Papst Benedikt XVI. sowie der Staatsbesuch des russischen Staatspräsidenten Wladimir Putin genannt; diese Einsätze fielen allesamt im Jahr 2006 an. Ferner wird den Besuchern sehr detailliert der Umfang und der Ablauf der stets im Februar jeden Jahres in München stattfindenden »Münchner Sicherheitskonferenz« erläutert.

Die Polizeiausstellung legt ein beredtes Zeugnis darüber ab, zu welchen Taten Menschen fähig sind, sich die Münchner Polizei in Laufe ihrer Geschichte optimieren musste und wie nahe die Polizei stets am Puls der Zeit war und ist.

Obgleich die Polizeiausstellung allein aufgrund der Platzverhältnisse einer gewissen Enge unterworfen ist, so ist sie dennoch die Kernzelle einer für die Zukunft angedachten größeren Polizeiausstellung. Eine diesbezügliche Entwicklungslinie bilden die in Vitrinen vorgehaltenen Polizeimützen und -abzeichen aus aller Welt sowie die in speziellen Schaukästen aufliegenden Waffen, die den Besuchern im Vorfeld der Polizeiausstellung präsentiert werden.

Text: **Arved Semerak und Walter Nickmann**

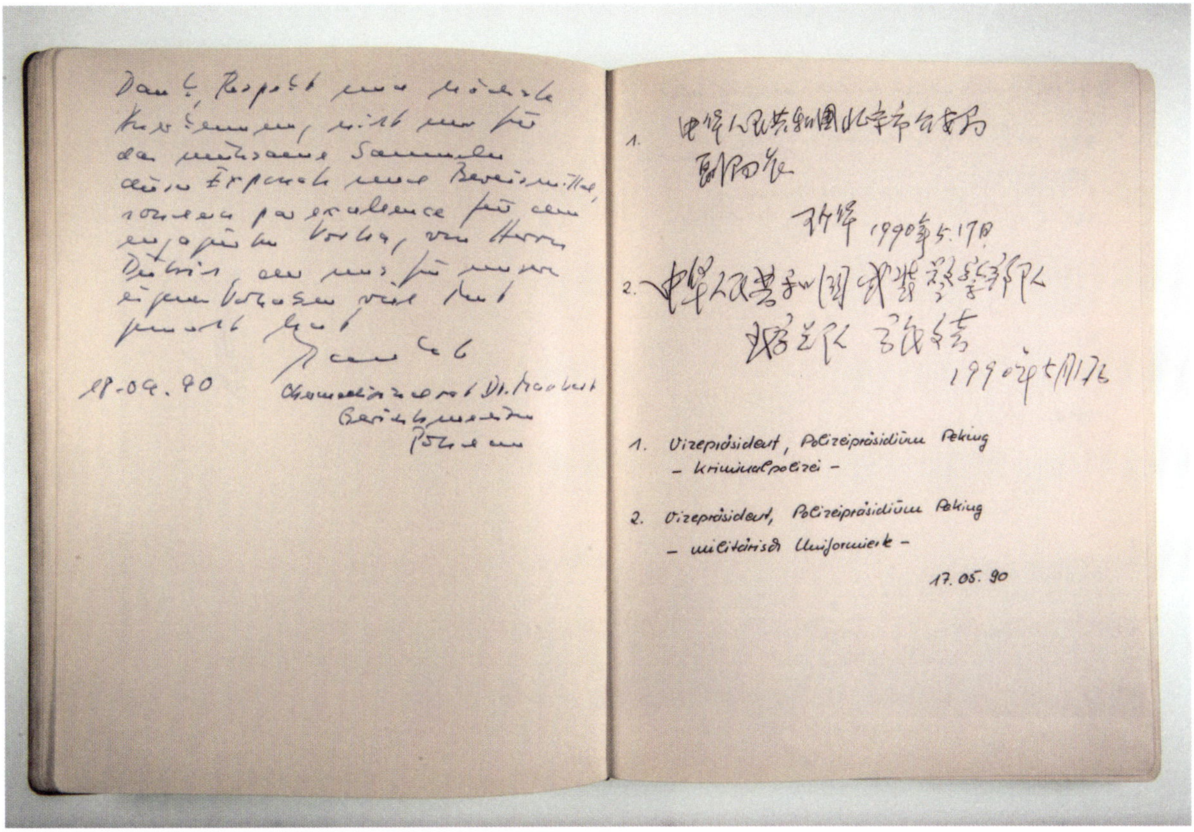
1. Vizepräsident, Polizeipräsidium Peking
– Kriminalpolizei –
2. Vizepräsident, Polizeipräsidium Peking
– militärisch Uniformierte –
17.05.90

SCHWEDEN 25/10 1978

049

FÜR DIE SIEBTE GAB ES KEINEN PLATZ MEHR

Die sechs Todsünden

Ihren Ursprung haben die Sünden in der kirchlichen Geschichte – auch wenn die Polizei durch ihre Arbeit täglich mit ihnen zu tun hat. Um den Begriff »Sünde« zu verstehen, haben bereits das Alte und das Neue Testament fehlerhafte Handlungen oder Haltungen beschrieben. Todsünden sind in der römisch-katholischen Kirche besonders schwerwiegende Verstöße gegen ein wichtiges Gesetz Gottes. Voraussetzung ist dabei, dass der Mensch eine schwere Sünde absichtlich und bewusst begeht.
Euagrios Pontikos gilt als Erfinder der von dem Priester Johannes Cassianus im 4. Jahrhundert nach Europa gebrachten Achtlasterlehre. Ende des 5. Jahrhunderts reduzierte sie Papst Gregor I., der »Große«, auf sieben Todsünden. Diese umfassen noch heute folgende:

- *Hochmut (Stolz, Eitelkeit, Übermut): »Sich für etwas Besseres halten«*
- *Geiz (Habgier): »Übertriebene Sparsamkeit und kein Wille, etwas zu teilen«*
- *Wollust (Ausschweifung, Genusssucht, Begehren): »Sexuelle Lust und Begierde ohne Wertschätzung des Partners«*
- *Zorn (Wut, Rachsucht): »Aggression gegenüber anderen Personen oder Gegenständen«*
- *Völlerei (Gefräßigkeit, Maßlosigkeit, Selbstsucht): »Verschwenderischer, ausschweifender Lebensstil«*
- *Neid (Eifersucht, Missgunst): »Ich möchte auch das haben, was andere haben«*
- *Faulheit (Feigheit, Ignoranz, Trägheit des Herzens): »Andere für sich arbeiten lassen«*

Sechs der sieben Todsünden prangten in Fresken seit Anfang des 20. Jahrhunderts auf der äußeren Fassade des damaligen Polizeidirektionsgebäudes in München an der Löwengrube. Der gesamte Gebäudekomplex war ursprünglich ein Kloster der Augustinereremiten. Nach der Verstaatlichung des kirchlichen Besitzes ist der Neubau des Polizeipräsidiums unter der Leitung und nach Plänen des Architekten Professor Theodor Fischer von 1911 bis 1913 entstanden. Die gesamte Außenfassade sollte sich nach seinen Vorstellungen in die Beschaffenheit der Umgebung einfügen und das Straßenbild bereichern. Mit einem ruhigen Grün auf den Wänden ist das Gebäude heute noch versehen.

Am Treppenerker neben der beschrankten Einfahrt in der Löwengrube finden sich sechs geometrisch angeordnete Aussparungen in der Gebäudewand. Sie ordnen sich in doppelreihiger Symmetrie vom ersten bis zum dritten Geschoss an. In den jeweils 85 x 115 cm großen Feldern waren früher Fresken von sechs Todsünden gemalt.

Der Maler und Grafiker Professor Bruno Goldschmitt setzte das Thema der Todsünden in Fres-

kenmalereien um. Sie sind in grotesker Scheußlichkeit dargestellt und sollen zur Warnung vor den Leidenschaften dienen, die Menschen auf Abwege führen und in Konflikt mit der Polizei bringen.

Zur Anordnung der Fresken lässt sich die Architekturzeichnung aus dem Jahr 1915 heranziehen, die sich in der Sammlung des Architekturmuseums der TU befindet. Hiernach waren in der oberen Reihe von links nach rechts die Faulheit und die Hoffart (veraltet für Hochmut), in der mittleren Reihe die Völlerei und der Zorn und in der unteren Reihe der Neid und der Geiz angeordnet. In sämtlichen bildlichen Überlieferungen sind nur schwarz-weiße Bilder der Fresken vorhanden. Kopien der Abbildungen befinden sich im »Sonderdruck des Profanbau«, Leipzig (1913), und im Monatsheft für Architektur und Baupraxis »Der Baumeister« (Nr. 8, 1923).

Allen Bildern gemeinsam sind der dunkle Hintergrund und die auf einer flachen Rasenbank sitzenden und stehenden Figuren. Durch fehlende Dokumente lässt sich die Farbigkeit der Originale nicht mehr genau bestimmen. Ein Anhaltspunkt liefert der Bericht eines Restaurators von 2009, der im Freskenfeld der Faulheit Reste polychromer Malerei in kräftigem Türkis und Rot feststellte.

Im Zweiten Weltkrieg wurde das Polizeipräsidium stark beschädigt. Bei Renovierungsarbeiten in den Nachkriegsjahren übermalten Arbeiter die Bilder mit einer Keim'schen Mineralfarbe. Die Fresken zu restaurieren wäre derzeit zu aufwendig, da sie nur noch in Fragmenten existieren. Aus diesem Grund deckte man sie mit sechs grünen Platten ab. Andere gestalterische Lösungen (in Farbe und Form) sind wegen des bestehenden Denkmalschutzes nicht möglich.

In der Staatlichen Graphischen Sammlung befindet sich die »Folge der 7 Todsünden«. Diese enthalten die originalsignierten Entwurfszeichnungen von Professor Goldschmitt. Die Bleistiftskizzen sind in den Farben Gelb und Grün auf leicht vergilbtem Papier gehalten. Im Einzelnen handelt es sich um die Faulheit, den Geiz, die Völlerei, den Zorn, den Neid, die Hoffart und die Unkeuschheit (für Wollust). Diese Zeichnungen legte Professor Goldschmitt dem Architekten und dem damaligen Landbauamt München vor. Da das Polizeigebäude an dieser Stelle jedoch Platz nur für sechs Freskenfelder bot, musste auf eine der Todsünden verzichtet werden. Einer Überlieferung zufolge soll der damalige bayerische Kultusminister, Dr. Anton Ritter von Wehner, die Darstellung der siebten Todsünde, der Unkeuschheit (Wollust), auf der Liegenschaft verboten haben.

Der Urheber der Fresken war wohl vom Thema fasziniert, denn er fertigte fünf Jahre später handkolorierte Holzschnitte der sieben Todsünden an, die im Original in der Städtischen Galerie im Lenbachhaus liegen. Die Darstellungen sind etwa 23 x 28 cm groß und in den Farben Ocker, Rot, Grün, Gelb und Beige mit weißem Hintergrund auf braunem Papier gehalten. Es fällt auf, dass die Holzschnitte zwar spiegelverkehrt, aber in Art und Weise der Ausführungen den Fresken sehr ähnlich sind.

Ein weiterer Einrichtungsgegenstand befasste sich ebenfalls mit den Sünden im weiteren Sinn. Eine aus Eichenholz bestehende Tür weist acht fast quadratische in Doppelreihe angeordnete Felder über zwei Flügel auf. Diese Schnitzreliefs mit dem Titel »Tor des Lasters« stammen vom akademischen Bildhauer Wilhelm Göhring, der sich zu dem Zeitpunkt bereits schon mit dem Thema der Sünden befasste und 1910 dazu einen Preis gewann. Ursprünglich fertigte er sein Werk für die Frühjahr-Ausstellung der Münchner Secession 1913 an. Das Königreich Bayern kaufte es für das heutige Polizeipräsidium an. Es ist allerdings nicht überliefert, an welcher Stelle sich das Tor befand.

Ein kleines Originalmodell befindet sich noch heute im Privatbesitz einer Enkelin des Bildhauers und ziert die Türen eines Schrankes.

Text: **Roland Steitz**

IM AUGE DES BETRACHTERS

Die Verkehrszentrale

Ziemlich genau 45 Jahre nachdem am 13. April 1967 der zweite Bürgermeister Georg Brauchle die damals modernste Verkehrszentrale im Polizeipräsidium München seiner Bestimmung übergab, gingen am 26. April 2012 die Bildschirme in der Ettstraße für immer aus. Mit einem Festakt wurde am folgenden Tag die neue – und Europas modernste –Verkehrszentrale in München-Moosach eingeweiht. In dem neu errichteten Gebäude werden die Bilder der Verkehrskameras mittels LED-Rückprojektionstechnik auf die große Leinwand übertragen, dort können nun bis zu 204 Verkehrsvideobilder ständig aufgeschaltet werden. In der neuen Zentrale wirken KVR und Baureferat als Straßenverkehrs- und Straßenbaubehörde sowie die Polizei zusammen – ein für Europa einzigartiges Modell.

Mit 645 Verkehrskameras können heute Hunderte Kilometer des Hauptstraßennetzes beobachtet werden. Bei einer Verkehrsstörung bedient sich die Polizei des Verkehrswarnfunkdienstes zur Information der Verkehrsteilnehmer. Im Jahr 2018 wurden 9 673 derartige Meldungen, das sind etwa 26 Meldungen täglich, verbreitet. Alle verfügbaren Informationen über den Betriebszustand von Ampeln werden ausgewertet, sodass bei deren Ausfall schnell Einsatzkräfte zur Verkehrsregelung entsandt werden können. Dies dient auch der Schulwegsicherheit.

Die polizeilichen Einsatzkräfte im Streifendienst melden alle verkehrlich relevanten Erkenntnisse über die Einsatzzentrale an die Verkehrsleitzentrale und erhellen so einen »blinden Fleck«, wo keine städtischen Kameras zur Verfügung stehen. Auch polizeiliche Einsatzleitungen anlässlich von Veranstaltungen oder Demonstrationen übermitteln ihre Erkenntnisse, diese fließen ebenfalls in die Verkehrslagemeldungen und die Entscheidungen zur Verkehrssteuerung ein.

An 47 Verkehrsknotenpunkten standen im Jahr 1954 ständig 47 Verkehrsposten. Insgesamt wurden 322 Polizeibeamte für Verkehrsaufgaben eingesetzt. Durch den vermehrten Einsatz von Lichtsignalanlagen sollte ihre Zahl verringert werden. Vor über 60 Jahren, am 17. Juli 1958, nahm der Münchner Oberbürgermeister Thomas Wimmer im Polizeipräsidium München eine erste Verkehrszentrale offiziell in Betrieb. Diese – aus heutiger Sicht – von den technischen Möglichkeiten eher bescheiden ausgestattete Zentrale bestand aus einem Kommandopult mit vielen Drucktasten und einem Stadtplan, hinter dem Lämpchen leuchteten. Allerdings konnten damals schon 80 von insgesamt 120 Ampeln in der Landeshauptstadt direkt gesteuert werden.

Die erste Kamera zur Verkehrsbeobachtung wurde am Karlsplatz (Stachus) – damals einer der verkehrsreichsten Plätze Europas – aufgebaut und deren Bilder direkt auf einen Monitor in die Verkehrszentrale übertragen, 1960 folgte eine zweite Kamera am Marienplatz. Ging es anfänglich in erster Linie darum, die Verkehrspolizei, die eine eigene Dienststelle zur Verkehrsregelung unterhielt, von Handregelungen zu entlasten, so wurde es später immer vordringlicher, bei dem gestiegenen Kraftfahrzeugbestand den Verkehr sinnvoll zu steuern und zu lenken.

Nachdem das Verkehrsaufkommen in den 60er-Jahren ständig zunahm und auch das Ampelnetz zügig ausgebaut wurde, war bereits nach einigen Jahren die technische Kapazitätsgrenze der Verkehrszentrale – diese lag bei maximal 400 Ampeln – erreicht. Im Jahr 1965 wurde die 500. Lichtzeichenanlage in Betrieb genommen.

Am 13. April 1967 drückte der Bürgermeister Georg Brauchle den roten Knopf und setzte damit die zweite Verkehrszentrale in Betrieb. Diese befand sich im früheren Rapportsaal im Polizeipräsidium München. Dabei kam zur Messung des Verkehrsaufkommens und der Steuerung der Lichtsignalanlagen erstmals ein Computer, der Verkehrssteuer-Rechner, zum Einsatz. Da moderne PC-Technik noch nicht verfügbar war, wurde diese erste Zentrale noch mit Relaistechnik betrieben. Diese befand sich im Keller unter dem Kantinenhof des Polizeipräsidiums München.

Nachdem dieser erste Rechner von 1967 infolge der fortschreitenden Ausstattung des Verkehrsraumes mit Lichtzeichenanlagen deren Betriebszustände nicht mehr mit der gewünschten Präzision wiederzugeben vermochte, musste im Jahre 1984 die Steuerungs- und Überwachungseinrichtung erneut dem aktuellen Stand der Technik angepasst werden. Nach einer Umbauzeit von mehr als einem Jahr wurde die neue und dritte Verkehrszentrale am 3. Juli 1984 in Betrieb genommen.

Überproportional gewachsen ist in den letzten Jahren auch die Bevölkerung im Umland, sodass heute in Stadt und Landkreis München ca. 1,85 Millionen Menschen leben. Knapp 1 Million Fahrzeuge überqueren täglich die Münchner Stadtgrenze, insgesamt werden ca. 20 Millionen Kfz-Kilometer pro Tag im Münchner Straßennetz zurückgelegt. Die Tendenz ist weiter steigend, ebenso steigen die Anforderungen, um die Mobilität im Ballungsraum München dauerhaft zu gewährleisten. Zwar ist für die Lenkung und Steuerung des Verkehrs die allgemeine innere Verwaltung zuständig, bei der Bereinigung unerwarteter Verkehrsstörungen bedarf es aber meist des Eingreifens der Polizei. Je schneller diese vom Vorliegen und der Art der Störung Kenntnis erlangt, desto rascher ist sie in der Lage, Maßnahmen zu ergreifen und die negativen Einflüsse auf den Verkehrsablauf zu minimieren.

Die Münchner Straßentunnel wurden nach den Erkenntnissen aus dem Unglück im Mont-Blanc-Tunnel vom 24. März 1999 technisch auf den neuesten Stand gebracht und mit umfangreicher Verkehrsleit- und Videotechnik nachgerüstet. Die Entwicklung der Verkehrsleittechnik, der Videotechnik, die Notwendigkeit, alte Lichtsignalanlagen zu ersetzen und der Neubau von Straßen, z. B. der Ausbau des Mittleren Ring Ost an der Richard-Strauss-Straße und der neuen Tunnel am Luise-Kiesselbach-Platz, wirkten sich auch auf die Verkehrszentrale München aus.

Heute betreut die Verkehrszentrale München alle städtischen Lichtsignalanlagen, von denen über 1 050 direkt an sie angeschlossen sind. Neben der Überwachung des Betriebszustandes kann in die Schaltprogramme der Lichtzeichenanlagen eingegriffen werden. Dies ist jedoch nur selten notwendig, da die Steuerung einer einzelnen Anlage im gesamten Verkehrsgeschehen wenig Sinn ergibt. Um die Lichtsignalanlagen ganzer Straßenabschnitte, einschließlich Wechselwegweisern, zu steuern, besteht durch das Strategiemodul »STRATEGA« die Möglichkeit, z. B. bei Unfällen oder Veranstaltungen, in die automatisierte verkehrsabhängige Steuerung einzugreifen.

Text: **Michael Reisch**

Landeshauptstadt München
Landeshauptstadt München

051

EINE PRACHTVOLLE DIENSTSTELLE

Die Villa Hoeßlin

In der Romanstraße 13 steht ein wahrlich beeindruckendes Haus. Es handelt sich hierbei um die Villa Hoeßlin, in der nun seit mehr als 80 Jahren eine Führungsdienststelle der Münchner Polizei beheimatet ist. Die Villa hat in ihrem heutigen Zustand – innen wie außen – einiges von ihrem Glanz vergangener Tage verloren, gibt aber ihrem Betrachter auf den ersten Blick zu erkennen, mit welcher Pracht sie bereits bei ihrer Fertigstellung im Jahr 1903 den damaligen Vorstadtbezirk Neuwittelsbach im Münchner Westen bereicherte. Ihr Architekt ist einer der bedeutendsten deutschen Baumeister dieser Zeit, Professor Friedrich von Thiersch (1852-1921). Dieser hatte nicht nur in München mit herausragenden Bauwerken, wie dem Justizpalast, dem Palais Bernheimer, dem Turmbau der Technischen Universität München, der Neuen Börse, dem Rundturm des Löwenbräukellers am Stiglmaierplatz sowie mit der Cornelius-, der Reichenbach- und der Maximiliansbrücke seine Schaffenskraft eindrucksvoll unter Beweis gestellt, sondern darüber hinaus auch beim Wettbewerb um das deutsche Reichstagsgebäude in Berlin einen ersten Preis erhalten.

Die Villa Hoeßlin gehört wohl zu Thierschs bedeutendsten Einfamilienhäusern. Seine ersten Entwürfe hierfür stammen aus dem Jahr 1900 und zeigen eine Villa im Stil der italienischen Renaissance. Tatsächlich realisiert wurde allerdings der Typ eines italienischen Landhauses mit Ausschmückungen des Jugendstils. Besonders markant war die Bogenloggia im Obergeschoss des mächtigen Eckturmes, deren Wände durch ihre schöne dunkelrote, mit leichtem Braunton versehene Farbe – gleich einem »Rosso pompeiano« – dem Betrachter die außergewöhnliche Exklusivität des Anwesens augenfällig vermittelten. Bemerkenswert und ebenso auffällig sind aber auch die Abschlusskehlen, die von den Fassaden auf das weit ausladende Dach überleiten. Diese Hohlkehlen mit ihren geschwungenen Profileinziehungen erstrahlten im kräftigen Blauton und bildeten ein leuchtendes Zierband. Die Bogenloggia und die kräftig leuchtenden Farben sind heute leider nicht mehr vorhanden. Von außen immer noch deutlich zu erkennen sind die beträchtlichen Stockwerkshöhen. Auch sie tragen dazu bei, dem Haus ein vornehmes Ansehen zu geben, dessen Baukosten mit 208 000 Mark[1] beziffert worden sind.

Im Innenbereich ist auf der Südwestseite der Vorraum geblieben, über den man durch das Vestibül in eine sich über zwei Geschosse erstreckende Halle mit großer Treppe gelangt. Diese Diele mit ihrer bis unter die Empore aus Nussbaumholz bestehenden Wandvertäfelung und offenem Kamin lässt einen Blick auf großbürgerliche Wohnkultur vergangener Zeiten entstehen. Die im Erdgeschoss

1 Entspräche einer Kaufkraft von etwa 1,38 Mio. Euro im Durchschnitt des Jahres 2018

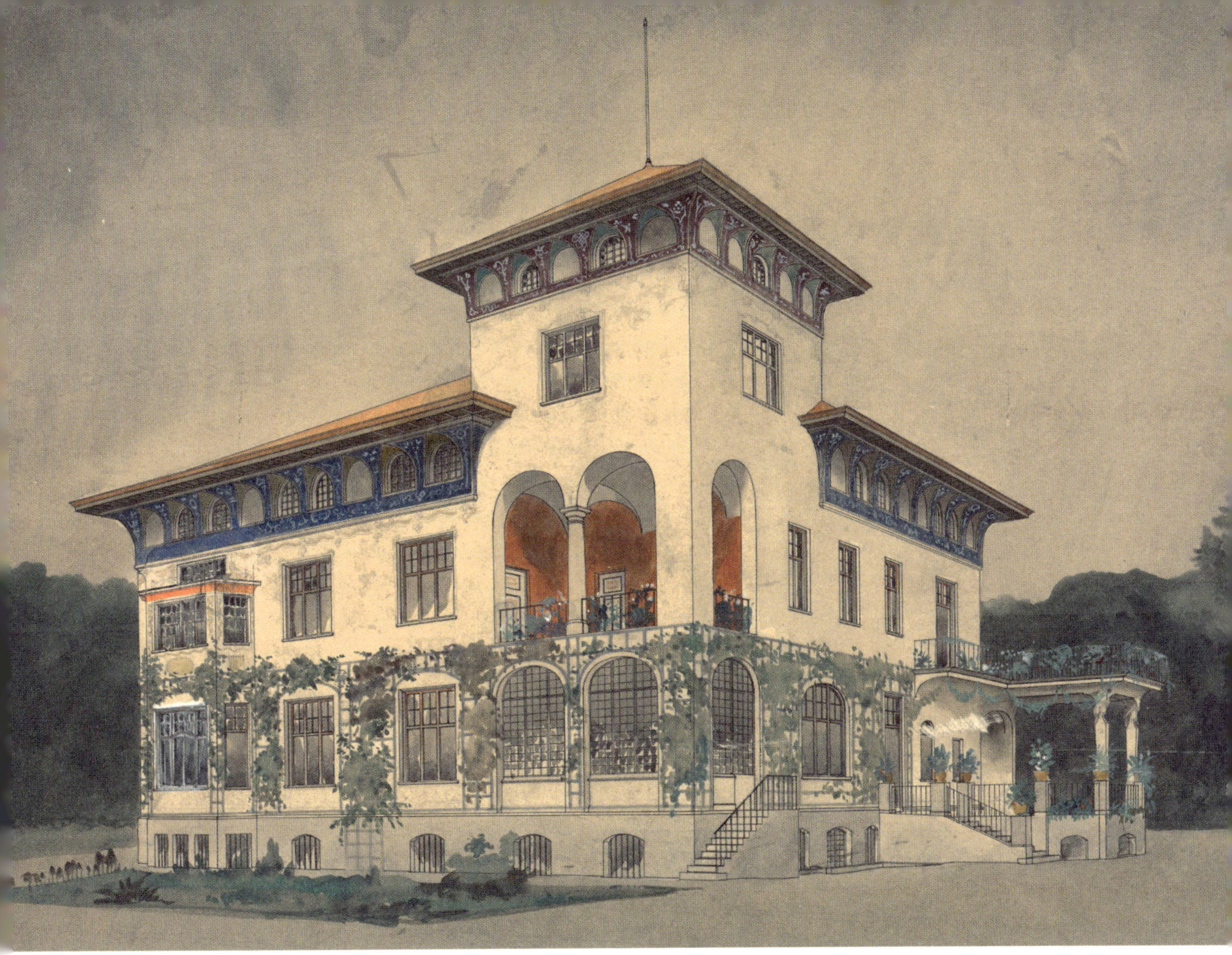

angrenzenden Räumlichkeiten haben ihre ursprünglichen Bestimmungen verloren. Damit sind der Salon, das Herrenzimmer und das Speisezimmer funktional eingerichteten Besprechungs- und Arbeitsräumen gewichen. Gleiches gilt, wenn man der breiten Holztreppe ins Obergeschoss folgt. Hier befanden sich ehemals die Schlafräume und das Kinderzimmer. Der Gesamteindruck vermittelt auch heute noch ein beeindruckendes Bild dieser zu Beginn des 20. Jahrhunderts vollbrachten architektonischen Leistung. Den Innenbereich der Villa stattete der Architekt Peter Birkenholz (1876-1961) aus, der später vor allem durch die Entwicklung fantastischer Architektur, wie kugelförmige Gebäude, großen Bekanntheitsgrad erlangte.

Geheimrat Dr. Rudolf von Hoeßlin hatte als Münchner Facharzt im Jahre 1885 die vor dem Konkurs stehende sogenannte Kaltwasserheilanstalt an der Roman-/Renata-/Prinzenstraße im fünf Jahre später eingemeindeten Neuhausen übernommen und diese Einrichtung in kurzer Zeit in die sogenannte Kuranstalt Neuwittelsbach überführt. Der aus angesehener Augsburger Familie stammende Arzt – sein Bruder Gustav war der Leibarzt von Ludwig III., Bayerns letztem König – leitete dieses private Krankenhaus für Innere Medizin und Nervenkrankheiten jahrzehntelang. Um die Jahrhundertwende plante von Hoeßlin westlich der Kuranstalt, in der Romanstraße 13, einen Neubau – die besagte Villa. Das damalige Grundstück erstreckte sich entlang der Romanstraße von der Renatastraße bis hin zum Rondell Neuwittelsbach und umfasste einen Teil an der Prinzenstraße. Kurz nach

Fertigstellung seines Privathauses in der Romanstraße ließ von Hoeßlin auf seinem Anwesen noch ein weiteres Haus für seine Familie errichten. Peter Birkenholz, der bereits wesentlich bei der Inneneinrichtung der Villa in Romanstraße gewirkt hatte, wurde damit beauftragt. Auch diese, 1904 im neoklassizistischen Stil gebaute, Villa in der Prinzenstraße 8 steht heute noch.

Als Königlicher Hofrat gründete er 1914 die R. von Hoeßlin'sche Stiftung und übergab die Kuranstalt der Stadt München. Hoeßlin hatte die ärztliche Leitung dieser Einrichtung, die er aus bescheidenem Anfang mit zwölf Betten zu einer der modernsten und bestgeleiteten Kuranstalten führte, bis Ende 1931 inne – dem Jahr, in dem er sein 50-jähriges Promotionsjubiläum beging. Zwei Jahre nach dem Tod seiner Ehefrau erlag der Geheime Sanitätsrat im Alter von 78 Jahren am 5. Februar 1936 den Folgen eines Herzleidens. Drei Tage darauf wurde er auf dem Münchner Waldfriedhof beerdigt.

Sein Werk, die Kuranstalt Neuwittelsbach, wurde während des Zweiten Weltkriegs so stark zerstört, dass sich das Kuratorium der Stiftung zum Verkauf der Ruine entschied. Nach dem Wiederaufbau in den 1970er-Jahren an gleicher Stelle firmierte eine Fachklinik für Innere Medizin unter dem alten Namen Neuwittelsbach. Sein Wohnhaus, die Villa in der Romanstraße 13, wurde kurz vor Weihnachten 1937 für den im Vorfeld vereinbarten Kaufpreis von 157 000 RM[2] an das Deutsche Reich verkauft. Ein Regierungsrat I. Klasse des Polizeipräsidiums München trat hierbei als Handelnder für den Reichsführer SS und Chef der Deutschen Polizei im Reichsministerium des Innern auf.

Nicht mal ein Jahr danach, am 29. September 1938, erfolgte der Um- und Einzug des Abschnitts-Kommandos West der Münchner Schutzpolizei (vom Winthirplatz 7) in dieses Gebäude, wobei die Anschrift für den Abschnitt West in den Anfangsjahren noch Romanstraße 13/I war; diese Dienststelle also anfangs ausschließlich im ersten Stock der Villa ihren Sitz hatte. Seit diesem Zeitpunkt ist bis heute stets eine Führungsdienststelle der Münchner Polizei in diesem Anwesen vertreten. Wenn auch die Bezeichnungen dieser Dienststelle über die Jahrzehnte hinweg fast gleichlautend geblieben sind, so waren doch die jeweiligen Aufgaben dem starken Wandel unterzogen. So wurde nach dem Ende des Zweiten Weltkriegs aus dem Abschnitts-Kommando West das Polizeiamt West, aus dem am 1. Oktober 1975 die Polizeidirektion München-West hervorging. Die Auflösung der Polizeidirektionen und damit die Reduzierung von vier auf drei Hierarchieebenen im gesamtbayerischen Polizeibereich wurde mit der Organisationsreform im Jahre 2003 beschlossen und zum 1. Januar 2008 beim Polizeipräsidium München in Kraft gesetzt. Seit diesem Zeitpunkt ist in der Villa in der Romanstraße 13 nicht mehr die Polizeidirektion München-West, sondern der Einsatzabschnitt West des Polizeipräsidiums tätig. Der heutige Abschnitt West ist für die unmittelbare Einsatzführung und Einsatzsteuerung zuständig. Die Bereiche Personal- und Verwaltungsaufgaben bei den zugehörigen Polizeiinspektionen im Abschnitt sind hiervon nicht mehr umfasst. Zum Abschnitt West zählen mit den Polizeiinspektionen 41 bis 48 acht Dienststellen. Wurde früher der Abschnitt von einem Hauptmann der Schutzpolizei als Abschnittskommandeur geführt, so stand dem Polizeiamt ein Polizeiamtmann vor. Mit der Einführung von Schutzbereichen übernahmen Polizeidirektoren bzw. Leitende Polizeidirektoren die Führung einer Polizeidirektion. Chef des heutigen Abschnitts West, der durch den Wegfall der Ebene Polizeidirektion einen Teilbereich des Präsidiums abbildet, ist seit 1. März 2017 der Leitende Polizeidirektor Günther Kreit. Wie seine Vorgänger hat er sein Büro im ehemaligen Kinderzimmer eingerichtet.

Text: **Peter Gloël**

2 Entspräche einer Kaufkraft von etwa 675 000 Euro im Durchschnitt des Jahres 2018

DIE TÜR ZUR FANTASIE

Der Haupteingang des Polizeipräsidiums

Mächtig und imposant wirkt das doppeltürige Eingangsportal zum Münchner Polizeipräsidium. Aus schwerem Holz gefertigt und reichlich verziert mit kunstvollen Ornamenten. Übermenschlich groß scheinen sie von Weitem, die beiden Doppeltüren. Meist sind sie geschlossen, stehen mystisch und geheimnisvoll da – zwei Türen zur Fantasie. Seit jeher faszinieren mich geschlossene Türen. Ganz gleich, ob ich als Kind mit meinen Geschwistern vor der Wohnzimmertür aufs Christkind hab warten müssen oder heute täglich Neues entdecke, wenn ich wissbegierig durch Türen in unbekannte Räume und fremde Welten schreite.

Türen bedeuten für mich keine Begrenzung, sondern stehen für einen Neu-Anfang, für ein neues Kapitel – und vor allem –, für spannende Abenteuer, die es zu entdecken gilt. Türen beflügeln meine Fantasie! Besonders wenn sie so kunstvoll verziert sind, wie die beiden Portale in der Münchner Ettstraße, die zwischen 1911 und 1913 vom Stadtplaner und Architekten Theodor Fischer geschaffen wurden. Links und rechts lassen sich unzählige Fabelwesen entdecken, gepaart mit mythischen Szenen und faszinierenden Anspielungen an überlieferte Sagen. In ausgereifter Handwerkskunst können die einzelnen Kassetten bewundert werden.

Mein Liebling? Der Ikarus, nach einem Entwurf des Bildhauers Bernhard Halbreiter. Ein Sinnbild für Mut und Schaffenskraft, gleichsam der Mahnung, den Bogen des Risikos nicht zu überspannen oder gar im Übermut und mit wächsernen Flügeln zu nah an die Sonne zu kommen.

Die Eingangstür zum Münchner Polizeipräsidium ist voll von diesen Symbolen und Bildern, die allerhand Emotionen auslösen, und die unterschiedlicher gar nicht sein könnten. Neugierde, Freude und Abenteuerlust wechseln sich ab mit Ungeduld, Unsicherheit und gar Furcht. Je nachdem, welche Geschichte sich hinter der Tür verbirgt, was es dort zu entdecken gibt und welches Rätsel gleich gelöst werden möchte. Könnten Türen sprechen, würden wir sicher viele interessante und überraschende Geschichten hören.

Weil das aber nicht geht, sind wir aufgefordert, selbst einen Blick zu riskieren und hinter die Kulissen zu schauen. Uns vorzustellen und zu fragen, wer zum Beispiel durch die Türen durchgegangen sein mag, mit welcher Absicht und warum? Wer sich hier schon gewollt oder ungewollt die Klinke in die Hand gegeben hat? Wer sich hier drinnen getroffen und wer sich lieber aus dem Weg gegangen ist? Fragen, die scheinbar beiläufig und unbedeutend sind, die aber neugierig machen können und eine gehörige Portion Spannung in sich bergen, wenn man der Kreativität freien Lauf lässt oder eben

EN · IST · GEMEIN · DER · EDLE · STREBT · NA
LEX

genauer hinschaut. Wie in einem guten Krimi, den ich selbst so liebe. Und wie es gute Kommissarinnen und Kommissare in ihrer täglichen Arbeit tun.

Ist es Ihnen schon einmal aufgefallen? Allen Münchner Fernsehkrimis, angefangen von der legendären »Polizeiinspektion 1«, »Die seltsamen Methoden des Franz Josef Wanninger«, dem Münchner »Tatort«, »Polizeiruf«, der »SOKO 5113«, »Derrick« oder eben »Der Alte«, den ich bis 2018 für das ZDF produzieren durfte, ist gemein, dass sie die Geschichten aus dem Münchner Polizeipräsidium an der Löwengrube heraus erzählen. Die fiktionale Geschichte im Fernsehen erhält dadurch einen realen Bezug, sie wird geerdet durch das echte Polizeigebäude. Und – unsere Fantasie verschmilzt mit der Realität.

Und die Tür avanciert zum Dreh- und Angelpunkt der Ermittlung. Bei »Der Alte« haben wir das Eingangsportal sogar in den Vorspann integriert und lassen unsere Kommissare seit 2016 stets aus dem Präsidium treten, bevor sie aufbrechen, um Recht und Ordnung wiederherzustellen. Damit wurde die imposante Eingangstür sogar im Film zum Tor zur Fantasie.

Dass wir in unserer Serie neben spannenden und überraschenden Kriminalfällen auch die Polizeiarbeit möglichst authentisch und mit Hand und Fuß erzählen, war mir all die Jahre stets ein großes Anliegen. Dankenswerterweise hat sich ein inzwischen pensionierter Polizeibeamter bereit erklärt, uns mit Rat und Tat zur Seite zu stehen. Über Jahre hinweg versorgt er uns mit wertvollen inhaltlichen Hinweisen und Kniffen und hat ein jedes Drehbuch Korrektur gelesen, damit seine »Kolleginnen und Kollegen« ins rechte Licht gerückt werden konnten. Damit die Eingangstür des Münchner Polizeipräsidiums zum Tor der Fantasie hat werden können.

Text: **Prof. Susanne Porsche**

053

GNADENLOSER WILDSCHÜTZ

Versteckter Zeuge eines spektakulären Mordes

Der 11-jährige Sohn eines Münchner Polizeibeamten machte vor wenigen Jahren bei einem Streifzug durch das dichte Unterholz der Aubinger Lohe eine interessante Entdeckung. Ein kleines, längst vergessenes Marterl dort draußen am westlichsten Ende des Zuständigkeitsbereichs des Polizeipräsidiums München und der Pasinger Inspektion erzählt die Geschichte eines spektakulären Mordes:

Es ist ein durchwachsener Apriltag, dieser 25. April 1918, mit ein wenig Regen und etwas Sonnenschein. Es ist 16:00 Uhr am Nachmittag und der königliche Jagdaufseher Franz Kirchmayr macht sich auf den Weg zu einem Rundgang in seinem Revier in der Aubinger Lohe. Nah an einem ihm bekannten Wildwechsel setzt er sich im dichten Unterholz auf die Lauer. Aber es ist nicht das Wild, auf das er so geduldig wartet. Seit einiger Zeit treiben Wilderer ihr Unwesen und schießen das Wild des Königs. Die Jagdaufseher waren ihnen schon oft dicht auf den Fersen, aber immer wieder gelang es den Wilddieben, sich dem Zugriff zu entziehen. So saß er also da, mitten im Wald, knapp unterhalb der Anhöhe, die Teufelsberg genannt wurde, sein Drilling im Anschlag. Dieses Mal sollten sie ihm nicht entkommen.

Der Sonnenuntergang war nicht mehr weit. Plötzlich krachte in der Nähe ein Schuss. Kurz darauf regte sich etwas in der Fichtenschonung gegenüber. Ein Rehbock, offensichtlich angeschossen, querte den Weg und verschwand wieder im Unterholz. Aber da war noch etwas. Ein schwarzer Schatten huschte nur wenige Meter an Franz Kirchmayr vorbei, dem Rehbock hinterher. Eine hochgewachsene, in dunkle Lumpen gehüllte Gestalt, kräftig gebaut, sein Gewehr in der Hand. Das war er. Der königliche Jagdaufseher nahm die Verfolgung auf, so schnell und gleichzeitig geräuschlos er nur konnte. Er kam der Gestalt immer näher. Kirchmayr war auch kräftig. Nur noch zwei Armlängen war die Gestalt entfernt. »Halt, bleib stehen oder ich schieße«, rief er so laut er konnte. Dann sprang Kirchmayr so weit es ging nach vorne, stürzte sich auf den Wilderer und riß ihn zu Boden. Dieser wehrte sich und es kam zu einem erbitterten Kampf. Lange sah es so aus, als würde der Jagdaufseher dem Wilddieb Herr werden. Doch plötzlich nahm Kirchmayr einen Lichtblitz von vorne aus dem Unterholz wahr – nur wenige Meter entfernt. Gleichzeitig hörte er den Schuss und spürte auch schon einen stechenden Schmerz in der Brust. Er wollte sich aufrichten, doch die Beine sackten ihm weg, sein klarer Blick wurde trüb. Gerade war er noch auf Hochtouren, aber jetzt spürte er plötzlich Kälte. Ein zweiter Schuss. Er sackte zusammen. Es wurde dunkel um ihn herum.

an den ehrengeachteten

Herrn

Franz Kirchmayr

k. Hofjagdstationsgehilfe

Unteroffizier im Landsturm-Inf.-Bataillon Passau II, 4. Komp.

welcher am 25 April 1918 alsbald nach Rückkehr vom Felde im Alter v. 45 Jahren einem Wildereranschlag zum Opfer gefallen ist.

O Herr gib ihm die ewige Ruhe!

Buchdruckerei Dischner, Pasing.

Die Wilderer nahmen den Drilling des Jagdaufsehers an sich und verschwanden im Dickicht. Franz Kirchmayr aber bekam das nicht mehr mit. Er war tot.

Ob sich vor genau 101 Jahren die Geschichte so zugetragen hat, wie soeben beschrieben? Wir wissen es nicht. Tatsache ist, dass die tödlichen Schüsse gegen 21:00 Uhr im Dorf Aubing zu hören waren. Niemand dachte sich etwas dabei. Man glaubte an eine Jugendwehrübung. Als Franz Kirchmayr jedoch auch am nächsten Tag in der Früh noch nicht zu seiner Wohnung in der Nähe der heutigen Altostraße in Aubing zurückgekehrt war, alarmierte man die Gendarmerie. Als diese Franz Kirchmayr fand, war er bereits tot – getötet durch mehrere Schüsse, u. a. in den Kopf. Alles deutete auf die Tat von Wilderern hin.

Der brutale Mord muss damals großes Aufsehen erregt haben, auch über Aubing hinaus. Sowohl der Würmtalbote als auch die Pasinger Zeitung nahmen ausführlich Notiz davon. Der Leichnam von Franz Kirchmayr wurde offen aufgebahrt und unter riesiger Beteiligung der Einwohnerschaft von Aubing und Umgebung – wie die Pasinger Zeitung berichtet – im Aubinger Friedhof beigesetzt. Drei Priester nahmen die kirchliche Einsegnung vor, die Pfarrer von Aubing und Lochhausen sowie der Aubinger Kooperator.

Wir wissen nicht, wer an der Stelle im heute dichten Unterholz der Aubinger Lohe, an der der königliche Hofjagdaufseher durch Wilderer getötet wurde, den kleinen Bildstock zu seinen Ehren errichtet hat.

Was wir wissen, ist, dass Franz Kirchmayr am 30. August 1873 als Sohn eines Holzarbeiters in Oberammergau geboren wurde. Nach Ableistung seines Militärdienstes trat er 25-jährig im Jahr 1898 seinen Dienst im Forstbezirk Ismaning an. Im Jahr 1901 wurde er »zur Verstärkung des Jagd- und Forstschutzes«, wie es in einer Urkunde heißt, nach Aubing versetzt. Während des Ersten Weltkrieges stand er über drei Jahre in Frankreich an der Front. Wohl während eines dreimonatigen Heimaturlaubs, der ausgerechnet auf Antrag des königlichen Forstamtes gewährt wurde, fand am 25. April 1918 sein Leben ein jähes Ende:

»ZUM ANDENKEN AN HERRN FRANZ KIRHMAYR, K. HOFJAGDSTATIONSM. WELH. AM 25.4.1918 DURCH WILDERER EIN OPFER SEINES BERUFES WURDE«

Davon zeugt auch heute noch das kleine Holzmarterl, das nach einer fachgerechten Restaurierung durch den Verein Aubinger Archiv e.V. heute wenige Hundert Meter entfernt vom ursprünglichen Standort am Wegrand auf dem Teufelsberg seinen Platz gefunden hat.

Text: **Matthias Lerche**

SCHNELLIGKEIT VOR VOLLSTÄNDIGKEIT

Die WE-Meldungen

Die tägliche Lagearbeit ist eine der wesentlichen Säulen der polizeilichen Verbrechensbekämpfung und daher zentral im Bereich der Abteilung Einsatz des Polizeipräsidiums München angesiedelt. Die Lagedienststelle hat zudem nach bedeutsamen Ereignissen unter Beachtung datenschutzrechtlicher Belange eine der Polizei gesetzlich zugewiesene Verständigungspflicht zu erfüllen gegenüber anderen Dienststellen der Polizei und den Sicherheitsbehörden sowie der Staatsanwaltschaft. Der Zweck dieser Unterrichtung ist es, den zuständigen Behörden frühzeitig eine aufgaben- und lageangepasste Reaktion zu ermöglichen. Wie solche WE-Meldungen entstehen, wer sie schreibt, wer sie erhält und was überhaupt unter »**Wichtigen Ereignissen**« zu verstehen ist, möchten wir an einem historischen Fall aus dem Jahr 1955 erläutern. Bemerkenswert ist, dass sich im Verlauf der Jahrzehnte zwar die Technik weiterentwickelt hat, sich jedoch der Inhalt nicht wesentlich von aktuellen WE-Meldungen unterscheidet.

Wir schreiben den 5. Juli 1955, als nachmittags das Telefon in der Lagedienststelle des PP München klingelt. Der Leiter der Einsatzzentrale teilt mit, dass sich gegen 15:00 Uhr im Postamt 13 in der Agnesstraße eine Explosion ereignet habe. Zwei Menschen seien dabei getötet worden, weitere 15 bis 20 Personen seien unterschiedlich schwer verletzt worden. Weitere Einzelheiten seien noch nicht bekannt. Der Lagesachbearbeiter bewertet diese Information als wichtiges Ereignis und beginnt mit seinen Verständigungen. Dabei würde sich der Ablauf heute von damals nicht wesentlich unterscheiden. Der Inhalt der WE-Meldung wird zeitnah entworfen, dabei gilt der Grundsatz »Schnelligkeit vor Vollständigkeit«. Datenschutzrechtlich ist zu beachten, dass keine personenbezogenen Daten von Zeugen oder Geschädigten mitgeteilt werden. Auch inhaltlich ist zu prüfen, ob möglicherweise der kriminalpolizeiliche Ermittlungserfolg durch zu umfangreiche Berichterstattung gefährdet werden könnte.

Für die Auswahl der Empfänger gilt in gutem Beamtendeutsch die Regel, dass die »Erfüllung gesetzlicher Aufgaben verfahrensbestimmend sind und nicht die bloße Befriedigung von Informationsbedürfnissen«. Beispielhaft könnten neben den betroffenen Polizeidienststellen, der Pressestelle, dem Polizei- und Vizepräsidenten insbesondere noch die Staatsanwaltschaft München I, die Generalstaatsanwaltschaft, der Oberbürgermeister und das Kreisverwaltungsreferat der Landeshauptstadt München, die Regierung von Oberbayern sowie das Innenministerium in Betracht kommen.

Die WE-Meldung wird auch immer einen Vermerk zur Presseverwertbarkeit beinhalten, sodass die Pressestelle des PP München bereits jetzt erste Informationen veröffentlichen kann, beispielsweise um die Bevölkerung vor aktuellen Gefahrenlagen zu warnen. Bei Meldefällen mit erheblicher sicherheitspolitischer Bedeutung oder bei besonderer Medienresonanz ist die Zeichnungsbefugnis dem Polizeipräsidenten oder seinem Vertreter vorbehalten. In allen übrigen Fällen kann er diese Befugnis delegieren.

Der Bewertung, ob ein Ereignis meldepflichtig ist, liegt einerseits ein Straftatenkatalog zugrunde (z. B. alle Verbrechenstatbestände, Amokläufe oder terroristisch motivierte Gewalttaten). Andererseits kann eine Meldepflicht aber auch durch besondere Umstände entstehen, z. B. wenn durch ein Ereignis mehrere Menschen zu Tode kommen, schwer verletzt werden oder Personen des öffentlichen Lebens beteiligt sind. Gleiches gilt für Bombendrohungen, Umweltgefährdungen oder Unfälle mit Luftfahrzeugen. Grundsätzlich kann also jeder Vorfall »wichtig« werden, wenn bestimmte Umstände zusammentreffen.

Nach Abschluss der Ermittlungsverfahren werden alle WE-Meldungen im Staatsarchiv München als Dokumente der Zeitgeschichte archiviert. Der Archivwürdigkeit der Ereignismeldungen liegen folgende archivarische Überlegungen zugrunde: Prinzipiell ermitteln die Polizeibehörden Verfahren bis zur Anklagereife und geben sie dann an die Staatsanwaltschaften ab, die das Verfahren vor den Gerichten durchführen. Diese Unterlagen werden von den Staatsanwaltschaften den Staatsarchiven in der Regel nach 30 Jahren angeboten. Allerdings wird hier nicht die Summe der in einem Jahr angefallenen Akten abgegeben, sondern nur diejenigen, die entweder aufgrund des Delikts (Verletztes Rechtsgut: Leib und Leben) oder der vollstreckbaren Titel oder der darin sich befindlichen medizinischen und psychiatrischen Gutachten die verschiedenen Ausscheidungsdurchläufe in den staatsanwaltschaftlichen Registraturen überlebt haben.

Auch die Archive wählen aus dieser Menge wiederum diejenigen Verfahren aus, die einen Überblick über die Verfahrensdiversität erlauben. Aus diesem Grund werden Verfahren wegen Ordnungswidrigkeiten oder kleinere (Verkehrs-)Delikte, die die statistische Masse ausmachen, so gut wie nie überliefert. Dieses Manko versuchen die Archive auszugleichen: Zum einen durch die Übernahme der WE-Meldungen, manifestiert sich doch hier ein Querschnitt der täglich anfallenden Vergehen und Verbrechen, und zum anderen durch die Übernahme der Tagebücher ausgewählter Polizeiinspektionen, in denen jeder einzelne Einsatz nachgewiesen werden kann. In einem weiteren Schritt ist die Übernahme der rein elektronisch erzeugten Daten aus dem EPS-Web (Einsatz-Protokoll-System) sowie aus der Lage-Bayern in verschiedenen Abstufungen eingeleitet worden.

Auf der Ebene des Landeskriminalamtes soll die ebenfalls rein elektronisch erzeugte PKS (Polizeiliche Kriminalstatistik) im Digitalen Archiv dauerhaft verwahrt werden. Mit diesen Quellen und dem Ineinandergreifen der unterschiedlichen Überlieferungsstränge erhoffen sich die Archivare einen maximalen Einblick in die Kriminalitätsgeschichte unter minimaler Übernahme von Informationsträgern. Die Ereignismeldungen bilden deshalb einen wichtigen Baustein in den archivarischen Überlegungen. Teilweise bieten die Ereignismeldungen auch den einzigen Nachweis eines Delikts, so z. B. der eingangs erwähnte Anschlag auf das Postamt 13 in der Schwabinger Agnesstraße am 5. Juli 1955 in München mit zwei Toten und mehreren Verletzten. Hier ist einzig die Ereignismeldung überliefert, ein Ermittlungsverfahren hat sich nicht erhalten.

Parallel dazu werden auch die aus den Ereignismeldungen generierten Presseberichte des PP München übernommen, die im Gegensatz zu den WE-Meldungen auch der interessierten Öffentlichkeit vorgelegt werden können, da diese in anonymisierter und pressegerechter Form vorliegen.

Text: **Wolfgang Inderst und Dr. Christoph Bachmann**

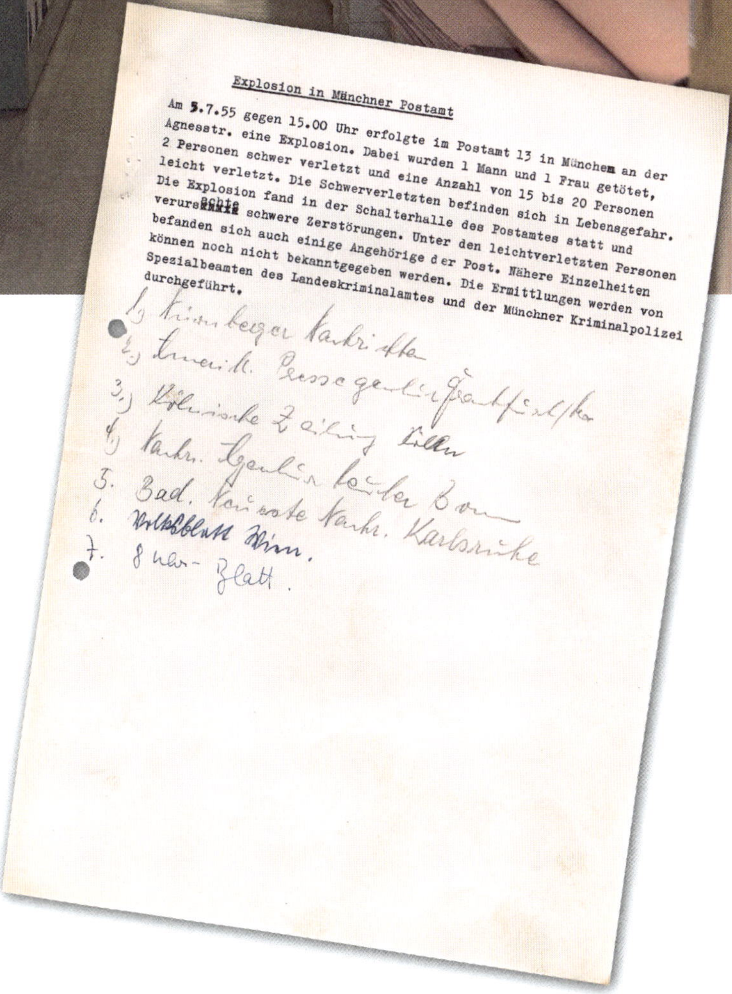

Explosion in Münchner Postamt

Am 5.7.55 gegen 15.00 Uhr erfolgte im Postamt 13 in Münchem an der Agnesstr. eine Explosion. Dabei wurden 1 Mann und 1 Frau getötet, 2 Personen schwer verletzt und eine Anzahl von 15 bis 20 Personen leicht verletzt. Die Schwerverletzten befinden sich in Lebensgefahr. Die Explosion fand in der Schalterhalle des Postamtes statt und verursachte schwere Zerstörungen. Unter den leichtverletzten Personen befanden sich auch einige Angehörige d er Post. Nähere Einzelheiten können noch nicht bekanntgegeben werden. Die Ermittlungen werden von Spezialbeamten des Landeskriminalamtes und der Münchner Kriminalpolizei durchgeführt.

1.) Nürnberger Nachrichten
2.) Amerik. Pressegeschäftsstelle
3.) Kölnische Zeitung Köln
4.) Nachr. Agentur ... Bonn
5. Bad. Neueste Nachr. Karlsruhe
6. Volksblatt Wien.
7. 8 Uhr-Blatt.

055

OANS, ZWOA, DIENST IS!

Die Wiesnwache

Das Oktoberfest, größtes Volksfest der Welt und seit dem Jahre 1810 fester Bestandteil Münchner Kultur und bayerischen Brauchtums, wird heutzutage regelmäßig durch den Oberbürgermeister eröffnet. Mit einem »O'zapft is!« beginnt das Fest und mit den darauffolgenden Worten »Auf eine friedliche Wiesn!« wird der für dieses Ereignis wichtigste Wunsch formuliert. Um diesen Wunsch nach Möglichkeit Realität werden zu lassen, gibt es auf dem Oktoberfest eine Einrichtung des Polizeipräsidiums München: die Wiesnwache.

Bereits in den ersten Jahrzehnten nach Beginn der Oktoberfest-Zeitrechnung entwickelte sich das Volksfest, das sich in seinen Ursprüngen noch als Pferderennen darstellte, sehr schnell. Diverse Wirtsbuden sowie Schaustellerattraktionen kamen hinzu und immer mehr Gäste strömten zu dem Fest. Bald wurde es notwendig, dass auch die Polizei dort tätig wurde. Bereits im Jahre 1880 wurde durch die damalige Polizeidirektion eine Dienststelle auf der heutigen Theresienwiese eingerichtet, die einen ständigen Jour-Dienst vor Ort vorsah.

Im Laufe der Zeit wurde die Holzbaracke, in der die Polizeiwache auf dem Münchner Oktoberfest beheimatet war, immer größer. Im Zweiten Weltkrieg fand sie allerdings eine andere Verwendung, da zu dieser Zeit kein Oktoberfest mehr stattfand. Man benötigte das Gebäude für die Unterbringung von Mannschaften, Geschäftszimmern und eines Magazins. Somit wurde verfügt, dass die Polizeibaracke für die Dauer des Krieges der Luftwaffe überlassen wird. Letztendlich wurde sie durch einen Luftangriff zerstört.

Nach dem Zweiten Weltkrieg wurde die Wache abermals als Holzbaracke aufgebaut. Dies blieb trotz einiger Umbauten auch noch bis in die 1970er-Jahre so. Alljährlich wurde die Baracke, die als »Festwiesnwache« bezeichnet wurde und schon lange auch Diensträume für die Kriminalpolizei vorsah, nur für das Oktoberfest auf- und anschließend wieder abgebaut. Sie war eingebettet in den sogenannten Behördenhof, eine Örtlichkeit, an der die auf dem Festplatz eingesetzten Behörden untergebracht waren und deren Grundidee auch heute noch Bestand hat. Die damaligen Ausmaße waren allerdings mit den heutigen Gegebenheiten nicht vergleichbar.

Die wenigen Polizeibeamten, die der Wiesnwache damals fest zugeteilt wurden, waren auf diversen festen Positionen auf dem Festgelände verteilt. Abends wurde die sogenannte Wiesnwachverstärkung durch die Polizeireviere gestellt und es wurden Einsatzgruppen gebildet – ein Dienst, der nicht bei jedem beliebt war, denn die Einsätze auf dem Oktoberfest waren zwar weit weniger als heute, aber

gerade wegen der körperlichen Auseinandersetzung zwischen manchen Festbesuchern teilweise sehr intensiv.

Daran änderte sich zunächst auch nichts, als die Holzbaracke Anfang der 1980er-Jahre durch Container ersetzt wurde. Diese blieben nun ganzjährig auf der Theresienwiese und wurden nicht mehr abgebaut. Die größte Neuerung waren damals die engen Umkleidecontainer, die ein paar Jahre später aus Platzgründen oben auf die Wachcontainer gestellt wurden. Zusätzlich zu den beiden Zellen in der Wiesnwache wurde auch noch ein Gefängniscontainer aufgestellt.

Anfang der 2000er-Jahre waren die Container schließlich in einem Zustand, der eine Veränderung dringend erforderlich machte. Dies erkannte auch der Münchner Stadtrat und beschloss, die Container des Behördenhofs durch einen festen Bau zu ersetzen. Um die Baustelle frei zu machen und gleichzeitig aber den Wachbetrieb während der Bauphase gewährleisten zu können, musste die Wiesnwache kurzerhand ihren Platz räumen. So wurden die Container im Jahre 2002 mit Eisenträgern unterlegt und mit einem Tieflader, der sich äußerst langsam und behutsam über die Matthias-Pschorr-Straße bewegte, hinter das Käfer-Zelt in den südlichen Bereich der Theresienwiese transportiert. Dort sollte nun für die nächsten beiden Jahre der vorübergehende Standort der Wiesnwache sein.

Im Jahr 2004 war es dann endlich so weit: Die neue Wiesnwache konnte in Betrieb genommen werden. Sie umfasst eine Nutzfläche von 793 m^2 und hat in dieser Form auch heute noch Bestand.

Die Wiesn und somit auch die Wiesnwache mussten im Laufe der Jahre neben der baulichen Veränderung und vieler schöner Ereignisse auch einige tragische Begebenheiten erleben. Die größte Herausforderung der Wiesnwache war sicherlich die Explosion einer Rohrbombe am Haupteingang des Oktoberfests am 26. September 1980. Bis heute ist dies der schwerste Terrorakt der deutschen Nachkriegsgeschichte, bei dem 13 Menschen getötet und 211 verletzt wurden. Dieses Ereignis veränderte den Einsatz auf der Wiesn ebenso wie die Terroranschläge in den USA am 11. September 2001, die sich sehr auf das Sicherheitsgefühl der Münchner Bevölkerung und der vielen Festgäste auswirkten. All dies machte es erforderlich, dass das Sicherheitskonzept für das Oktoberfest stets angepasst wurde und bis dato noch fortgeschrieben wird.

Und heute? Die Wiesnwache hat sich entwickelt und ist mit den früheren Holzbaracken oder Containern nicht mehr vergleichbar. Mit einer modernen und technischen Ausrüstung können die Einsätze koordiniert, der Wachbetrieb und auch die Sachbearbeitung durchgeführt werden. Die Kontrollmaßnahmen rund um das Festgelände haben sich ebenso wie die Videoüberwachung fortentwickelt. Beides trägt heute seinen Teil zur Erhöhung der Sicherheit auf dem Oktoberfest bei.

Doch für eine gute Polizeiarbeit benötigt man vor allem eines: gutes Personal. Bei der Wiesnwache werden daher heutzutage ausschließlich freiwillige und ausgesuchte Polizeibeamtinnen und Polizeibeamte des Polizeipräsidiums München eingesetzt, die zudem noch eigens für diesen Einsatz intensiv beschult werden. Unterstützt werden sie dabei seit Langem auch von Polizisten anderer Nationen. Teilweise verrichten diese den Dienst in ihren eigenen Uniformen. Früher waren dies vornehmlich Polizisten der US Military Police, heute sind dies Polizisten aus Italien und Frankreich.

Durch ihr hohes Engagement und ihre Motivation legen die in Einsatzgruppen gegliederten Beamtinnen und Beamten täglich jeweils bis zu 15 km zu Fuß auf dem Oktoberfest zurück. Die Kriminalpolizei kümmert sich im Wachbetrieb um die Anliegen derjenigen, die den teilweise unfreiwilligen Weg zur Wiesnwache suchen.

Und trotz dieser Anstrengungen kommen die allermeisten im darauffolgenden Jahr gerne wieder zurück, weil sie das »Wiesnfieber« gepackt hat. Denn schließlich geht es bei der Wiesnwache nicht nur um ein Volksfest oder um einen Polizeieinsatz, sondern um die Bewahrung heimatlicher Tradition unter dem Blickwinkel größtmöglicher Sicherheit.

Text: **Christian Wittstadt**

ANALOG WAR GESTERN

Der Digitalfunk

Der Analogfunk war dem Polizeipräsidium München (PPM) seit Jahrzehnten ein stets zuverlässiger Begleiter. Allerdings nahm der Zahn der Zeit auch vor dieser Technik keine Rücksicht. So fielen immer mehr Endgeräte aus und konnten aufgrund von inzwischen fehlenden Ersatzteilen nicht mehr zuverlässig instand gesetzt werden. Auch die Beschaffung von Neugeräten fiel immer schwerer, da die meisten Hersteller immer weniger Analogfunkgeräte für den BOS (Behörden und Organisationen mit Sicherheitsaufgaben) Bereich anbieten. Es wurde also Zeit für etwas Neues!

Die zukünftige Technik sollte ein Übertragungsnetz für alle BOS Bereiche im gesamten Bundesgebiet zur gemeinsamen Nutzung bereitstellen. Man entschied sich daher für einen digitalen Bündelfunk mit dem »Tetra 25« – Standard. Ein Funknetz, dessen Aufbau ähnlich dem der Mobilfunknetze ist. Das dafür benötigte Rumpfnetz wurde 2005 durch das Bundesministerium des Innern ausgeschrieben. Nach einem Auswahlverfahren wurde ein Jahr später die Firma Cassidian mit dem Aufbau der Netzinfrastruktur beauftragt.

Das Bundesland Bayern startete seine Digitalfunkmigration mit dem Netzabschnitt 34, welcher den Großraum München umfasst. Um die dazu nötigen Vorbereitungen koordiniert durchführen zu können, nahmen gleich zwei Projektgruppen ihre Arbeit auf. Zum einen gab es die Projektgruppe »DigiNet«, welche bayernweit z. B. für die Ausschreibung der Endgeräte sowie für die Auswahl und Planung der Standorte aller Basisstationen zuständig war. Innerhalb des PPM wurde im April 2009 die Projektgruppe »Digifunk« gegründet. Deren Aufgabe bestand darin, die Leitstellen-, Dienststellen- sowie Kfz-Migration zu planen, Schulungen durchzuführen sowie bereits vorhandene Konzepte anzupassen bzw. neu zu erstellen. Nachdem diese beiden Projektgruppen ausschließlich für die Migrationsphase zuständig waren, musste nun jemand gefunden werden, der für die Sicherstellung des Regelbetriebs dieses neuen Digitalfunknetzes verantwortlich ist. Aus diesem Grund gibt es in jedem Bundesland eine sogenannte Autorisierte Stelle (AS). In Bayern wird diese, in Bezug auf polizeiliche Belange, durch die Verfahrensunterstützung Digitalfunk der bayerischen Polizei (ansässig beim Polizeipräsidium Oberbayern Süd) unterstützt. Zusätzlich gibt es bei allen BOS-Verbänden eine Taktisch Technische Betriebsstelle (TTB). Diese ist für alle Nutzer innerhalb des jeweiligen Verbands der erste Ansprechpartner, wenn es um Fragen und Probleme rund um den Digitalfunk geht.

Bei der Endgeräteausschreibung konnten sich in Bayern gleich zwei verschiedene Hersteller freuen. Während für die polizeilichen Verbände ausschließlich die Firma Sepura die Nase vorn hatte, entschied man sich bei den nicht polizeilichen Organisationen (Feuerwehr, Rettungsdienst usw.) für Geräte der Firmen Sepura und Motorola. Beide stellen für die unterschiedlichsten Verwendungszwecke drei verschiedene Arten von Endgeräten bereit. Die wohl bekannteste ist das sogenannte HRT (Handheld Radio Terminal), unter Kollegen auch liebevoll Handquetsche genannt. Für Fahrzeuge ist ein MRT (Mobile Radio Terminal) und für Wachen bzw. Stäbe der Polizeiinspektionen ein FRT (Fixed Radio Terminal) vorgesehen.

Während des Oktoberfestes 2007 war es dann endlich so weit. Zum ersten Mal wurde der Digitalfunk in Bayern einsatzunterstützend, also parallel zum Analogfunk, eingesetzt. Nachdem danach noch an so manch einer Stellschraube gedreht werden musste und nach der Durchführung eines insgesamt siebenmonatigen erweiterten Probebetriebs, bei dem sukzessiv alle drei Funkabschnitte und auch immer mehr Endgeräte in Betrieb genommen wurden, hat das Polizeipräsidium München dann im Dezember 2012 den Wirkbetrieb aufgenommen. Ab diesem Zeitpunkt wurden das Tagesgeschäft und auch besondere Einsatzlagen, wie die Münchner Sicherheitskonferenz oder das Oktoberfest, komplett mithilfe des Digitalfunks abgewickelt.

Einer der größten Vorteile des Digitalfunks liegt in der nutzbaren Reichweite. So ist es dank des gemeinsam genutzten Funknetzes und mit der Betriebsart TMO (Trunked Mode Operation-Netzmodus, vergleichbar mit dem Gegensprechen beim Analogfunk) möglich, in Echtzeit quer durch ganz Deutschland zu funken. Was die Abarbeitung einer Vielzahl von Einsätzen erheblich erleichtern kann. Dem Nutzer stehen darüber hinaus noch drei weitere Betriebsarten zur Verfügung. Diese wären der DMO (Direct Modus Operation, vergleichbar mit dem Wechselsprechen beim Analogfunk) für Örtlichkeiten ohne Netzabdeckung, wie z. B. Tiefgaragen. Der Repeater-Betrieb, um die Reichweite des DMO zu erweitern. Sowie der Gateway-Betrieb, um die beiden Betriebsarten TMO und DMO zu verbinden. Welche dieser vier Betriebsarten eingesetzt wird, hängt von verschiedenen Faktoren ab und wird teilweise erst am Einsatzort entschieden. Eine weitere Verbesserung liegt in der digitalen Ende zu Ende Verschlüsselung. Durch diese ist es für BOS-fremde oder kriminelle Organisationen nicht möglich, den BOS-Funk unerlaubt mitzuhören. Eine ähnliche Verschlüsselung gab es auch beim Analogfunk, allerdings wurde diese aus verschiedensten Gründen nicht eingesetzt.

Für die Notrufabarbeitung bringt das in allen HRT und MRT verbaute, GPS-Modul einen erheblichen Mehrwert. Durch dieses wird dem Disponenten der Einsatzzentrale sofort angezeigt, wo sich der in einer Notlage befindliche Kollege gerade aufhält. Zukünftig ist es auch geplant, eine Einsatzdisposition mit Hilfe der GPS-Positionen zu ermöglichen, eine Technik, die heute schon bei besonderen Einsatzlagen genutzt wird.

Ein Punkt, über den sich der ein oder andere Nutzer gefreut haben dürfte, ist die einheitliche Bedienung der Endgeräte. Diese trägt für eine größere Handlungssicherheit beim Umgang mit den neuen Endgeräten bei.

Die Einführung des Digitalfunks bedeutete auch für alle Mitarbeiterinnen und Mitarbeiter der Funkwerkstatt eine große Umstellung der gewohnten Arbeitsabläufe. Wo einst Pinzetten und Lötkolben geschwungen wurden, muss nun eine große Anzahl von Parametern mit Hilfe verschiedenster Softwaren eingestellt sowie IP-basierte Systeme aufgebaut und administriert werden. Auch die Abarbeitung von Funkproblemen hat sich massiv verändert. Ist beispielsweise früher eine Analogfunk-Relaisstelle ausgefallen, konnte sie durch die Funkwerkstatt selbst wieder in Schwung gebracht werden. Bei den Basisstationen des Digitalfunknetzes sieht dies ganz anders aus. Hier liegt die Verantwortlichkeit einer Störungsbeseitigung bei der Autorisierten Stelle.

Eine besondere Herausforderung für die Funkwerkstatt stellten die zu treffenden Vorbereitungen für den erweiterten Probe- und Wirkbetrieb da. Denn es mussten rund 950 Fahrzeuge sowie alle Polizeiinspektionen in Eigenleistung mit der jeweils benötigten Anzahl von Digitalfunkgeräten ausgestattet werden.

Ende November 2017 wurde durch das Bayerische Staatsministerium des Innern der komplette Rückbau des alten Analogfunks verfügt. Schlussendlich wurde er damit in den wohl verdienten Ruhestand verabschiedet.

Text: **Denny Dartsch**

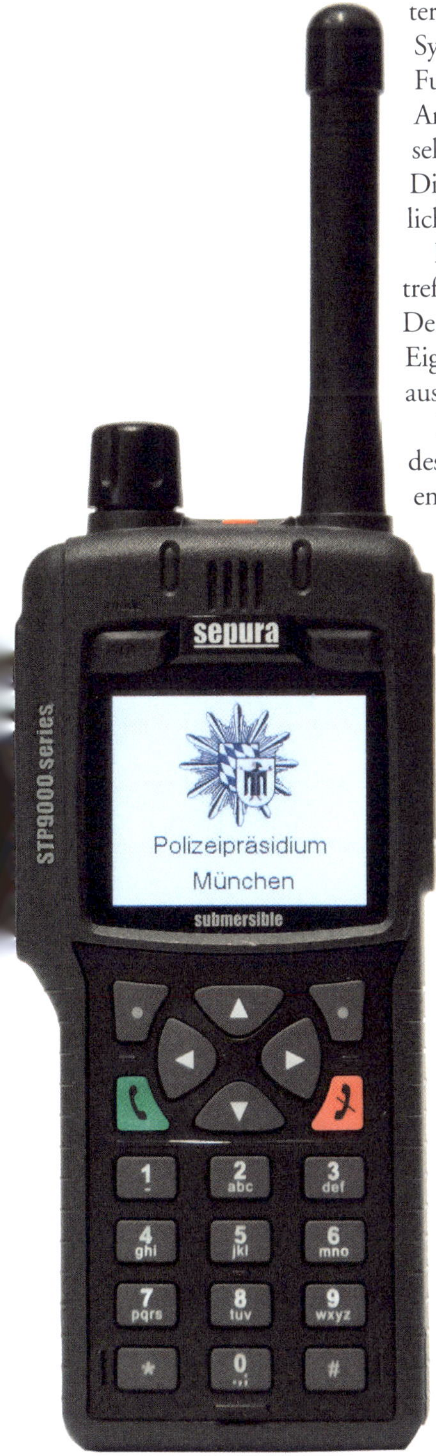

057

EIN ELEKTROKABEL WIRD EINEM MÖRDER ZUM VERHÄNGNIS

Der Mordfall Rudolph Moshammer

Freitagmorgen, der 14. Januar 2005: In der Einsatzzentrale des Polizeipräsidiums München verläuft der Dienstbetrieb völlig normal. Nichts deutet darauf hin, dass dieser Freitag für die Münchner Polizei ein besonderer Einsatztag werden sollte. Gegen 9:00 Uhr nimmt ein Beamter einen Notruf an, der eine sehr große mediale Resonanz hervorrufen wird: Andreas Kaplan, Chauffeur und enger Vertrauter des »Modezaren« Rudolph Moshammer, teilt mit, dass er soeben seinen Chef in dessen Haus im noblen Münchner Vorort Grünwald tot aufgefunden hat. Sofort werden Streifenbeamte zur Wohnadresse Moshammers gesandt. Die Auffindesituation ist eindeutig: Der Getötete liegt im Flur des ersten Stocks, um seinen Hals ist ein schwarzes Elektrokabel geschlungen. Wie wichtig dieses Kabel bei der Lösung des Verbrechens sein wird, ist momentan noch nicht abschätzbar – und dennoch: Im Zuge der sich anschließenden kriminalpolizeilichen Ermittlungen wird es zum zentralen Beweismittel und final der Schlüssel zur Tataufklärung!

Die Erstzugriffsbeamten handeln am Tatort sehr umsichtig und melden der Einsatzzentrale ein detailliertes Lagebild. Alle Dienststellen, die für die durchzuführenden Ermittlungen erforderlich sind, werden seitens der Einsatzzentrale sofort verständigt und rücken unverzüglich zum Tatort aus. Allen voran die Spezialisten der Spurensicherung sowie der Leiter des K 111 (Mordkommission) und seine Ermittlungsbeamten, die bei Tötungsdelikten für die durchzuführenden Ermittlungen sachlich zuständig sind. Ferner wird das Institut für Rechtsmedizin gebeten, mit Rechtsmedizinern an den Tatort zu kommen. Der Leiter dieses Institutes, Prof. Dr. med. Wolfgang Eisenmenger, kommt persönlich zum Tatort. Des Weiteren fahren der Leiter der Pressestelle des PP München und sein Stellvertreter zum Tatort, wo bereits die ersten Journalisten eingetroffen sind und zum Teil schon live über das Tötungsdelikt berichten.

Der Behördenleitung, den Ermittlungsbeamten sowie den versammelten Pressevertretern ist klar, dass es bei diesem Tötungsdelikt eine sehr starke Parallele zu einem aufsehenerregenden Mordfall im Jahr 1990 gibt: dem »Sedlmayr-Mord« (am 15. Juli 1990 hatte der Sekretär des bekannten bayerischen Volksschauspielers Walter Sedlmayr diesen in dessen Wohnung ermordet aufgefunden). Zudem gibt es eine weitere Analogie: Beide Opfer waren gesellschaftlich exponiert, homosexuell und versuchten, ihre Präferenzen vor der Öffentlichkeit zu verbergen.

Unverzüglich wird unter Leitung des Kriminaloberrates Harald Pickert eine Sonderkommission (Soko) gebildet – der Ermittlungsdruck ist enorm! Die Bevölkerung erwartet verständlicherweise ein

schnelles Ermittlungsergebnis, die Presse hat das dringende Bedürfnis, allumfassend informiert zu werden und die Münchner Polizei den Anspruch an sich, den Mörder Rudolph Moshammers rasch zu ermitteln. Hierbei rückt das vorgenannte Elektrokabel in den Fokus der Ermittlungsbeamten sowie der Rechtsmediziner. Ihnen ist klar, dass der Täter mir sehr starker Kraft an dem um Moshammers Hals gewickelten Elektrokabel gezogen haben muss, denn es war aufgrund der aufgewendeten Kraft abgerissen. Deshalb wird sofort mit der kriminaltechnischen Untersuchung des Elektrokabels begonnen, um humanbiologische Spuren daran zu finden. Die sehr gute Zusammenarbeit zwischen den Ermittlungsbeamten und den Rechtsmedizinern macht sich bezahlt: An dem Elektrokabel wird eine DNA-Spur gefunden, die nur der Täter gesetzt haben konnte. Nun gilt es, unverzüglich zu recherchieren, ob diese DNA in der diesbezüglichen Analysedatenbank des Bundeskriminalamtes vorhanden ist. Tatsächlich ist sie darin gespeichert; sie stammt von dem 25-jährigen Mann, der seit 2001 als Asylbewerber in Deutschland lebt und in einem Münchner Fastfood-Lokal arbeitet. Aufgrund zweier im Jahr 2004 durchgeführten Strafverfahren (gefährliche Körperverletzung und ein Sexualdelikt) war von diesem Beschuldigten eine Speichelprobe genommen worden.

Somit steht bereits am späten Nachmittag des 15. Januars 2005 fest, wer der Täter im »Mordfall Moshammer« sein musste. Sofort werden Beamte des SEK mit der Festnahme des dringend Tatverdächtigen beauftragt. Als dieser am selben Tag kurz nach 22:00 Uhr in seine Wohnung zurückkehrt, wird er von den Spezialeinsatzkräften widerstandslos festgenommen. Eineinhalb Tage nach der Tatentdeckung ist der Täter beweiskräftig ermittelt und festgenommen – ein extrem schneller Ermittlungserfolg der Münchner Polizei. Das Elektrokabel mit der daran befindlichen DNA-Spur war der Schlüssel zur Tataufklärung!

In der Hauptverhandlung gegen den Angeklagten zeigt sich die ganze Tragödie dieses Mordfalls. Am späten Abend des 13. Januar 2005 waren Vertreter zweier Milieus, wie sie unterschiedlicher nicht sein konnten, aufeinandergetroffen: Rudolph Moshammer, ein Mann des Boulevard, traf auf der Suche nach der Befriedigung seines Sexualtriebes im Bereich des Münchner Hauptbahnhofes auf einen jungen Mann, der für schnelles Geld hierzu bereit war und letztlich vor der Tötung eines Menschen nicht zurückschreckte.

Das LG München I verurteilte den Täter im November 2005 wegen Mordes zu einer lebenslangen Freiheitsstrafe. Überdies stellte das erkennende Gericht in seinem Urteil die besondere Schwere der Schuld fest, was für eine spätere Entscheidung über die Aussetzung der Vollstreckung eines Strafrestes zur Bewährung von Bedeutung ist.

Text: **Walter Nickmann**

VON OBEN HERAB

Drohnen – Verkehrs- und Einsatzmittel der Zukunft?

In Deutschland sind nach aktuellen Schätzungen der Deutschen Flugsicherung etwa eine Million Drohnen (auch ULS, unbemanntes Luftfahrtsystem genannt) im Besitz von Privatpersonen sowie Unternehmen. Dabei ist Drohne nicht gleich Drohne. Der Einstieg beginnt bei wenigen Euro Anschaffungskosten im Spielzeugladen und endet in der militärischen Verwendung, wobei für diesen Bereich der Preis nach oben keine Grenzen zu kennen scheint. Aus Fachkreisen werden für Militärdrohnen, wie sie mittlerweile auch von großen Flugzeugherstellern wie Airbus und Boeing hergestellt werden, Kaufwerte im dreistelligen Millionenbetrag angegeben.

Die bayerische Polizei bedient sich seit einigen Jahren ebenfalls der Drohnentechnik. Zum Beispiel werden diese bei der Verkehrsunfallaufnahme in Form von vogelperspektivischen Aufnahmen verwendet oder bei der Suche nach Vermissten eingesetzt.

Im gewerblichen oder privaten Bereich werden Drohnen zumeist für die Anfertigung von Luftbildaufnahmen oder Videos verwendet. Die Gründe hierfür sind so vielfältig wie die Interessen der jeweiligen Steuerer. Dies reicht von der Anfertigung von harmlosen Landschaftsaufnahmen bis zum verbotswidrigen Ausspähen von Personen.

So kam es am Nachmittag des 30. Oktober 2016 zu einem spektakulären Fall im Olympiapark. An diesem Sonntag herrschte sonniges Herbstwetter und das Gelände war voller Besucher, die die letzten warmen Sonnenstrahlen genossen. Laut Freianlagenordnung der Olympiapark GmbH ist der Aufstieg von Flugmodellen, wozu auch Drohnen zählen, verboten. Ungeachtet dessen ließ ein Steuerer sein unbemanntes Fluggerät jedoch trotzdem aufsteigen. Er wollte den Olympiaturm umkreisen und filmte den Flug mit der integrierten Videokamera. Insgesamt erreichte er dabei eine Höhe von ca. 180 m, obwohl werkseitig im Fluggerät eine Begrenzung von 122 m programmiert ist. Durch ein kostenloses Update des Herstellers kann diese Beschränkung außer Kraft gesetzt werden. Bei der Umrundung des Turms riss die Funkverbindung zur Drohne ab und das Fluggerät flog unkontrolliert gegen die Glasfront des im Olympiaturm befindlichen »Restaurant 181«.

Durch den Anprall brachen sämtliche Rotorblätter der Drohne ab und das Fluggerät mit einem Eigengewicht von etwa 1,7 kg stürzte innerhalb weniger Sekunden zu Boden. In einer Entfernung von weniger als 10 m schlug das Fluggerät mit einem mehrfachen seines Gewichtes neben einer vierköpfigen Familie mit zwei Kindern auf. Glücklicherweise wurde niemand verletzt.

Sicherheitsbeschäftigte des Olympiaparks wurden auf den Vorfall aufmerksam und konnten den

Steuerer noch vor Ort antreffen. Eine spätere Sichtung des Speichermediums ergab, dass der Drohnenpilot an diesem Tag bereits mehrmals größere Menschenmengen überflogen hatte. Gegen den Steuerer der Drohne wurde eine Strafanzeige erstattet. Das Amtsgericht München verurteilte den Hobbypiloten zu einer Geldstrafe. Der Schaden an der Verglasung des Olympiaturms belief sich auf etwa 15 000 Euro.

Dass es sich bei dem oben genannten Beispiel um keinen Einzelfall handelt, zeigte sich am 18. Oktober 2018 ein weiteres Mal. Der FC Bayern München traf in der Allianz Arena im Champions League Spiel auf Celtic Glasgow. Ein Tourist aus Südkorea wollte diese Gelegenheit nutzen und Aufnahmen von der Partie machen. Vor Ort eingesetzte Polizeikräfte nahmen den Drohnenflug über dem Stadion wahr und konnten den Steuerer noch während der Durchführung des Überflugs antreffen. Der Flug wurde sofort unterbunden und dadurch eine Gefährdung der Stadionbesucher und der Akteure abgewandt.

Bedingt durch Vorfälle, wie sie vorstehend beschrieben wurden, sah sich der Gesetzgeber zum Handeln gezwungen. Im Endergebnis kam es daher im Laufe der Zeit zu diversen Anpassungen und Einschränkungen in der Luftverkehrsordnung.

Dazu gehörte auch die Einführung von Flugverbotszonen bei Großveranstaltungen in München. Diese werden hier insbesondere zu den Veranstaltungszeiten des Oktoberfestes und der Münchner Sicherheitskonferenz eingerichtet. Ausgehend von der Münchner Innenstadt ist der Aufstieg von Drohnen in einem Radius von drei nautischen Meilen (ca. 5,5 km) innerhalb dieser Zone grundsätzlich untersagt. Zuwiderhandlungen werden als Straftat verfolgt. Aus den verschiedensten Beweggründen kommt es trotz dieses Verbots hauptsächlich während des Oktoberfestbetriebes immer wieder zu Verstößen.

Vorrangiges polizeiliches Ziel ist aber nicht die Ahndung der verbotswidrigen Drohnenflüge, sondern deren Unterbindung im Vorfeld. Solche Flüge, zumeist über Personen und Sachen, stellen nämlich stets ein Risiko dar. Neben technischen Möglichkeiten in Form von Störanlagen oder Ähnlichem werden mit wissenschaftlicher Unterstützung auch Tiere als Einsatzmittel getestet. So werden beispielsweise von einigen europäischen Ländern Adler ausgebildet, fliegende Drohnen anzugreifen, um so einen Weiterflug zu verhindern.

Wie aufgezeigt, wird dieses Thema »Drohnen« die Polizei auch in Zukunft beschäftigen, selbst wenn die Gesetzeslage weiter verschärft wird. Ein starker Grund hierfür ist, dass die unbemannten Flugsysteme immer erschwinglicher werden, sich die Modellvielfalt vergrößert und die technischen Fähigkeiten immer individueller werden. So können mittlerweile auch Bildaufnahmen gefertigt werden, die mit stationären Kameras einfach unmöglich wären. Solche Aufnahmen unterscheiden sich zudem qualitativ kaum noch von professionellen Aufzeichnungen, auch dies ein Grund für den breiten Zuspruch.

Neben den o. g. Einsatzmöglichkeiten ist auch die Industrie, insbesondere Dienstleister im Logistikbereich, an einer Erweiterung der bestehenden Möglichkeiten des Einsatzes von Drohnen interessiert. Im Hinblick auf zukünftige Zustellalternativen sind gerade die großen Paketdienstleister und Versandunternehmer mit Hochdruck dabei, neue Liefertechniken mithilfe von Drohnen zu erforschen. Hierzu gehört auch der Versuch, stationäre Luftzentren einzurichten, von wo aus die Drohnen autark fliegende Lieferungen an den Kunden vornehmen. Wie Überflugrechte und Witterungseinflüssen in diesem Kontext künftig bewertet sein werden, wird hinsichtlich technischer Fähigkeiten und Möglichkeiten der künftigen Fluggeräte mit Spannung zu erwarten sein.

Text: **Thomas Süßmair**

059

EIN BISSCHEN VOM PARADIES …

… finden wir auch im Polizeipräsidium München

Zwischen dem innergebäudlichen Flurlauf der Einsatzzentrale und den Zimmern der kriminaltechnischen Aktenarchivierung erzählt die Symbolik von Adam und Eva von dem Mythos der Sünde, der die Menschen aus dem Paradies verbannte. Aus dem Baum der Erkenntnis wächst das Kreuz als Lebensraum direkt empor. Die verschmelzende Darstellung des Kreuzes mit dem Lebensbaum des Paradieses bildet nicht nur ein Hauptmotiv der christlichen Theologie, sondern stellt sich als Leitgedanke der Heilserwartung dar. Es wurde zum Symbol der Hoffnung und des neuen Lebens.

Festgehalten ist im vertikalen Kopfbereich des Gemäldes die Jahreszahl 1913, was rückschließen lässt, dass mit Errichtungsende des heute denkmalgeschützten Polizeipräsidiums, das nach Plänen von Theodor Fischer von 1911 bis 1913 entstand, auch diese Wandmalerei vollendet wurde. Hier lässt sich ebenfalls, wie bei den meisten künstlerischen Beiträgen zum Ettstraßen-Bau, ein kosmischer Ordnungs- und Gesetz-Bezug erkennen. Die Kategorien von Gut und Böse werden immer wieder thematisiert. Die Arbeit stammt vermutlich von Bruno Goldschmitt, der auch am Treppenerker zur Löwengrube hin die Allegorien der Todsünden schuf. Goldschmitt war deutscher Maler, Freskomaler, Grafiker, Holzschneider und Lithograf. Nur der Stil weist auf ihn als mutmaßlichen Maler hin, eindeutige Beweise liegen jedoch nicht vor.

Der Lebensbaum ist kulturell und historisch bedeutungsvoll aufgeladen. Es geht um die Verbindung des Menschlichen mit dem Göttlichen, um Verdammnis und Heil, Frömmigkeit und Sünde, Weltrettung und Weltgericht. Der polizeiliche Bezug zu Sündenfall und Lebensbaum liegt nahe: Wenn Gebote überschritten werden, ist das in der Regel ein Fall für die Polizei. Gleichzeitig ermahnt das Gemälde alle Beschäftigten im Polizeipräsidium, im beruflichen Alltag ein bisschen vom Paradies zu wahren.

Text: **Alessa Quintes**

19
13

060

BEI BESONDEREN EINSATZLAGEN KOMMEN SIE ZUSAMMEN

Die Führungsstabräume

Die Einsatzzentrale ist rund um die Uhr für die Bewältigung der täglichen Einsätze zuständig und disponiert hierfür die sich im Dienst befindlichen Streifenwagen. Bei besonderen Einsatzlagen/Großeinsätzen wird nach entsprechender Lagebeurteilung, grundsätzlich parallel zum laufenden Betrieb in der Einsatzzentrale, die Führung des Einsatzes vom Polizeipräsidium München übernommen und dazu der Polizeiführungsstab des Polizeipräsidiums München aufgerufen.

Die Räumlichkeiten des Polizeiführungsstabes befinden sich im Hauptgebäude des Polizeipräsidiums München. Die aktuelle Ausgestaltung resultiert aus einer Modernisierungsmaßnahme im Jahre 2005 im Hinblick auf den Einsatz anlässlich der Fußball WM 2006.

Der Polizeiführungsstab setzt sich aus Angehörigen des Präsidialbüros, der Abteilung Einsatz, der Abteilung Versorgung und ggf. der Abteilung Personal zusammen. Die Mitglieder nehmen diese Aufgaben bei Bedarf neben ihren regulären Tätigkeiten wahr.

Der Polizeiführungsstab wurde und wird sowohl in planbaren Einsatzlagen (z. B. jährlich stattfindende Münchner Sicherheitskonferenz, Papstbesuch 2006, G7-Gipfel 2015, besondere Versammlungslagen, besondere Veranstaltungslagen/Fußballspiele usw.) als auch bei Ad-hoc-Einsatzlagen (z. B. Terrorlage Silvester 2015, OEZ-Amoktäter 2016, Messertäter Rosenheimer Platz 2017 usw.) aufgerufen. In den letzten Jahren war dies im Schnitt an ca. sechs Einsatztagen im Jahr der Fall.

Sofern sich eine Ad-hoc-Einsatzlage während des täglichen Dienstes ergibt, verlassen die vorgesehenen Mitglieder des Polizeiführungsstabes ihre Büros und begeben sich in die vorbereiteten Räumlichkeiten des Polizeiführungsstabes. Somit ist der Polizeiführungsstab in wenigen Minuten handlungsfähig. In allen übrigen Fällen werden die Mitglieder in der Freizeit mittels eines automatisierten Alarmierungssystems verständigt, um sich schnellstmöglich im Polizeiführungsstab einfinden zu können. Je nach Einsatzlage variiert die Personalstärke bis zu einer Höhe von maximal 50 Mitgliedern.

Bis zur Führungsübernahme durch den Polizeiführungsstab werden alle polizeilichen Maßnahmen durch die Einsatzzentrale im Zusammenwirken mit dem Höheren Beamten vom Dienst koordiniert.

Jeder im Polizeiführungsstab eingesetzte Beamte übt eine bestimmte Funktion aus. Neben dem Leiter des Polizeiführungsstabes, welcher für das Geschehen und die Abläufe verantwortlich zeichnet, gibt es verschiedene Sachbearbeiter, welche nach folgenden Aufgabenfeldern, in Stabsbereiche gegliedert, die anfallenden Informationen bearbeiten und dokumentieren:

Stabsbereich 1:

- Ordnungs- und Schutzaufgaben/Einsatztaktik
- Kriminalitätsbekämpfung
- Verkehrsangelegenheiten

Stabsbereich Lagezentrum:

- Entgegennahme und interne Verteilung einlaufender Informationen (Telefon, Fernschreiben, E-Mail, etc.)
- Besetzung des Führungsfunks
- Lagedarstellung

- Qualitätssicherung
- Lageauswertung/Lagekoordination und Erstellung eines Verlaufsberichtes

Stabsbereich 2 und 3:

- Einsatzlogistik und technische Unterstützung
- Ärztlicher Dienst
- Recht

Stabsbereich 4:

- Pressearbeit

Nur durch das Zusammenspiel der einzelnen Funktionen kann erreicht werden, dass eine Einsatzlage (erfolgreich) bewältigt wird.

Zur Gewährleistung eines Überblicks über die jeweilige Situation vor Ort sowie zur Unterstützung der Lagebeurteilung können in den Räumlichkeiten des Stabes Livebilder (z. B. Polizeihubschrauber, Videoübertragungsfahrzeug der Polizei, TV-Sender) empfangen und je nach Bedarf auf verschiedene Medien (z. B. Projektionsfläche, Monitor) aufgeschaltet werden.

Bei planbaren Einsatzlagen hat der Polizeiführungsstab zusätzlich die Aufgabe, darauf zu achten, dass und ob die konzeptionellen und inhaltlichen Vorplanungen eingehalten werden und ob gegebenenfalls eine Nachjustierung vorzunehmen ist.

In Abhängigkeit zur jeweiligen Einsatzlage wird der Polizeiführungsstab durch Fachberater (z. B. Polizeipsychologen, Polizeiärzte) sowie Verbindungsbeamte (z. B. Feuerwehr, Bundespolizei, Münchner Verkehrsgesellschaft, Bayerisches Landeskriminalamt, Bundeswehr) unterstützt. Darüber hinaus entsendet auch der Polizeiführungsstab bei Bedarf Verbindungsbeamte in die Führungsorgane benachbarter Organisationen.

Vor dem Hintergrund der anhaltenden latenten Bedrohung durch den internationalen Terrorismus, aber auch aufgrund der steigenden Komplexität, Intensität und Dynamik der Einsatzlagen und nicht zuletzt auch in Erwartung des Einsatzes anlässlich der Fußball EM 2020 werden die Räumlichkeiten des Polizeiführungsstabes im Jahr 2019 einer erneuten Modernisierungsmaßnahme mit dem Ziel der Kapazitätserweiterung und damit einhergehenden Umrüstung auf eine zeitgemäße Technik unterzogen.

Text: **Thomas Obermayer**

ÜBERLEBENSRAUM FÜR DEN »FÜHRER«

Der Hitler-Bunker

Wer einen alten Bunker betritt, bekommt unweigerlich ein beklemmendes Gefühl. Umso mehr, wenn es sich um einen »privaten Bunkerraum« von Adolf Hitler handelt. So ein Bunker existiert und die Angehörigen der Polizeiinspektion 22 Bogenhausen können die Geschichte des Bunkers erzählen. Adolf Hitler bezog am 1. Oktober 1929 die Wohnung im zweiten Stock des Hauses Prinzregentenplatz 16. Er schloss einen Mietvertrag mit dem Kohlenhändler Hugo Schühle, die Jahresmiete betrug 4 176 Reichsmark. Der Vermieter brauchte sich keine Sorgen machen, denn der Verleger und spätere NSDAP-Reichstagsabgeordnete Hugo Bruckmann bürgte im Falle möglicher finanzieller Rückstände. Seine Ehefrau Elsa Bruckmann war eine frühe Verehrerin und Förderin von Adolf Hitler. Ende 1938 – Hitler war inzwischen Reichskanzler – ging das gesamte Haus in seinen Privatbesitz über.

Nach Ausbruch des Zweiten Weltkrieges war Adolf Hitler nur noch selten in seiner Münchner Wohnung. Dennoch wurde im Keller des Hauses ein Bunker eingerichtet, der den »Führer« bei Bombenangriffen schützen sollte. Dazu wurden 4,75 t schwere Stahldecken eingezogen, der Raum bot damit Schutz für die damals bekannte Zerstörungskraft von Kriegsbomben. Eine Filteranlage sollte vor Gasangriffen schützen.

Im Juni 1940 forderte die »Lokalbaukommission der Hauptstadt der Bewegung« Mauerdurchbrüche, das heißt Durchgangsmöglichkeiten zum benachbarten Anwesen der Grillparzerstraße zu schaffen. Grundlage war die Durchführungsverordnung zum Luftschutzgesetz vom 12. März 1940. Ein Abdruck erging an die Abteilung Luftschutz des Polizeipräsidiums München. Ob die Forderung erfüllt wurde, ist uns nicht bekannt. Bei der Suche vor Ort haben wir nichts dergleichen entdeckt.

Vom Betrieb der modernen Münchner Polizeiinspektion sind es nur ein paar Meter Kellerflur und man kehrt 80 Jahre in die Geschichte zurück. Zuerst funktionale Zellen, Umkleideräume, Lagerräume, dann macht sich Ernüchterung breit. Die Betonwände sind kalt und abweisend, alles ist verstaubt und verlassen, ein alter Geruch hängt im Raum, hier verblasst die Geschichte wohl endgültig. In der Nische eines ersten Raumes befanden sich die elektrische Einrichtung für die Bunkeranlage, daneben eine Trockentoilette.

Ein Raum ist mit einem Eichenholzfurnier ausgestattet, das Furnier ist dunkel und strahlt keine Wärme aus. Hier sollte sich Adolf Hitler im Fall eines Bombenangriffs aufhalten und sicher fühlen. Zwei gasdichte Türen aus Stahlblech schützten diesen Raum zusätzlich. An Hitler erinnert hier nichts

mehr. Im Raum daneben befindet sich die Filteranlage. »Bei Gefahr Filtersatz einbauen«, ist noch deutlich zu lesen. Mit einer Handkurbel konnte man einen Überdruck erzeugen, der vor Giftgasen schützte. Zu diesem Raum gehört ein Notausgang zum Prinzregentenplatz, der mit einer schweren Eisenplatte gesichert ist. Im südlichen Bereich der Bunkeranlage befinden sich noch zwei Schutzräume für weitere Hausbewohner. Im Anschluss sind Betonbarrieren verbaut, die als Druckminderer bei Bombenabwürfen konstruiert sind. Der Bunkerbereich endet an einer Treppe zum kleinen Innenhof der Polizeidienststelle.

Über die Einrichtung wissen wir nichts, kein Dokument oder Bild gibt uns Auskunft darüber. Alliierte Truppen der US-Streitkräfte besetzten das Haus zum Kriegsende in München. Das Anwesen hatte aber keine große Bedeutung mehr, Adolf Hitler war zwar noch am Prinzregentenplatz gemeldet, hielt sich aber die letzten Jahre nicht mehr in der Wohnung auf. Im Mittelpunkt des Interesses standen der Obersalzberg und natürlich die Berliner Bauten. Man kann wohl annehmen, dass der private Bunker nur spärlich eingerichtet war, Tische und Stühle gab es bestimmt.

Die Bunkerräume dienten sicher den Hausbewohnern des Prinzregentenplatzes 16 bei den immer häufigeren Luftangriffen der Alliierten. Ende August 1942 wurde das Gebäude tatsächlich bei einem Fliegerangriff zwar nicht direkt getroffen, aber doch leicht beschädigt.

Das Wiederaufbaureferat der Landeshauptstadt München registrierte im Januar 1951 den Bunker als Luftschutzraum mit fünf Räumen und Platz für 50 Personen. Der Zustand des Luftschutzraums wurde als »gut« eingestuft. Aktuell unterhält die Stadt München 22 zivile Schutzräume für den Verteidigungsfall oder Naturkatastrophen, die in den 1980er-Jahren wieder nutzbar gemacht wurden. Der private Bunker von Adolf Hitler wird nicht mehr erwähnt.

Hitlers privates Eigentum fiel nach dem Ende der NS-Diktatur an den Freistaat – darunter auch das gesamte Gebäude am Prinzregentenplatz. Die späteren Nutzer waren nach der ersten Besetzung durch die »Rainbow Division« der US-Armee und der folgenden Übernahme durch das Landesamt für Vermögensverwaltung und Wiedergutmachung die Landpolizeidirektion Oberbayern und die Zentrale Bußgeldstelle. Nach einer umfangreichen Renovierung bezog die Polizeiinspektion 22 am

21. April 1998 das Gebäude. Keine dieser Dienststellen hat den Bunker gebraucht, niemand hat sich darum gekümmert.

Und wie gehen die Kolleginnen und Kollegen der Polizeiinspektion 22 mit »ihrem Bunker« um? Ihnen ist die Historie des Hauses und die Schrecken der Nazizeit sehr wohl bewusst, für sie ist der Prinzregentenplatz aber auch ein Arbeitsplatz, der tägliche Dienst lässt daher wenig Raum für geschichtsträchtige Gedanken. Es gilt der Grundsatz »Trivialisierung durch Nutzung« nicht nur für das Gebäude, sondern auch für den privaten Bunker. So wird erfolgreich verhindert, dass hier eine Wallfahrtsstätte für die Ewiggestrigen entsteht. Trostlosigkeit und Bedeutungslosigkeit sind heute die Attribute des Bunkers.

Dennoch stehen regelmäßig Besucher vor der Tür. Einige spezielle Reiseführer weisen darauf hin, zuweilen sind es aber auch einfach interessierte Menschen, die um die Geschichte des Hauses wissen. Die Verantwortlichen der Dienststelle lehnen Besichtigungen für Privatpersonen grundsätzlich ab, machen lediglich für publizistische oder wissenschaftliche Zwecke eine Ausnahme. Die Landeshauptstadt München führte den Titel »Hauptstadt der Bewegung« und hat zahlreiche historische Orte, die mit dem Nationalsozialismus verbunden sind. Der private Bunker von Adolf Hitler gehört nicht mehr dazu.

Angesichts der Rolle der Münchner Polizei während des Nazi-Regimes sollten sich alle Kolleginnen und Kollegen der Geschichte bewusst sein und mit ihrem Einsatz und Handeln ihren Teil dazu beitragen, dass niemand mehr einen Bunker braucht. Und wer tatsächlich Zweifel hat, dem sei ein Besuch des Münchner NS-Dokumentationszentrums empfohlen.

Text: **Johann Schmieg und Dieter Vögele**

062

EIN TISCH FÜR STUMME GÄSTE

Der Sektionstisch Nr. 1

Im Keller des Polizeipräsidiums lagert ein Tisch, dessen Herkunft und Bedeutung sich dem unbefangenen Betrachter nicht ohne Weiteres erschließt: Er ist rechteckig und besteht aus schwarzem Marmor, hat einen erhöhten Randwulst und in sich ein Gefälle, das zu einer Abflussöffnung gerichtet ist, die in einem der Schmalseiten des Tischs angebracht ist. Es handelt sich hierbei um den Sektionstisch Nummer 1 aus dem Sektionstrakt des Instituts für Rechtsmedizin an seiner früheren Adresse Frauenlobstraße 7a. Wie und warum kam er in die Ettstraße?

Als im Jahre 2007 das Institut für Rechtsmedizin der Universität in ein neues Domizil in der Nußbaumstraße 26 umzog, lagen 63 Jahre einer »behelfsmäßigen Unterbringung« hinter ihm. Ursprünglich war das Institut in den Räumen der »Alten Anatomie«, Ecke Schiller-/Pettenkoferstraße untergebracht. Am 11. Juni 1944 wurde das Gebäude durch einen Bombenangriff schwer beschädigt. Die Unterbringung der geretteten Unterlagen erfolgte zunächst in der Anatomischen Anstalt. Ein erneuter Bombenangriff vernichtete die wissenschaftliche Präparatesammlung und es erfolgte der Umzug in das Institut für Pathologie, Frauenlobstraße 7a. Dessen Gebäude stammte noch aus der Zeit des Prinzregenten Luitpold. Es ist deshalb davon auszugehen, dass auch das eingebaute Inventar, wie z. B. Sektionstische, aus dieser Zeit stammt. Während allerdings die Pathologen ihre Sektionstische aus hellem Steingut in einem großen hellen Raum hatten, fristete die Rechtsmedizin in dunklen Räumen im Erdgeschoss eines Seitenflügels ihr Dasein. Der Sektionsraum enthielt zwei starr eingebaute Sektionstische, später kam noch ein kleiner Seitenraum mit einem Metalltisch hinzu.

In den 1950er-Jahren wurden ca. 500 gerichtliche Sektionen auf den alten Tischen jährlich ausgeführt. Zu Ende der Dienstzeit von Prof. Wolfgang Laves, der bis 1969 tätig war, ging die Zahl auf ca. 330 zurück und stieg dann unter dem neuen Ordinarius Prof. Wolfgang Spann auf ca. 1 800 Fälle jährlich in den 1980er-Jahren. Gegenwärtig nimmt das Institut ca. 2 300 Obduktionen jährlich vor.

Die Besonderheit des Tisches Nummer 1 liegt darin, dass auf ihm die besonders wichtigen Sektionen vorgenommen wurden. »Besonders wichtig« bedeutet, dass an diesem Tisch der Institutschef selbst oder sein unmittelbarer Stellvertreter die Sektion leitete. Deswegen wurden hier die kriminalistisch anspruchsvollsten Fälle bearbeitet, wie z. B. die Tötungsdelikte, aber auch Verdachtsfälle auf ärztliche Kunstfehler oder die Identifizierungen unbekannter Toter. Somit verbindet sich mit Tisch Nummer 1 eine größere Zahl spektakulärer Mordfälle, die auf ihm ihre Bearbeitung und oft auch Aufklärung erlebten.

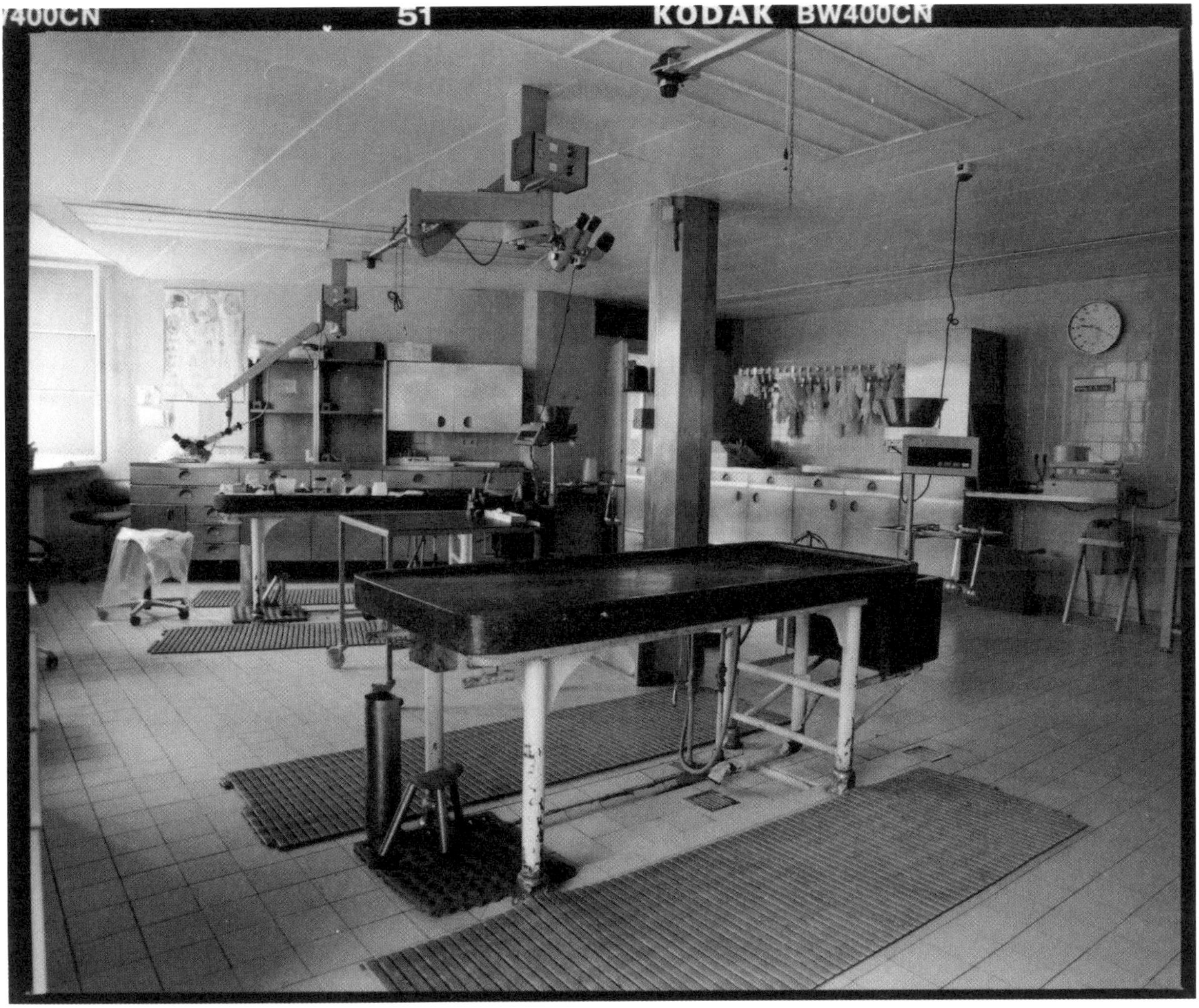

Beginnen wir mit einem der spektakulären Kriminalfälle im München der Nachkriegszeit: dem Fall Vera Brühne. Nach Ostern 1960 waren die Leichen des Arztes Dr. Otto Praun und seiner Haushälterin in Prauns Villa am Starnberger See aufgefunden worden. Die ermittelnden Beamten kamen zu der Auffassung, es handle sich um einen sogenannten erweiterten Suizid, in dem Dr. Praun zunächst seine Haushälterin und dann sich erschossen habe. Erst bei Eröffnung des Praun'schen Testamentes, laut dem eine Bekannte des Arztes ein Haus in Spanien erben sollte, äußerte der Sohn den Verdacht auf einen Mord. Die Staatsanwaltschaft beantragte daraufhin die Exhumierung und die nachfolgende Obduktion erfolgte auf Tisch 1 am 29. Oktober 1960. Professor Laves, der Institutschef, stellte fest, dass der Schädel Dr. Prauns zwei Durchschüsse aufwies, wovon einer der Polizei entgangen war. Die begünstigte Bekannte, Vera Brühne, wurde gemeinsam mit ihrem Geliebten Johann Ferbach des Verbrechens bezichtigt und beide zu lebenslanger Freiheitsstrafe verurteilt. Ferbach starb in Haft, Vera Brühne wurde nach 17 Jahren vom Ministerpräsidenten Franz Josef Strauß begnadigt. Der Fall Vera Brühne füllte über Jahre die Klatschspalten der Boulevardpresse.

Vergleichbar waren Jahre später die Tötungsdelikte an Walter Sedlmayr und Rudolph Moshammer, die ebenfalls auf Tisch Nummer 1 seziert wurden. In diesen beiden Fällen waren es nicht die Sektionsbefunde, die zur Überführung der Täter führten, sondern weiterführende kriminalistische Untersuchungen: Bei Sedlmayr die Zuordnung des als Tatwerkzeug verwendeten Hammers zum Haushalt eines der Täter und ein Fasergutachten, bei Moshammer die DNA-Analyse am Drosselwerkzeug, einem Elektrokabel.

Wie bei allen Sektionen waren die Ermittlungsbeamten bei der Arbeit der Rechtsmediziner anwesend und umstanden den Tisch. Auf dem schwarzen Marmor ist abfließendes Blut bei Weitem nicht so spektakulär, wie auf den heutigen Metalltischen oder auf weißen Steinguttischen. In den 1980er-Jahren wurde eine sogenannte Dachkamera über dem Tisch installiert, die es ermöglichte, senkrecht von oben eine Gesamtübersicht über den Leichnam zu fertigen. Das war besonders wichtig bei der Untersuchung tödlicher Verkehrsunfälle, weil sich so eine gute Einordnung der Skelett- und Weichteilverletzungen, bezogen auf die jeweilige Position des Opfers, dokumentieren ließ. Für Detailaufnahmen besonderer Befunde war diese Kamera allerdings untauglich. In seltenen Ausnahmefällen, wenn es zum Beispiel darum ging, einen wichtigen Befund ohne räumliche Verzerrungseffekte dadurch aufs Bild zu bannen, dass eine Aufnahme im rechten Winkel zum Leichnam gefertigt werden sollte, musste ein Mitarbeiter auf den Tisch steigen und sich senkrecht über den Befund positionieren. So geschah es bei der Sektion des früheren Stellvertreters von Adolf Hitler, Rudolf Heß, bei dessen Sektion ich auf den Tisch kletterte, weil der Verlauf der Strangulationsfurche im Nacken im vertikalen Strahlengang festgehalten werden musste.

In den langen Jahren der Sektionstätigkeit in der Frauenlobstraße hat der Tisch viele besondere Fälle »gesehen«: Neben den spektakulären Tötungsdelikten die große Zahl natürlicher Todesfälle, hier vor allem sogenannte Wohnungsleichen, bei denen eine Person tot aufgefunden wurde, ohne dass etwas zur medizinischen Vorgeschichte und den Ablebensumständen bekannt war. Ferner die ebenfalls große Zahl tödlicher Unfälle. Auch fragliche Suizide wurden untersucht, insbesondere wenn kein Abschiedsbrief vorlag oder es kein erkennbares Motiv gab. Die Identifizierung unbekannter Toter war ebenso eine Aufgabe. Bei Skelettfunden wurden die Knochen im anatomischen Zusammenhang auf dem Tisch drapiert und die Vollzähligkeit der Knochen überprüft. Die ganze Sektionsroutine der Münchner Rechtsmedizin lief über »den schwarzen Marmor«.

Nur einmal erlebte der Tisch einen völlig aus dem Rahmen fallenden Gast: Als der Film »Der Exorzist« ein Publikumsrenner wurde, versuchten andere Filmproduzenten auf dieser Welle zu schwimmen. Es wurden ähnliche Filme mit Gruseleffekt produziert. So wurde in unserem Sektionssaal ein Film gedreht, bei dem eine auf dem Tisch liegende Leiche plötzlich wieder Lebenszeichen zeigen sollte. Eine Komparsin, ein junges, gut proportioniertes Model, musste sich dazu nackt auf den Tisch legen. An ihren rückwärtigen Auflagestellen wurden kleine, nicht sichtbare Polster unterlegt, um die Kälte des Marmors nicht in direkten Kontakt mit dem Körper kommen zu lassen. Da hat es sogar mich geschaudert in Gedanken daran, was sonst alles auf diesem Tisch lag.

Zurück zum Jahre 2007: Als der Umzug ins neue Institut erfolgte, war klar, dass die alten Sektionsräume ausgedient hatten und einem anderen Zweck zugeführt werden sollten. Da kam aus Kreisen der »Todesermittler« und der Mordkommissionen die Idee, doch diesen Tisch für ein späteres Kriminalmuseum zu asservieren. Bis allerdings ein endgültiger Verbleib gesichert war, wurde der Tisch in den Kellern der Ettstraße zwischengelagert und hier wartet er nun bis heute auf seinen endgültigen Standort.

Text: **Prof. Dr. Wolfgang Eisenmenger**

»ZU GAST« IN DER GeSa

Die Gefangenensammelstelle

Wenn durch die Polizei eine Vielzahl von Personen festgenommen wird, dann werden Ronden (siehe Foto) benötigt. Ronden sind kleine Metallscheiben, die mit Nummern und einer Lochung versehen wurden. Diese werden im Falle einer Massenfestnahme, wenn sich die Personalien der Festgenommenen nicht sofort feststellen lassen, zum Ausschluss einer Verwechslung mittels eines Kabelbinders am Handgelenk befestigt.

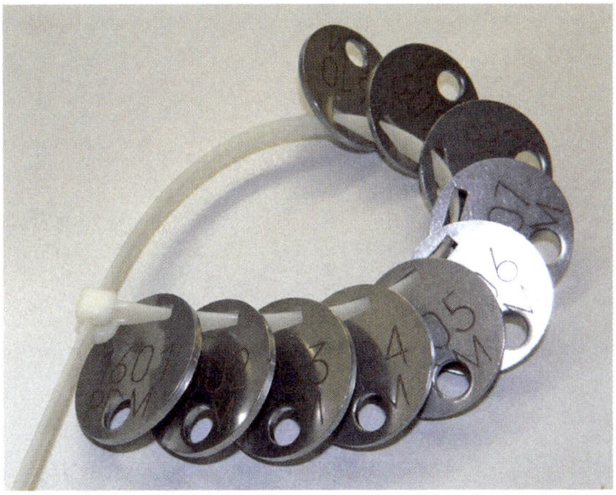

Wozu gibt es Gefangenensammelstellen bei der Polizei?
Die Polizei steht bei jeder größeren Veranstaltungslage vor der logistischen Herausforderung, unter Umständen eine hohe Anzahl festgenommener Personen der kriminalpolizeilichen Sachbearbeitung zuzuführen. Und das möchte sie möglichst schnell und effektiv bewerkstelligen, um niemandem länger als unbedingt erforderlich seine Freiheit zu entziehen.

Wie viele Gefangenensammelstellen gibt es beim Polizeipräsidium München?
Das Polizeipräsidium München unterhält mehrere Gefangenensammelstellen: Eine im Präsidium selbst, jeweils eine in der Allianz Arena, im Olympiastadion, im Grünwalder Stadion, im Sportpark Unterhaching und als Besonderheit sogar mobile Gefangenensammelstellen bei besonderen Einsatzlagen.

Was geschieht in einer Gefangenensammelstelle?
Primäres Ziel ist es, möglichst schnell zu klären, ob die Person verdächtig ist, eine Straftat begangen zu haben und welche Beweise hierfür zur Zeit der Aufnahme vorliegen oder noch eingeholt werden müssen. Daher schließt sich an die Feststellung der Personalien und des Sachverhaltes oftmals die Sicherstellung von Beweismitteln an, um diese in einem späteren Strafverfahren der Staatsanwaltschaft und dem Gericht vorlegen zu können.

Sobald die erforderlichen kriminalpolizeilichen Maßnahmen, wie z. B. eine Vernehmung der Person abgeschlossen sind, wird durch Beamte der Kriminalpolizei geprüft, ob weiterhin eine Rechtsgrundlage für die Fortdauer der Freiheitsentziehung besteht.

Kann die festgenommene Person nicht entlassen werden, wird sie in die Haftanstalt des Polizeipräsidiums verbracht. Von dort erfolgt dann eine Vorführung vor den Ermittlungsrichter, der letztendlich über den weiteren Verbleib der Person entscheidet.

Gibt es außerpolizeiliche Kontrollmechanismen?
Im Jahr 2015, vor dem G7-Gipfel, wurde die Münchner GeSa einem Besuch der »Nationalen Stelle zur Verhütung von Folter« unterzogen. Im Rahmen dieser Besuche wird üblicherweise geprüft, ob die Standards der Nationalen Stelle eingehalten werden: Diese sind unter anderem neben den rechtlich erforderlichen Belehrungen der Festgenommenen auch die Temperatur- und Lichtverhältnisse, die Möglichkeit zur Toilettenbenutzung und weitere Kriterien für Haftbedingungen, die die Menschenwürde der Festgenommenen wahren. So wird in der GeSa z. B. obligatorisch eine ärztliche Untersuchung des Festgenommenen in die Wege geleitet, sobald sich Anzeichen für eine Verletzung oder Krankheit zeigen.

Was ist eine »mobile Gefangenensammelstelle«?
Aufnahmetrupps aus Beamten der Schutz- und Kriminalpolizei befinden sich entlang eines Aufzugsweges, sodass einfach gelagerte Sachverhalte oftmals unmittelbar vor Ort aufgenommen werden können. Dies bietet zunächst der Kriminalpolizei den Vorteil, dass unmittelbar nach Begehung einer Straftat, beispielsweise eines Körperverletzungsdelikts, noch alle Beteiligten vor Ort sind. Aber vor allem lassen sich hierdurch für Personen, die eine Ordnungswidrigkeit und keine Straftat begangen haben, längere Aufenthalte in einer stationären GeSa durch eine Personalienfeststellung vor Ort zumeist vermeiden. Durch diese taktische Maßnahme werden Personen im geringsten möglichen Maß in ihrer Freiheit eingeschränkt.

Text: **Dieter Mutz**

064

NUR EIN KLEINER LACKSPLITTER

Die Unfallfluchtfahndung

Freitag, 29. November 2013, 23:00 Uhr
Nach einem fröhlichen Schwimmbadbesuch wollte die 36-jährige Marta zusammen mit ihrem 8-jährigen Sohn Felix noch eine Kleinigkeit in einem Schnellrestaurant essen. Ihr Sohn saß auf dem Rücksitz, als sie auf der Landsberger Straße in München auf dem linken Fahrstreifen anhielt, um auf den Parkplatz abzubiegen.

Sie wartete noch den Gegenverkehr ab, als sie von hinten grelle Scheinwerferlichter im Rückspiegel wahrnahm. Ihr Fahrzeug wurde derart gerammt, dass sie regelrecht in den Gegenverkehr katapultiert wurde. Noch während des Rutschvorgangs wusste sie, dass es keine Möglichkeit des Ausweichens gab. Der Gegenverkehr knallte mit voller Wucht in die rechte Seite ihres Autos. Es erschien ihr wie eine Ewigkeit, bis ihr Fahrzeug wieder zum Stehen kam. Ihre einzige Sorge galt ihrem Sohn. Ein ängstlicher Blick nach hinten. Ihr Sohn hing regungslos im Gurt. Sie konnte nur noch schreien: »Holt mein Kind aus dem Auto!«

Der Unfallverursacher raste mit stark beschädigtem Fahrzeug davon. Mehrere Zeugen beobachteten den Unfall. Sie waren derart schockiert, dass keiner auf das Kennzeichen achtete. Es lag nur die vage Beschreibung eines dunklen Kombis vor. Eventuell begann das Kennzeichen mit dem Buchstaben F.

Die Maschinerie lief an. Polizei, Feuerwehr, Rettungsdienst, Notarzt, ein Blaulichtmeer an der Unfallstelle. Felix verletzte sich schwer am Kopf und an der Wirbelsäule. Der Notarzt kämpfte um sein Leben. Vor Sorge um ihren Sohn bemerkte Marta ihre eigenen schweren inneren Verletzungen nicht. Auch die Insassen im Fahrzeug des Gegenverkehrs verletzten sich schwer.

Das Münchner Unfallkommando verständigte noch während der Aufnahme des Verkehrsunfalles die Unfallfluchtfahndung. Bei der akribischen Spurensuche in den Unfalltrümmern, die zudem durch starken Regen erschwert wurde, fanden sich zahlreiche Plastikteile und ein kleiner Lacksplitter. Auch über verschiedene Medien wurde intensiv nach dem Flüchtigen gefahndet, jedoch ohne Erfolg.

Samstag, 30. November 2013, 08:00 Uhr
Weitere verständigte Ermittler der Unfallfluchtfahndung werteten die an der Unfallstelle gefundenen Teile aus. Ein Puzzle aus vielen verschiedenen Teilen. Es kristallisierte sich heraus, dass ein kleiner Lacksplitter vom Fluchtfahrzeug stammen musste. Sofort wurde der Splitter zum Bayerischen Lan-

deskriminalamt verbracht. Experten werteten diesen Splitter aus. Um 16:30 Uhr kam das Ergebnis. Ein Volvo V70, Baujahr 2000-2004 mit der Farbbezeichnung Kosmos-Blau-Metallic – ein erster entscheidender Hinweis. Mit der zusätzlichen Erkenntnis, dass das Kennzeichen mit dem Buchstaben F beginnen könnte, forderten die Fahnder über das Kraftfahrt-Bundesamt alle in Frage kommenden Fahrzeuge der mit »F« beginnenden, angrenzenden Landkreise FFB für Fürstenfeldbruck und FS für Freising an.

Sonntag, 01.12.2013, 08:00 Uhr

Die Fahndung geht weiter. Aufgrund der Öffentlichkeitsfahndung mit den neuen Erkenntnissen teilten aufmerksame Bürger mehrere beschädigte blaue Volvo V70 mit. Nach sofortiger Überprüfung der Fahrzeuge jeweils die Ernüchterung. Das gesuchte Fahrzeug ist nicht dabei. Die Anfrage beim Kraftfahrt-Bundesamt ergab eine Trefferzahl von 187 blauen Volvos dieser Baureihe. Leider eine hohe Zahl.

Ein Zeuge meldete sich am Nachmittag bei der Polizei. Dieser kam erst 15 Minuten nach dem Unfall an der Unfallstelle vorbei. Ihm fiel ein an der Front stark beschädigter dunkler Volvo auf, der hinter ihm fuhr und dann plötzlich wendete. Kam der Unfallflüchtige zur Unfallstelle zurück und fuhr dann wieder davon?

Montag, 02.12.2013, 07:00 Uhr
Mittlerweile arbeitet eine neunköpfige Ermittlungsgruppe mit dem Namen »Felix« an der Aufklärung der Unfallflucht. Eine gute Nachricht kam aus dem Krankenhaus: Felix ist außer Lebensgefahr.

Anhand der Fahrgestellnummer werteten die Fahnder die genaue Farbbezeichnung der 187 Fahrzeuge aus. Im Landkreis Fürstenfeldbruck gab es zwei Fahrzeuge in Kosmos-Blau-Metallic, im Landkreis Freising vier Fahrzeuge. Mehrere Teams fuhren zu den jeweiligen Adressen.

Um 11:50 Uhr die erlösende Nachricht: das Tatfahrzeug konnte durch ein Team der Fluchtfahndung aufgefunden werden, es steht in einer Garage in Fürstenfeldbruck. Die massiven Beschädigungen waren mit großen Kartons abgedeckt. Gegen 13:30 Uhr konnte der Fahrzeughalter in der Arbeit erreicht werden. Mit weinerlicher Stimme gestand er, dass er der gesuchte Fahrer sei. Angeblich habe er die Tragweite des Unfalles nicht erkannt und sei nur von einem Sachschaden ausgegangen. In den Augen der Fahnder eine fadenscheinige Ausrede. Mit Hilfe eines Gutachters wurde der Unfall nachgestellt. Hier wurde schnell klar, dass Felix mehrere Schutzengel hatte. Es waren nur wenige Millimeter, die ihn vor einer Querschnittslähmung oder noch Schlimmerem bewahrten.

Im Handschuhfach des Volvos fand sich noch ein fast leerer Flachmann mit Schnapsresten.

Die Ermittlungen ergaben weiter, dass der Unfallflüchtige tatsächlich nochmals an der Unfallstelle vorbeifuhr. Zu dieser Zeit kämpfte der Notarzt um das Leben von Felix.

Ein Gericht verurteilte den Fahrer zu 8 Monaten Freiheitsstrafe auf Bewährung und zu 20 Monaten Führerscheinentzug.

Felix und seine Mutter, sowie die Insassen im Fahrzeug des Gegenverkehrs, wurden wieder ganz gesund.

Es war nur ein kleiner Lacksplitter, der nach nur 60 Stunden zu Tatfahrzeug und Täter führte.

Die Arbeit hat sich gelohnt.

Text: **Andreas Fricke**

DIE EINBRECHERJÄGER

Das Kriminalfachdezernat 5

Das liebevoll an der Tür drapierte Schild mit der Schrift »home sweet home« hängt schief. Hebelspuren am Türrahmen, ein verbogenes Schließblech, Chaos in der Wohnung. Bereits auf den ersten Blick lässt sich feststellen: Hier wurde eingebrochen.

Das Eindringen von Fremden in die eigene Wohnung oder das eigene Haus – einen besonders geschützten Bereich, einen Rückzugsraum – ist ein Horrorszenario. Ausgeleerte Schubladen, durchwühlte Schränke sind der Beleg für die massive Verletzung der Privatsphäre. Der Schaden geht oft über den materiellen Verlust hinaus. Nicht selten gehen mit dem Einbruch auch sehr viele persönliche Erinnerungen verloren – diesen Schaden kann keine Versicherung ersetzen.

Die Tür ist repariert und die Schubladen wieder eingeräumt, dennoch ist nichts wie es war. Das Erlebte macht vielen Betroffenen auch einige Zeit später noch zu schaffen. Experten sprechen von 5-10 Prozent der Einbruchsopfer, die nach der Tat professionelle Unterstützung benötigen, um das erlittene Trauma bewältigen zu können. Schlaflosigkeit, Ängste und Alpträume sind keine Seltenheit.

Grund genug für die Polizei, mit allen möglichen Ressourcen gegen Einbrecher vorzugehen.

Wer die Münchner Einbrecherjäger treffen will, muss nach Schwabing – in die Winzererstraße 54. Wären nicht die Haltverbotszeichen mit dem Hinweis »Einsatzfahrzeuge frei«, so würde man auf den ersten Blick nicht vermuten, dass hinter diesen Türen Kriminalbeamte täglich versuchen, den Einbrechern in München das Handwerk zu legen. Der Aufdruck des Türschildes verrät, dass hier das Kriminalfachdezernat 5 mit seinen fünf Kommissariaten untergebracht ist. Insgesamt rund 100 Kriminalbeamte der Münchner Polizei sind bei dieser Dienststelle für Delikte im Zusammenhang mit Kfz- und Einbruchskriminalität zuständig. Immer wenn es in der Stadt bzw. dem Landkreis München zu einem Einbruch kommt oder ein Auto verschwindet, werden die Ermittlungen von hier geführt.

Aber was passiert da genau? Was macht die Polizei eigentlich, wenn eingebrochen wurde? Und: Kommt dabei was raus?

Aber der Reihe nach. Nachdem die Polizei über einen Einbruch informiert wurde, werden zunächst uniformierte Streifenbeamte zum Tatort geschickt. Sie klären, was genau passiert ist, befragen Zeugen und stellen Beweismittel fest. Sofern die Tat erst kürzlich passiert ist, leiten sie unverzüglich Fahn-

dungsmaßnahmen ein und koordinieren die ersten Maßnahmen. Beamte des Kriminaldauerdienstes, kurz KDD, übernehmen dann die ersten weiteren kriminalpolizeilichen Ermittlungen und versuchen erste Hinweise auf den Täter zu erlangen. Und da bei Einbrüchen meist auch Spuren hinterlassen werden, kommen Spezialisten der Spurensicherung hinzu. Sie sind Experten für das Aufspüren, Sichern und Auswerten jedes noch so kleinen Details. Neben dem aus vielen Krimis bekannten »Abpinseln« von Türen, werden ebenso Hautschuppen oder Haare gesichert und Hebelspuren mit spezieller Formmasse asserviert. Sind diese Maßnahmen vor Ort abgeschlossen, übernehmen die Beamten des Kriminalfachdezernats 5 den Fall.

Bevor die Unterlagen von den Kollegen des Streifendienstes bzw. des Kriminaldauerdienstes hier eintreffen, kennt man die Eckdaten bereits und die ersten Ermittlungen wurden bereits veranlasst. Täglich werden hier Ereignisse des Vortages bzw. der Nacht analysiert und ausgewertet. Sobald die weiteren Daten aus der Aufnahme vor Ort vorliegen, widmet sich ein Sachbearbeiter dem Einbruch im Detail. Die erfahrenen Kriminalbeamten prüfen jede Tat genau, sichten Spuren und bewerten Zeugenbeobachtungen: Gibt es Zusammenhänge? Wie ist die Handschrift des Täters oder hat er einen Fehler begangen, der ihn enttarnt?

Auch wenn es für die Betroffenen oder Außenstehende zunächst nicht sehr Erfolg versprechend aussieht und man vermutet, die Täter seien mit der Beute über alle Berge, ist dies kein Grund aufzugeben – im Gegenteil. Die Ermittler schöpfen alle rechtlich zulässigen Maßnahmen aus, um den Tätern auf die Spur zu kommen. Es werden Anwohner befragt und Überwachungskameras überprüft. Aber auch die Online-Recherche, z. B. bei Auktions- oder Verkaufsportalen, gehört dazu. Wollte jemand die teure Uhr im Internet verkaufen?

Der »Werkzeugkasten« der Ermittler ist gut gefüllt – auch wenn nicht alle Möglichkeiten preisgegeben werden dürfen – eines ist sicher: Die Münchner Kriminalpolizei setzt alles daran, jeden einzelnen Einbruch aufzuklären. Oft gehen Tage und Wochen vorbei – Ermittlungsarbeit ist aufwendig und zeitintensiv. Aber die Münchner Kriminaler haben sicher den längeren Atem und in vielen Fällen klicken auch die Handschellen. So wie es z .B. in einer Einbruchsserie in München im Jahr 2018 der Fall war. Eine Tätergruppierung war gut organisiert und ging arbeitsteilig vor. Sie drang in rund 30 Wohnungen ein und machte teilweise beträchtliche Beute. In Wien gelang dann schließlich die Festnahme, nachdem die österreichischen Kollegen sie durch entscheidende Hinweise aus München »in flagranti« ertappten. Zusammenarbeit über Landesgrenzen hinweg ist übrigens keine Seltenheit, sondern gehört zur täglichen Routine – gemeinsam mit den Polizeien anderer Länder, quasi »Schulter an Schulter«, versucht man den Tätern auf die Spur zu kommen.

Zum Schluss noch eine Herzensangelegenheit: Helfen Sie uns, Einbrechern auch künftig das Handwerk zu legen, und berücksichtigen Sie folgende Tipps:

- Ihnen ist etwas Verdächtiges aufgefallen, z. B. eine dunkle Gestalt, die nicht in diese Gegend passt? Rufen Sie bitte sofort die »110«! Jeder noch so »kleine« Hinweis kann uns helfen, eine Tat zu verhindern bzw. aufzuklären! Und seien Sie sicher: Niemand wird bei einem »falschen Alarm« böse sein oder Kosten geltend machen – sofern Sie sich aus dem Anruf keinen Scherz gemacht haben. Sie dürfen sich gerne auf das hier Gedruckte beziehen!
- Machen Sie es Einbrechern schwer! Rund 50 Prozent der Einbrüche enden im Versuch, weil die Täter es nicht schnell genug schaffen, in das Objekt einzudringen. Erfahrungen zeigen, dass Täter nach spätestens 2 bis 5 Minuten abbrechen und fliehen. Sperren Sie immer ab und lassen Sie keine Fenster offen. Sichern Sie zudem ihre Fenster und Türen. Wie? Die kriminalpolizeiliche Beratungsstelle des Polizeipräsidiums München informiert zu allen Aspekten rund um den Einbruchschutz – gerne auch vor Ort im persönlichen Gespräch. Selbstverständlich kostenlos, aber keinesfalls umsonst!
- Bei Ihnen wurde eingebrochen? Angst, Unsicherheit, Schlaflosigkeit und Alpträume haben sich eingestellt? Reaktionen des Körpers auf diesen Angriff sind normal – aber lassen Sie sich helfen! Sprechen Sie mit Freunden über ihre Situation. Nutzen Sie bitte ggf. auch die Unterstützung von Opferschutzvereinen. Auskunft bekommen Sie hierzu von jeder Polizeidienststelle oder dem kriminalpolizeilichen Sachbearbeiter. Fragen Sie nach!

Text: **Benedikt Schmucker**

066

EIN HOFTOR UND SEINE ZEICHEN

Die Löwen in der Ettstraße

Zwei prächtige Löwen empfangen einen, wenn man von der Neuhauser Straße zum Polizeipräsidium kommt. Sie sitzen mit angewinkelten, jederzeit sprungbereiten Hinterläufen hoch oben auf Pfeilern, blecken die Zähne und haben die Tatzen erhoben. Sie sind einsatzbereit. So wird auch dem letzten Passanten deutlich, dass die Münchner Polizei bereits mit ihrem äußerem Erscheinungsbild maßgeblich für Sicherheit einsteht.

Geschaffen hat die beiden Tiere der Bildhauer Prof. Bernhard Bleeker 1913 auf den ausdrücklichen Wunsch des Architekten hin, das Haupttor weithin deutlich und erkennbar zu gestalten.

Der Löwe hat lange Tradition als Symboltier. Als König der Tiere ziert er zahllose Wappen und in Stein gemeißelt oder in Bronze gegossen zahllose Orte. Er steht sinnbildlich für Klugheit, Gerechtigkeit, Stärke und Mäßigung ein. Die vier Kardinalstugenden des Löwen lassen sich auf das Leitbild der Polizei übertragen. Als Exekutive muss die Polizei nicht nur klug sein (PRUDENTIA), um die Bevölkerung geschickt und bedacht durch gute wie schlecht Zeiten lenken zu können, sondern auch vollumfassend gerecht (IUSTITIA) jegliche Unwahrheiten beleuchten. Zudem hat sie stark und unerschütterlich zu ein, um die Stadt verteidigen zu können (FORTITUDO) und nicht zuletzt muss sie maßvoll sein (TEMPERANTIA), für ein Wissen, wann welche Entscheidung getroffen werden soll.

Die Löwen der Ettstraße sind heute nicht nur den »Tatort«-Fans ein Begriff, untermalen sie doch immer wieder die Geschäftigkeit der Kommissare Batic und Leitmayr, wenn sie professionellen Schrittes den Weg in ihr Büro suchen. Sie sind vor allem Wächter der Tugenden, die ein würdiger Herrscher mit sich bringen sollte.

Text: **Alessa Quintes**

2
Ettstr.
Polizeipräsidium

067

GEGEN DIE WEGSCHAU-MENTALITÄT

Die Sicherheitswacht

Mit blauen Baseballkappen, Polohemden und Einsatzjacken bekleidete, couragierte Frauen und Männer verschiedenen Alters streifen seit 1995 zu Fuß durch einige Münchner Stadtviertel. Der aufmerksame Beobachter bemerkt in Brusthöhe den Schriftzug »Sicherheitswacht« und auf den Ärmeln das Wappen des Freistaats Bayern.

Der Gedanke, die Innere Sicherheit als eine gesamtgesellschaftliche Aufgabe zu sehen, die auf die Mitwirkung und das Engagement der Bürger angewiesen ist, beschreibt die Philosophie der Sicherheitswacht. Deren Angehörige unterstützten die Polizei und tragen zur Verbesserung der Sicherheitslage bei. Die Sicherheitswacht soll der Polizei keine Aufgaben abnehmen, sondern deren Arbeit ergänzen und Brücken zur Bevölkerung schlagen. Gesellschaftspolitisch soll eine »Kultur des Hinschauens« gepflegt und der »Wegschau-Mentalität« entgegengewirkt werden.

Die Bayerische Staatsregierung schuf mit dem Sicherheitswachterprobungsgesetz zum 1. Januar 1994 die rechtliche Grundlage für das Pilotprojekt Bayerische Sicherheitswacht. Der dreijährige Modellversuch in den Städten Nürnberg, Ingolstadt und Deggendorf verlief erfolgreich. Daraufhin trat am 31. Dezember 1996 das Sicherheitswachtgesetz (SWG) in Kraft.

Im Laufe der Jahre etablierte sich die Sicherheitswacht als zusätzliches Instrument der Inneren Sicherheit und entwickelte sich zu einem festen Bestandteil der bayerischen Sicherheitspolitik. Im Jahr 2010 beschloss der Bayerische Ministerrat die flächendeckende Ausweitung und personelle Erweiterung der Sicherheitswacht auf rund 1 500 Angehörige in ganz Bayern.

In München begann die Einrichtung von Sicherheitswachten im Jahr 1995 in den Stadtteilen Schwabing, Perlach, Olympiapark und Milbertshofen. Heute unterhält die Münchner Polizei insgesamt neun Sicherheitswachten, neben den bereits genannten auch in Haar, Neuhausen, Ottobrunn, Unterhaching, Perlach und Sendling.

Bewerben können sich Frauen und Männer, die mindestens 18 Jahre und höchstens 62 Jahre alt sind, die Gewähr bieten, jederzeit für die freiheitlich demokratische Grundordnung einzutreten, eine abgeschlossene Berufs- oder Schulausbildung haben, Zuverlässigkeit und Verantwortungsbereitschaft bewiesen haben, den gesundheitlichen Anforderungen des Außendienstes gewachsen sind und einen guten Ruf besitzen. Monatlich leisten die Angehörigen der Sicherheitswacht mindestens 5 und maximal 25 Stunden, im maximalen Verwendungsdienstalter 67.

SICHERHEITSWACHT
Sicherheitswacht
POLIZEI
POLI

In einer fünfwöchigen Grundausbildung mit 40 Unterrichtseinheiten in den Bereichen Strafrecht, Ordnungs- und Sicherheitsrecht, Eingriffsrechte, Einschreitverhalten und Eigensicherung erhalten die Angehörigen der Sicherheitswacht Handlungssicherheit. Ein mündliches Prüfungsgespräch vor einer Kommission, bestehend aus erfahrenen Polizeibeamten, bildet den Abschluss der Ausbildung. Regelmäßig Schulungen zu verschiedenen Themen ergänzen die Basisausbildung. Der Freistaat finanziert und rüstet die Sicherheitswacht aus.

Für den grundsätzlich ehrenamtlichen Dienst gewährt der Freistaat Bayern eine stündliche Aufwandsentschädigung von 8 Euro, begrenzt auf monatlich 25 Stunden.

Im Streifendienst erkennen die Bürger die Sicherheitswacht an den blauen Einsatzjacken, den Baseballkappen und blauen Polohemden mit dem Wappen des Freistaats Bayern an den linken Ärmeln und dem Schriftzug »Sicherheitswacht« auf der linken Körperseite in Brusthöhe. Ein Dienstausweis des Freistaats Bayern und eine gelbe Warnweste ergänzen die Ausrüstung.

Viele Bürger wünschen sich an manchen Orten mehr Präsenz zur Erhöhung des Sicherheitsgefühls. Das Spektrum dieser Örtlichkeiten reicht von öffentlichen Parkanlagen, dem Umfeld von Asylbewerberunterkünften, Bereichen, in denen es zu Ordnungsstörungen, Schmierereien oder Vandalismus kommt bis hin zu Orten, an denen sich problematische soziale Randgruppen aufhalten.

Erfahrene Polizeibeamte der jeweiligen Inspektionen entscheiden nach Auswertung der aktuellen Sicherheitslage, wo und zu welchen Zeiten die Sicherheitswacht auf Streife geht. Der Dienst der Sicherheitswacht beginnt und endet mit der Anmeldung bzw. Abmeldung beim Dienstgruppenleiter ihrer Polizeiinspektion. Unter dem Motto »Hinschauen statt Wegschauen« zeigt die Sicherheitswacht aktive Straßenpräsenz durch Fußstreifen, pflegt Kontakte zur Bevölkerung und verhindert Ordnungsstörungen. Bei entsprechenden Feststellungen verständigt ein kurzer Funkspruch oder ein Handyanruf die örtliche Polizeiinspektion. Zur Eigensicherung tragen die Angehörigen der Sicherheitswacht ein Pfefferspray bei sich. Handschellen, Schlagstöcke oder Schusswaffen gehören nicht zur Ausrüstung. Nur in Ausnahmefällen greifen die Sicherheitswachtangehörigen selbst ein, zum Beispiel wenn dies zur Hilfe für einen Bürger dringend notwendig ist oder zur Festnahme von Straftätern auf frischer Tat.

Wie alle Bürger dürfen auch die Angehörigen der Sicherheitswacht die sogenannten »Jedermannsrechte« in Anspruch nehmen. Sie dürfen Straftäter auf frischer Tat bis zum Eintreffen der Polizei festhalten und die Rechte auf Notwehr und Nothilfe nutzen. Darüber hinaus dürfen zur Gefahrenabwehr nach dem Sicherheitswachtgesetz Personen angehalten, befragt, deren Personalien festgestellt, Platzverweise erteilt und personenbezogene Daten an die Polizei übermittelt werden.

Die Sicherheitswacht kostet der Polizei keine Stellen und kein Personal!

Text: **Robert Rieger**

AUS DEM LEBEN DES »FIDELIO«

Das Polizeipferd

Mein Name ist »Fidelio«. Ich bin ein 12-jähriger schwarzer Wallach und ein echtes Polizeipferd. Ich würde dir gerne von meiner Ausbildung und meinem Alltag als Polizeipferd erzählen.

06:00 Uhr morgens, München-Riem, Stallungen der Reiterstaffel München

Die ersten Sonnenstrahlen scheinen schon durch die Oberlichter in den hellen und geräumigen Stall. Die Spatzen und die Schwalben verkünden den nahen Tagesanbruch, während die erfahrenen Dienstkatzen »Momo« und »Mogli« und auch die jungen »Mona« und »Lisa« von ihren nächtlichen Streifzügen heimkommen und es sich im Strohlager gemütlich machen. Schnurrend kuscheln sie sich eng zusammen und erholen sich von der anstrengenden Mäusejagd.

Endlich kündigt lautes Wiehern den ersten Pferdepfleger an, der mit dem Futterwagen das Frühstück bringt. Nach und nach erhält jeder meiner 39 Pferdekollegen sein individuell abgestimmtes Frühstück, das aus Hafer und Müsli besteht. Anschließend wird uns Heu gefüttert, welches unser Hauptnahrungsmittel ist.

Ich erinnere mich noch gut, wie ich zur Polizei kam. Ich wurde im Jahr 2006 geboren, bin ein Schweizer Warmblut und komme vom Hofgut Albführen. Mein Vater ist der bekannte Dressurhengst »Stedinger«. Als ich 3 Jahre alt war, wurde ich nach München-Riem zum dortigen bayerischen Zuchtverband gebracht, um dort als Reitpferd verkauft zu werden. Ich wurde auch der Reiterstaffel angeboten, da ich durch meine imposante Größe von damals 175 cm Stockmaß als Polizeipferd bestens geeignet erschien. Die Reitlehrer der Reiterstaffel begutachteten mich genau und ritten mich mehrmals Probe. Ich durfte mir in den folgenden Tagen allerhand bunte, knisternde, rollende, flatternde und raschelnde Dingen anschauen, die ich allesamt neugierig begutachtete. Dass ich keine Angst davor hatte, überzeugte die Polizisten und ein Tierarzt bestätigte schlussendlich meine »Polizeidiensttauglichkeit«, da ich körperlich topfit war. So zog ich im Jahr 2009 in die Stallungen der Polizeireiterstaffel in München ein und meine Ausbildung begann. So war das damals.

07:30 Uhr

Ich höre eine bekannte Stimme und strecke neugierig meinen Kopf aus der Box auf die Stallgasse. Tatsächlich kommt meine Reiterin und gibt mir zur Begrüßung ein Stück Apfel. So darf der Tag gerne

beginnen. Ich bin schon ganz gespannt, was wir heute unternehmen. Ist es eine Streife im Englischen Garten oder in einem der Landkreisgebiete von München? Reiten wir an der Isar oder gehen wir in den Einsatz an der Allianz Arena oder dem Olympiagelände? Vielleicht steht aber auch Training mit anderen Pferden auf dem Plan oder Springgymnastik? Egal, wie der Tag ausschaut, zunächst bekomme ich erst einmal ausgiebige Fellpflege. Schließlich muss gerade ich als Polizeipferd immer top gepflegt sein. Mähne, Schweif, Fell, Hufe, Nüstern, Augen. Überall putzt und striegelt mich meine Reiterin, während ich die Zeit der angenehmen Massage in der Sonne genieße. Schließlich werde ich gesattelt. Zusammen mit einem Streifenkollegen führt mich meine Reiterin in den Lkw. Ich bin schon gespannt, wohin die Reise heute geht.

Ich erinnere mich noch gut, wie ich in den ersten Tagen mein neues Zuhause erkundet habe. Es ist ein im Jahr 1938 erbauter Stall in Hufeisenform neben der ehemaligen Olympiareitanlage. In der Mitte der Anlage befindet sich eine ovale Reitbahn, auf der wir bei jedem Wetter geritten werden.

Außerdem haben wir eine Reithalle (20 x 40 m) und eine überdachte Führanlage, in der wir zu sechst laufen können. Dazu kommen noch mehrere Sandpaddocks und Koppeln. Auf der benachbarten Reitanlage des Bay. Reit- und Fahrverbandes können wir zusätzlich einzelne Reitplätze benutzen. Unmittelbar an unser Areal grenzt ein weitläufiges Ausreitgelände mit Wiesen und Feldern. Das ist für uns besonders wichtig, weil wir uns dort durch die unterschiedlichen Eindrücke auf unsere späteren Streifen vorbereiten können. Für die Polizisten gibt es Büros, Umkleideräume und einen Sportraum.

Ich lernte nach und nach alle Pferdepfleger kennen, die für meine Fütterung und die Boxenpflege zuständig sind. Außerdem bringen sie mich auf die Koppel oder in die Führanlage oder sie helfen beim Beschlagen meiner Hufe mit. Eine Pferdewirtschaftsmeisterin leitet den Stall und überwacht unsere Gesundheit, die Fütterung und den Zustand unserer Hufe. Eine Sattlerin passte mir meinen eigenen Sattel an und kontrolliert regelmäßig, mindestens dreimal im Jahr, dessen Passform. In regelmäßigen Abständen dürfen wir für einige Wochen in den Erholungsurlaub auf eine große Grasweide in Niederbayern.

Kurz nach dem Einzug bekam ich ein Namensschild an meine Box. Ich hieß seit diesem Zeitpunkt »Fidelio«. Den Namen haben sich die Polizisten für mich ausgedacht. Aus Tradition erhalten wir einen dienstlichen Namen, der aufgrund seines Anfangsbuchstabens das Geburtsjahr und somit das Alter verrät. So bekamen meine Kollegen, die im Jahr 2001 geboren wurden, einen Namen, der mit »A« beginnt. Ist er dagegen im Jahr 2002 geboren, beginnt der Name mit »B«. Weil ich im Jahr 2006 geboren wurde, beginnt mein Name mit »F«.

In den nächsten Wochen wurde ich weiter ausgebildet. Da ich gerade erst drei Jahre alt und noch lange nicht voll ausgewachsen und belastbar war, wurde ich natürlich nicht jeden Tag geritten. Auf meinem Trainingsplan standen deswegen auch das Laufen in der Führanlage, Koppelgänge, Longieren oder Laufenlassen. Ich lernte jeden Tag etwas Neues dazu und wurde immer mehr optischen und akustischen Reizen ausgesetzt. Ich hatte es zu tun mit Trommeln, Blasmusik, knisternden Planen und Plastikflaschen, Böllern usw. Dabei wurde ich von meinen Ausbildern immer viel gelobt und niemals bestraft, wenn ich etwas auf Anhieb nicht konnte.

Im Laufe der kommenden Monate folgten dann auch die ersten kleinen Ausritte bis hin zur ersten Streife. Dazu wurden natürlich Streifengebiete ausgewählt, in denen nicht viel los ist. Außerdem war an meiner Seite immer ein erfahrener Pferdekollege. Geritten wurde ich dabei anfänglich nur von einem Reitausbilder. Die Ausbildung eines Polizeipferdes endet quasi nie, denn jede Situation, jeder Tag und jede Begebenheit kann neu und anders sein.

08:30 Uhr

Die Klappe am Lkw wird heruntergefahren und ich erkenne, wo wir heute reiten: der Englische Garten. Hier sind wir oft eingesetzt, während des ganzen Jahres, um genau zu sein. Wir sind Ansprechpartner für die Besucher und passen auf, dass sich jeder an die Regeln hält. Einige Schlitzohren gibt es hier schon und die erwischen wir natürlich (fast) alle. Also raus aus dem Lkw und rein in den Englischen Garten. Mit seinen 375 ha ist er der größte innerstädtische Park der Welt. Jährlich besuchen ihn bis zu 3,5 Mio. Besucher. Drei Stunden reiten wir hier heute. Es geht gleich mal auf den Reitwegen im Galopp zur Gaststätte »Aumeister« und zurück, schließlich brauche ich für meine Gesundheit regelmäßig viel Bewegung an der frischen Luft. Auf dem Rückweg zum Lkw erwischen wir einige Parksünder, denen meine Reiterin einen Strafzettel verpasst. Dabei überholt uns eine Radfahrerin mit Handy am Ohr. Auch die bekommt eine Verwarnung. So geht's ja wirklich nicht.

11:30 Uhr
Nach drei Stunden fahren wir wieder zurück nach Riem. Meine Pferdekollegen brechen gerade auf zum Fußballeinsatz. Heute spielt der FC Bayern in der Allianz Arena. Wir werden dort regelmäßig eingesetzt, um verschiedene Fangruppen zu begleiten, zu trennen oder zu leiten. Unsere Reiter mit ihrer erhöhten Sitzposition haben einen guten Überblick und sehen mehr als die Kollegen zu Fuß oder im Auto. Außerdem hat vor uns wirklich jeder Respekt.

Wo und wann wir Pferde eingesetzt werden, hängt immer von der Art der Veranstaltung ab. Im Sommer gibt es viele Festivals und Konzerte. Der Spielplan der Fußball-Bundesliga bestimmt ganz wesentlich unsere Dienstzeiten. Nur im Englischen Garten sind wir jeden Tag anzutreffen. 365 Tage im Jahr und bei wirklich jedem Wetter!

Wir haben in der Regel unsere festen Reiter, allerdings kann es natürlich vorkommen, dass der sich mal im Urlaub befindet oder krank ist. Dann werden wir von anderen Polizisten geritten, was natürlich auch gut funktioniert.

Als ich fast 7 Jahre alt war, hatte ich den Ausbildungsstand, um meine ersten Einsätze zu gehen. Ich habe mich während der Einsatzvorbereitung sehr nervenstark gezeigt. Mich können weder Böller, Fahnen, Bälle noch klatschende und singende Menschen aus der Ruhe bringen. Auch reiterlich habe ich mich sehr gut entwickelt. Im Jahr 2012 hat mein Ausbilder mit mir seinen Lehrgang zum Amateurreitlehrer erfolgreich absolviert. Komplett ausgewachsen messe ich mittlerweile 185 cm Stockmaß und wiege 800 kg.

So vergeht Jahr für Jahr, es ziehen immer wieder neue Pferde ein und alte Pferde aus, denn im Schnitt sind wir in etwa 15 Jahre im Polizeidienst, bevor es in die »Rente« geht. Als Pensionisten verbringen wir unseren Ruhestand in einem anderen Stall. Dort dürfen wir auf große Koppeln in einer Pferdeherde leben. Die Ställe werden vorher natürlich genau durch die Stallmeisterin begutachtet. Außerdem wird jedes Pferd regelmäßig von seinen ehemaligen Reitern besucht.

Aber vom Rentnerdasein bin ich zum Glück noch weit entfernt.

Ich kann jetzt nach meinen ersten Einsätzen stolz von mir behaupten: Ich bin ein echtes Polizeipferd.

Fidelio, Polizeipferd bei der Münchner Reiterstaffel
(aufgeschrieben von seiner Reiterin: **Katrin Baumgärtner**)

DAS INFERNO VON RIEM

Der Flugzeugabsturz von 1958

Am Donnerstag, den 6. Februar 1958, um 16:07 Uhr erhielt das Verkehrsunfallkommando von der Funkzentrale über Telefon die Mitteilung, dass auf dem Flughafen München-Riem ein Flugzeug in Brand geraten sei. Der erste Unfallwagen mit drei Beamten verließ die Dienststelle drei Minuten später und traf gegen 16:25 Uhr zur Unfallaufnahme in Kirchtrudering an der Südseite des Flugplatzes ein. Am Unfallort sahen die drei Beamten, dass das Wohnhaus Emplstraße 30 und die Baracke Emplstraße 51 in Flammen standen und in unmittelbarer Nähe davon ein zerschelltes Passagierflugzeug. Zwischen den Trümmern der Maschine und neben der brennenden Baracke lagen tote und verletzte Passagiere. Die Beamten halfen zunächst bei der Bergung der Verletzten und Toten und kümmerten sich dann um die Tatbestandsaufnahme.

Die Toten wurden in die Gerichtsmedizin verbracht, die zum Teil schwer Verletzten in Münchner Krankenhäuser verteilt. Letztendlich forderte das Unglück 23 Tote und 21 Verletzte.

Neben der städtischen Berufsfeuerwehr München waren die Freiwillige Feuerwehr München sowie die Flughafenfeuerwehren Riem und Neubiberg mit der Brandbekämpfung beschäftigt, die Verletzten wurden vom BRK versorgt und transportiert. Die Unfallstelle wurde vom Überfallkommando und einer Einsatzbereitschaft der Polizeischule abgesperrt. Gegen 22:00 Uhr trafen die Untersucher des Luftfahrt-Bundesamtes und der Bundesstelle für Flugunfalluntersuchung an der Unglücksstelle ein.

Die Ermittlungen und Vernehmungen der Augenzeugen, u. a. des damals 37-jährigen verantwortlichen Flugkapitäns James Thain, der das Unglück verletzt überlebt hatte, ergaben folgenden Sachverhalt: Die Propeller-Chartermaschine der British European Airways, Flug-Nr. 609, Typ Airspeed Ambassador »Elizabethan«, war am 6. Februar 1958 gegen 12:30 Uhr bei heftigem Schneetreiben und nasskaltem Winterwetter, das sich im Laufe des Tages ständig verschlechterte, in München-Riem zu einem Auftankstopp gelandet, nach dem die zweimotorige Maschine nach Manchester weiterfliegen sollte. An Bord befand sich die damalige europäische Spitzenfußballmannschaft von Manchester United nach einem Spiel bei Roter Stern Belgrad nebst Begleitpersonal, Fans und Sportjournalisten, insgesamt 44 Personen. Das Spiel in Belgrad hatte 3:3 geendet, Manchester United stand im Halbfinale des Europapokals der Landesmeister. Zwei Startversuche in München waren bereits wegen unzureichenden Ladedrucks abgebrochen worden. Gegen 15:03 Uhr begann der dritte Startversuch. Da die notwendige Startgeschwindigkeit nicht erreicht wurde, die Maschine für einen Startabbruch aber zu schnell war, rutschte sie über die Startbahn hinaus auf den nicht geräumten Teil, durchbrach den Begrenzungszaun, streifte mit der linken Tragfläche das Wohnhaus, das daraufhin in Brand geriet, und streifte mit dem Rumpf die Holzbaracke, in der u. a. Benzin gelagert war. Dieses explodierte und verstärkte den Brand. Das Heck und die linke Tragfläche waren abgerissen worden.

Als Unfallursache wurde zunächst von den Sachverständigen des Luftfahrt-Bundesamts Braunschweig eine ungenügende Enteisung der Tragflächen angenommen, wofür der Flugkapitän verantwortlich gewesen wäre. Diese Einschätzung wurde durch eine vom Flugkapitän betriebene erneute Untersuchung 1964 bestätigt und erst 1969 von einer englischen Kommission revidiert. Diese nahm an, der Schneematsch auf der Startbahn und damit eine schlecht präparierte Piste habe das Erreichen einer sicheren Startgeschwindigkeit unmöglich gemacht, wofür der Flughafen verantwortlich gewesen wäre und wonach den Flugkapitän keine Schuld getroffen hätte. Da das Luftfahrt-Bundesamt auch danach von seiner Meinung über die Unfallursache nicht abrückte, kam es zum Expertenstreit, der letztlich nicht gelöst ist. Das Ergebnis der Version des Luftfahrt-Bundesamts führte aber zur Entlassung des Flugkapitäns James Thain, der 1975 im Alter von 54 Jahren an einem Herzinfarkt verstarb.

Als Erkenntnis für das polizeiliche Vorgehen stellt der Erfahrungsbericht der Verkehrsunfallabteilung vom 17. Februar 1958 fest, dass es vor allem bei ungünstigen Witterungs- und Ortsverhältnissen zweckmäßig ist, an den Anfahrwegen Beamte zu postieren, die die nachfolgenden Kräfte einweisen und die Zufahrtswege frei halten, die Unfallstelle weiträumig abzusperren und eine provisorische Einsatzleitstelle zu installieren.

Die Flugzeugkatastrophe von 1958 ist in Großbritannien als »Munich Air Disaster« bekannt, im Stadion von Manchester United Old Trafford erinnert eine Uhr mit der Aufschrift »Feb 6th 1958 Munich« an das Unglück. 2004 wurde am Manchesterplatz in München ein Gedenkstein für die Opfer aufgestellt, 2018 fand ebendort eine Gedenkfeier mit Überlebenden und Angehörigen der Katastrophe statt.

Unter den Überlebenden der Flugzeugkatastrophe befand sich u. a. der damals 20-jährige Bobby Charlton, der 1966 mit der englischen Nationalmannschaft Fußballweltmeister und 1994 zum »Sir« geadelt wurde.

Text: **Dr. Josef Boiger**

ELIZABETHAN CLASS
BEA

070

HEUTE MAL ICH MIR EINEN 1000ER

Der Geldfälscher Günter Hopfinger

Günter Hopfinger wurde am 6. August 1950 in München in schwierige Verhältnisse geboren. Seine Mutter Katharina Marelja, geb. Hopfinger, war nicht in der Lage, sich um ihn zu kümmern und seinen Vater, der schwere psychische Probleme hatte und langjähriger Patient im Bezirkskrankenhaus Haar war, lernte er nie kennen. Zunächst wuchs er bei seiner Großmutter in Gmund am Tegernsee auf und kam dann im Alter von fünf Jahren in eine Pflegefamilie nach Deining, in der ebenfalls eine schwierige Familienkonstellation herrschte. Nach etwa zwei Jahren kam er in das Waisenhaus Starkheim bei Mühldorf a. Inn. Aufgrund seiner »jähzornigen, besorgniserregenden Ausfälle«, die einen Verbleib in der Klasse nicht mehr zuließen, kam er im Alter von 12 Jahren in die Kinderabteilung des Bezirkskrankenhauses Haar, wo er einen älteren Zeichenlehrer kennenlernte, der ihm auch Unterricht erteilte.

Nach seinem Aufenthalt in Haar kam er in das Piusheim in Glonn und besuchte die dortige Volksschule und nach seinem Schulabschluss in ein Heim mit Ausbildungswerkstätten nach Waldwinkel bei Kraiburg, wo er eine Schlosserlehre begann. Neben der Ausbildung widmete er sich seinem Hobby, dem Zeichnen, und pflegte weiterhin den Kontakt mit seinem Zeichenlehrer in Haar. Da er diesem mehrere Abschiedsbriefe geschrieben hatte, kam er zur Suizidprävention in die Nervenheilanstalt Gabersee, wo der behandelnde Arzt, Dr. Loos, sein Zeichentalent erkannte und seine Eignung für den Grafikerberuf entdeckte. Die Ehefrau von Dr. Loos, eine Gebrauchsgrafikerin, vermittelte ihm auch eine Lehrstelle im grafischen Betrieb der Firma Bruckmann. Nach eindreiviertel Jahren brach er die Lehre ab und setzte bei der Firma Thiemig-Verlag diese als Tiefdruckätzer fort, konnte aber nicht abschließen. Anschließend schlug er sich mit Gelegenheitsarbeiten durch.

Bereits in dieser Zeit geriet Hopfinger mehrfach mit dem Gesetz in Konflikt und wurde u. a. wegen Diebstahls vom Jugendschöffengericht München am 17. Juli 1970 zu einer fast zweijährigen Jugendstrafe verurteilt. In dieser Zeit begann er erstmals, im Weg der Handzeichnung täuschend echt gemachte Hundertmarkscheine herzustellen, zunächst nur dazu, um seine Zelle in Ebrach damit auszuschmücken. Hopfingers Aussage zufolge diente die Herstellung der Scheine dazu, sein Talent durch präzisionsfördernde Strichtechniken weiterzubilden. Seine Vorgehensweise war dabei folgende: Zuerst schnitt Hopfinger aus einer Illustrierten die Vorder- und Rückseite eines dort abgedruckten Hundertmarkscheines aus, schnitt sich ein Schreibpapier in der richtigen Größe zurecht, schwärzte Vorder- und Rückseite mit einem Bleistift ein und fettete diese schließlich mit Butter. Anschließend

Deutschlands bester Fälscher arbeitet heute als Künstler

Er malte sich sein Geld selbst

VON OLIVER MENNER tz München

Künstler, Krimineller, Genie: Der Mann heißt Günter Hopfinger. Heute ist er 50 Jahre alt. Zu kurzem „Ruhm" gelangte er als junger Mann, Mitte der 70-er Jahre. Als er aufflog – und zwar als genialster Geldfälscher, den diese Republik je hatte. Heute Abend erzählt Hopfinger bei „Beckmann" (ARD, 23 Uhr) noch einmal seine Geschichte. Die tz hat den früheren Meister-Fälscher in München aufgespürt.

Normale Fälscher arbeiten so: Sie gravieren eine Druckplatte mit den feinen Linien ihres Vorbildes, dann drucken sie tausende Blüten auf einem dem Original möglichst ähnlichen Papier. Das war Günter Hopfingers Methode nicht. Hopfinger ist Künstler: Er *zeichnete* seine Scheine – mit Tusche, Strich für filigranen Strich, Buchstabe für winzigen Buchstaben, Wort für Wort. Auf Vorder- und Rückseite. Malte Wasserzeichen, Guilochen (Schutzlinienmuster), Silberfaden – einfach alles. Fixierte die Tinte zum Schluss, damit sie nicht im Regen oder in feuchten Händen verlief. Fertig: Jede Fälschung ein Original!

Hunderte solcher handkolorierter Blüten stellte Hopfinger zwischen 1970 und 1975 her. Allein über 80 falsche Tausender brachte er unter die Leute, sogar Banken fielen auf seine kleinen Meisterwerke herein. „Ich war einfach immer schon fasziniert von Geldsch… – also rein vom künstlerischen … Dieses Kleine, Feine …

… sierte ein weiteres Jahr Haft.

Wieder draußen, arbeitete er als Grafiker in München. Als ein Kunde Werbewurfsendungen mit übergroßen Tausendmarkscheinen drucken ließ, brach Hopfingers alte Sucht wieder durch… Seinen ersten „Braunen" brachte er am Rosenmontag 1973 im Augustinerkeller in der Münchner Fußgängerzone an den Mann – genauer: an den Oberkellner. „Ich dachte, wenn der ihn nimmt, nimmt ihn jeder. Doch zuvor hab ich ihm noch g'sagt: ‚Das ist fei ein Selber-g'strickter'."

Der Keller lachte nur. Kassierte – schrift des Blütenzauberers aus der JVA Ebrach. „Wir mussten ihn nur noch observieren, um ihn zu erwischen."

Heute lebt der gebürtige Münchner wieder in seiner Heimatstadt. Aber sein Name steht in keinem Telefonverzeichnis. Hopfinger will unerkannt bleiben. Jede Menge „zwielichtige Gestalten" hatten ihn immer wieder in den vergangenen Jahrzehnten heimgesucht, wollten seine Kunst anzapfen. „Aber das ist vorbei. Damit will ich ein für allemal nichts mehr zu tun haben." Heute kämpft er um seinen guten Ruf – als … chner Landgericht 1975 aufgebrummt hat, sondern vor allem mit seiner Gesundheit: „Fast abgekratzt bin ich." Noch heute muss er jede Aufregung meiden: Zwei Herzinfarkte, Alkohol- und Tablettensucht, eine ruinierte Leber – das hat ihm seine gefährliche Leidenschaft für die großen Scheine unter dem Strich eingebracht. Kaum mehr: „Ich habe viel gearbeitet für wenig Geld, richtig ausgenutzt bin ich worden." Für ein paar Hunderter lieferte er in den 80-ern seine meisterlichen Monet-Kopien, seine Klimmts und Renoi…

Nur einmal, Anfang der 80-er, hätte es fast geklappt. Saudis wollten ihm „Die Heilige Familie" von Rembrandt abkaufen. Mit 180000 US-Dollar Anzahlung für „den Riesenschinken", waren sie angereist. In bar. Da hat's Hopfinger glatt vom Stangerl gehauen: der zweite Herzinfarkt! Ab ins Krankenhaus – und futsch die halbe Million Mark, die ihm der Auftrag eingebracht hätte.

Hopfinger ein früher Kujau? Anders als der Hitler-Tagebücher-Fälscher ist unser Mann kein Medienstar geworden, kein Millionär. Den Kujau mit der große Karriere und

legte er die gewässerten Papierstreifen auf die Geldscheindrucke, presste diese einige Minuten in einem Buch und zog anschließend die Papiere wieder ab, worauf deutliche Abdrucke der Scheine, allerdings ohne Farbe, entstanden. Daraufhin zeichnete Hopfinger die Scheine mit Buntstiften und Wasserfarben nach und legte die fertigen Scheine mehrere Stunden in lauwarmes Wasser. Nach dem darauf folgenden Trocknen in Büchern waren die Scheine fertig.

Mindestens drei dieser Scheine gingen über Mitgefangene, denen er sie überlassen hatte, in den Umlauf, allerdings erzielte er damit keinen Gewinn. Für dieses Verbrechen erhielt er durch das Jugendschöffengericht Bamberg eine Haftstrafe von 1 Jahr und 4 Monaten.

Im Januar 1975 fiel Hopfinger dann eine Abbildung einer 1 000 DM-Note in die Hand, worauf er beschloss, eine derartige Note auf einem hadernhaltigen Gohrsmühle-Briefpapier herzustellen. Diese Note zeigte er Johann F., einem Zellenbewohner aus ihrer gemeinsamen Zeit in der JVA Bernau, und übergab diesem schließlich auch die gefälschte Banknote. Bei der ersten Verausgabung eines gefälschten 1 000-Mark-Scheines erhielt Hopfinger immerhin 500 DM an Echtgeld von Johann F. zurück. In der Folgezeit verbesserte Hopfinger seine Zeichnungen dadurch, dass er Wasserzeichen und Sicherheitsfäden auf die Scheine einzeichnete. Mittlerweile hatte Hopfinger schon eine gewisse Routine bei den Zeichnungen erworben, denn für die Herstellung eines kompletten gezeichneten Scheines benötigte er etwa sechs bis acht Stunden. Bei jeder Verausgabung hatte Johann F. seinem Freund Hopfinger 500 Mark zurückgegeben. Insgesamt verausgabten die beiden zehn gefälschte 1 000-Mark-Scheine.

Am 22. April 1975 erfolgte jedoch die Verhaftung Hopfingers, der er sich nicht widersetzte, im Gegenteil: Hopfinger kooperierte mit den Ermittlungsbehörden und war von Anfang an bemüht, die ihm angelasteten Straftaten aufzuklären und darüber hinaus an einem Lehrfilm über die Herstellung von Falschgeld mitzuwirken. Trotzdem wurde der »Blüten-Rembrandt«, so sein Spitzname wegen seines außergewöhnlichen Könnens und seiner künstlerischen Nähe zu dem niederländischen Meister, wegen Geldfälschung zu einer Haftstrafe von 4 Jahren und 6 Monaten verurteilt.

Hopfinger lebt heute als freier Künstler bei München und stellt auch unter seinem Namen in Galerien aus.

In der Lehrmittelsammlung des Polizeipräsidiums München in der Ettstraße wird einer der gefälschten 1 000-Mark-Scheine aufbewahrt.

Text: **Dr. Christoph Bachmann**

071

»MEI IST DER SÜSS …«

Der erste Polizeimini der Welt

Wie alles begann:
Im Jahr 2001 war ich mit meiner Frau auf Urlaubsreise in Rom. Wie alle Touristen waren wir tief beeindruckt von dieser Stadt mit seinen Sehenswürdigkeiten. Ganz besonders in Erinnerung blieb mir aber der Tag, an dem wir in der Villa Borghese, dem Botanischen Garten Roms, spazieren gingen. Dort sah ich das erste Mal einen Smart als uniformiertes Polizeiauto. Eine sehr hübsche Polizistin steuerte das kleine blaue Fahrzeug durch die Parkanlage und gab den Touristen da und dort freundlich Auskunft. Obwohl ein Auto in einer Grünanlage, auch wenn es von der Polizei gesteuert wird, eher missbilligend registriert wird, waren die Reaktionen der Besucher hier ganz anders, nämlich freudig und begeistert. Alle, auch ich, wollten sich das ungewöhnliche Polizeiauto genauer ansehen oder zumindest ein Erinnerungsfoto schießen. Bereitwillig und auch ein wenig stolz erklärte mir die Polizistin, nachdem ich mich als Kollege der Münchner Polizei zu erkennen gegeben hatte, ihr Einsatzfahrzeug. Es war zu meinem Erstaunen komplett mit Funkgerät, Blaulichtbalken, Anhaltekelle und Außenlautsprecher, also so wie jeder normale Streifenwagen, ausgerüstet. Nur irgendwie sehr viel kleiner …

Und mit dieser Begegnung beginnt die Geschichte des ersten Polizeiminis der Welt.

Die Idee:
Zurück in München erzählte ich bei der Morgenbesprechung in der Münchner Pressestelle von meinem Urlaub. Und natürlich stieß die lebhaft vorgetragene Geschichte des Polizeismarts auch auf helle Begeisterung bei meinen Kollegen. »Genau so was bräuchten wir auch für unsere Öffentlichkeitsarbeit!« war die einhellige Meinung. In ganz kurzer Zeit hatten wir uns in eine leidenschaftliche Diskussion über einen Münchner Polizeismart gesteigert und die Ideen sprudelten nur so aus den Köpfen. »Was könnte man mit so einem Sympathieträger nicht alles bewerkstelligen?« Schon fingen wir an, konkret zu überlegen, wie sich so etwas realisieren ließe. »Würde dafür überhaupt das Geld bewilligt?« »Wer könnte einen guten Kontakt zum Autobauer Daimler-Benz herstellen?« »Was würde unser Präsident dazu sagen?« Während wir hin und her überlegten, ob so eine Idee überhaupt Aussicht auf Erfolg haben könnte, fragte einer in die Runde: «Wieso Smart, wir haben doch selber einen Autobauer in der Stadt, wieso nehmen wir nicht einen Mini?« Wie vom Blitz getroffen verstummte das Gespräch und wir sahen uns an. »Genau, das ist es! Das ist die beste Idee ever, ever! München braucht einen Polizeimini!«

Nicht reden, machen

Von der Idee bis zur Umsetzung ist es oft ein weiter Weg und manchmal werden gute Ideen niemals umgesetzt. Das sollte bei dem Projekt »Polizeimini« auf keinen Fall passieren. Obwohl wir mit unserem Vorhaben absolutes Neuland betraten, wusste ich, dass wir damit erfolgreich sein könnten. Ich war felsenfest davon überzeugt, dass mit diesem Auto der Münchner Polizei ein Coup gelingen könnte, um den uns viele beneiden würden. Nun galt es, diese Leidenschaft und die Begeisterung für dieses Auto auch bei den Entscheidungsträgern zu entfachen. Der damalige Präsidialbüroleiter Konrad Gigler und Polizeipräsident Dr. Roland Koller ließen uns, ihren Pressesprechern Wolfgang Wenger und mir, bei der täglichen Arbeit den nötigen Freiraum, um auch neue Wege zu gehen und um mit unkonventionellen Maßnahmen bei der Bevölkerung punkten zu können. Würde das diesmal auch so sein? In der Presse- und Medienarbeit sind die üblichen organisatorischen Abläufe einer Polizeibehörde oft wenig hilfreich. Anfragen brauchen schnelle Antworten, die nicht erst verschiedene Hierarchien hin und zurück durchlaufen. Die alltäglichen Regeln und Gesetze des normalen Bürolaufes sind zu aufwendig, um rasche und glaubhafte Resultate liefern zu können. Entscheidungen wurden stets beim jeweiligen Leiter eingefordert und auch die Tür unseres Präsidenten stand uns immer offen. Zwar hatte uns diese Arbeitsweise ein gewisses »Windhund«-Prädikat eingebracht, aber der Erfolg gab uns recht und wir genossen ein großes Vertrauen bei der Polizeiführung. Im Rückblick ist genau diese vertrauensvolle Arbeitsebene zwischen Polizeiführung und Presseabteilung die entscheidende Basis gewesen, um dieses unglaubliche Projekt in die Gänge und zu einem glücklichen Ende zu bringen. Sowohl Konrad Gigler als auch Polizeipräsident Dr. Koller ließen sich von unserem Enthusiasmus überzeugen und entschieden sich, trotz gegenteiliger, einschlägiger Bestellungsrichtlinien, im Sinne einer modernen Öffentlichkeitsarbeit für ein einmaliges Experiment. Dafür gebührt ihnen heute noch Dank!

Der Autobauer

Ich bekam also grünes Licht für die Umsetzung! Der Zufall wollte es, dass ich anlässlich eines Einsatzes Christine Krepold, Pressesprecherin bei einer großen Bank, kennengelernt hatte. Diese hatte zwischenzeitlich die Arbeitsstelle gewechselt und war nun in leitender Stellung bei Mini. Damit war ich mit unserer Idee an der richtigen Stelle. Sie konnte sehr schnell die Verantwortlichen bei Mini überzeugen und so entstand eine ungewöhnliche Kooperation zwischen BMW und der Münchner Polizei, die den weltweit ersten Polizeimini hervorbrachte. Roland Kowalski von der Abteilung Behördenfahrzeuge und einige BMW-Ingenieure entwickelten in enger Absprache mit meinen Kollegen und mir ein Konzept für dieses besondere Polizeifahrzeug. In erster Linie sollte das Auto natürlich ein Eyecatcher für die Öffentlichkeitsarbeit werden, aber es musste auf jeden Fall auch eine streifentaugliche Ausrüstung haben, um glaubhaft als Polizeiauto durchzugehen.

Als Basisfahrzeug diente ein ausgemusterter Mini One der BMW-Presseabteilung. Dieses Fahrzeug war ursprünglich dunkelblau, wurde aber weiß foliert. An den inneren Türfalzen kann man übrigens noch die Originalfarbe erkennen. Natürlich wurde auch die grüne Polizeibinde mit dem Hoheitszeichen angebracht und ein damals noch futuristisch anmutender Blaulichtbalken. Nach und nach waren alle Komponenten verbaut und Ende Juni 2002 war es dann so weit. Der damals erste und einzige Polizeimini der Welt stand zur Abholung bereit.

Die Jungfernfahrt

Es war ein heißer Julitag, als ich im FIZ, dem Forschungs- und Innovationszentrum von BMW, die Schlüssel für das jüngste Mitglied unserer Polizeiflotte entgegennehmen durfte. Den BMW-Leuten, die sehr engagiert an dem Aufbau des ersten Polizeiminis gearbeitet hatten, sah man bei der Fahrzeugübergabe ihre Freude und ihren Stolz über das gelungene Werk deutlich an. Und tatsächlich, allein der Anblick des niedlichen Polizeiwagens löste bei jedem Betrachter unwillkürlich ein Lächeln aus. Schnurstracks ging es nun vom Münchner Norden in Richtung Polizeipräsidium. An jeder roten Ampel erntete ich ungläubiges Staunen von den Fahrzeuglenkern neben mir. Die Fußgänger, die die Straße vor mir überquerten, zeigten mit erhobenen Daumen oder einem Lachen ihre Freude. Schließlich ging es weiter in mein ehemaliges Streifengebiet nach Schwabing. In den Achtzigerjahren fuhr ich dort im Funkwagen Tag und Nacht Einsätze. Eine sehr schöne Zeit, aber das Schwabinger Publikum war mitunter auch nicht einfach. Einmal kehrten wir an einem warmen Sommerabend nach dem Beenden einer Ruhestörung in einem Lokal zu unserem Funkwagen zurück und ein »Witzbold« hatte in der Zwischenzeit die Luft aus einem Reifen gelassen. Damals vermisste ich schmerzlich eine gewisse Zuneigung zur Münchner Polizei. Heute war das ganz anders. Die Fahrt mit dem Mini durch die Leopoldstraße glich einem Triumphzug. So etwas hatte ich noch nicht erlebt. Viele der Gäste, die sich in der Sonne einen Espresso schmecken ließen, reckten die Köpfe und manche sprangen sogar auf und applaudierten spontan. Unser Polizeimini hatte sich schon nach wenigen Kilometern als absoluter Shootingstar erwiesen.

Sogar meine Kollegen von der Polizeiinspektion 12 unterzogen mich kurze Zeit später einer Verkehrskontrolle, da sie nicht glauben konnten, was sie da sahen. Erst mein Dienstausweis und meine Erklärungen konnten sie schließlich überzeugen. Bereits am ersten Tag seines Einsatzes war für mich klar, die Münchner Polizei hatte nun, neben Polizeipferd und Diensthund, einen weiteren sehr starken Sympathieträger in seinen Reihen.

Das Einsatzkonzept

Natürlich kann ein Polizeimini mit einem normalen Streifenwagen im täglichen Dienst nicht konkurrieren. Dafür ist er aber auch nicht gedacht. Statt auf Verbrecherjagd zu gehen, ist seine Aufgabe, die Münchner Polizei bei vielen Gelegenheiten zu präsentieren. Sein Einsatzgebiet ist die Presse- und Öffentlichkeitsarbeit und seine vornehmste Aufgabe, bei Veranstaltungen, Messen und Ausstellungen eine überzeugende Performance abzuliefern. Seine besten Auftritte hatte er dabei jedes Jahr während des Oktoberfestes beim Einzug der Wiesnwirte und beim traditionellen Trachtenumzug. Als sogenanntes Vorausfahrzeug führte er den Zug vor den Reitern an und bekam mindestens genauso viel Applaus wie die vielen Trachten- und Blasmusikgruppen. In seiner Dienstzeit bei der Münchner Pressestelle durfte er neben repräsentativen Aufgaben aber auch die Polizeisprecher zu diversen Einsatzorten chauffieren. Für die Fotografen und Medienvertreter war der Polizeimini dabei immer ein gut sichtbarer Anlauf und Treffpunkt, um erste Informationen zu einem Ereignis oder Interviews zu bekommen. Am 9. Dezember 2013 ging nach elf Jahren der erste Polizeimini in den Ruhestand. Er wurde von einem Nachfolgermodell abgelöst und mittlerweile gibt es bereits einen Mini in der dritten Generation im neuen Polizeiblau. So ganz aufs Altenteil hat sich das Original aber noch nicht zurückgezogen. Er hat nichts von seiner Anziehungskraft verloren und der Polizeiverein »Münchner Blaulicht e.V.« setzt ihn regelmäßig als Hingucker bei Lesungen, Infoständen oder auch als Begleitfahrzeug bei Präventionsfahrten ein. So können auch noch heute viele Menschen mit ein bisschen Glück den weltweit ersten Polizeimini bestaunen.

Text: **Peter Reichl**

»ÜBERFALL! MACHEN SIE KEINE DUMMHEITEN!«

Der Banküberfall von 1971

Am Mittwoch, den 4. August 1971, gingen zwei Männer, mit Sturzhelmen, Motorradbrillen, schwarzen Schals und US-Militärjacken bekleidet, auf das Haus in der Münchner Prinzregentenstraße 70 zu, unauffällig und von den Passaten unbemerkt. Gegen 15:55 Uhr betraten Dimitr T. (*1947) und Hans Georg Rammelmayr (1940-1971) – inzwischen die Gesichter mit ihren schwarzen Schals maskiert und mit gezogenen Revolvern – die in dem Gebäude untergebrachte Filiale der Deutschen Bank. T. rief den völlig überraschten Angestellten und Kunden zu: »Überfall! Machen Sie keine Dummheiten, verhalten Sie sich ruhig!« Anschließend entnahm er einem mitgebrachten Koffer eine russische Maschinenpistole mit Trommelmagazin und übergab die Waffe seinem Komplizen mit der Bemerkung, dass er damit die Leute in Schach halten solle.

Um die Zahl der Geiseln zu verringern, durften bereits kurz Zeit später mehrere Personen das Gebäude durch den rückwärtigen Eingang verlassen. Einem darunter befindlichen Angestellten händigten T. und Rammelmayr ein Schriftstück mit ihren Forderungen sowie ein Päckchen mit Plastiksprengstoff aus, das die Ernsthaftigkeit ihrer Drohungen bestätigen sollte. In dem Dokument wurde eine Lösegeldforderung von 2 Mio. DM gestellt. Außerdem verlangten die Täten einen viertürigen BMW als Fluchtfahrzeug. Bei Nichterfüllung bis 22:00 Uhr wurde mit dem Tod der Geiseln und mit Sprengstoffanschlägen gegen Personen und Einrichtungen des öffentlichen Lebens durch die »Rote Front« gedroht, als deren Mitglieder sich T. und Rammelmayr bezeichneten. Die Geiselnehmer hatten in der Zwischenzeit ihre Maskierung gewechselt: Helme, Brillen und schwarze Schals wurden gegen rote Samtkapuzen getauscht, die bis auf die Schultern reichten.

Während des Ultimatums entspannte sich in der Bank das Verhältnis zwischen Geiseln und Geiselnehmern, wohl mit ausgelöst durch die aus einem gegenüberliegenden Feinkost-Geschäft angelieferten alkoholischen Getränke. Auch die Stimmung bei den sehr zahlreichen Schaulustigen außerhalb der Bank nahm beinahe volksfestartigen Charakter an. In der Zwischenzeit hatten die Täter die Frist für die Erfüllung ihrer Forderungen zuerst auf 23:00 Uhr und schließlich auf 23:30 Uhr verlängert. Sie hatten festgelegt, dass zunächst Rammelmayr mit der Geisel Ingrid Reppel (1951-1971) und dem Lösegeld wegfahren sollte, um Letzteres in einem sicheren Versteck unterzubringen. Danach war die Abholung von T. und einer zweiten Geisel geplant. Gegen 23:30 Uhr wurde dann das Lösegeld in einem Sack vor dem Eingang zur Bankfiliale abgestellt. Um 23:40 Uhr verließ schließlich die Geisel Ingrid Reppel mit gefesselten Händen das Gebäude und stieg in den bereitgestellten Fluchtwagen.

DEUTSCHE BANK
TROG
M YW 340
M PL 398
R CU 323
M YU 392

Daraufhin kam auch Hans Georg Rammelmayr aus der Bankfiliale und ging – noch immer mit Maschinenpistole und Revolver bewaffnet – auf das Auto zu. Die Einsatzleitung hatte sich dafür entschieden, zur Beendigung des Geiseldramas Scharfschützen einzusetzen, die bei der Geldübergabe einen der Geiselnehmer kampfunfähig schießen sollten. Allerdings verfügte die Münchner Polizei zu diesem Zeitpunkt nicht über solche Spezialkräfte. Nachdem es die Bundeswehr abgelehnt hatte, eigene Scharfschützen zu stellen, wurden für diese Aufgabe drei Polizeibeamte ausgewählt, die in ihrer Freizeit Jäger waren. Nachdem sie in einer Kiesgrube an der B 12 bei Riem noch Zielschießen geübt hatten, wurden sie im Umfeld der Bankfiliale positioniert. Aber das Blitzlichtgewitter der anwesenden Journalisten behinderte die Sicht der Schützen, die außerdem ohne Funkkontakt völlig orientierungslos waren. So fiel erst, als Rammelmayr das Fluchtfahrzeug bereits erreicht hatte, ein erster Schuss.

Rammelmayr ließ sich daraufhin auf den Autositz fallen und es begann eine heftige Schießerei, in deren Verlauf der angeschossene Geiselnehmer die neben ihm sitzende Ingrid Reppel mit mehreren Schüssen lebensgefährlich verletzte. Auch eine sofort durchgeführte Notoperation im Klinikum rechts der Isar konnte deren Leben nicht mehr retten und Ingrid Reppel verstarb in der gleichen Nacht im Krankenhaus. Hans Georg Rammelmayr erlag noch am Tatort seinen Schussverletzungen. Auch die von der Einsatzleitung angeordnete Erstürmung der Bankfiliale geriet zu einem Fiasko. Das rückwärtige Kommando war kaum in der Lage, die Tür zum Gebäude aufzubrechen, für das Kommando auf der Vorderseite stellte die Schaufensterscheibe der Bank ein fast unüberwindliches Hindernis dar. Als die Polizei schließlich die Bank erstürmen konnte, kam es zu einer zehnminütigen Schießerei mit T., der sich schließlich ergab und festgenommen werden konnte. Dimitr T. wurde in der Folge vom Landgericht München I zu lebenslanger Haft verurteilt und 1993 nach 22 Jahren vorzeitig entlassen.

Text: **Robert Bierschneider**

073

UNTER ARREST

Die Haftanstalt

Nachdem das Polizeipräsidium zwischen 1911 und 1913 auf den Grundmauern des ehemaligen Augustinerklosters erbaut worden war, wurde 1914 auf dem Gelände zwischen dem Trakt an der Löwengrube und dem nördlichen Mitteltrakt ein »Arresthaus«, d. h. ein Polizeigefängnis für Kleinkriminelle, Landstreicher usw. errichtet. Rechts vom Eingang Löwengrube befand sich die »Polizeihauptwache nebst Nebenräumen«, links »die Räume der Sicherheitsabteilung II, in der Verhaftete vorgeführt, vernommen und gegebenenfalls ins Arresthaus eingebracht werden«. Nach der Baubeschreibung des Architekten Prof. Theodor Fischer war der Eingang an der Löwengrube für diejenigen Personen bestimmt, »die das Gebäude mehr oder minder unfreiwillig betreten.« Im Hinblick darauf war das Treppenhaus in diesem Bereich nicht offen gestaltet, sondern mit einer Spindelmauer versehen, weil »der Transport von Verhafteten auf solchen Treppen am leichtesten vor sich geht«.

Prof. Fischer beschreibt die Funktionen des Gebäudes wie folgt: »Durch einige Aufnahmeräume führt hier der Zugang auch zum Arresthaus, das sich zwischen dem Trakt der Löwengrube und dem nördlichen Mitteltrakt in insgesamt 8 Geschossen erhebt«, wobei »das Erdgeschoss größtenteils der Arrestverwaltung« dient, »die mittleren 4 Geschosse enthalten 47 Arresträume, teils Einzel-, teils Massenzellen. Eine Innentreppe, ein Speisen- und ein Personenaufzug, Fernsprecher und Signalanlagen erleichtern den Betrieb innerhalb des Arresthauses. Die Bäder, Desinfektions-, Wasch- und Kocheinrichtungen genügen allen Anforderungen der Gesundheitspflege und Zweckmäßigkeit.«

Der Keller und das Dachgeschoss im Gebäudeteil Haftanstalt dienten Wirtschaftszwecken, im EG war die Arrestverwaltung. Die Verpflegung kommt heute 3 x täglich aus der Kantinenküche des Polizeipräsidiums.

Beim Blick von der Westseite des Roten Hofes nach Osten auf das Arresthaus fallen neben der Vergitterung der Fenster die gegenüber den übrigen Gebäudeteilen differierenden Geschosshöhen auf: »Die Geschosshöhen des Arresthauses sind entsprechend dem geringen Höhenbedürfnis in den kleinen Hafträumen noch geringer als die des übrigen Baues, sodass ein Geschoss mehr unter dieselbe Hauptgesimslinie gebracht werden konnte, wie das Lichtbild des Roten Hofes verdeutlicht.« Dies war ein Zugeständnis an die geringere durchschnittliche Körpergröße zur damaligen Zeit. »Trotzdem sind alle wichtigen Verbindungsmöglichkeiten aus dem Arresthaus zu Untersuchungs- und Vernehmungszimmern gewahrt, so zur Sicherheitsabteilung III – Sittenpolizei – die sich im vorerwähnten Sinne

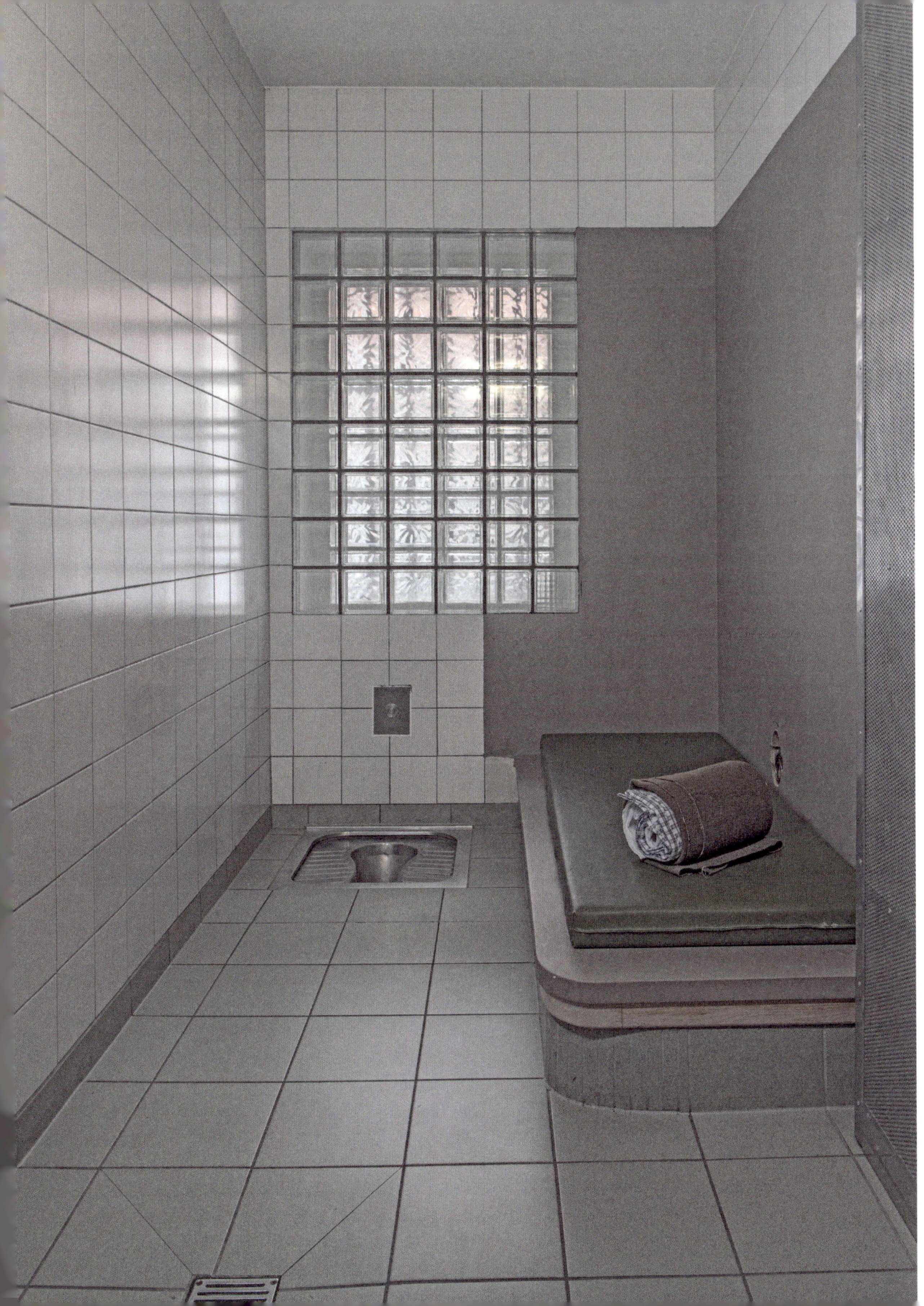

der senkrechten Gruppierung im 1. anschließt, zur Abteilung Gesundheitswesen im 2. Obergeschoss und zu den Unterabteilungen der Sicherheitsabteilung I …«

Die Haftanstalt ermöglicht auch heute eine rasche Sachbearbeitung durch die enge Zusammenarbeit von Kriminalpolizei, Jour-Staatsanwalt und Ermittlungsrichter.

Die Gefangenen werden normalerweise ohne vorherige Anmeldung, unabhängig vom Delikt, von den Polizeivollzugsbeamten angeliefert und mit ihrer mitgebrachten Habe einschl. Kleidung, Medikamente, Geld usw. vom Personal der Haftanstalt übernommen. Schuhbänder, Gürtel, Ketten, Werkzeuge, gefährliche Gegenstände usw. werden registriert und gesondert verwahrt, wobei die Übergabe von Geld, Wertsachen u. Ä. protokolliert wird. Während sich die einliefernden Polizeivollzugsbeamten wieder entfernen, wird der Gefangene nochmals komplett durchsucht und in eine Einzelzelle verbracht, es sei denn, es gibt Gründe für die Unterbringung in einer Mehrpersonenzelle, wie z.B. Suizidgefährdung usw. Die Anzeige der einliefernden Polizeivollzugsbeamten übernimmt zu Bürozeiten die sachbearbeitende Dienststelle und an Wochenenden, in der Nacht usw. der Kriminaldauerdienst (KDD). Die sachbearbeitende Dienststelle vernimmt den Festgenommenen am selben oder am folgenden Tag. Der darauf beruhende Bericht wird dem Jour-Staatsanwalt im Haus übergeben. Parallel zu diesen Vorgängen prüft die »Dokugruppe« des Polizeipräsidiums vorhandene Dokumente (Ausweise, Führerscheine usw.) auf Echtheit, ferner wird der Gefangene erkennungsdienstlich behandelt (Lichtbilder, Fingerabdrücke usw.). Der Staatsanwalt entscheidet spätestens bis zum Ende des Tages nach der Festnahme anhand der Unterlagen, ob er einen Haftbefehl beantragt oder nicht. Für den Fall des Haftbefehlsantrags entscheidet der Haftrichter über den Erlass des Haftbefehls und die Verbringung des Häftlings (durch die Polizei nach der Gefangenentransportvorschrift), z.B. in die JVA Stadelheim, ggf. in die dortige Krankenabteilung oder über die Freilassung. Der Aufenthalt eines Häftlings in der Haftanstalt beträgt somit maximal 48 Stunden. Der Festgenommene hat bereits während des Aufenthalts in der Haftanstalt die Möglichkeit, telefonisch persönlich oder z. B. über Angehörige einen Anwalt zu beauftragen und sich mit diesem in den Räumen der Haftanstalt zu besprechen.

Mit der vorläufigen »Dienstanweisung für die Bewegung der Polizeihäftlinge« vom 1. Dezember 1928 verfügte der damalige Polizeipräsident Karl Mantel, dass die Gefangenen vom 3. Tag der Verwahrungsdauer an 45 Minuten tgl. unter Beachtung ggf. notwendiger »Getrennthaltung« im »Roten Hof« des Polizeipräsidiums spazieren gehen durften, Ausfahrten und Türen waren durch je einen Schutzmann zu sichern, zur Überwachung der Gefangenen waren zwei bis drei Beamte eingesetzt. Die Gefangenen hatten sich dabei »in einer Reihe hintereinander, unter Einhaltung eines entsprechenden Abstandes langsam im Kreise zu bewegen. (…) Die Gefangenen dürfen nicht miteinander sprechen und umherliegende Gegenstände, bes. Zigarettenstumpen u. dergl. nicht aufheben.«

Mittlerweile wurde aus dem ehemaligen Polizeigefängnis eine Haftanstalt mit 31 Einzelzellen, davon eine »Beruhigungszelle«, acht Sammelzellen für bis zu 40 Personen mit Übernachtungsmöglichkeit für insgesamt 95 Personen und 134 Tages(sitz)plätzen in vier Stockwerken. Bei Großlagen können durch den zusätzlichen Einsatz von fünf Massengewahrsamszellen im Hof maximal 250 Personen vorübergehend inhaftiert werden.

Die heutige Haftanstalt ermöglicht im Gegensatz zu einem Gefängnis bzw. einer Justizvollzugsanstalt keinen Hofgang, Rauchen ist nicht erlaubt, Fernsehen ist nicht möglich. Im Regelbetrieb leisten etwa 10 bis 15 Beamte bzw. Angestellte Dienst über 24 Stunden im Schichtbetrieb. Dabei wird der Dienst ohne Waffe geleistet.

Täglich werden ca. 10 bis 15 Polizeihäftlinge, d. h. alle Personen, die im Großraum München festgenommen werden, von den Polizeivollzugsbeamten der Inspektionen des Polizeipräsidiums München »eingeliefert«, sodass die Haftanstalt jährlich mit etwa 5 000 bis 6 000 Häftlingen belegt ist. 1992 war mit etwa 20 000 Häftlingen ein Höchststand erreicht worden. Die in den Inspektionen vorhandenen Arrestzellen dienen vorwiegend nur noch zur Ausnüchterung.

Welche prominente Gefangene das Arresthaus/die Haftanstalt im Polizeipräsidium bereits »besuchten«, ist gelegentlich der Tagespresse zu entnehmen. Neben den Putschisten des Hitler-Ludendorff-Putsches 1923 waren dies später auch die Widerständler in der Zeit des Dritten Reichs, u. a. war 1938 der durch seinen Widerstand gegen das NS-Regime bekannte und 1987 von Papst Johannes Paul II. Selig gesprochene Jesuitenpater Rupert Mayer hier eingesessen.

Text: **Dr. Josef Boiger**

074

OHNE IHN GEHT NICHTS ...

Der Kaffee

Dass Kaffee zu den beliebtesten Getränken in Deutschland gehört, sogar noch vor Bier, dürfte mittlerweile allgemein bekannt sein. Doch was genau hat das Getränk Kaffee nun mit dem Polizeipräsidium München zu tun? Auf den ersten Blick vielleicht gar nichts, auf den zweiten Blick jedoch eine ganze Menge.

Betrachten wir eine durchschnittliche Münchner Polizeidienststelle. In der Regel gibt es dort Büroräume, einen Bereich für Parteiverkehr, Wartebereiche, sanitäre Einrichtungen sowie alle möglichen Lagerräume, beispielsweise für Ausrüstung oder Asservate. In so ziemlich jeder Dienststelle befindet sich weiterhin ein Raum, welcher gemeinhin als »Sozial-» oder »Aufenthaltsraum«, »Teeküche« oder auch »Stüberl« bezeichnet wird. Diese Etablissements sind zumeist mit Sitzmöbeln, Kühlschränken, Kochgelegenheiten, jeder Menge benutztem Geschirr sowie zahlreichen Hinweisschildern ausgestattet, auf welchen in mehr oder weniger höflicher Form zur Reinlichkeit in diesen Räumen ermahnt wird. Der zentrale Bestandteil dieser Räume ist jedoch zumeist die Kaffeemaschine, welche sich in den verschiedensten Altersstufen, Zubereitungsvarianten und mit den ausgefeiltesten technischen Raffinessen präsentiert.

Die klassische Zubereitungsvariante, zumeist für die Puristen unter den Kaffeetrinkern, besteht aus einer einfachen Filterkaffeemaschine. Für die ganz Hartgesottenen tut es eine Filterkaffeemaschine mit Glaskanne und integrierter Heizplatte, auf der das morgens angesetzte Gebräu tagsüber gemütlich vor sich hin köchelt und, als letzter Absacker vor Feierabend in den späten Nachmittagsstunden genossen, seinen vollen Wirkungsgrad entfaltet.

Eine Stufe weiter sind da schon die Besitzer von Pad- oder Kapselmaschinen. Auch hier sind die unterschiedlichsten Geräte in verschiedenen Abnutzungsgraden im Umlauf. Auch finden sich stellenweise kleine Vollautomaten, die jedoch erfahrungsgemäß nicht wirklich für die hohe Taktzahl ausgelegt sind, die einer Kaffeemaschine bei der Münchner Polizei abverlangt wird. Für den Zeitraum, in der sich der kleine Vollautomat zur Reparatur befindet, wird dann gerne auf die mittlerweile leicht verstaubten, aber noch funktionstüchtigen Filterkaffeemaschinen zurückgegriffen.

Die höchste Evolutionsstufe an Kaffeemaschinen findet sich zumeist in Dienststellen mit Schichtbetrieb, bei welchen böse Zungen behaupten, dass hier die Kaffeeversorgung einen elementaren Bestandteil der Einsatzbereitschaft darstellt. Es handelt sich hierbei um vollautomatische Großmaschinen mit einer Vielzahl von angebotenen Kaffeeprodukten, zumeist mit verheißungsvoll klingenden

Namen. Die angebotenen Cappuccinos, Latte Macchiatos, Espressos, Americanos und Lungos lassen sich teilweise noch mittels besonderer Geschmackszusätze wie Karamell-, Schokoladen- oder Vanillesirup zu absoluten High-End-Getränken veredeln, wobei die Sortenvielfalt hier mitunter sogar überfordern kann.

Aber das Polizeipräsidium München wäre keine waschechte Behörde, wenn es nicht für jede Form der Kaffeeversorgung ein ausgeklügeltes Verwaltungssystem geben würde, egal ob es sich um lauwarmen Filterkaffee oder um eine frisch aufgebrühte und veredelte Spezialkreation aus dem Vollautomaten handelt. Von Dienststelle zu Dienststelle kursieren hier die unterschiedlichsten Bezahlsysteme, von analogen Strichlisten über Flatrate-Beteiligungen bis hin zu digitalen Chip-Systemen ist hier alles dabei. Daneben gibt es noch Beauftragte für den Nachschub an Bohnen und Milch, Ansprechpartner für die technische Unterstützung, umfangreiche Bedienungsanleitungen und natürlich ausgefeilte Putzpläne für die jeweilige Maschine.

Jetzt könnte man natürlich den um den Kaffee betriebenen Aufwand für übertrieben halten, schließlich geht es an sich ja nur um ein Heißgetränk. Aber Tatsache ist, dass der Kaffee bei der Münchner Polizei auch eine große soziale Komponente innehat. Der gemeinsame Kaffee zur Morgenbesprechung, nach den Mahlzeiten oder zur klassischen Kaffeepause sorgt für eine kurze, aber wichtige Zäsur im polizeilichen Alltag. Auch kann, gerade im Streifendienst, eine Tasse Kaffee nach dem Einrücken von einem stressigen oder schwierigen Einsatz eine wichtige Maßnahme darstellen, bevor man sich zumeist daranmachen muss, das Geschehene zu Papier zu bringen und am Computer in Worte zu fassen. Und schließlich sorgt auch das gemeinsame Schimpfen über die kaputte Maschine, den vollen Satzbehälter, den meistens gleichzeitig leeren Wasserbehälter und den wieder einmal völlig desolaten Sauberkeitsgrad des »Stüberls« für eine gewisse verbindende Kommunikation – vielleicht nicht auf den ersten Blick, aber bestimmt auf den zweiten!

Text: **Matthias Pötsch**

075

HELDEN AUF VIER PFOTEN

Die Hundestaffel

Hallo, mein Name ist Cox. Ich bin ein achtjähriger Belgischer Schäferhund und habe einen der aufregendsten Jobs der Welt. Ich bin Diensthund der bayerischen Polizei. Um noch etwas genauer zu werden: Ich verrichte meinen Dienst als Rauschgiftsuchhund und Schutzhund mit 42 weiteren Hunden bei der Münchner Polizei in der Angerlohstraße. Dabei hat jeder von uns eine Ausbildung als Schutzhund und entweder eine Spezialausbildung als Rauschgift- oder Sprengstoffsuchhund erhalten. Bis auf unsere beiden Personensuchhunde – das sind absolute Spezialisten, welche keine Schutzdienstausbildung durchlaufen. Manchmal werden wir auch als »Helden auf vier Pfoten« bezeichnet, aber so weit möchte ich gar nicht gehen, denn ich arbeite gerne mit meinem Herrchen zusammen und wenn ihm einer etwas Böses will, dann werde ich ihn bis aufs Letzte verteidigen. Heldenhaft? Sagen andere. Selbstverständlich! Sage ich.

Ich war nicht immer Polizeihund. Im Alter von 1,5 Jahren wurde ich auf meinen Spieltrieb und andere Leistungsmerkmale überprüft. Dabei wurde mein Potenzial erkannt und ich auf Probe angekauft. Für mich war es nicht so einfach, mein gewohntes Umfeld zu verlassen, und so war das erste Zusammentreffen mit meinem heutigen Herrchen von meiner Seite aus etwas verhalten, aber meine Neugierde war groß. Wie wird er wohl sein? Wird er sich ausreichend um mich kümmern? Wie schaut wohl unser Zuhause aus? Wo wird »unsere Reise« hingehen? Und was hat es nur immer mit diesem »Aus« auf sich?

Das Glück war anscheinend auf meiner Seite. Ich hatte ein Haus mit Garten für mich und das neue Herrchen war ständig in meiner Nähe. Ich glaube, wenige Hunde dürfen so viel Zeit mit ihrem Herrchen verbringen wie wir Polizeihunde, und ich war mir damals schon sicher, dass ich diesen Job lieben werde.

Nach dem ersten »Beschnuppern« ging es auch schon los mit dem Training. Eine herrliche Zeit. Gut, dass er mit einem Clicker[1] arbeitete. Das vereinfachte mir die ganze Ausbildung wesentlich. Die Sache mit der klassischen sowie mit der operanten Konditionierung ist schon etwas Wundervolles. Es dauerte nicht lange und er hatte verstanden, dass er immer nur auf den Clicker drücken muss, bevor er mir ein Leckerli geben oder mit mir spielen darf. Zusammen mit den Ausbildern hatten wir schö-

1 Der Clicker ist ein Hilfsmittel für die Hundeausbildung, um erwünschte Verhaltensweisen zu verstärken. Dabei wird ein akustisches Signal durch diesen abgegeben, welches für den Hund immer eine positive Folge hat (in Form von z. B. Futtergabe, Spiel).

ne, arbeitsame eineinhalb Jahre. Ob Fährtenarbeit, Schutzdienst oder Unterordnung, es gab immer sehr viel Abwechslung und Spaß. Nur an diesen Tagen, an welchen das Wort »Prüfung« häufig fiel, war er seltsamerweise ziemlich angespannt. Verstanden habe ich das bis heute nicht, aber ich glaube, ich konnte ihm immer wieder die nötige Sicherheit dafür geben und nachdem wir bestanden hatten, brach eine andere, jedoch sehr spannende Zeit für uns an.

Ab diesem Zeitpunkt fuhren wir häufig Streife und es war für mich eine große Umstellung, denn das Gegenüber war nicht, wie sonst im Training, immer nur gut auf mich zu sprechen. Das Blaulicht mit Martinshorn wurde für mich ein Geräusch, das meinen Puls sogleich in die Höhe schnellen ließ, denn dann wurden meine Dienste eilig benötigt. Ich weiß schon gar nicht mehr, wie oft ich irgendwelche Gebäude nach möglichen Einbrechern abgestöbert habe, aber ich kann mich noch genau daran erinnern, dass wir mehrfach Erfolg dabei hatten. In fast allen Fällen war meine bloße Anwesenheit und mein Bellen ausreichend genug, dass die Täter, sichtlich beeindruckt, vor mir standen und sich problemlos festnehmen ließen. Nur dieses eine Mal, in diesem Café nahe der Theresienwiese, da musste ich dem Bellen auch Taten folgen lassen, nachdem der Einbrecher durch das Kellerlabyrinth flüchtete und dann, als es für ihn nicht mehr weiterging, auf mein Herrchen heranstürmte und meine lautstarke Warnung achtlos in den Wind schlug. Von wegen Hunde, die bellen, beißen nicht …

Viele Ereignisse sammelten sich im Laufe der Jahre an. Bei etlichen Fußballeinsätzen konnte ich zusammen mit meinen anderen »Hundekollegen« rivalisierende Fußballgruppierungen voneinander trennen, Auseinandersetzungen während der Streife schon im Vorfeld durch ernsthaftes Gebell verhindern. So manches Diebesgut oder Tatwerkzeug wurde durch mich und die anderen Diensthunde aufgefunden. Kindern und auch Erwachsenen konnten wir bei Vorführungen ein Lächeln ins Gesicht zaubern und so wurden die Erfolge, aber auch die Arbeit, von Jahr zu Jahr mehr, worüber wir weder meckern noch murren, sondern immer mit Freude bei der Sache sind. Für mich gibt es jedenfalls nichts Schöneres, als ständige Abwechslung und eine Aufgabe zu haben.

Meine häufigste Tätigkeit und absolute Lieblingsbeschäftigung ist jedoch, mit Einschränkungen, die Rauschgiftsuche. Warum Einschränkungen? Nun, manche der Wohnungen in meiner bisherigen Dienstzeit waren nicht gerade die ordentlichsten. Hin und wieder konnte ich nicht mal den Fußboden erkennen und musste mich durch Wäscheberge kämpfen, um überhaupt in die Nähe des Stoffes zu kommen. Da! War da nicht der Geruch nach Cannabis? Ich will es finden, mein Herrchen glücklich machen. Er freut sich immer so wahnsinnig, wenn ich erfolgreich bin. Irgendwo in diesem Schreibtisch muss es sein. Meine Riechfrequenz steigt auf etwa 300 Mal pro Minute. Der Geruch wird bei der untersten Schublade stärker. Ich bin mir sicher, hier muss es sein, schnaufe noch einmal tief durch die Nase ein, zeige mit meiner Nasenspitze auf den Spalt oberhalb der Schublade, wo der Geruch am stärksten ist, verharre, warte, bis er nachgeschaut, und, wie nicht anders zu erwarten war, den Stoff sichergestellt hat. Und da ist sie. Diese ehrliche Freude von ihm. Er holt »unser« Spielzeug heraus und jetzt bin auch ich glücklich und zufrieden.

Überhaupt ist es mir das größte Bedürfnis, mein Herrchen stolz zu machen, wobei auch ein wenig Eigennutz dabei ist. Denn die Belohnung, wenn meine Leistungen gut waren, ist natürlich auch für mich nicht zu verachten. Und ich rede an dieser Stelle nicht nur von Futter und Spiel, sondern auch lobende Worte oder eine Streicheleinheit sind für mich äußerst wertvoll. Das ist mit der Grund, warum wir als Team so harmonieren. Diese Teamfähigkeit ist essentiell für unseren Job. Wenn ich mal wieder bei einer Absuche ein paar Stellen auslasse, weist er mich darauf hin, dass ich genau dort noch suchen soll. Und wenn er mal eine im Gebüsch versteckte Person nicht bemerkt, liegt es an mir, ihn darauf aufmerksam zu machen.

Wir haben während der letzten sechseinhalb Jahre schon viel Schönes und viel Schlechtes miteinander erlebt, mein Herrchen und ich. Waren immer füreinander da, egal, wie schlecht es ihm oder mir ging. Aber langsam merke ich mein Alter schon ein wenig. Hin und wieder »zwickt« es hier und da ein bisschen im Körper und die Erholungsphase nach der Nachtschicht wird immer länger. Doch die zwei Jahre bis zum Ruhestand sollten schon zu bewerkstelligen sein. Immerhin will ich ja noch etwas erleben, bevor ich meinen Lebensabend genießen kann und rückblickend vielleicht feststellen werde, dass ich die Welt, im Rahmen meiner Möglichkeiten, ein kleines bisschen besser gemacht habe. Und wenn nicht die Welt, dann auf alle Fälle die Welt für mein Herrchen.

Text: **Christoph Lipp**

KULTSTÄTTE AUF GIESINGS HÖHEN

Das Städtische Stadion an der Grünwalder Straße

Wann immer in München die Begriffe »Fußball« und »Tradition« im gleichen Atemzug genannt werden, kommt das Gespräch im Regelfall relativ schnell auf das »Grünwalder Stadion« im Stadtbezirk Giesing. Obwohl auch der FC Bayern und andere Vereine dort jahrelang ihre fußballerische Heimat fanden, ist es den meisten Fußballanhängern doch gemeinhin als »Sechzgerstadion« geläufig. Ganz ohne Pathos ist es neben dem Dantestadion schlicht eines von zwei im Eigentum der Landeshauptstadt stehenden Stadien in München: das Städtische Stadion an der Grünwalder Straße 4.

Gerne mit Adjektiven wie »altehrwürdig« oder »legendär« in Kontext gestellt, kann der Fußballtempel tatsächlich auf eine ereignisreiche Historie zurückblicken:

1911 als Sportplatz des Turnvereins von 1860 als einer der ersten Sportplätze Münchens mit einer Tribüne von 160 überdachten Sitzplätzen erbaut und 1925 mit Fertigstellung der sogenannten Stehhalle auf eine Kapazität von 24 000 Zuschauern erweitert, kam es im April 1926 bereits zu einem ersten Zuschauerrekord, als rund 30 000 dicht gedrängt um das Spielfeld stehende Zuschauer die Begegnung des nach dem Ausbau ebenfalls im Stadion spielenden FC Bayern München gegen den späteren Deutschen Meister SpVgg Fürth verfolgten. Bei dem im gleichen Jahr stattfindenden Länderspiel Deutschland – Schweiz sollte sich dieser Rekord sogar noch auf 35 000 Zuschauer steigern.

Zu dieser Zeit wurde im Stadion nicht nur Fußball gespielt. Unter anderem wurden dort Leichtathletik-Wettkämpfe, Radrennen und Feldhandballspiele ausgetragen. Neben diversen anderen Organisationen taucht in den Annalen auch die Polizei schon sehr früh als Mitnutzer des Stadions auf.

Ab 1927 erfolgten diverse Umbenennungen, u. a. in »1860-Heinrich-Zisch-Stadion« und »Städtische Hanns-Braun-Kampfbahn«, bis im Jahre 1945 erstmals der Name »Städtisches Stadion an der Grünwalder Straße« auftauchte, welcher – mit Ausnahme einer »Degradierung« zur Bezirkssportanlage in den Jahren 1975 bis 1979 – bis heute Bestand hat.

Nach dem Wiederaufbau des im Zweiten Weltkrieg beschädigten Stadions ist der erste größere Polizeieinsatz aus dem Jahr 1948 überliefert, als dort am 14. März das Spitzenspiel der Oberliga Süd zwischen dem TSV 1860 München und dem 1. FC Nürnberg ausgetragen wurde. In dem völlig überfüllten und noch vom Krieg gezeichneten Stadion drängte sich an diesem Tag die unvorstellbare Zahl von fast 60 000 Zuschauern – ein bis heute unerreichter Rekord.

Die Anzahl der Eintrittskarten war von der Stadt auf 45 000 beschränkt worden, was den TSV 1860 jedoch nicht daran hinderte, wesentlich mehr Karten zu verkaufen. Der damalige Münchner Polizeipräsident Franz Xaver Pitzer erfuhr im Tagesverlauf von diesem Umstand und ließ daraufhin die Begegnung absagen. Diese Anordnung traf – angeblich – erst nach Anpfiff beim damaligen Präsidenten des TSV 1860, Adalbert Wetzel, ein, sodass es dennoch zur Durchführung der Begegnung kam, in deren Verlauf sich für heutige Verhältnisse unvorstellbare Szenen abspielten: So musste die berittene Polizei bei Eckbällen und Einwürfen die Zuschauer zumindest an den Spielfeldrand zurückdrängen, Sanitäter waren im Dauereinsatz, um Ohnmächtige zu bergen. Der 2:1-Sieg der Löwen gegen den späteren Deutschen Meister Nürnberg geriet dabei fast zur Nebensache.

Auch in den Folgejahren kam es bis heute immer wieder zu denkwürdigen polizeilichen Einsätzen verschiedensten Ausmaßes. Gerade bei den Stadtderbys der verschiedenen Mannschaften des FC Bayern München und des TSV 1860 München kam es wiederholt zu großen und öffentlichkeitswirksamen Einsätzen der Münchner Polizei, welche meist mit ganz erheblichem Personal- und Sachaufwand bewältigt wurden.

Großes Aufsehen erregte auch das Spiel der »Löwen« gegen den 1. FC Schweinfurt 05 im September 1982, als die Spielfeldumzäunung von zahlreichen Zuschauern niedergerissen und das Schiedsrichtergespann von Fans und Ordnern (!) über den Platz gejagt und geschlagen wurde. »Als Gründe können sowohl die Zwangsversetzung des TSV 1860 in den Amateurbereich sowie die Schiedsrichterleistung angenommen werden«, ist hierzu von einem offensichtlich »fußballsachverständigen« Beamten lapidar im polizeilichen Protokoll vermerkt.

Vielen Fußballanhängern ist sicherlich aus der jüngeren Vergangenheit auch noch die Aktion von Anhängern des FC Bayern im Gedächtnis, bei welcher im Jahr 2008 in einer nächtlichen Aktion die Westkurve und somit das »Wohnzimmer« der Anhänger des ungeliebten Ortsrivalen mit rot-weißer Farbe bemalt wurde.

Verschiedentlich kam es auch zu Diebstählen des Stadioninventars. So war beispielsweise nicht nur einmal das Fehlen von Teilen der sprichwörtlich mit Patina überzogenen Anzeigetafel in der Westkurve festzustellen.

Derzeit zählt das Giesinger Wahrzeichen, inmitten des mittlerweile innerstädtischen Arbeiterviertels und umgeben von zahlreichen Gaststätten und Kneipen, zu den Fußballstadien mit der höchsten Nutzungsdichte in ganz Deutschland. Neben der 1. Mannschaft des TSV 1860 München bestreiten derzeit die 2. Mannschaft des FC Bayern München sowie dessen Damenmannschaft dort ihre Pflichtspiele.

Polizeilich geführt werden diese Begegnungen größtenteils von den »Giesinger Schandis« der Polizeiinspektion 23 in der Chiemgaustraße. Das Verhältnis zwischen Fans und Polizei ist dabei durchaus mit dem zweier gegnerischer Fußballmannschaften vergleichbar: Es besteht keine Freundschaft, jedoch schätzt und respektiert man die jeweils andere Partei und pflegt ein faires Miteinander. Einigkeit besteht in jedem Fall hinsichtlich der Wertschätzung der traditionsreichen Spielstätte und seines kultigen Umfeldes.

Text: **Harald Schertler**

Randale 1982

077

KULT: DER BAROCKENGEL

Isar 12

Wer kennt ihre Namen nicht? Gefragt wird nach den Darstellern einer Fernsehserie mit Kultstatus aus den frühen 1960er-Jahren, die man getrost auch als vorabendlichen Straßenfeger bezeichnen darf. Zu nennen sind da Fritz Straßner, Maxl Graf, Elmar Wepper, Veronika Fitz, Maria Singer, Rosl Mayr, Helmut Fischer, Hannelore Elsner und vor allem die Hauptdarsteller Karl Tischlinger, Wilmut Borell und Eberhard Mondry. Sie alle und viele mehr wirkten in der 35 Folgen umfassenden Serie »Funkstreife ISAR 12« mit, die Einblicke in das Leben und vor allem in die kleinen Geschichten des Alltags einer Wagenbesatzung der Münchner Funkstreife von 1960 bis 1963 gewährte.

Aber was verbirgt sich hinter der Bezeichnung »Isar 12«? Es ist ein Funkrufname, mit dem ab 1956 ein für einen bestimmten Bereich in München zugewiesener Wagen der Münchner Funkstreife benannt war. Der eigentliche »Isar 12« war originär für den Streifenbereich Süd und Ost, einschließlich der Männerherberge in der Pilgersheimer Straße sowie auch für den Schlachthof bis zur Isar zuständig. Mit »Isar 12« wurde dieser Wagen von der Funkzentrale im Polizeipräsidium in der Ettstraße gerufen bzw. mit diesem Rufnamen meldete sich die Wagenbesatzung bei der Zentrale.

Der heutige »Isar 12« stellt in erster Linie eine Reminiszenz an den Titel der damaligen Fernsehserie und den damit untrennbar verbundenen BMW 501 – den sogenannten Barockengel – dar. Der besagte BMW 501 (Serie 3) wurde 1961 von der Beschaffungsstelle für Kraftfahrzeuge der Landeshauptstadt München von der BMW AG für knapp 13 000 DM erworben. Die Frage, warum die Stadt München als Käufer für das Fahrzeug auftritt, lässt sich rasch beantworten, wenn man sich vergegenwärtigt, dass die Münchner Polizei damals städtisch war. So wurde der Wagen mit der Fahrgestellnummer 48423 nach seiner Zulassung im April 1961 zwar in den Polizeidienst gestellt, allerdings nicht, wie mit Blick auf sein heutiges Aussehen und seinen Namen »Isar 12« zu erwarten gewesen wäre, bei der Münchner Funkstreife. Das Fahrzeug war bei seiner Auslieferung auch nicht mit der damals üblichen tannen- bzw. polizeigrünen Farbe der Funkstreifenwagen versehen, sondern im eleganten Dunkelblau lackiert. Vor diesem Hintergrund verwendete man den späteren »Isar 12« in den ersten Jahren mit dem Kennzeichen M-PL 239 tatsächlich als Zivilfahrzeug bei der Münchner Polizei. Erst 1965 wurde dieser Wagen der Funkstreife zugeteilt und nach Umlackierung in das bekannte Polizeigrün als Wagen im Funkstreifendienst eingesetzt.

Der Kilometerzähler zeigte 133 093 km, als dieses Fahrzeug Ende 1971 stillgelegt wurde. Ein zwölf Jahre anhaltender Dornröschenschlaf folgte. Mit einer ersten Probefahrt am 10. November 1983

M PM 861H

wurde der Barockengel wieder erweckt und trat anschließend bei Ausstellungen und Filmaufnahmen, aber auch als mehrfacher Teilnehmer an Oldtimerfahrten, wie der »ADAC Bavaria Historic« wieder in Erscheinung.

Ende der 1990er-Jahre wurde das Fahrzeug durch die Kfz-Werkstatt der VII. Abteilung der Bayerischen Bereitschaftspolizei in mühevoller Arbeit liebevoll restauriert, wobei u. a. auch der Motor überholt, die Kupplung erneuert und das Getriebe neu gelagert wurden. Zudem wurde die Innenausstattung eines Funkstreifenwagens BMW 501 wieder original hergestellt.

Seitdem steht dieser Meilenstein der BMW-Automobilgeschichte mit seiner barocken Linienführung nicht nur in optischer Hinsicht als einzigartiges Repräsentationsobjekt dem Polizeipräsidium München wieder zur Verfügung.

Vielleicht kann man den Stellenwert für diesen wahrlich besonderen Wagen nochmals verdeutlichen, wenn wir nachfolgend den ehemaligen Funkstreifenbeamten Arved Semerak mit seinen Erinnerungen an den Barockengel zu Wort kommen lassen: »Der 501 war mit einem besonderen Nimbus versehen! Man kann den Wagen vielleicht heute mit dem Namen Maybach vergleichen, so viel Wertschätzung wurde dem Barockengel entgegengebracht. Wir hatten zwar keinen V8, aber die Vorzüge dieses mit V6 ausgestatteten Oberklassefahrzeuges waren phänomenal. Er hatte Lenkradschaltung, der Motor war kaum hörbar, sodass der Wagen leise dahinglitt. Wenn man die Türen zumachte, dann war das so, als ob man einen Tresor schloss! Es war ›einfach‹ etwas ganz Besonderes, mit diesem Wagen fahren zu dürfen. Nur die Feuerwehr, der Oberbranddirektor, hatte einen V8. Ach ja, wenn man schnell in die Kurve fuhr, dann quietschten die Reifen. Und egal wo wir hinkamen: Man fiel auf, der Wagen war immer eine große Attraktion – er sah und sieht natürlich auch heute noch fantastisch aus!«

Diesen persönlichen Eindrücken ist wohl nichts hinzuzufügen.

Technische Daten

In Dienst gestellt:	20. April 1961	
Kennzeichen bis 1965:	M-PL 239	
Weitere Kennzeichen:	M-7249	
	»Isar 12«	
	M-PM 861H	
Ausgesondert am:	2. September 1971	
Stillgelegt am:	23. November 1971	
Wiederinbetriebnahme:	November 1983	
Technische Daten:	6-Zylinder-Reihenmotor	
	2 077 ccm	Hubraum
	72 PS	Leistung
	145 km/h	Höchstgeschwindigkeit
	1 295 kg	Leergewicht
	1 800 kg	zulässiges Gesamtgewicht
	4 780 mm	Länge
	1 705 mm	Breite

Der »Isar 12« trägt heute das amtliche Kennzeichen M-PM 861H. An dieser Stelle sei verraten, dass aus den letzten beiden Ziffern – wie bei anderen historischen Fahrzeugen des Polizeipräsidiums München auch – das Baujahr des Oldtimers zu ersehen ist. So lässt sich aus der 861 das Herstellungsjahr 1961 dechiffrieren.

Mit dieser Erkenntnis versehen wollen wir den Artikel mit einem nochmaligen Blick auf die Fernsehserie »Funkstreife ISAR 12« beschließen und verkünden frei nach Wilhelm Busch:

Des Präsidiums »Isar 12«, der edle Engel,
war nicht der Fernsehstar, welch böser Bengel!

Text: **Peter Gloël**

078

IMMER MIT DABEI IM VIERTEL

Die KOB-Tasche

Verehrte Leserin, verehrter Leser, ich darf mich Ihnen kurz vorstellen: Ich bin eine »Kontaktbereichsbeamten-Tasche«, kurz KOB-Tasche. Mich und den Kontaktbeamten gibt es seit Jahrzehnten bei der Münchner Polizei. Vor zwanzig, dreißig Jahren war der Kontaktbeamte bei der Münchner Bevölkerung dafür bekannt, dass dieser Polizist in Uniform und zu Fuß und mit seinem Ledertascherl durch sein seit Jahren betreutes Stadtviertel flanierte, Ansprechpartner für die Bewohner, egal ob alt oder jung, war und gerne mal auf einen Plausch am Gartenzaun stehen blieb; natürlich auch, um die neuesten Nachrichten aus dem Viertel zu erfahren …

Mich alte Ledertasche gibt es nicht mehr, ich wurde ausrangiert bzw. modernisiert. Ich bin jetzt in schickem Nylon unterwegs. Der Kontaktbeamte, ja, den gibt es immer noch, zwar auch etwas verjüngt, ist aber nicht mit weniger Motivation beratend in seinem Stadtviertel unterwegs. Das Polizeipräsidium München investiert viel Zeit und Personal in die Präventionsarbeit; dadurch hat sich auch der Aufgabenbereich eines Kontaktbeamten erweitert.

Sie glauben gar nicht, was ich als KOB-Tasche alles mit meiner mir zugeteilten Kontaktbeamtin erlebe. Wenn ich da ein Buch drüber schreiben würde, ach, das würde ja gar keiner glauben… Meine Kontaktbeamtin ist seit gut 16 Jahren im gleichen Stadtviertel unterwegs und ich denke, es gibt nur wenige Anwohner, die nicht wissen, wer »ihre« Kontaktbeamtin ist. Das kommt sicher auch daher, dass ein Kontaktbeamter des Polizeipräsidiums München schon sehr früh mit seinen Kontakten anfängt; nämlich im Kindergarten.

Ich als KOB-Tasche werde im Kindergarten immer mit ganz großen Augen angeguckt; ob es sich wohl rumgesprochen hat, dass meine Kontaktbeamtin immer echte Polizeiluftballons dabeihat? Aber bevor es die gibt, werden den Kindern erst einmal alle Fragen über die Polizei beantwortet; auch wird mit den Vorschulkindern das richtige Verhalten im Straßenverkehr geübt; und wenn die Kinder die Polizeidienststelle besuchen dürfen, dann gibt es kein Halten mehr: Die Handschellen werden ausprobiert, ganz vorsichtig wird eine richtige Gefängniszelle inspiziert und dann auch noch das coole Polizeiauto gestürmt. Sie glauben ja gar nicht, wie viele Kinder in so einen uniformierten Pkw reinpassen und dann vor allem nicht mehr raus wollen. Rekord waren 21 Kinder … da hatte ich als KOB-Tasche natürlich keinen Platz mehr.

Meine Kontaktbeamtin nimmt mich aber auch in die Grundschule mit. Da kann ich mich noch an viele Kinder aus dem Kindergarten erinnern oder die Kinder sich an mich oder vielleicht auch

... spricht da wirklich die Polizei?
Ihre Münchner Polizei rät:
Vorsicht vor falschen Polizisten!
Schützen Sie sich vor Trickdiebstahl und Trickbetrug
Betrüger geben sich am Telefon als Polizisten oder Behördenmitarbeiter aus.
• Lassen Sie sich nicht unter Druck setzen, auch nicht durch angeblich dringende Ermittlungen zu einem Einbruch in der Nähe!
• Die echte Polizei fordert niemals Bargeld, Überweisungen oder Wertgegenstände von Ihnen, um Ermittlungen durchzuführen!
• Rufen Sie nie über die am Telefon angezeigte Nummer zurück, sondern fragen Sie beim Notruf 110 nach!
Gesundes Misstrauen ist keine Unhöflichkeit!
Im Zweifel ...
Polizeinotruf 110
Ihre Münchner Polizei
ROTE Karte
dem Taschendiebstahl
MSF
Mit freundlicher Unterstützung
durch das Münchner Sicherheitsforum e.V.
Ihre Münchner Polizei rät:
Vorsicht vor falschen Handwerkern!
Schützen Sie sich vor Trickdiebstahl und Trickbetrug
Betrüger geben sich als Handwerker, Behördenmitarbeiter oder Polizisten aus.
• Lassen Sie niemals Unbekannte in Ihre Wohnung.
• Nutzen Sie Sicherheitsvorkehrungen wie Türspion, Gegensprechanlage oder Sperrbügel.
• Überprüfen Sie die Angaben durch telefonische Nachfrage bei der zuständigen Firma bzw. Behörde! Teilen Sie dies dem Unbekannten vor der Türe mit.
Gesundes Misstrauen ist keine Unhöflichkeit.
Rufen Sie bei verdächtigen Feststellungen den ...
Polizeinotruf 110
Ihre Münchner Polizei
ROTE Karte
dem Taschendiebstahl
BEWIRB DICH JETZT
Bayer. Polizei
HALT POLIZEI
TROPFPFLASTER

an meine Kontaktbeamtin … Jedenfalls kennt man uns. In der Grundschule wird der Kontakt zur Polizei vertieft, hauptsächlich in Form von Unterrichten, wie z. B. über »Mutproben-Gewalt-Ausgrenzung«, »gutes und schlechtes Geheimnis«, »Polizeinotruf«, eben Themen, die den Kindern helfen sollen, selbstbewusst und selbstsicher groß zu werden. Begleitend dazu finden auch Elternabende zu diesen Themenbereichen für die Eltern der Abc-Schützen statt. Da habe ich als KOB-Tasche immer ganz schön schwer an dem ganzen Informationsmaterial zu tragen. Selbstverständlich ist meine Kontaktbeamtin auch für die größeren und kleineren Probleme ihrer Grundschüler immer ein Ansprechpartner. Wie etwa einem Erstklässler zur Hilfe eilen, dessen Mutter ihn nach Wochen immer noch bis ins Klassenzimmer begleitete, was selbstredend »voll peinlich« war und dieser junge Mann um polizeiliche Unterstützung am Schultor bat. Sie werden es nicht glauben, diese Problematik konnte noch am gleichen Tag unbürokratisch aus der Welt geschafft werden.

Manchmal gönnt mir meine Kontaktbeamtin auch eine kleine Auszeit. Da stehe ich in ihrem Büro in der Ecke und lausche dem »Tack Tack Tack« auf der Computertastatur. Dann müssen Berichte an die verschiedenen Fachkommissariate und andere Stellen, wie z. B. das Sozialbürgerhaus oder das Gesundheitsamt, geschrieben werden. Diese Berichte folgen auf Beratungsgespräche oder Opfernachsorgen. Wenn jemand Opfer u. a. eines Einbruchs, einer häuslichen Gewalt oder eines Trickbetruges geworden ist, dann hilft der Kontaktbeamte im Nachgang mit Gesprächen, Weiterleitung an andere Hilfsorganisationen oder einfach mit einer Schulter zum Ausweinen. Da bekommt man manchmal ganz schön heftige Geschichten mit: Geschlagene Frauen mit kleinen Kindern, die nicht wissen, ob sie ihrem Ehemann noch mal verzeihen sollen; Rentner, die Trickbetrügern ihre ganzen Ersparnisse überlassen haben oder einfach Menschen, die seit Jahren im Streit mit ihren Nachbarn leben und nicht mehr ein noch aus wissen. Die Kontaktbeamten in München bieten in diesem Zusammenhang auch »Polizeikurse für Zivilcourage und Selbstbehauptung« sowie »Seniorenvorträge« in Bezug auf Trickbetrug, falsche Polizeibeamte und Haustürgeschäfte an. Da habe sogar ich als KOB-Tasche noch was lernen können und viele interessante Tipps und Tricks mitbekommen.

Erwähnen möchte ich auch noch, dass meine Kontaktbeamtin und ihre Kontaktbereichsbeamtenkollegen wahre Meister im Auf- und Abbau von großen, sich gerne ineinander verhakenden Infostand-Pavillons sind. Diese Polizei-Informationsstände mag ich als KOB-Tasche besonders gerne. Draußen an der frischen Luft, an gut frequentierten Plätzen oder auch bei Schul- oder Pfarrfesten… da trifft man häufig auf viele besondere und ganz besondere Menschen. Manchmal denke ich mir bei den Gesprächen und Fragen, die da so an die Polizei herangetragen werden, dass ein Kontaktbeamter locker ein »Studio für Lebensfragen aller Art« eröffnen könnte. Andererseits zeigt es aber auch das Vertrauen des Münchner Bürgers in seine Polizei, vor allem wenn es um Themen geht, die so gar nichts mit »Polizei« zu tun haben, aber genau solche Begebenheiten und Begegnungen machen ein gutes Verhältnis zwischen Bürger und Polizei aus. Und so soll es auch sein: Ein Gespräch von Mensch zu Mensch!

Ich hoffe, meine Kontaktbeamtin übt noch lange ihren Kontaktbeamtenjob aus, denn ich als KOB-Tasche bekomme gerne selbst gemalte Bilder von Kindern zugesteckt, erfreue mich an einem »Danke, schön dass die Polizei da ist!«, flaniere gerne durch mein Stadtviertel und bleibe genauso gerne wie mein Vorgänger auf einen Plausch am Gartenzaun stehen; natürlich auch, um die neuesten Nachrichten aus dem Viertel zu erfahren …

Text: **Carolin Landsmann**

SPIELE DES SCHRECKENS

Das Olympiaattentat

Am 5. September 1972 drangen um 4:10 Uhr acht mit Kalaschnikows (AK-47 S) bewaffnete Mitglieder der palästinensischen Organisation »Schwarzer September« in das Münchner Olympiadorf (Connollystr. 31) ein. Die Waffen hatten sie zur Tarnung in Sporttaschen versteckt. Aus diesem Grund wurden sie auch von Monteuren der Post, die sie beobachtet hatten, für heimkehrende Sportler gehalten. Gegen 4:35 nahmen sie elf israelische Sportler (David Mark Berger, Zeev Friedman, Yossef Gutfreund, Eliezer Halfin, Josef Romano, André Spitzer, Amitzur Schapira, Kehat Shorr, Mark Slavin, Yakov Springer und Mosche Weinberg) in ihren Appartements als Geiseln, wobei bereits zwei der Geiseln ermordet wurden.

Die Geiselnehmer forderten die Freilassung von 232 palästinensischen Gefangenen sowie von Andreas Baader, Ulrike Meinhof und dem japanischen Terroristen Kōzō Okamoto. Um 10 Uhr trat ein Krisenstab mit Innenminister Bruno Merk, dem Münchner Polizeipräsidenten Manfred Schreiber, den Funktionären Willi Daume und Avery Brundage sowie Staatssekretär Erich Kiesl zusammen. Da die israelische Regierung einen Gefangenenaustausch ablehnte, forderten die Terroristen, vertreten durch ihre beiden Anführer mit den Decknamen »Issa« und »Tony«, freies Geleit mit den Geiseln und ein Flugzeug nach Kairo. Eine, nach heutigen Maßstäben eher dilettantisch vorbereitete, Befreiungsaktion im Olympiadorf war von den Terroristen bemerkt worden, da diese aus Radio und Fernsehen vom Aufmarsch der Polizei erfahren hatten; man hatte versäumt, den Terroristen den Strom abzustellen und die Presse aus dem Olympischen Dorf zu verweisen. Die Befreiungsaktion musste deshalb abgebrochen und die Palästinenser mit ihren Geiseln in zwei Hubschraubern zum Fliegerhorst Fürstenfeldbruck geflogen werden, da sie ein Flugzeug für einen Flug nach Kairo, den Abzug der Scharfschützen und freies Geleit für sich und die Geiseln gefordert hatten.

Auf dem Flugfeld von Fürstenfeldbruck plante die bayerische Polizei eine weitere Befreiungsaktion. Nach dem Eintreffen der beiden Hubschrauber und der Inspektion des bereitstehenden Flugzeugs durch die Terroristen »Issa« und »Tony«, wurde um 22:35 Uhr die komplette Flughafenbefeuerung ausgeschalten, und als die beiden Terroristen zu den Hubschraubern zurückeilten, erteilte Innenminister Bruno Merk dem Polizei-Einsatzleiter den Feuerbefehl. In diesem Moment schaltete die Polizei große Scheinwerfer ein und bestrahlte damit das Rollfeld. Die fünf Scharfschützen hatten jedoch keinen Funkkontakt zueinander und schossen ohne Zielabsprache. So wurde mit der ersten Salve nur der stellvertretende Kommandoführer »Tony« getroffen und die Terroristen begannen das

Feuer zu erwidern. Der Kampf zog sich hin, bis um etwa 00:00 Uhr die aus München angeforderten Panzerfahrzeuge der Polizei am Flughafen eintrafen, der von Tausenden von Schaulustigen umringt war. Durch den Anblick der Panzerfahrzeuge wurde einem der Terroristen die Ausweglosigkeit der Entführung offenbar bewusst, weshalb er um 00:10 Uhr das Feuer auf die Geiseln im ersten Hubschrauber eröffnete und damit zwei anderen Terroristen die Gelegenheit gab, aus der Deckung aufzutauchen. Anschließend sprang er aus dem Hubschrauber und warf eine Handgranate in die Maschine, durch deren Explosion die Geiseln im Hubschrauber umkamen. Alle drei Terroristen starben durch die Schüsse der Scharfschützen. Die anderen fünf Geiseln im zweiten Hubschrauber wurden während des Kampfes ebenfalls getötet.

Bei dem fast zweistündigen Feuergefecht starben sämtliche Geiseln, fünf Terroristen und ein Polizist. Die drei überlebenden Attentäter Jamal Al-Gashey, Adnan Al-Gashey und Mohammed Safady konnten zwar verhaftet, allerdings nie vor Gericht gestellt werden, da sie wenige Wochen später gegen die Passagiere und Besatzung einer entführten Lufthansa-Maschine ausgetauscht wurden. Allerdings fielen zwei der Attentäter der vom Mossad zusammengestellten Sondereinheit »Caesarea« zum Opfer, die von der damaligen israelischen Premierministerin Golda Meir und dem Sicherheitskabinett autorisiert worden waren, die Verantwortlichen des Attentats aufzuspüren und zu töten.

Die gescheiterte Geiselbefreiung beschäftigte die deutsche Politik und die zuständigen Ermittlungsbehörden über Jahre. Strafrechtliche Ermittlungen, geleitet von der Staatsanwaltschaft München I, wurden auch gegen die für den Polizeieinsatz verantwortlichen Personen geführt. Für die kriminalpolizeiliche Klärung wurde eine Sonderkommission des Bayerischen Landeskriminalamts gebildet. Die Verfahren wurden jedoch ohne konkrete, strafrechtlich relevante Tatnachweise von der Staatsanwaltschaft eingestellt.

Die Attentäter waren mit Kalaschnikow-Sturmgewehren bewaffnet. Die AK-47 (= Awtomat Kalaschnikowa, Jg. 1947) wurde erstmals im Jahr 1947 als Standardwaffe an die Rote Armee ausgeliefert und ist mit etwa 100 Millionen produzierten Exemplaren in unterschiedlichen Modellreihen wohl das meistproduzierte Gewehr weltweit, zumal 64 Staaten ihre Armeen mit dieser Waffe ausrüsteten. Das gezeigte Stück ist eine AK-47 S, Kaliber 7,62 mm x 39, wobei das »S« für aufklappbare Schulterstütze steht. Das gebogene Stangenmagazin fasst 30 Patronen.

Text: **Dr. Christoph Bachmann**

080

LEUCHTREKLAME UND STADTKONZERT MIT EINER QUARTE

Blaulicht und Martinshorn

Zur Musik und den Lichtern einer Großstadt gehören nicht nur Ampeln und der Verkehrslärm, sondern auch Signale, die sich in diesem Zusammenspiel durchsetzen können. Wer denkt schon bei einer Quarte, einem Intervall aus der Musiklehre, an Einsatzfahrzeuge der Polizei, Feuerwehr und Rettungsdienste? »Tatütata, die Feuerwehr ist da«, ist ein Spruch, den wohl jeder aus seiner Kindergartenzeit kennt. Nur woher stammen das Blaulicht und das Martinshorn?

Bereits Ende es 19. Jahrhunderts benutzten Feuerwehren in größeren Gemeinden an ihren Pferdekutschen zu dunklen Tageszeiten Petroleumfackeln oder Petroleumlampen mit farbigen Glasscheiben zusätzlich zu der Kutschenbeleuchtung, um sich optisch bemerkbar zu machen. Um auf eine eilige Fahrt hinzuweisen, wurde auch noch eine Glocke betätigt oder ein Trompeter eingesetzt.

1910 wurde in einer Verordnung über den Verkehr von Kraftfahrzeugen ein Signal zur Bevorrechtigung bestimmt, welches nur Fahrzeugen der kaiserlichen Familie zustand. Es handelte sich um die sogenannte »Kaiserfanfare« mit dem Signal »Bald hier, bald dort« (Tatü_tata)« und sollte für eine ständig freie Fahrt sorgen. Es war wohl die erste Fanfare mit unterschiedlich hohen Tönen im Straßenverkehr zum Zwecke einer ungehinderten Fahrt.

Entwickler dieser Fanfare war die Firma Max B. Martin in Markneukirchen (Sachsen), die bereits seit 1880 Kavallerietrompeten und -fanfaren, Ruf- und Jagdhörner sowie Fanfaren und Trompeten mit mehrtönigen Signalen fertigte.

Prinzipiell waren in dieser Zeit die Feuerwehren großer Städte die Treiber nach speziellen Signalen, um in der fortschreitenden Verkehrszunahme eine freie Fahrt zu sichern. In München wurden ab 1915 die ersten MAN Feuerwehrfahrzeuge mit Saurer-Aufbau beschafft. Diese Fahrzeuge waren mit einem Mix von manueller Signalglocke, Schneckenhorn und elektrischer Bosch-Hupe ausgerüstet.

Mancherorts kennzeichneten die Feuerwehren ihre Fahrzeuge mit roten oder gelben/orangenen Leuchten der Firma Carl Zeiss, um bei Dunkelheit erkennbar zu sein. Meist rote Leuchten und ein roter Hahn kennzeichneten vielerorts die Feuerwehrwachen.

Am 3. Oktober 1921 stellte die Bosch AG auf der Automobilausstellung eine neuartige elektrische Schalltrichter-Autohupe vor (Bosch-Horn), welche im späteren Verlauf ebenfalls als Signalhorn, im Sinne von Sondersignalen bei Einsatzfahrzeugen, bis in die 1950er-Jahre Verwendung fand.

Die Polizei hatte zu dieser Zeit nichts Vergleichbares entgegenzusetzen, bis 1925 eine Kennzeichnung für besondere Dienstfahrzeuge der preußischen Polizei eingeführt wurde, die in etwa einer

Eisemann
RKLE 130/12B5

POLIZEI
M PM 875H

Polizeikelle entsprach. Diese Kennzeichnung wurde vorne am Dienstfahrzeug angebracht, um den Polizisten der Verkehrsregelung zu signalisieren, dass dieses Automobil vorranging durchzuwinken ist. Andere optische oder akustische Signale waren für die Polizei bis 1928 noch nicht vorgesehen.

Am 18. Januar 1928 ordnete das preußische Innenministerium die grundsätzliche Benutzung von Fanfaren für die »Überfallwagen« und für andere Fahrzeuge auf besondere Anordnung an. Diese Fanfare sollte verschiedene Töne hintereinander abgeben und war mit den Feuerwehren abzugleichen, damit alle Notfallfahrzeuge lokal einen gleichen Warnton von sich gaben. Feuerwehren ohne Fanfarensignale sollten sich dann umgekehrt den gleichen Warnton der Polizei beschaffen.

Natürlich wurden diese Fanfaren bei der Firma Deutsche Signal-Instrumenten-Fabrik Max B. Martin hergestellt.

Ab 1932 entwickelten Vertreter der Feuerwehren, Polizei und maßgeblich der Firma Martin ein Horn als Sondersignal für bevorrechtigte Wegebenutzer, welches dann als Martin-Horn Nr. 2097 der Deutschen Signal-Instrumenten-Fabrik als Patent geschützt wurde.

Man kann nur spekulieren, welche Vorlagen für das Martin-Horn infrage kommen, aber es scheint ein Mix aus der alten Kaiserfanfare und dem Feuerwehrsignal »Es brennt« zu sein, lediglich als Quarte und in Ton »h« abgestimmt: »Tatü-tatütatütatü«.

Ab dem 7. Mai 1938 wurde durch Runderlass des »Chefs der Deutschen Polizei« die einheitliche Ausstattung von akustischen Warnzeichen und einem Kennlicht der Fahrzeuge von Polizei und Feuerlöschpolizei angeordnet. Akustische Signaleinrichtungen waren in der Regel das Martin-Horn 2097 und die »Rasselglocke«(Motorkugelwecker) der Siemens & Halske AG. Zusätzlich waren die Fahrzeuge mit einem kobaltblauen Kennscheinwerfer zu kennzeichnen, der im Einsatzfall ein dunkelblaues Dauerlicht ausstrahlte. Bei Feuerwehrfahrzeugen wurde lediglich eine blaue Streuscheibe vor den Arbeitsscheinwerfer gesteckt. An Polizeifahrzeugen wurde meist ein separater Scheinwerfer mit kleineren Durchmessern verwendet.

Das blaue Licht, welches auch oft als Kennzeichnung von kommunalen Polizeiwachen anzutreffen war, stellte auf der einen Seite einen Bezug zur Polizei dar, auf der anderen Seite waren andere Farben, wie Gelb, Rot, Grün, bereits als Fahrzeug- und Ampelbeleuchtungen reserviert. Blau hatte im Vorgriff zu den geplanten kriegerischen Vorhaben den Vorteil, für Flugzeuge – im luftschutztechnischen Sinne – nahezu unsichtbar zu sein. In der Atmosphäre ist Blau in seiner Streuung am meisten vertreten und verliert sich in seiner Sichtbarkeit. Ein Einsatzscheinwerfer von Polizei und Feuerwehr war somit bis höchstens 300 m sichtbar, Weiß und Rot bis 2 km, orange bis 1,45 km und grün sogar noch 800m.

Nach dem Zweiten Weltkrieg wurden noch vorhandene Fahrzeuge in München weiterverwendet. Die Stadtpolizei München wechselte wegen des Einflusses der amerikanischen Besatzungstruppen auf den Betrieb von Sirenen mit Heulton der deutschen Firma Elektror und nutzte weiterhin einen blauen Kennscheinwerfer. Das klassische Martin-Horn wurde lediglich bei der Feuerwehr weiterverwendet.

Erst 1951 wurde in der Straßenverkehrsordnung die Verwendung von blauem (Blink-)Licht vorgeschrieben. Ab diesem Zeitpunkt konnten Einsatzfahrzeug mit einem oder mehreren blauen Blinkleuchten ausgerüstet werden. Die BMW 501 der Stadtpolizei erhielten oberhalb der A-Säulen zwei kleine blaue Leuchten der Marke Eura, die in einem 15°-Winkel nach vorne und leicht seitlich wirkten. Die Sirene wurde durch ein Einsatzhorn der Marke Bosch ersetzt. Die Tonfolge und der Blinkeffekt der blauen Leuchten wurden mit einem mechanischen Signalgeber erreicht, der eher einem Scheibenwischermotor glich. Später waren diese Steuergeräte vollkommen elektrisch, jedoch wegen der notwendigen Relais in einer sehr beachtlichen Größe. Die Hörner der Stadtpolizei gaben im Einsatzfall folgendes Signal ab: »TATÜTATÜ__TATÜTATÜ«. Dieses Signal wurde erst mit den neuen Einsatzfahrzeugen von BMW geändert, die den alten Typ 501 und 502 ersetzten und von da an gab es nur noch »TATÜ_TATÜ«

1955 stellte die Firma Auer in Berlin eine neuartige Signalleuchte für Feuerwehrfahrzeuge vor, die das blaue Licht in einem Winkel von 360° abstrahlen konnte. Die Leuchte erinnerte eher an einen Leuchtturm, der ebenfalls sein Licht über ein Glasprisma verteilt, jedoch lief in der Auerlampe ein Reflektor um eine zentral montierte Birne. Weil diese Art Leuchte wegen der hohen Reflektorrotation eher ein unruhiges Lichtgeflacker verbreitete, nannte man dieses Blaulicht schnell »Flackerleuchte«.

1956 zog die Firma Eisemann nach und brachte zwei Rundumkennleuchten mit Drehspiegeltechnik auf den Markt: RKL 130 und RKL 90, wobei die Zahlen den Reflektordurchmesser des blauen Lichtspiegels bezeichneten. 1958 stellte die Hella AG eine Rundumkennleuchte mit Doppeldrehspiegel sowie ein Klangfolgerelais zum Ansteuern des Signalhorns vor.

Das blaue Licht wurde trotz der schlechten Wahrnehmbarkeit als Sondersignal beibehalten, wobei es in der heutigen Zeit um einige Stufen aufgehellt wurde.

Der Grund damals war die Abgrenzung zu bereits im Straßenverkehr reservierten Farben und ferner, durch die zunehmende Bedrohung aus dem Ostblock, der Aufstellung einer neuen Armee – in Form der Bundeswehr – sowie dadurch den immer noch verankerten Gedanken an den Luftschutz.

In München waren bis in die 1990er-Jahre auf den meisten Streifenfahrzeugen der Blaulichttyp RKL 130 der Firma Eisemann (später Bosch-Eisemann, dann Bosch) und Leuchten von Hella verbaut. Als abweichenden und ungewöhnlichen Typ gab es eine Signaleinrichtung mit elektronischem Martinshorn vom Typ WA3 der Firma Wandel & Goltermann mit einem einzelnen Blaulicht. In Bayern war es eine Besonderheit, weil nicht eine blaue Boschleuchte des Modells RKL 90 verwendet wurde, sondern hier das altbewährte und größere Modell von Bosch vom Typ RKL 130.

Ab 1990 wurden neue Streifenwagen mit Dachbalken der Firmen Hella und Wandel & Goltermann ausgerüstet. Diese waren mit jeweils zwei blauen Blinkleuchten und einem elektronischen Signalhorn sowie Anhaltesignalgebern ausgestattet (HALT POLIZEI / FOLGEN).

Wegen der EU-Richtlinien des Arbeitsschutzes nach 2003 wurde in den Folgejahren der Verbau der akustischen Signalanlagen auf den Fahrzeugdächern infrage gestellt. Signalhörner werden seit 2009 wieder separat an der Fahrzeugfront angebaut.

Mittlerweile sind die neuesten Dachbalken mit hochmodernen und ultrastarken LED-Leuchten bestückt. Als Neuheit ist sogar eine Nutzung von Arbeitsscheinwerfern möglich sowie eine rote Leuchte, die zusammen mit der Schriftmatrix und einem amerikanischen YELP-Ton zum Anhalten von Verkehrsteilnehmern benutzt werden kann.

Polizei-, Rettungs- und Feuerwehrfahrzeuge machen auf jeden Fall nicht »Tatütata«, sondern »Tatü_tatü« … Das Martinshorn heißt eigentlich Martin-Horn und dieses ist an Polizeiautos der Polizei München seit der Nachkriegszeit nicht mehr verbaut.

Text: **Klaus Hinkelmann**

081

JA, ROSI HAT EIN TELEFON …

RoSi – Rollende Sicherheit

Servus, ich darf mich vorstellen, RoSi werde ich genannt. Ich bin seit einigen Jahren bei der Münchner Polizei im Einsatz. Vorsorglich wurde ich bereits bei meiner Einstellung im zukunftsorientierten blauen Outfit, passend zum silbernen Lack, ausgestattet.

Ich bin in einem Team von mehreren Spezialisten tätig. Leider muss ich, wenn die Kollegen arbeiten und das tun sie meist in fremden Häusern und Wohnungen, immer draußen warten. Manchmal kommen Leute aber auch zu mir, wenn wir zum Beispiel einen Infostand machen oder wenn sie mir einen kleinen Zettel hinter die Wischerblätter stecken. Nein, das waren keine Strafzettel, sondern irgendwelche Telefon- oder Hausnummer, mit der Bitte, dass sich mein Fahrer dort einfach mal melden soll.

Wenn ich manchmal eine oder auch bis zu zwei Stunden gewartet habe, kommen die von meinen Kollegen besuchten Leute und schauen sich meine Ausstattung an. Dann bedanken sie sich für die Beratung, nach der sie sich nun sicherer fühlen. Andere wiederum erkennen, dass sie sich vieler Schwachstellen am Gebäude oder beim eigenen Verhalten so noch gar nicht bewusst waren und nun dringend etwas unternehmen müssen.

Ich habe den Eindruck, dass sich die Leute mit meinen Kollegen vor allem über Einbruchsicherungen unterhalten und ich daher auch zu meinem Namen kam; RoSi – Rollender Sicherheitsberater. Ich bin durch meine Erscheinung und meine Ausstattung, wie von vielen Seiten immer wieder gesagt wird, auch hervorragend für meine Aufgabe geeignet.

Meine Vorgängerin war seit Mitte der 1990er-Jahre im Einsatz und wurde leider am Schluss nur noch als »Rosti« bezeichnet. Ich selbst wurde von Grund auf für meinen speziellen Aufgabenbereich geplant und in einer Werkstatt in Niederbayern ausgebaut. Die alte RoSi durfte ich im Rahmen ihrer Verabschiedung und meiner feierlichen Einführung am 12. Juli 2011 im Rondell vor dem Polizeipräsidium kennenlernen.

Für meine Einweihung wurde sogar ein Lied in Anlehnung an die Sperrbezirks-RoSi von der Spider Murphy Gang geschrieben, das aufgrund verschiedener Gründe leider nie zur Aufführung kam. Ich summe und brumme es aber oft mit einem meiner Fahrer und wir beide finden es absolut hitverdächtig.

In München steht ein Beraterhaus und Kriminelle müssen raus, damit in dieser schönen Stadt der Einbruch keine Chance hat. Jeder ist gut informiert, weil RoSi täglich rumchauffiert. Sicherheit ist

sehr beliebt, auch weil es unsere RoSi gibt. Und in und um die große Stadt rollt RoSi sich die Reifen platt. Gute Wahl – im Stadtgebiet, gute Wahl – im Stadtgebiet, gute Wahl – mit RoSi.

Oh, tut mir leid, ich konnte nicht an mich halten, das war die erste Strophe von meinem Ohrwurm. Also gut, auf vielfachen Wunsch nach einer Zugabe auch gleich die zweite Strophe hinterher.

Ja, RoSi hat ein Telefon, auch ich hab ihre Nummer schon. Neunundzwanzigzehn – dreivier -dreinull, Sicherheitsberatung wundervoll. Und draußen in Sankt Adelheim hört man Einbrecher verzweifelt schrein. Weil wenn's an Sicherheit noch fehlt, ein jeder RoSis Nummer wählt. Und in und um die große Stadt rollt RoSi sich die Reifen platt. Gute Wahl – im Stadtgebiet, gute Wahl – im Stadtgebiet, gute Wahl – mit RoSi.

Nachdem man in mir auch wunderbar sitzen und sogar einen frisch zubereiteten Kaffee genießen kann, hatte ich vor Kurzem auch mal die Zeit und habe meinem Kollegen bei einem Eintrag im Laptop, als Vorbereitung für einen Vortrag, den er im Anschluss an die übliche »Beratungstournee« noch halten durfte, über die Schulter geschaut.

Er hat zunächst ein ganz altes Schreiben zitiert. Demnach hatte im Frühjahr 1926 der damalige Polizeipräsident an das Staatsministerium übermittelt, dass in Kürze die Freigabe der ersten bayerischen Beratungsstelle in München für die Besucher erfolgen werde. Einige Tage vor der Eröffnung sollten zudem noch die Presse, interessierte Wirtschaftsverbände und Vertreter der Politik eingeladen werden.

Die bereits 1921 gefasste Absicht, eine Beratungsstelle nach dem Beispiel von Berlin zu errichten, konnte mangels geeigneter Räume zunächst nicht umgesetzt werden. Nach der Lösung dieses Problems wurde in einem etwa 50 m^2 großen Raum im Polizeipräsidium trotz der allgemeinen Geldnot und Wirtschaftskrise von münchner, bayerischen und deutschen Firmen Ausstellungsmaterial gesammelt und im Rahmen der »Vorbeugenden Polizeiarbeit« präsentiert.

Bereits damals wurde Wert darauf gelegt, die Beratung nicht nur auf Sicherungen zum Schutz gegen Einbruch und Diebstahl zu beschränken, sondern auch auf anderen Gebieten der Kriminalität dem Publikum Anregungen geben zu können.

Mit dem Ausbau des 5. Stockwerkes im Polizeipräsidium in der Ettstraße im Jahre 1966 erhielt die Beratungsstelle ihren nach wie vor angestammten Platz im Herzen der Münchner Innenstadt.

Die Beratung wurde im Lauf der Zeit stets aktuellen Entwicklungen und dem Einfallsreichtum der Täter angepasst. Auch die Industrie reagierte mit hochwertiger Technik, stabilerer Mechanik und letztendlich auch mit neuartigen Möglichkeiten der Elektronik bis hin zu heutigen, digital vernetzten, Sicherheitslösungen.

Auch der Name der Beratungsstelle wurde dem allgemeinen Sprachgebrauch angepasst. Aus der »amtlichen Beratungsstelle« wurde die »Beratungsstelle zum Schutz gegen Verbrechen«. Schließlich entschied man sich für die Bezeichnung »Kriminalpolizeiliche Beratungsstelle«, die nach der Installation des Kommissariats für Verhaltensprävention (Jugend- und Opferschutz) im Jahr 1997 den Zusatz »Technische Prävention« in ihrem Namen führt.

Mit der polizeilichen Umorganisation im Jahr 2008 sind die Präventionsdienststellen (vormals K 313 und K 314) räumlich und organisatorisch als Kommissariat 105 vereint.

Nach dieser ausführlichen Einleitung hat der Kollege noch sich und seinen Werdegang als »normaler Schandi« bis hin zur Spezialisierung als Fachberater und dann auch mich und meinen wichtigen Beitrag für die Präventionsarbeit bei der Münchner Polizei vorgestellt. Ja, da hat sich mein Hochdach stolz um ein paar weitere Zentimeter gehoben.

Die eigentliche Vortragspräsentation war dann, wie fast alle Beratungen, unterteilt in die drei Sicherheitskomponenten Mechanische Absicherung, Elektronische Überwachung und Organisatorische Maßnahmen. Neben Sicherungen für Haus- und Wohnungseingangstüren und den sogenannten »Pilzkopfzapfen« für Fenster werden hierbei auch funktionelle Einbruchmeldesysteme und sinnvolle Verhaltensregeln und ergänzende organisatorische Hinweise, wie beispielsweise Licht gesteuert durch Zeitschaltuhren, für den »bewohnten Eindruck« vorgestellt.

Wenn die Leute nach der Beratung manchmal fragen, ob diese polizeiliche Serviceleistung umsonst sei, zucke ich bereits zusammen, denn dann kommt der immer und immer wieder gleiche Gag – »umsonst war die Beratung hoffentlich nicht, aber selbstverständlich kostenfrei«. Ich wünsche Ihnen, liebe Leser, alles Gute, meinen Fahrern allzeit unfallfreie Fahrten und meinen Nachbauten in Bayern oder darüber hinaus eine erfolgreiche Zeit im Dienste der polizeilichen Präventionsarbeit. Vielleicht sehen wir uns mal, wenn wir Sie besuchen oder Sie uns in und um München an einem Infostand entdecken.

Text: **Michael Rasp**

082

DER STABSRAUM IM HOTEL BAYERISCHER HOF

Die Münchner Sicherheitskonferenz

Stabsräume sind entsprechend ihres Zweckes mit sehr modernen Einsatz- und Kommunikationsmitteln eingerichtet – hinsichtlich ihrer Umgebungsstimmung sind sie eher nüchtern bis schlicht, schließlich soll zweckgebunden und einsatzorientiert eine polizeiliche Aufgabe optimal bewältigt werden. Dass dies nicht zwingend so sein muss, zeigt sich bei der stets im Februar stattfindenden »Münchner Sicherheitskonferenz« (Munich Security Conference [MSC]). Bekanntermaßen findet diese im Hotel »Bayerischer Hof« statt. Weder dieses First-Class-Hotel, das sich in unmittelbarer Nähe des Polizeipräsidiums befindet, noch der extra für die MSC ausgestattete Polizeistabsraum im Bayerischen Hof stehen im Eigentum der Behörde, doch allein die Tatsache, einen eigenen Stabsraum direkt im Veranstaltungsgebäude zu etablieren, zeugt von dessen signifikanter Wichtigkeit.

Die MSC ist eine weltweit beachtete Veranstaltung. Erstmalig fand die Veranstaltung am 30. November und 1. Dezember 1963 statt. Ihr Gründungsgedanke bestand darin, in Europa auftretende Konflikte nicht mit militärischen Mitteln auszutragen, sondern durch bi- und multilaterale Gespräche zu bereinigen. Niemand konnte sich damals vorstellen, dass diese Veranstaltung, die ursprünglich (mit der Zeit des sogenannt Kalten Krieges korrespondierend) »Internationale Wehrkunde-Begegnung« hieß, sich derart bedeutungsvoll etablieren und vergrößern würde, denn die damalige Teilnehmerzahl lag bei knapp 60 Personen. Zu jener Zeit war es völlig ausreichend, die Tagung mit Soldaten des Feldjägerdienstkommandos München und einigen Beamten der Münchner Polizei abzusichern. Die breite Öffentlichkeit nahm nahezu keine Notiz von dem Politikertreffen; gleichwohl wuchs die Teilnehmerzahl über die Jahre hinweg kontinuierlich an.

Ab 1999 öffnete sich die Konferenz auch für Vertreter aus der Wirtschaft und Industrie sowie des Militärs. Dementsprechend wurde die Tagung immer komplexer, entwickelte sich stetig weiter, um global betrachtet eine der zentralsten Foren für den Austausch sicherheitspolitischer Themen zu werden. Mit Ausnahme von 1991 (Golfkrieg) und 1997 (Wechsel in der Konferenzführung) fand die Veranstaltung jedes Jahr statt und ist im Hinblick auf ihre sicherheitspolitische Bedeutung ohne Alternative. Entsprechend der permanent ansteigenden Bedeutung der MSC sowie der zunehmenden Anzahl von Tagungsteilnehmern hatte sich auch die Münchner Polizei auf die wachsenden Herausforderungen dieser Veranstaltung einzustellen.

Regelmäßig reisen zur MSC Staats- und Regierungschefs, Außen- und Verteidigungsminister, ranghohe Militärs sowie weitere exponierte Personen an. Allesamt eint eines: Jede dieser Personen,

Streiken gegen
SOZIALE REVOLUTION
POLIZEI
TAXI

insbesonders jedoch die gesamte MSC samt aller zugehörigen Begleitveranstaltungen, bedarf polizeilichen Schutzes. Entsprechend umfangreich sind die von der Münchner Polizei zu treffenden diesbezüglichen Maßnahmen. In den vergangenen Jahren umfasste der MSC-Teilnehmerkreis ca. 500 Personen. Verständlicherweise können nicht alle Teilnehmer im Hotel »Bayerischer Hof« residieren, sodass auch in anderen Hotels eine entsprechende Anzahl von Schutzmaßnahmen zu treffen ist. Neben den unabdingbaren Vorkehrungen für die bestmögliche Tagungssicherheit erfordert die Bewältigung der MSC eine weitere Notwendigkeit, nämlich eine große Einsatzerfahrung der verantwortlichen Führungsbeamten des Polizeipräsidiums.

Es wäre zu kurz gegriffen, die MSC als monostrukturierte Veranstaltung zu betrachten, denn sie muss im Zusammenhang mit den anlässlich der Sicherheitskonferenz einhergehenden vielfältigen Aktivitäten gesehen werden. Hier ist zuvorderst die »Anti-Siko-Demo« zu nennen, die am Samstagnachmittag des MSC-Wochenendes in der Münchner Innenstadt von Siko-Gegnern veranstaltet wird. Trotz der vielfältigen globalen Konflikte, die jedes Jahr von den Demonstranten thematisch aufgegriffen und lautstark artikuliert werden, sowie der mannigfaltigen Präsenz unterschiedlichster Teilnehmer- und Interessengruppen, verlief diese stets am »Siko-Samstag« durchgeführte »Anti-Siko-Demonstration« nie so, dass es zu einer massiven Beeinträchtigung der öffentliche Sicherheit kam. Wesentlich dazu trugen die sogenannte Münchner Linie, der lageangepasste Polizeikräfteeinsatz sowie die friedliche Protestkultur der Anti-Siko-Demonstranten bei. Auch hinsichtlich der erforderlichen situativen Straßensperrungen handelt man behördenseitig mit dem gebotenen Augenmaß, um die Beeinträchtigungen der allgemeinen Verkehrsteilnehmer so gering wie möglich zu halten.

Es versteht sich fast von selbst, dass eine derart komplexe polizeiliche Einsatzlage, wie sie die MSC darstellt, der Unterstützung durch geschlossene Einheiten aus anderen deutschen Bundesländern bedarf. Erfreulicherweise kommen diese ausgesprochen gerne in die bayerische Landeshauptstadt, weil es sowohl seitens der Münchner Bürger, die der MSC nicht antagonistisch gegenüberstehen, als auch der gesamten Rahmenbedingungen, die für den MSC-Einsatz prägend sind, nichts Negatives gibt. Zudem erachtet es das Polizeipräsidium München als selbstverständlich, die auswärtigen Polizeikräfte in adäquaten Unterkünften nächtigen und angemessen verpflegen zu lassen.

Die permanente Gewährleistung des sehr hohen Sicherheitsstandards, insbesondere vor dem Hintergrund der Komplexität und Dimension der Gesamtveranstaltung, sowie der reibungslose Verlauf aller Parallelveranstaltungen, sind nahezu ein Alleinstellungsmerkmal der Münchner Polizei. Diese Tatsache wird sowohl seitens der Konferenzteilnehmer, des Veranstalters als auch der politisch Verantwortlichen sehr geschätzt; dies zeigt sich ganz besonders in den Dankesschreiben, die nach dem Veranstaltungsende den Münchner Polizeipräsidenten erreichen.

Text: **Walter Nickmann**

083

BLEIBT DABEI: DAS MÜNCHNER KINDL

Hoheitsabzeichen der Polizei München

Im 12. Jahrhundert entstehen erste Ansätze von Wappen, die meist bei adeligen Familien und Königshäusern gebräuchlich waren. Wappen wurden vermutlich aus einer Notwendigkeit der Identifikation von Abgesandten, Rittern, Steuereintreibern oder sonstigen Offiziellen, die im Auftrag ihrer Adelshäuser unterwegs waren und offizielle Aufgaben zu erledigen hatten, genutzt.

Einen Boom erreichten die heraldischen Insignien in der Ritterzeit, verschönerten doch reichhaltige Verzierungen Rüstung, Schwert, Lanze und Helm, die Herkunft zeigte man jedoch mit einem individuellen Erkennungszeichen, dem Wappen auf dem Schild. Im späteren Verlauf nutzte man Wappen zur Kennzeichnung von Söldnern der Streitheere, später gaben sich Gemeinden, Städte und die Zünfte Erkennungszeichen, die Heraldik war entstanden. Aus dieser Wappenkunde entwickelte sich später dann auch das Flaggenwesen.

Über die Jahrhunderte hinweg entstand das Wappen des Königreichs Bayern, welches von 1835 bis 1918/23 und von der Polizei als Zier der Pickelhaube bis 1937 genutzt wurde.

Die Schutzmannschaft München übernahm 1898 das Wappen des Königlich Bayerischen Gendarmeriekorps, weil sie unmittelbar aus der Gendarmerie-Stadtkompanie hervorgegangen war. Ebenso wurde das Bayerische Staatswappen des Königshauses als Uniformzier in Form eines Wappenschildes, mal oval rund, mal spitz wappenförmig, verwendet. In Abwandlung zur Gendarmerie, die ein goldfarbenes Schild führte, wurde das Abzeichen der Schutzmannschaft versilbert ausgeführt.

Auch nach dem Untergang des Königshauses fand das königliche Wappen weiterhin als Helmzier Verwendung, man erachtete das Schild als polizeieigentümlich, ungeachtet der drei Königskronen, die Schild und Löwen zierten.

Eine Veränderung ergab sich erst durch die Machtübernahme der Nationalsozialisten, und spätestens 1937 wurde auch bei der Polizei in München alles auf die neuen Machthaber ausgerichtet. Das Tragen der bisherigen Pickelhaube wurde verboten und es durften nur noch Schirmmützen und Tschakos verwendet werden. Zur blauen Uniform gab es zunächst schwarze Tschakos, bis die Beamten auf die grüne Version umgerüstet waren. Die Polizei wurde auf die reichseinheitlichen Insignien umgestellt und alle Polizisten im Deutschen Reich und später dem Großdeutschen Reich trugen später dieselben Uniformen und Abzeichen. Von den Mützenabzeichen wurden zwei verschiedene Versionen gefertigt, ab 1939 wurden diese Embleme auf eine Aluminiumfertigung umgestellt. Das grüne Ärmelabzeichen verfügte von 1937 bis 1939 über einen Schriftzug »München«, der aber we-

STADTPOLIZEI
MÜNCHEN

gen der Abordnungen zum Militäreinsatz mit Kriegsbeginn wegfiel. Die Kriminalpolizei der Polizei München erhielt von 1935 die Kriminalmarken der Staatlichen Kriminalpolizei.

Nach der Kapitulation des Deutschen Reiches 1945 verboten die Alliierten, in Bayern die US-Streitkräfte, sämtliche Embleme mit Hakenkreuzen und so waren alle Abzeichen an den Polizeiuniformen, die Dienststellenschilder, Flaggen und Fahnen zu vernichten. Die Tschakos der Polizei wurden ebenfalls eingezogen und vernichtet.

Es gab vorübergehend keine Hoheitszeichen, die Polizisten versahen ihren Dienst lediglich mit einer zweisprachigen Armbinde und ohne Waffen.

Am 10. Mai 1945 wurde die Stadtpolizei München unter Aufsicht des Public Safety Officers der US-Streitkräfte gegründet. Die Polizeihoheit lag aufgrund alliierter Abkommen bei Kommunen ab 5 000 Einwohnern und so hatte München seine eigene Stadtpolizei zu gründen, so, wie 149 weitere Gemeinden in Bayern.

Es wurde auch eine Land- und Grenzpolizei gegründet. Die Grenzpolizei war eine staatliche Polizei, die Landpolizei war jeweils auf ihre Regierungsbezirke begrenzt, weshalb diese Polizeien eigene Abzeichen ihres Bezirks trugen.

Die Stadtpolizei München erhielt vollkommen neue und eigene Abzeichen, die als Mützenschild, Brustschild und Ärmelabzeichen ausgeführt waren. In allen Emblemen war das Münchner Wappen eingearbeitet, bei Metallabzeichen aus kunstvoll gefertigter mehrfarbiger Emaillearbeit, das Ärmelwappen war ebenfalls mehrfarbig ausgestaltet und wurde in gestickten und gewebten Versionen aufgelegt.

Die Kriminalpolizei erhielt neue Abzeichen in Form eines Wappenschildes mit einer rückseitig angebrachten Nadel. Auch hier war das Münchner Hoheitszeichen aus kunstvoller Emaille gearbeitet. Das Brustschild der Schutzpolizei war besonders gefertigt und glich amerikanischen Formen der Polizeien an der Ostküste der USA. Eine Besonderheit bei münchner Schildern stellten die erhaben geprägten Dienstgrade dar und so gab es für jeden Dienstrang ein eigenes Schild. Bitter und ungewollt war für die Polizisten die Tatsache, dass die Schilder mit ihrer Dienstnummer versehen waren.

Es sollte aber nicht sehr lange so bleiben, die Einflussnahme der Amerikaner war mit der Zeit rückläufig und so schaffte man die ungeliebten Brustschilder 1953 einfach wieder ab. Bei den Ärmelabzeichen verloren sich ab da die roten Farben, konnten aber weiterhin getragen werden.

Neuerungen ergaben sich 1963, das dreieckige Mützenschild wurde gegen ein nur noch zweifarbiges Wappenschild eingetauscht und 528 Kriminalpolizisten erhielten neue ovale Kriminalausweismarken. Insgesamt waren bis zur Auflösung der Stadtpolizei knapp 900 Dienstmarken ausgegeben worden. Diese kommunalen Kriminalmarken sollten die letzten in Deutschland sein, die von einer Stadtpolizei bis 1975 getragen wurden.

Ein Rätsel stellt bis heute die Nummerierung der ovalen Dienstmarken dar, weil es wohl unterschiedliche Nummernfolgen für diese Abzeichen gab. So gab es solche Kripomarken mit einer dreistelligen sowie einer vierstelligen Nummer, wobei bei neu ausgegebenen Dienstmarken eine Null führend war. Es sind aber auch Marken geprägt worden, die mit einer Nummer über Tausend hinausgehen. Etwa einhundert dieser Abzeichen werden bis heute beim Bayerischen Landeskriminalamt aufbewahrt.

Die Mützenschilder trug man bis 1967. In diesem Jahr wurden die Insignien der Polizei München ganz neu aufgelegt. Ein nur noch einfarbiges Münchner Stadtwappen bei den Ärmelabzeichen und der Wechsel von einem Schild zu dem Polizeistern nach preußischem Vorbild, der bereits in allen anderen deutschen Bundesländern getragen wurde, in den norddeutschen bereits seit Kriegsende 1945.

Am 1. Oktober 1975 war die Stadtpolizei München Geschichte und übernahm ab diesem Tage als Polizeipräsidium München der Bayerischen Landespolizei seine Aufgaben. Mit diesem Wechsel wurden bayerische Dienststellenschilder an den Gebäuden angebracht und an allen Uniformen waren nur noch die bayerischen Staatsinsignien zu führen. Die Kriminalpolizei erhält als letzte Institution die bereits seit 1972 eingeführte bundeseinheitliche Kriminalausweismarke. Es werden 790 neue Dienstmarken an Kriminalbeamte ausgegeben. Eine weitere Neuerung waren die neuen Amtsbezeichnungen für Beamte des gehobenen Dienstes, die nur noch in München kommunale Verwaltungsdienstgrade innehatten.

Ab dem 1. April 1976 wurden in München die neuen bundeseinheitlichen grün/beigen Uniformstücke eingeführt. Das Hoheitsabzeichen änderte sich erneut und nunmehr wurde ein mit Goldlurex gesticktes großes Staatswappen an der Uniform getragen. Der Mützenstern ist nicht mehr weiß und abgeschnitten, sondern bronzefarben mit emailliertem Wappen. Eine Ergänzung gab es im Jahr 1988, in dem Verbandsabzeichen für die Polizeipräsidien eingeführt wurden und München erhielt ein Abzeichen mit einem mehrfarbig ausgelegten Münchner Kindl.

Diese Abzeichen sollten die nächsten 40 Jahre überdauern, bis im Jahr 2016 der Entschluss zur Einführung einer neuen blauen Uniform für die Bayerische Polizei gefallen war. Aus dem bronzefarbenen Stern wurde ein goldener Stern, das Ärmelabzeichen wurde leicht modifiziert und ist nun blau/goldgelb, an den Uniformknöpfen sowie Mützensplinten befinden sich verkleinerte Polizeisterne, bayerische Rauten des Staatswappens sind in der Krawatte eingearbeitet.

Das Verbandsabzeichen mit dem Münchner Kindl bleibt der neuen Uniform erhalten und es kann weiter getragen werden.

Text: **Klaus Hinkelmann**

084

TRAGÖDIE IM SCHNELLRESTAURANT

Der Flugzeugabsturz von 1987

Am Dienstag, 11. August 1987, um 15:28 Uhr stürzte eine zweimotorige Piper PA-31T (Cheyenne II), die kurz zuvor in München-Riem gestartet war, im Bereich der Einmündung der Truderinger Straße in die Wasserburger Landstraße aus ca. 60 m Höhe auf einen Bus der Linie 192 und anschließend auf das Anwesen Wasserburger Landstraße 52, in dem sich ein McDonald's-Schnellrestaurant befindet. Um 15:31 Uhr übernahm der Außendienstleiter (ADL) der Polizeidirektion (PD) Ost die Einsatzleitung, um 15:48 Uhr war die äußere Absperrung um den Absturzort durch die Einsatzhundertschaft vollzogen, zwei Minuten später übernahm die Verkehrspolizeiinspektion Verkehrsunfallaufnahme (VPI VU) Ost die Sachbearbeitung, ein Unfallaufnahmewagen wurde als Anlaufstelle für Zeugen und Anfragende bestimmt. Die Einsatzleitung wurde in einem Raum der dem Unfallort gegenüberliegenden Tankstelle untergebracht.

Während die Rettungsdienste mit der Rettung und dem Abtransport der Verletzten und die Berufsfeuerwehr München mit den Löscharbeiten beschäftigt waren, kümmerte sich die Polizei darum, den Rettungsweg frei zu machen und frei zu halten und das Ausmaß des Unfalls aufzuklären. Die Kriminaldirektion 1 (KD1) übernahm die Leichenidentifizierung und -bergung und richtete eine Vermisstenstelle ein. Die Absperr- und Verkehrsmaßnahmen wurden bis zum folgenden Morgen von geschlossenen Einheiten des Polizeipräsidiums München und der Bayerischen Bereitschaftspolizei übernommen. Maximal waren gleichzeitig bis zu 150 Beamte eingesetzt.

Die Ermittlungen ergaben, dass es sich um einen Übungsflug des Piloten und Flugschülers Hans-Joachim T. handelte mit dem Ziel, die Alleinflugberechtigung zu erwerben. Mit an Bord waren ein Prüfer sowie eine Sekretärin des Luftfahrtamtes Südbayern. Der Flugschüler sollte u. a. zeigen, dass er in der Lage war, die Maschine auch bei Ausfall eines Triebwerks zu landen. Zu diesem Zweck drosselte der Prüfer während des Flugs bei einer Flughöhe von ca. 60 m einen der beiden Motoren, um einen Triebwerksausfall zu simulieren. Die Maschine geriet sofort ins Trudeln und stürzte wie beschrieben auf den Bus der Linie 192, der unmittelbar zuvor die Kreuzung überquert hatte, und schob diesen in das Schnellrestaurant. Augenzeugen schilderten die Kerosinfeuerhölle wie einen Atompilz. Die drei Flugzeuginsassen waren auf der Stelle tot, ebenso drei weitere Personen, unter ihnen der Busfahrer. Von den 24 zum Teil schwer verletzten Personen wurden 14 in Krankenhäuser eingeliefert, zwei weitere Personen verstarben am 12. bzw. 14. August 1987. Das Restaurantgebäude, der Linienbus und fünf in der Nähe geparkte Pkw brannten vollständig aus. Sofort nach Inbrandsetzung waren die ca.

20 im Restaurant anwesenden Gäste vom Geschäftsführer über den hinteren Ausgang des Lokals ins Freie gebracht worden.

Am 11. August, um 22:17 Uhr, waren die Aufräumarbeiten im öffentlichen Verkehrsraum weitgehend beendet, um 22:48 Uhr wurde die Verkehrssperre der Wasserburger Landstraße aufgehoben und die Einsatzleitung an die Polizeiinspektion (PI) 24 übergeben bis zur Freigabe der Absturzstelle durch das Luftfahrtbundesamt am 14. August 1987, 16:00 Uhr.

Die Kommunikation über Funk und Telefon sowie die Zusammenarbeit der Polizei mit den übrigen eingesetzten Kräften verlief weitgehend reibungslos, ebenso die Betreuung der Medienvertreter durch die frühzeitige Anwesenheit von Vertretern der Pressestelle des PP München. Die Registrierung und Einteilung bzw. Koordinierung der sukzessive eintreffenden Kräfte teils durch die Einsatzzentrale, teils durch den ADL, führten in der Hektik beim Anlaufen des Einsatzes und durch zeitweise Überlastung des Funkverkehrs anfangs zu Problemen. Deshalb wurde für zukünftige Schadenslagen dieses Ausmaßes bestimmt, dass in der Anfangsphase die Einsatzzentrale auf dem Sicherheitssektor und die Verkehrszentrale auf dem Verkehrssektor führen und der ADL das Ausmaß des Ereignisses ermitteln sollte. In der Stabilisierungs- und Ermittlungsphase sollte eine Polizeidirektion die Einsatzleitung übernehmen und die jeweilige Führungskompetenz übernehmen.

Text: **Dr. Josef Boiger**

085

SIE ERKENNEN DICH WIEDER!

Projektgruppe Super-Recogniser

Im Fokus polizeilicher Arbeit steht neben der Abwehr von Gefahren für die öffentliche Sicherheit seit jeher die Verfolgung von Straftaten. Hier hat die Polizei bei der Erforschung von Straftaten alles zu unternehmen, um die Verdunkelung des Sachverhalts zu verhüten, insbesondere natürlich die Ermittlung sowie Identifizierung von Tatverdächtigen. Die Ermittlungen können sowohl anhand subjektiver Kriterien (z. B. Aussagen von Zeugen) als auch objektiver Kriterien erfolgen. Bei diesen objektiven Kriterien kann es sich z. B. um aufgefundene Beweismittel wie Fingerabdrücke sowie gesicherte DNA-Spuren handeln.

Mit steigender Zahl privater und öffentlicher Videokameras in unserer heutigen Gesellschaft stehen für polizeiliche Ermittlungen vermehrt auch Bildaufzeichnungen zur Verfügung, worauf der Täter vor, während oder nach Begehung einer Straftat zu sehen ist. Das Vorhandensein einer visuellen Aufzeichnung alleine führt jedoch nicht automatisch zur Identifizierung der Person bzw. Überführung des Täters. Das Polizeipräsidium München beschäftigt sich daher seit 2016 mit dem Phänomen der sogenannten Super-Recogniser.

Bei Super-Recognisern handelt es sich wörtlich übersetzt um »Super-Wiedererkenner«, also Menschen, die sich Gesichter sehr gut merken können. Erstmals wurde dieses Phänomen im Jahr 2009 in den Vereinigten Staaten von Amerika erforscht. Im Rahmen medizinischer Studien zur Krankheit Prosopagnosie (Menschen, die unter dieser Krankheit leiden, können sich Gesichter gar nicht oder nur in sehr geringem Maß merken) stellte sich heraus, dass es auch Menschen gibt, die Gesichter überdurchschnittlich gut wiedererkennen können (weniger als 2 % der Bevölkerung). Die teilweise Verdeckung einzelner Gesichtspartien (z. B. durch Sonnenbrille, Mütze, Schal) sowie Veränderungen des Gewichts oder der Haar- und Barttracht führen nicht zur Einschränkung der Fähigkeit. Super-Recogniser können sich ebenso vorstellen, wie eine Person viele Jahre später aussehen wird, und damit auch Personen anhand alter Fotos identifizieren – auch ohne diese Person je getroffen zu haben. Wissenschaftlichen Ausführungen zufolge ist die Fähigkeit angeboren, aber beim Super-Recogniser selbst oftmals unbekannt.

Die Fähigkeiten der Super-Recogniser wurden erstmals von der Londoner Polizei in die polizeiliche Arbeit integriert. Im Jahr 2011 war es in London und anderen englischen Städten zu einer Reihe gewalttätiger Ausschreitungen (»London riots«) gekommen, wobei zahlreiche Straftaten begangen und von Videokameras aufgezeichnet worden waren. Bei den Ermittlungen konnte die Polizei durch die

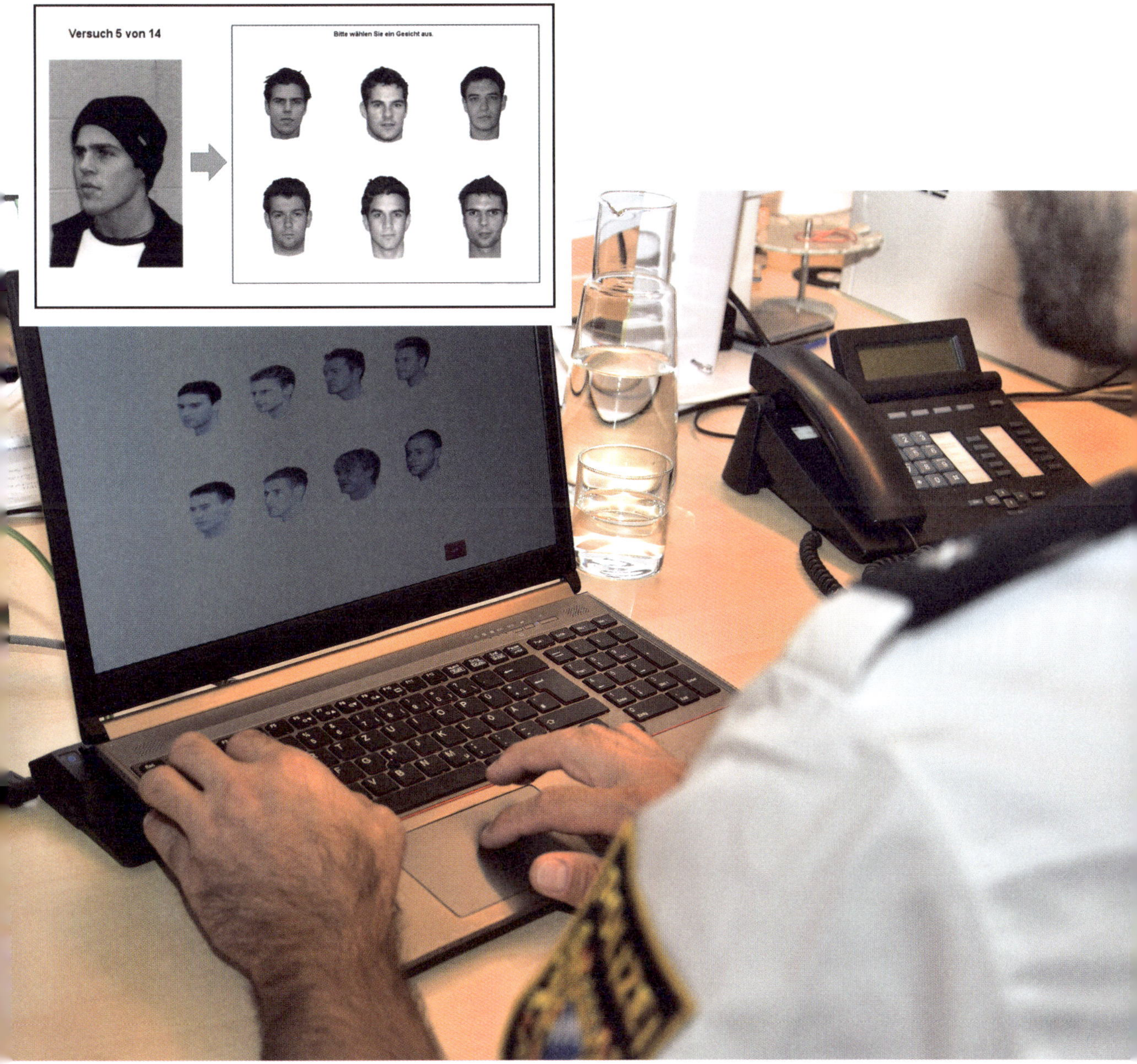

Nutzung einer Software zur Gesichtserkennung nur eine einzige Person identifizieren. Für einen automatisierten Vergleich am Computer waren damals für eine erfolgreiche Personenerkennung qualitativ hochwertige, gute beleuchtete Bilder aus einem bestimmten Aufnahmewinkel notwendig. Zudem darf die Erkennbarkeit der Personen nach derzeitigem Stand der Technik nicht durch Mützen oder dunkle Sonnenbrillen bzw. durch eine regelrechte »Vermummung« beeinträchtigt sein. Von der Londoner Polizei wurden zur Auswertung der Unmenge an Bild- und Videomaterial daher unterstützend Super-Recogniser eingesetzt. Bei der englischen Justiz kam es in der Folge zu ca. 4 000 Anklagen, wovon 1 300 auf der Wiedererkennung von Personen und Identifizierung durch Super-Recogniser fußten.

Im Jahr 2016 wurde das Polizeipräsidium München erstmals auf die Thematik und den möglichen Mehrwert der Einbindung von Super-Recognisern in die polizeiliche Praxis aufmerksam. Nach ersten Kontaktaufnahmen sowie einem Erfahrungsaustausch mit der Londoner Polizei reifte beim Leiter der Münchner Verbrechensbekämpfung, Leitender Kriminaldirektor Stefan Kastner, der Entschluss, eine eigene Projektgruppe mit der Thematik zu beauftragen. Zunächst um Super-Recogniser in den eigenen Reihen festzustellen sowie um künftige Einsatzbereiche zu erheben und diese anschließend zu erproben.

Der Startschuss der Projektgruppe erfolgte Ende August 2017, zusammen mit dem Besuch von Dr. Josh Davis, einem der führenden Wissenschaftler auf dem Gebiet der Super-Recogniser. Die Leitung der Projektgruppe wurde Polizeioberrat Thomas Weber übertragen.

Neben der Eruierung und Bewertung der Einsatzmöglichkeiten der künftigen Münchner Super-Recogniser, wurde in Kooperation mit der Universität Greenwich ein spezielles Testverfahren zur Identifikation von Super-Recognisern innerhalb der Beschäftigten des Polizeipräsidiums München entwickelt. Alle Mitarbeiter konnten ihre Fähigkeiten zunächst in zwei Onlinetests mit steigender Schwierigkeit unter Beweis stellen. Nach Auswertung der Tests hatten sich 86 Teilnehmer für den Abschlusstest qualifiziert, der im April 2018 unter Aufsicht von Dr. Josh Davis im Polizeipräsidium München stattfand. In den Tests wurden die persönlichen Fähigkeiten der Teilnehmer zur Kurzzeitwiedererkennung, der Wiedererkennung im Paarvergleich, der Langzeitgesichtserinnerung sowie der Identifikation einer Person in einer Menschenmenge intensiv auf den Prüfstein gestellt. Die erforderlichen Kriterien konnten insgesamt 37 Beschäftigte des Polizeipräsidiums München erfüllen. Die erfolgreich getesteten Super-Recogniser waren alle bereit, sich freiwillig mit ihrer persönlichen Befähigung im neuen und teilweise noch unbekannten Tätigkeitsbereich zu beteiligen.

Zunächst wurden die Super-Recogniser in dem Bereich mit eingesetzt, in dem es die meisten Bilder von bekannten und unbekannten Tatverdächtigen gibt – bei der polizeilichen Fahndung. Hier gelang es den Super-Recognisern in kurzer Zeit, mehrere Tatverdächtige zu identifizieren sowie auch Serientaten zusammenzuführen.

Ein Einsatz der Super-Recogniser des Polizeipräsidiums München wurde unter anderem bei Fußballspielen, Versammlungen und Veranstaltungen erprobt. Die Super-Recogniser wurden dabei zur Erkennung von Personen eingesetzt, nach denen entweder wegen begangener Straftaten gefahndet wurde oder von denen Gefahren ausgehen konnten und deswegen ein Aufenthaltsverbot bestand.

Daneben wurden die »Super-Wiedererkenner« gezielt in Ermittlungen verschiedener Kriminalkommissariate eingebunden, um beispielsweise Tatverdächtige als mögliche Täter auszuschließen oder einen Verdacht gegen eine Person weiter zu erhärten und zusätzliche Ermittlungsmaßnahmen durchzuführen.

Die Erfahrungen mit den Super-Recognisern beim Polizeipräsidium München sind durchweg positiv und haben bereits einen deutlichen Mehrwert für die polizeiliche Praxis, insbesondere bei der Fahndung nach Personen, bescheinigt. Obwohl noch nicht alle denkbaren Einsatzbereiche erprobt sind, stellen die Super-Recogniser bereits jetzt einen weiteren Baustein bei der effektiven Verbrechensbekämpfung und Erforschung von Straftaten dar.

Text: **Verena Wörlein und Thomas Weber**

SO LÄSST SICH DER DIENSTGRAD ABLESEN

Rangabzeichen bei der Polizei

Historisch betrachtet entstand eine gewisse Kennzeichnung für Unterstellungsverhältnisse im Militärischen. Bereits die alten Ägypter und Römer machten durch Erkennungszeichen und Ausstattungen Vorgesetzte kenntlich. Im Laufe der Jahrhunderte wurde dieses perfektioniert und es gibt fast kein Land, in dem es nicht Untergliederungen und Unterteilungen für das Militär oder die Polizei gibt.

In Deutschland, wie auch in den meisten westlichen Staaten, etablierte sich beim Militär eine Untergliederung in bestimmte Gruppen wie Generäle, Offiziere, Unteroffiziere und Mannschaften. Diese Einteilungen im Treppensystem sollten interne Über- und Unterordnungsverhältnisse regeln und auch ein gewisses Verhältnis untereinander innerhalb von diesen Gruppierungen darstellen.

Nachdem die Polizeien großer Städte meist militärähnlich gegliedert waren, ergaben sich auch an das Militär angelehnte Rangsysteme. Jedes Mitglied einer bestimmten Gruppe erhielt einen bestimmten Rang, aus dem sich auch seine Besoldungshöhe ergab. Eine Über- und Unterordnung ergab sich aus den Dienstgraden, vorgegebene Regelungen ergänzten das Verhältnis in den Gruppen untereinander.

Die Schutzmannschaft München entstand aus der Überleitung des Personals der militärischen Gendarmerie-Stadtkompanie und so blieb das Rangsystem des Militärs auch für die Schutzleute. Die Chefs der Polizei von 1898 bis 1933 waren Polizeidirektoren oder Polizeipräsidenten, aber die Schutzleute darunter gliederten sich in Offiziere, Unteroffiziere und die Mannschaft.

Am 1. Juli 1898 sah die Organisationsverordnung für die am 1. Oktober 1898 aufzustellende Schutzmannschaft unter der Leitung des Regierungs- und Polizeidirektors Ludwig Ritter von Meixner vor, alle Soldaten der Gendarmerie in ein Unterstellungsverhältnis als städtische Beamte zu übernehmen. Mit dem Aufstellungstage am 1. Oktober verfügte die städtische Polizeidirektion über drei Polizeioffiziere (Major, Hauptmann, Leutnant), einen Rendanten (Rechnungsführer), 61 Unteroffiziere (ein Oberwachtmeister sowie 60 Wachtmeister bzw. Stationskommandanten) und insgesamt 518 Schutzleute. Beinhaltet waren jedoch 48 Beamte der Kriminal-Gendarmerie, die nunmehr in der Kriminal-Schutzmannschaft ihren Dienst versahen, sowie 34 Beamte der berittenen Abteilung, die für den allgemeinen Wach- und Streifendienst nicht mehr zur Verfügung standen.

Die Polizisten trugen zur Kenntlichmachung Schulterstücke mit ihren Diensträngen. Die Dienstgradabzeichen blieben bis zur Eingliederung der Schutzmannschaft in die Reichspolizei gleich. Ab dem Abschluss der Integrierung und Neuuniformierung ab 1937 waren die Amtsbezeichnungen nach den Ausführungen des Reiches gültig.

Mit der Neubegründung der Stadtpolizei München sollten keine militärischen Effekten an den Uniformen angebracht sein, so wanderten die Dienstgradabzeichen von den Schultern an die Ärmel und wurden durch Streifen dargestellt. Die Mannschaften trugen weiße/silberne Streifen, die gehobenen Beamten goldene Streifen und die höheren Beamten goldene Streifen mit zusätzlichen Sternen.

Im Jahr 1967 wanderten die Rangabzeichen von den Ärmeln an die Krägen und wurden in Kragenspiegeln dargestellt. Die gehobenen Beamten verloren ihre goldfarbenen Effekten und erhielten silberne Sterne. Die mittleren Beamten erhielten die ehemaligen Rosetten der Oberrottmeister der Bayerischen Landespolizei von 1922 bis 1935. Ränge des höheren Dienstes wurden nunmehr mit goldenen Sternen dargestellt.

Mit der Einführung der bundeseinheitlichen Uniform im Jahr 1976 wurden an den Münchner Uniformen wieder Schulterklappen getragen. Der mittlere Dienst wurde mit grünen, der gehobene Dienst mit silbernen und der höhere Dienst mit goldenen Sternen dargestellt. Der Präsident und der Vizepräsident erhielten dabei zwei Sterne bzw. einen Stern in Eichenlaub gefasst.

Mit der Umstellung auf die blaue Uniform 2017/2018 wurden nunmehr Rangabzeichen in Schlaufenform eingeführt, wobei die sich in der Darstellung der Dienstgrade nur die Farbe des mittleren Dienstes von grün in hellblau geändert hat.

Text: **Klaus Hinkelmann**

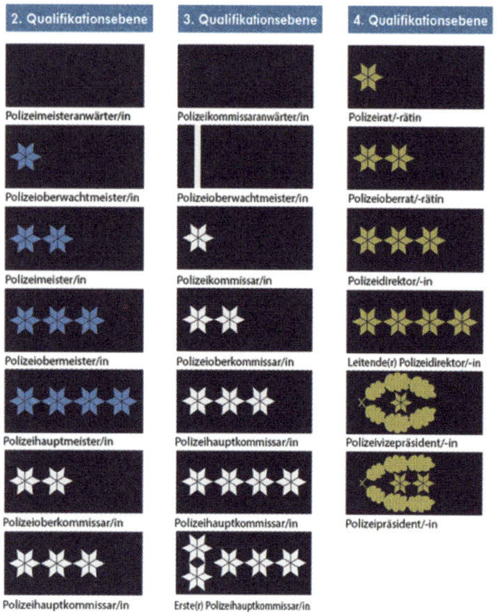

Dienstgradabzeichen des Polizeipräsidiums München (stellvertretend für alle Polizeipräsidien der Bayerischen Polizei)
2./3./4. Qualifikationsebene = vormals mittlerer/gehobener/höherer Polizeivollzugsdienst

Dienstgradabzeichen der Polizei

in Bayern ab 01.03.1994

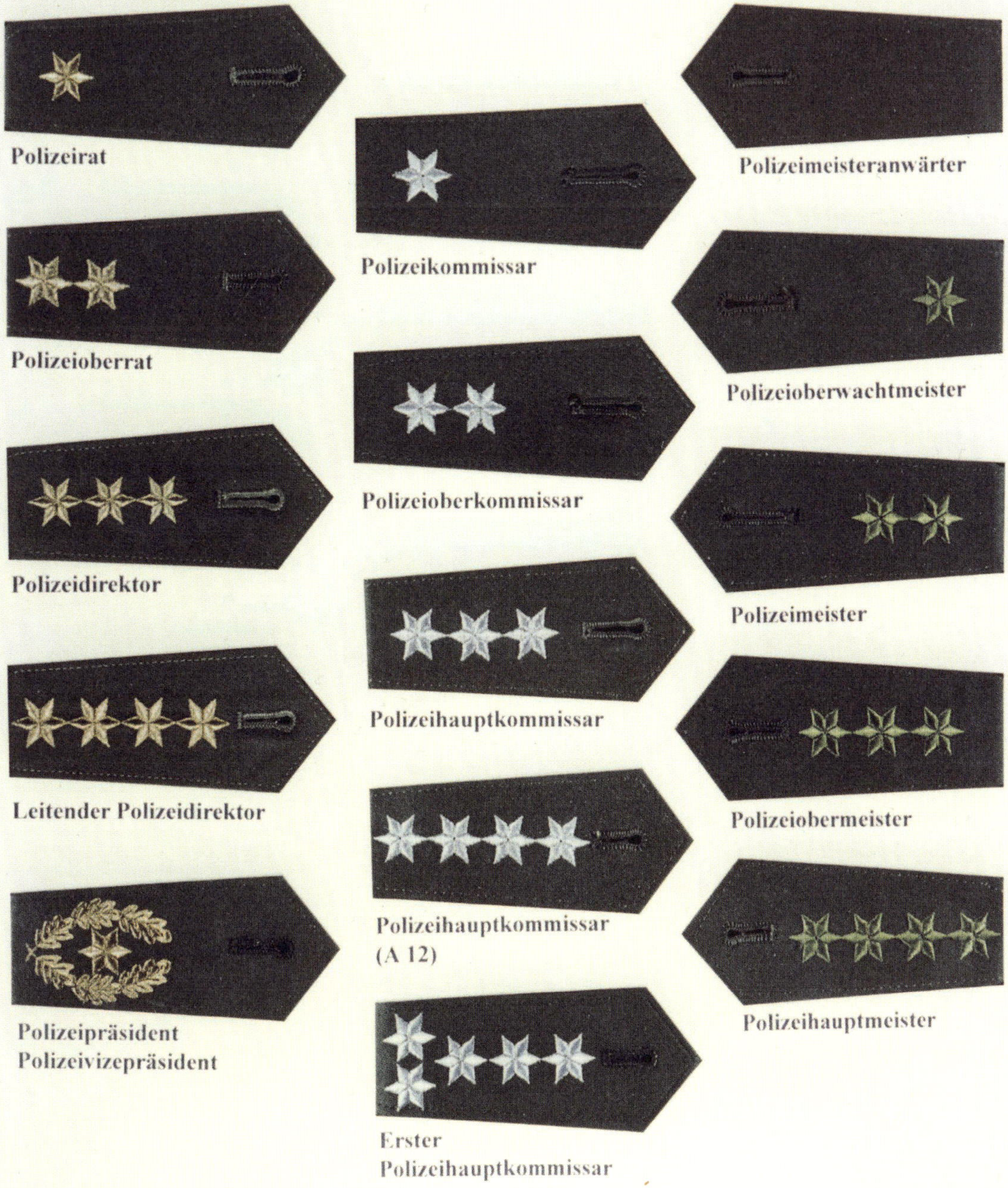

087

VON DER FLEDERMAUS ZUR WÄRMEPUMPE

Die Polizeiinspektion Pasing zieht ins 21. Jahrhundert

Um eines vorwegzunehmen: Fledermäuse haben die rund hundert Bediensteten der Polizeiinspektion 45 nie im Gebäude an der Institutstraße entdeckt. Möglicherweise haben jedoch früher welche unter dem Dach gehaust, denn die Gaube am Eck Planegger-/Institutstraße trägt den schönen Namen »Fledermausgaube«. Doch nicht nur dieser Name ist etwas Besonderes, sondern das gesamte Gebäude. Es stammt im Kern aus dem Jahr 1866 und gehört der Congregatio Jesu, besser bekannt als »Englische Fräulein« oder »Maria-Ward-Schwestern«, die seit 1862 in Pasing beheimatet sind. Hohe Räume, verwinkelte Flure, knarrende Treppenstufen und das markante Steinrelief über dem Zufahrtstor mit Widderkopf und dem Spruch »Der Jugend zur Lehr« waren über Jahrzehnte hinweg die Merkmale der Polizeiinspektion 45.

So günstig die Lage mitten im Herzen Pasings auch war, so viel Flair und Geschichte das Kloster auch besitzt, so war das denkmalgeschützte Gebäude den Erfordernissen heutiger Polizeiarbeit einfach nicht mehr gewachsen. Allein die Elektroinstallation stieß immer wieder an ihre Grenzen, von der nicht vorhandenen Barrierefreiheit ganz zu schweigen. Und doch dauerte es mehr als 30 Jahre, bis für die Polizeiinspektion 45 ein neuer Platz gefunden war und die Baupläne in die Tat umgesetzt wurden. Nach einigen Verzögerungen war es schlussendlich am 4. Februar 2019 so weit: Die Frühschicht löschte die Lichter in der Institutstraße 1, zog die Tür hinter sich zu und der Dienst im neuen Gebäude an der Heimburgstraße direkt neben dem S-Bahnhof Westkreuz begann.

Schon vom äußeren Erscheinungsbild könnte die neu errichtete Polizeiinspektion unterschiedlicher nicht sein. Sprossenfenster und Giebelreliefs waren gestern; jetzt herrschen klare, gerade Linien, und statt eines roten Ziegelwalmdachs schließt nun ein Flachdach das Gebäude ab, das selbstverständlich vorschriftsgemäß begrünt wurde, und auf dem eine Fotovoltaikanlage das Sonnenlicht in Strom umwandelt. Über dem Betonsockel wird das Gebäude ummantelt von einer hinterlüfteten Konstruktion aus Metallpaneelen und mit Glasfaser armierten Zementplatten.

So ungewöhnlich wie die Fassade ist auch der Grundriss der neuen Polizeiinspektion: Statt sich mit vier rechten Winkeln zufriedenzugeben, zieht sich eine Gebäudeecke etwas in die Länge und folgt damit der Form des Grundstücks. Das bedingt natürlich auch im Inneren des Gebäudes an manchen Stellen spitze und stumpfe Winkel, was im Zusammenspiel mit den rechtwinkligen Möbeln hin und wieder zu einer architektonisch interessanten optischen »Unwucht« führt.

Keine optische Unwucht hingegen ist der Eingangsbereich der Dienststelle. Das offene Treppenhaus mit Glasdach erlaubt nicht nur den Blick auf den Himmel über der Inspektion, sondern auch auf das Kunstwerk »Memory« des Künstlers Christian Wichmann. Vom Erdgeschoss bis in den zweiten Stock zieren farbige, spiegelnde oder mit Fotografien bedruckte Metallquadrate die Betonwand und erinnern an ein Memory-Spiel. Die aufgedeckten Memory-Karten zeigen Szenen aus dem Polizeialltag und sind – bis auf eine Ausnahme – alle im Dienstbereich der Polizeiinspektion 45 entstanden. Auch die »Models« sind fast ausschließlich Beamtinnen und Beamte des Pasinger Reviers.

Nur wenige Schritte entfernt hält der Dienstgruppenleiter die Fäden in der Hand und kann an seinem höhenverstellbaren und mit hochmoderner Technik ausgestattetem »Leitstand« und dank diverser Kameras das Geschehen im und um das Areal überblicken. Sollte es eine größere Einsatzlage geben, so kann der Unterrichts- und Besprechungsraum im zweiten Stock mit wenigen Handgriffen in eine kleine örtliche Einsatzzentrale verwandelt werden, in der mittels Beamer aktuelle Informationen direkt an ein Smartboard geworfen und weiterverarbeitet werden können.

Eine derartige »Polizeiinspektion der Superlative«, wie sie in Zeitungsartikeln hin und wieder genannt wurde, hat natürlich auch hinter den Kulissen einiges zu bieten, was einem ein Gang in den Keller eindrucksvoll vor Augen führt. Dort wird ein Raum von einem riesigen, ganz in silberglänzende Folie verpackten Ungetüm dominiert, das auf den ersten Blick auch aus einem Raumschiff stammen könnte, das tatsächlich jedoch Teil der hochmodernen Lüftungsanlage ist, die das ganze Gebäude mit temperierter Luft versorgt. Bevor die Abluft nach draußen geblasen wird, wird ihr mit lediglich zwei Grad Celsius Verlust die Wärme entzogen, die wiederum dem Kreislauf zugeführt wird.

Etwa ebenso viel Platz wie die Lüftungszentrale nimmt die Heizungsanlage in Anspruch, die sich die Erdwärme zunutze macht und mittels sogenannter Betonkernaktivierung das Gebäude im Winter wärmen und im Sommer kühlen soll. In den ersten Tagen nach dem Einzug kam die Belegschaft der Pasinger Inspektion allerdings ziemlich ins Schwitzen, da die Betonkerne durch die Einlaufphase noch regelrecht »hyperaktiviert« waren, weshalb in manchen Zimmern über mehrere Tage hinweg bis zu 29° Celsius herrschten. So ist der seltsame Anblick von Beamtinnen und Beamten zu erklären, die bei Außentemperaturen von unter null Grad im Kurzarmhemd neben dem sperrangelweit geöffneten Fenster vor ihren Computern saßen und ein kühles Getränk auf dem Schreibtisch stehen hatten. Nach etwa einer Woche hatten sich die Temperaturen jedoch auf ein normales Maß eingependelt, sodass die Einweihungsfeier am 1. April 2019 unter angenehmen Bedingungen stattfinden konnte.

Der Bayerische Staatsminister des Innern, für Sport und Integration Joachim Herrmann hielt nach der Begrüßung durch den Polizeipräsidenten des Polizeipräsidiums München Hubertus Andrä die Festrede und nahm zusammen mit dem Polizeipräsidenten und dem Leiter der Polizeiinspektion 45 Polizeioberrat Peter Löffelmann aus den Händen des Leitenden Baudirektors des Staatlichen Bauamts München I Eberhard Schmid den symbolischen Dienststellenschlüssel entgegen. Als kleine Besonderheit wurde das Griffstück des Schlüssels dem Grundriss des Gebäudes nachempfunden.

Nach dem kirchlichen Segen durch Pfarrer Thomas Dallos vom Pfarrverband Pasing und Pfarrer Hans-Martin Köbler von der Himmelfahrtskirche Pasing und einem abschließenden Musikstück des Chors der Münchner Polizei ist die Polizeiinspektion 45 nun bestens gerüstet für die Zukunft.

Auch wenn der eine oder andere anfangs noch gefremdelt und dem alten Klostergemäuer nachgetrauert hat, so kann man sagen, dass der Pasinger Polizei der Sprung vom neunzehnten in das einundzwanzigste Jahrhundert sehr gut gelungen ist.

Text: **Manuela Obermeier**

MODE BEI DER POLIZEI?

Die Uniformen im Wandel der Zeit

Bereits 1926 beschäftige sich Max von Boehn mit dem Phänomen von Modeerscheinungen der Polizeiuniformierung und kam zu dem Schluss, dass jede Zeit bei der Uniformierung der Polizisten ihre Spuren hinterlassen hat.

Im Jahr 1315 wurde der Stadt München urkundlich das Polizeirecht zugesprochen und fortan sorgten Polizeisöldner für Ruhe und Ordnung. Das blieb auch so für die fast nächsten 500 Jahre bis 1792, dem Jahr der Teuerungsaufstände. Generalleutnant Graf von Rumford wurde nunmehr als Chef der Polizeidirektion München benannt und diese in ein staatliches Institut umgewandelt. Der neu entstandene Sicherheitsdienst hieß ab diesem Zeitpunkt Polizeiwache.

Während der fünfhundert Jahre wechselte alle Jahre die Uniformierung der Stadtsöldner und Trabanten in allen möglichen Farben und Farbzusammenstellungen. Die Regierung König Max I. bestrebte die Polizei des gesamten Landes an sich zu bringen und führte 1812/1813 die Königliche Gendarmerie in Bayern ein. Am 25. Januar 1824 wurde die Auflösung der Münchner Polizeiwache und die gleichzeitige Errichtung einer Gendarmerie-Kompanie der königlichen Haupt- und Residenzstadt München verkündet. Die Gendarmerie trägt eine grün/schwarze Uniform mit roten Krägen und Aufschlägen. Im Laufe der Zeit wird auch hier und da etwas an der Uniformierung geändert, jedoch blieb die Kombination der Grundfarben die gleiche.

Die Münchner Bürger sahen mit Bedauern das gewohnte Bild der Stadtgendarmen mit ihren grünen Uniformen verschwinden, als Prinzregent Luitpold am 1. Oktober 1898 die Auflösung der Gendarmerie-Stadtkompanie verfügte und an deren Stelle die Königliche Schutzmannschaft für die Haupt- und Residenzstadt München einsetzte. Sinn und Zweck dieser Verfügung war die Herauslösung der Polizei aus dem Militärbereich. Die offizielle Bezeichnung war nunmehr Polizeidirektion. Für die Uniformierung bedeutete dieses den Wechsel von Dunkelgrün auf Dunkelblau, lediglich die karmesinrote Paspelierung sowie Biesen an Uniformröcken und Schulterstücken blieben erhalten.

Diese kleidsame Uniform bestand aus einem zweireihigen Waffenrock (zweireihig bezog sich auf die Knopfleisten) mit silbernen Knöpfen, schwarzer Hose, schwarzem Mantel, Mütze und Helm. Die Pickelhaube mit dem Staatswappen der Gendarmerie, jedoch glänzend versilbert mit einer silbernen Schuppenkette für alle Dienstgrade, sollte die nächsten 39 Jahren das Stadtbild in München mitprägen.

Am 9. März 1933 kam es zu der Machtübernahme der Nationalsozialisten in Bayern und der neue Machtapparat feilte zugleich an der Vereinheitlichung der Polizei im gesamten Deutschen Reich. So kam es dann zu einer neuen Uniformierung mit einer militärähnlichen grünmelierten Uniform der Polizeikräfte. In München begann der Uniformwechsel Ende 1935 und war 1937 gänzlich abgeschlossen. Neu war als Kopfbedeckung der preußische Tschako, der mit nationalsozialistischen Symbolen und zunächst in schwarz zur blauen und später mit einem grünmelierten Tuch auf dem Korpus zur grünen Uniform ausgeliefert wurde.

Mit dem Einmarsch der amerikanischen Besatzungstruppen der 7. US Armee am 30. April 1945 blieben die Polizeibeamten zum Großteil noch in Amt und Würden. Von den Uniformen wurden alle mit Nazi-Symbolen versehenen Abzeichen entfernt, an den Dienstmützen wurden die Kokarden von oben zum Mützenkorpus unten versetzt. Zur neuen Kennzeichnung wurden bilingual beschriftete Armbinden ausgegeben, die von nun an zu tragen waren. Zumindest bei einer Prozession am 3. Juni 1945 trugen die Münchner Polizisten noch die grünmelierte Uniform des Dritten Reiches mit den alten Schulterstücken und Kragenspiegeln, die jedoch in den Folgemonaten entfernt werden mussten. Beamte, die keine Uniform besaßen, trugen zur zivilen Kleidung lediglich die zweisprachige Armbinde.

Im Verlauf des Jahres erfolgte eine Ausstattung mit einer neuen Uniform. Es handelte sich um eine schwarze Hose, ein blaugraues Hemd mit neuem Ärmelabzeichen der Stadtpolizei München, eine dunkelblaue Krawatte, einen dunkelblauen Viertaschenrock ohne Kragenspiegel und Rangabzeichen auf den Schultern. Dienstgradabzeichen wurden nunmehr unten an den Ärmeln getragen. Im einfachen und mittleren Vollzugsdienst waren die Uniformröcke mit weißen Aluminiumknöpfen, im gehobenen und höheren Dienst mit goldfarbenen Knöpfen ausgestattet. Die neuen Rangabzeichen an den Ärmeln waren farblich gleich den Knöpfen.

Die neuen Mützen waren ebenfalls dunkelblau gehalten, jedoch mit einer blauen Paspelierung versehen. Das dreieckige Mützenabzeichen war unterhalb der Beschriftung »Polizei« mit dem Münchner Kindl versehen. Neu war ebenfalls die Verwendung eines Brustschildes, wie es in den Vereinigten Staaten üblich war. Dieses Schild war mit der Beschriftung »Polizei München« und dem Münchner Kindl versehen. Ferner war dort der Dienstgrad des Inhabers abzulesen und zusätzlich eine individuelle Dienstnummer des Beamten eingraviert. Diese Ausführung wurde von den Besatzungstruppen in Deutschland eingefordert.

Am 30. Oktober 1945 wurde die Schutzmannschaft wieder mit Schusswaffen ausgerüstet und erhielt hierzu aus US-Beständen Revolver der Marke Smith & Wesson. Bis Ende des Jahres 1945 waren alle Polizisten mit einer neuen Uniform ausgestattet und diese Uniform sollte bis zum 31. Dezember 1966 gleich bleiben. 1953 wurden die Brustschilder wieder eingezogen, weil die Beamtenschaft nicht nummeriert sein wollte und die dreieckigen Mützenschilder wurden Anfang der 1960er in wappenförmige ausgetauscht.

Die staatliche Polizei Bayern änderte zum 1. Januar 1964 die Uniformeffekten, es wurden der Polizeistern eingeführt und neue Rangabzeichen als Kragenspiegel. Das Innenministerium empfahl den Gemeindepolizeien, sich ebenfalls diesen neuen Änderungen anzuschließen. Auch im Interesse der Staatsbürger sollte eine einheitliche Kennzeichnung von Polizeibeamten erreicht werden.

Der Senat der Stadt München beschloss am 15. September 1966 eine Einführung der neuen Dienstgradabzeichen am Kragen und die Einführung eines Polizeisterns für die Uniformmützen und eines neuen Ärmelabzeichens zum 1. Januar 1967. Ziemlichen Unmut gab es über das neue Ärmelwappen, weil das Münchner Kindl nicht mehr farbig war und durch sein dunkles einfarbiges Aussehen mit einer neuen Form eher an ein »Totenmanschkerl« erinnerte.

Es wurde eine umfangreiche Aktion aus dieser Umrüstung, weil ab der Umstellung sämtliche

36

1970

1917

50

2017

Uniformjacken von den Ärmelstreifen befreit werden mussten. Die Ärmelabzeichen mussten ausgetauscht und die neuen Kragenspiegel angebracht werden. Ferner waren alle Jacken der gehobenen Vollzugsbeamten von ihren goldenen Knöpfen zu befreien, die dann gegen Aluminiumknöpfe ausgetauscht wurden.

Für den gehobenen und den höheren Dienst der Schutzpolizei beschaffte man neue Dienstmützen, weil diese am Deckel nicht mehr mit einer blauen Biese versehen waren, sondern mit einer silbernen Litze für gehobene und einer goldenen Litze für höhere Beamte. Das Einzige, was zu dem avisierten Termin erreicht wurde, war die Umrüstung der Mützen auf den neuen Polizeistern. Für mehrere Wochen waren deshalb unterschiedliche Uniform-Kennzeichnungen der Beamten auf den Straßen zu bemerken.

Eine ähnliche, aber nicht so umfangreiche Aktion, stellte sich erst wieder zum 1. Oktober 1975 ein – den Tag der Verstaatlichung der letzten kommunalen Polizeibehörde in Bayern. Ab diesem Tage war das Tragen der Münchner Kindl an der Uniform verboten und es durften nur noch die staatlichen Kennzeichnungen an der Uniform verwendet werden. Im Gegensatz zum Grün der Landespolizei blieben die Uniformen der Schutzpolizei in München blau.

Dieses erfolgte nicht ohne Grund, denn schon 1973 hatte die Innenministerkonferenz der Bundesrepublik Deutschland beschlossen, alle Länderpolizeien in Deutschland mit einer einheitlichen Uniform zu versehen, die von dem Designer Heinz Oestergaard entworfen wurde. Diese moosgrün/braun-beige neue Uniform wurde in einigen Bundesländern zum Zeitpunkt der Verstaatlichung des Polizeipräsidiums München bereits getragen oder befand sich in der Einführungsphase.

Beginnend mit dem 1. April 1976 startete die Umkleideaktion bei der Polizei München mit den Dienstkräften der Polizeidirektion Nord und für das gesamte Präsidium war der Uniformtausch mit Ablauf des 31. Juli 1976 abgeschlossen. Der blau gekleidete Münchner Schutzmann war wieder einmal aus dem Straßenbild verschwunden.

Im Jahr 1998 entschied der Polizeiausschuss der Europäischen Union unter anderem auf die Uniformfarbe Blau in allen Mitgliedsstaaten. Diese Entscheidung führte dazu, dass die ersten deutschen Bundesländer und die Bundespolizei (Bundesgrenzschutz) ab 2004 (beginnend mit Hamburg), die grüne gegen eine blaue Uniform eintauschten.

Die Bayerische Polizei war zum Schluss die letzte Landespolizei mit einer grünen Uniformierung. Eine Mitarbeiterbefragung nach der gewünschten Farbe für eine neue Uniform in 2014 ergab mit einer Mehrheit die Entscheidung für Blau. Recht zügig wurde sodann, unter Einbeziehung der Mitarbeiter, eine neue Uniform in Anlehnung an das österreichische Erscheinungsbild kreiert. Bereits 2016 starteten die ersten Auslieferungen dieser neuen Polizeibekleidung.

Für die Bayerische Polizei endete die Umstellung auf die neue blaue Uniform offiziell mit Ablauf des 31. Januar 2019. Seit dem 1. Februar 2019 darf die grüne Uniform nicht mehr getragen werden. »Blue is back« – und so kommt es, dass nach über 40 Jahren wieder blau uniformierte Polizisten in München ihren Streifendienst versehen und der Münchner Bürger nunmehr seine grünen Schandis vermisst.

Text: **Klaus Hinkelmann**

KRIMINALITÄT KENNT KEINE GRENZEN

Internationale Zusammenarbeit

In einer Welt, in der so viele Menschen sich weitgehend frei und immer müheloser über Länder und Kontinente hinweg bewegen und kommunizieren können, hat dieser Satz an Bedeutung gewonnen. Und dennoch beschreibt er die Herausforderung für die Polizei nicht ganz treffend. Die Kriminellen kennen Grenzen nicht nur, sie nutzen sie auch zunehmend für ihre Zwecke aus, wohl wissend, dass die Zuständigkeiten der Polizei auf der Landkarte klar definiert sind. Ob es nun reisende Einbrecherbanden, organisierte Telefonbetrüger oder Drogenhändler sind, solange sie über mehrere Länder hinweg agieren, erschweren sie der Polizei die Arbeit.

Anstatt einzelner Taten durch lokal ansässige Täter sehen sich die Behörden immer häufiger mit Tatserien und hochmobilen Banden konfrontiert, die neue Strukturen und Methoden der Verbrechensbekämpfung notwendig machen. Allem voran stehen hierbei Kommunikation und Kooperation, über Zuständigkeiten und Grenzen hinweg und mit dem Blick stets über den Tellerrand des eigenen Staates hinaus gerichtet, kurz: die internationale polizeiliche Zusammenarbeit.

Beim Polizeipräsidium München hat die Zusammenarbeit mit unseren ausländischen Kollegen traditionell einen hohen Stellenwert. Offizielle Besuche von Polizeidelegationen aus aller Welt, Treffen unter Ermittlern zur Besprechung von Fällen und reger Austausch mit dem Ausland über Telefon und E-Mail gehören in der Ettstraße zur Tagesordnung. Damit all dies in geordneten Bahnen verläuft, gibt es bei uns eigens Polizisten, deren Hauptaufgabe die internationale polizeiliche Zusammenarbeit (IPZ) ist. Zu ihren Aufgaben gehören die Bündelung und Pflege von Kontakten, die Organisation, Koordination und Durchführung von Projekten, Konferenzen und Hospitationen sowie die Unterstützung und Schulung der Ermittler bei internationalen Fällen. Mit diesem umfangreichen Spektrum an Tätigkeiten bilden die IPZ-Stellen auch das Bindeglied zu Europol.

Europol, die Strafverfolgungsbehörde der Europäischen Union mit ihrem Sitz in Den Haag/Niederlande, steht im Zentrum der europäischen Sicherheitsarchitektur und ist als Zentralstelle ausschließlich zur Unterstützung der EU-Mitgliedsstaaten bei der Bekämpfung von organisierter und schwerer Kriminalität sowie des Terrorismus da. Auch die IPZ-Stelle des Polizeipräsidiums München verfolgt einen ähnlichen Ansatz und sieht sich als Service-Stelle für das Präsidium bei Ermittlungen mit internationalen Bezügen.

Zahlreiche Arbeitstreffen und Konferenzen bei Europol mit Ermittlern aus vielen unterschiedlichen Ländern haben ihre Spuren auch in München hinterlassen, nicht nur in einer immer enge-

ren und erfolgreicheren internationalen Zusammenarbeit, sondern auch ganz simpel: In Form einer Kaffeetasse, welche den Schriftzug von Europol ziert, auf einem Schreibtisch eines Kollegen. Diese erinnert uns täglich daran, dass wir mit unseren Herausforderungen nicht alleine dastehen, sondern uns der Unterstützung unserer Kolleginnen und Kollegen im Ausland sicher sein können.

Denn wenn es um die Verhütung und Verfolgung von Straftaten geht, ziehen Polizisten an einem Strang, egal in welchem Staat sie arbeiten. Wir wollen unsere Mitbürger vor Kriminalität schützen, auch wenn die Täter, an denen wir dran sind, im Nachbarland zuschlagen. Aber damit das funktioniert, müssen bürokratische Hürden überwunden und unsere gemeinsamen Bemühungen strukturiert und abgestimmt werden. Gelingt uns das, spüren das zuerst die Kriminellen. Sie kommen auf ihren Diebeszügen nach München, sind dort aber nicht anonym. Dank schneller Kommunikation von Polizei zu Polizei werden sie von uns bereits mit all den Informationen empfangen, die wegen ihrer bisherigen Taten im Ausland gesammelt wurden. Auch beim Tatvorwurf wirkt sich die internationale polizeiliche Zusammenarbeit aus. Anstatt einer einzelnen Tat müssen sie sich dank der ausgetauschten Ermittlungsergebnisse für organisiertes, banden- und gewerbsmäßiges Handeln verantworten, was meist mit vorläufiger Festnahme, Untersuchungshaft und höheren Strafen verbunden ist. Dies führt unserer Erfahrung nach dazu, dass überregionale Täter Städte wie München meiden, in denen die Polizei eine starke internationale Zusammenarbeit pflegt und die daraus gewonnenen Erkenntnisse effektiv einzusetzen weiß. Und damit einher kommt – mit dem Europol Logo auf der Kaffeetasse als Sinnbild der internationalen Zusammenarbeit vor Augen – das wichtigste Ergebnis von IPZ: Mehr Sicherheit für die Menschen in München!

Text: **Leo Waffenschmidt und Philipp Förder**

DER »GRIFF DES MONATS«

Das Polizeiliche Einsatzverhalten

Polizeiliche Einsatzverhalten

Das Training des Polizeilichen Einsatzverhaltens (PE) soll Polizeibeamte befähigen, die täglichen Einsätze mit der richtigen Wahl der Mittel zu bewältigen und zugleich dem Bürgeranspruch auf eine professionell arbeitende Polizei zu entsprechen. Zudem stellen Amok-, Geisel- und lebensbedrohliche Einsatzlagen eine besondere Herausforderung für die eingesetzten Dienstkräfte dar.

Um diesem Anspruch gerecht zu werden und die Dienstkräfte so gut wie möglich auf die jeweilige Situation vorbereiten zu können, sind kontinuierliche Trainingsmaßnahmen in Form eines PE-Seminares erforderlich. Sie fördern durch die Festlegung und Vermittlung von Handlungsempfehlungen ein professionelles polizeiliches Einschreiten und minimieren somit verbundene Risiken für die Dienstkräfte. Das im PE-Seminar Erlernte soll zu einer systematischen Anwendung grundlegender Handlungsmuster in eigensicherungsrelevanten Situationen führen und hierdurch im Ergebnis eine höhere Einsatzkompetenz bei den eingesetzten Dienstkräften erreichen, welche in der Folge auch zu mehr Handlungssicherheit führen wird.

PE-Training im Wandel der Zeit

Die Anfänge des Polizeilichen Einsatzverhaltens begannen 1987 mit kurzen Rollentrainings, Verbringen einer Person aus bzw. in ein Fahrzeug, kurzen Unterrichten auf den Dienststellen sowie dem so genannten »Griff des Monats«.

Am 18. November 1996 wurde der erste zentrale PE-Trainingsbereich in der Tegernseer Landstraße 210 vom damaligen Polizeipräsidenten Dr. Roland Koller feierlich eingeweiht und das erste PE-Seminar durchgeführt. Themenschwerpunkte waren das Waffenhandling, Durchsuchungs- und Fixierungstechniken des polizeilichen Gegenübers sowie das Basistraining am Pkw. Zu Beginn wurde ein Unterricht zur Einsatzvorbereitung mit einem rechtlichen Teil zum Schusswaffengebrauch abgehalten.

Anfangs wurden die PE-Seminare dezentral auf den Polizeidienststellen durchgeführt. Um das Polizeiliche Einsatzverhalten zu verbessern, wurden die Sporthallen der Bad-Schachener-Straße und der Tegernseer Landstraße 210 genutzt, bis letztendlich die ersten Szenarien-Trainingsgebäude mit Farbmarkierungsmunition zur Verfügung standen. Ab 29. Juni 1998 wurden Wohnungsszenarien im »Heizhaus« der Tegernseer Landstraße veranstaltet, bis im Jahr 2001 das Gebäude 16 der Tegernseer Landstraße als Trainingsörtlichkeit mit Farbmarkierungsmunition genutzt werden konnte. Neben

Wohnungsszenarien und Amoktraining konnte im Gebäude 16 nunmehr auch im Dachgeschoss ein Basistraining an zwei Pkw unterrichtet werden.

2009 fand der langersehnte Umzug in das PE-Zentrum Knorrstraße statt. Im Jahr 2010 wurde das Polizeiliche Einsatztraining zentralisiert und bei der ehemaligen ZD 9 (PI ED 7), der heutigen PI Sonderdienste München, angegliedert. Durch diese Zusammenlegung der dezentralen PE-Trainer mit den Schießtrainern der ZD 9 konnte beim PE-Training auch der »scharfe Schuss« integriert werden und ist seitdem fester Bestandteil des Polizeilichen Einsatztrainings.

Gleichzeitig wurden in den Polizeigebäuden am Adenauerring und im Polizeipräsidium München spezielle Trainingsörtlichkeiten geschaffen und es entstanden zwei weitere PE-Zentren. Die Einsatztrainer konnten zusammen mit den beteiligten Architekten und Handwerkern den bestmöglichsten Umbau für das Polizeiliche Einsatztraining schaffen.

Angepasst an die veränderte Sicherheitslage in Europa, insbesondere der weltweiten Entwicklung im islamistischen Terrorismus, trainiert die Münchner Polizei die Bewältigung von lebensbedrohlichen Einsatzlagen. Ein solches Polizeiliches Einsatztraining erfordert große Areale, um ein taktisches Vorgehen samt der Annäherung an Objekte trainieren zu können. Seit August 2016 wird das Leitthema »Lebensbedrohliche Einsatzlagen« sowie das »Folgemodul« täglich im ehemaligen Bundeswehrgelände, in Garching-Hochbrück unter realistischen Bedingungen – auch mit Farbmarkierungsmunition – trainiert.

PE-Trainingszentren

Aktuell stehen für das PE-Training das PE-Zentrum Adenauerring im Dienstgebäude der PI 24, das PE-Zentrum Posteck im Polizeipräsidium München und das PE-Zentrum Knorrstraße zur Verfügung. Als weitere Trainingsorte werden das Trainingsgelände Garching-Hochbrück und die Außenschießanlage Perlacher Forst mit einem Übungshaus für Farbmarkierungsmunition genutzt.

Es war ein langer Weg bis zum heutigen Seminarbetrieb des Polizeilichen Einsatzverhaltens, der viel Engagement und Flexibilität von allen PE-Trainern erforderte. Von den Anfängen im Büro auf jeder Polizeiinspektion über die Tegernseer Landstraße 210 bis hin zu den heutigen Trainingsmöglichkeiten mit Raumschießanlagen, SV-Räumen (Dojo), Treppenhäusern, Gängen, nachgestellten Wohnungen, Pkw und vielen anderen Optionen. Das Engagement von derzeit fast 40 Trainern ermöglicht die Durchführung von täglich vier Seminaren und die mehrmalige Beschulung von über 5 500 Polizeivollzugsbeamtinnen und -beamten des Polizeipräsidiums München.

Text: **Anton Schmucker**

091

WIE EIN INFORMSATIKSTUDENT DIE TECHNIK AUSTRICKSTE

Der Gestaltenwandler

Wer hat nicht schon mal davon geträumt, jemand anders zu sein? Nun, dieser Traum ist für einen jungen Mann Wirklichkeit geworden – virtuell versteht sich. In unserem Fall sind die Hauptakteure ein Informatikstudent, eine große Firma und ein kleines, unscheinbares Hardwaregerät. Seit ungefähr einem Monat ereignete sich bei einem Unternehmen eine Diebstahlserie, bei der allerlei technisches Equipment abhandengekommen war.

Wenn in regelmäßigen Abständen Sachen entwendet werden, fällt das irgendwann auf. Auf den Sicherheitsaufzeichnungen der Firma ist zu sehen, wie ein ehemaliger Werkstudent beim Firmengelände ein- und ausgeht. Dabei hält er einen nicht genauer erkennbaren Gegenstand an das Kartenlesegerät und verschafft sich Zutritt. Er verlässt die Firma mit Wertgegenständen, wie beispielsweise Netzteile, Kühler, Kabel, Kupferstangen, einer Sirene, Elektroinstallationsmaterial und so weiter. Dabei staunt der Mann von der Security nicht schlecht, als er die protokollierten Verlaufseinträge der Kartenlesegeräte sieht: Der Informatikstudent betritt die Firma beispielsweise mit einer fernöstlich klingenden Identität und verlässt sie unter einem deutschen Namen. Sind das etwa seine Komplizen? In diesem Fall nicht. Doch mit was verschafft er sich grünes Licht am Kartenleser? Besitzt er möglicherweise gestohlene Zugangskarten von unwissenden Mitarbeitern? Eine Zeit lang wird der junge Mann von den Sicherheitsleuten weiter beobachtet, bis schließlich die Entscheidung getroffen wird, die Münchner Polizei zu verständigen. Die macht sich bereit, den Dieb auf frischer Tat zu ertappen.

Die zivilen Einsatzkräfte warten, bis der junge Mann wieder von einem seiner routinierten Streifzüge das Firmengelände verlässt. Anstatt ihn vor Ort zu stellen, folgen sie ihm unbemerkt nach Hause und nehmen ihn dort fest. Die Kollegen waren überrascht, was sie dort vorfanden: Mehrere übereinandergestellte PC Bildschirme, zwei weitere Monitore über dem Bett und eine Vielzahl an Beamern, die dasselbe Bild übereinanderprojizieren. Warum? »Damit das Bild heller wird«, so die Erklärung. Schnell wird klar, dass da jemand wohl viel Spaß an der Technik hat. Die meisten der entwendeten Gegenstände werden wieder aufgefunden. Zugangskarten suchen die Polizisten jedoch vergeblich. Das Smartphone des Beschuldigten wird zur näheren Untersuchung an die digitale Forensik übersandt. Nach einer ersten groben Sichtung wird schnell klar: Da fehlt noch was. Im Sicherstellungsverzeichnis ist ein sogenannter Kartenskimmer aufgelistet. Dabei handelt es sich um ein Spezialgerät, das in der Lage ist, Zugangskarten zu klonen. Die Anschaffungskosten für so eine Hardware liegen im dreistelligen Bereich.

HF
GND
RAW
PWR
PWR
RAW
GND
LF

Auf den ersten Blick wirkt das Gerät unscheinbar: Sehr leicht, nur ein Knopf zum Drücken, groß wie eine Zigarettenschachtel. Doch unter der Oberfläche ist mehr – ein verbautes Modul, in dem eine Hochfrequenzantenne steckt. Mit dieser werden die Zugangskarten gescannt. Und tatsächlich ist es so gewesen: Während der Informatikstudent noch bei seiner ehemaligen Firma gearbeitet hatte, scannte er heimlich die Zugangskarten von seinen unwissenden Kollegen ab. Dabei musste er nah an die willkürlich ausgewählten Opfer herangehen. Das Gerät machte dabei keinen Pieps. Alles geschah lautlos. Damit es sogar noch unauffälliger ist, wurden bei dem Kartenskimmer die äußeren LED Leuchten abgeklebt. So kam er mühelos an die Zugangsdaten heran, die dann auf seinem Smartphone gespeichert wurden. Von Letzterem konnte er den Kartenskimmer ansteuern. Dabei war jedoch Fachwissen vonnöten. Es gibt nämlich keine einfache App, die eine Steuerung dafür anbietet. Stattdessen muss man in den Tiefen des Internets danach suchen und das Betriebssystem des Smartphones modifizieren. Im Kabelverbund mit dem Mobilgerät ist es dann über eine bestimmte Eingabe von Befehlen möglich, zwischen den einzelnen Personen hin und her zu schalten.

Bei den abgegriffenen Daten handelte es sich um eine Frau und drei Männer. Der Ex-Werkstudent konnte nach Belieben mit deren Identitäten ein- und ausgehen. Damit das Ganze auch so schnell wie möglich über die Bühne ging und nicht viel Aufsehen erregte, waren diese am Startbildschirm des Smartphones als Verknüpfung angelegt. Er konnte sie wie eine App per Knopfdruck starten. Damit ging das Wechseln der Personalien in Sekundenschnelle. Der Trick an der Sache: Die Zugangsdaten der Mitarbeiter hatten unterschiedliche Sicherheitsfreigaben. Konnte der Informatikstudent in einen Bereich nicht eindringen, weil die gerade vorgespielte Identität nicht genügend Rechte dafür besaß, konnte er per Knopfdruck zu einer anderen wechseln und sich dadurch fast alle Sicherheitszonen zugänglich machen. Genauso wie wenn er eine echte Zugangskarte an den Kartenleser hinhalten würde. Das Gerät erkennt den Unterschied nicht und gibt grünes Licht. Damit war das Ganze aufgeklärt.

Die Angst des Unternehmens, dass der junge Mann sich Zugang verschafft hatte, um Werkspionage zu betreiben, bestätigte sich nicht. Sein Motiv war die Bastelei. Er wollte seiner Aussage nach mit den entwendeten Sachen herumspielen. Warum nicht selbst kaufen? »Die sind so teuer und man kann sich die nicht mit einem Studenteneinkommen leisten.« In der weiteren Vernehmung war der technisch versierte Beschuldigte sogar dankbar. Er sei froh, dass man ihn erwischt habe, sonst hätte er das Ganze noch länger durchgezogen. Tatsächlich war er bis zu diesem Zeitpunkt polizeilich noch nie in Erscheinung getreten.

Text: **Christoph Helfreich**

092

IN DIESEM STARENKASTEN NISTEN KEINE VÖGEL

Die Rotlichtüberwachungsanlage

Nachdem der Straßenverkehr im Zuge des Wirtschaftsaufschwungs nach dem Zweiten Weltkrieg immer mehr anwuchs, wurde es notwendig, die Regeln der Straßenverkehrsordnung intensiver zu überwachen. Da gerade der Kreuzungsbereich einen unfallträchtigen Ort darstellt, musste der sichere Ablauf nicht nur mit Lichtzeichenanlagen geregelt werden, sondern wurde darüber hinaus mit einer Rotlichtüberwachung ausgestattet. Notwendig wurde es immer dann, wenn die Unfallzahlen wegen Missachtung des Rotlichts anstiegen und Verletzte und Tote zu beklagen waren.

So wurde am 19. August 1965 die erste Rotlichtüberwachungsanlage an der Kreuzung Potsdamer- und Leopoldstraße aufgestellt (Foto). Während des einmonatigen Probebetriebs wurde 823 Mal Nichtbeachten des Rotlichts registriert. Der Fahrzeugdurchlauf betrug 1965 immerhin schon etwa 200.000 Fahrzeuge. Den Namen »Starenkasten« bekam dieses Metallgehäuse, auf einer stabilen Stange montiert, rasch, war doch die Ähnlichkeit mit einem Nistkasten für Stare deutlich.

»Verkehrssünder fotografieren sich selbst«, so erinnern sich die mit dem Thema befassten Polizeibeamten von damals. Und von Beginn an war die Rotlichtüberwachung bei den Autofahrern unbeliebt. Zumindest bei denen, die es immer eilig hatten und haben. Neben Besprühen mit Farbe war eine der schwersten Attacken auf diese erste Rotlichtüberwachung im August 1968 der Beschuss mittels einer Waffe. Wie sich bei den Ermittlungen über das aufgefundene Projektil herausstellte, handelte es sich um eine US-amerikanische Waffe, wie sie damals von Militärangehörigen der Stationierungsstreitkräfte benutzt wurde. Die Ermittlungen führten bis zur zentralen Standortkartei der US-Armee in Heidelberg. Ein Täter wurde jedoch nie ausfindig gemacht und das Verfahren schließlich eingestellt. Eine der Folgen war der Schutz der Anlage durch die Verwendung von schusssicherem Glas.

In den 70er- und 80er-Jahren wurde die Rotlichtüberwachung im Stadtgebiet ausgeweitet. In der finalen Ausbaustufe gab es 15 Positionen, die der Münchner Autofahrer langsam kennenlernte.

Zuständig für die Wartung der Anlagen und den Tausch der Filme war die »Dienstgruppe Technischer Außendienst« der Verkehrspolizeiinspektion München Verkehrsüberwachung (VPI VÜ). Die Einsatzkräfte verfügten zu Beginn über ein VW-T-Modell mit einer Dachbühne und Geländer. So gelangten sie über eine Leiter auf das Dach zur Rückseite der Anlage. Und während schlechten Wetters – da gab es keine Ausreden – montierten die findigen Beamten dann auch noch einen übergroßen Schirm.

Die Qualität des Bildmaterials war für damalige Beweisanforderungen ohne Zweifel ausreichend, das Verfahren mit dem Entwickeln der Nassfilme jedoch aufwendig. Ab 2003 gab es dazu eine be-

Die erste Rotlichtüberwachung 1965

deutende Neuerung und Vereinfachung: Das entwickelte Filmmaterial wurde bei der VPI VÜ automatisiert digital eingelesen und anschließend online an die Zentrale Bußgeldstelle Bayern versandt.

Die nächste zukunftsweisende Innovation war die Installation der »Multastar C«. Sah aus wie eine gewöhnliche Rotlichtüberwachung, hatte aber die zusätzliche Funktion der Geschwindigkeitsüberwachung. Ein kombiniertes Gerät zum Gesamtpreis von mehr als 100 000 Euro. Das war nun wirklich eine Herausforderung für die Autofahrer, die zu Beginn für Irritationen sorgte. Die Münchner Polizei erreichten zahlreiche Anrufe über diese »defekte Anlage«, denn der geblitzte Autofahrer fuhr doch ganz deutlich bei Grün! Die Beamtinnen und Beamten klärten auf: Bei Grün ja, aber eben zu schnell. Wie einschneidend das war, zeigte eine erste Statistik: In den ersten drei Monaten des Probebetriebes wurden 1 550 Geschwindigkeitsverstöße und 138 Rotlichtverstöße registriert. Der negative Spitzenreiter war mit 128 km/h unterwegs!

Die »Rotlichtkamera« arbeitet automatisch 24 Stunden an sieben Tagen. In den Jahren nach der Jahrtausendwende wurden jährlich rund 10 000 Verstöße registriert, die in der Folge allerdings immer weniger wurden. Ursache dafür waren einerseits die im Laufe der Zeit gestiegenen Qualitätsansprüche an das Fotomaterial durch die Gerichte und andererseits der Verzicht auf die Weiterentwicklung analoger Technik angesichts der bereits diskutierten Digitalisierung.

Die technische Rotlichtüberwachung trifft in erster Linie den Autofahrer, aber das Stoppsignal gilt für alle, die sich im Straßenverkehr bewegen! Die Münchner Polizei verlässt sich keinesfalls nur auf diese stationäre Überwachung. So haben die Einsatzkräfte an vielen anderen Örtlichkeiten zu den damals 10 000 Verstößen nochmals die gleiche Größenordnung durch eigene Beobachtungen bei der Verkehrsüberwachung registriert. Einen großen Anteil daran hatten und haben leider die Radfahrer.

Das Polizeipräsidium München installierte im Sommer 2012 eine erste moderne Geschwindigkeits- und Rotlichtanlage am Knoten Moosacher Straße und Lerchenauer Straße. Voraus ging ein aufwendiges Prüfverfahren zum Unfallgeschehen aufgrund Rotlichtmissachtung und Geschwindigkeitsverstößen im gesamten Stadtgebiet.

Wieder etwas Neues für den Münchner Autofahrer, aber diese Säulen waren bereits aus anderen Bundesländern bekannt. Die Bildqualität machte einen großen Sprung, die Beweiskraft war deutlich erhöht. Leider wurde die Anlage noch während des dreimonatigen Probebetriebes vollkommen zerstört. Aber das wurde nicht als Attentat verbucht – es war ein gewöhnlicher Verkehrsunfall. Nach dem Aufbau eines neuen Gerätes und weiterem Probebetrieb ging die Anlage im September 2013 endgültig in Betrieb. Sie war der Einstieg in die digitale Lasertechnik – im Fachjargon oft auch »Lidar« genannt – und der Beginn des Abschieds von der Technik mit Radarimpulsen.

Der Verkehrsbericht (2017) des PP München weist bei etwa 7 000 Rotlichtverstößen einen äußerst geringen Anteil durch stationäre Rotlichtkameras aus. Das PP München plant mittelfristig, zu den derzeit vier laserbasierten Anlagen weitere zwei zu installieren. Die damit zu erwartenden steigenden Zahlen stehen dabei keinesfalls im Vordergrund, sondern die Eindämmung des Unfallgeschehens und der daraus oft entstehenden schweren Folgen.

Die letzte Filmkassette einer »analogen« Rotlichtüberwachungsanlage wurde schließlich im August 2016 in der Berg-am-Laim-Straße entnommen. Damit endete die Ära der seit 1965 betriebenen analogen Anlagen. Es dauert noch einige Zeit, bis alle alten Rotlichtanlagen abgebaut sind. Vogelschützer würden es vielleicht begrüßen, den »Starenkästen« zukünftig einer Bestimmung im Wortsinn zuzuführen, als günstige Wohnung für Stare – von seriösen Vormietern.

Text: **Johann Schmieg & Christian Hoffmann**

EIN HEFT FÜR ALLE MITARBEITER

Die »Ettstraße«

Mitarbeiterzeitungen blicken mittlerweile auf eine lange Geschichte zurück. Die ersten erschienen bereits im 19. Jahrhundert. Gerade in größeren Unternehmen stellen sie heute einen wichtigen Bestandteil der Unternehmenskultur dar und sind nicht mehr wegzudenken.

Bei der Münchner Polizei gibt es sie seit dem 18. Juni 1928. Unter dem Titel »Dienstliche Nachrichten« wurden in dem Blatt zunächst ausschließlich Gesetze, dienstliche Anordnungen oder wichtige Entscheidungen, beispielsweise über Beförderungen oder Versetzungen, abgedruckt. Ab der Machtergreifung 1933 wurde dieses Medium missbraucht, um die Beamten durch verbrecherische Anordnungen und menschenverachtende Verfügungen, z. B. im Hinblick auf die Behandlung von jüdischen Mitbürgern oder Zwangsarbeitern, auf die nationalsozialistische Gesinnung einzuschwören. In den Kriegsjahren ab 1939 wurden dann auch mit zunehmender Regelmäßigkeit die Namen der im Krieg gefallenen Angehörigen von Schutz- und Kriminalpolizei aufgelistet. Eine Vielzahl von Polizeibeamten war zwischen 1939 und 1945 über ganz Europa verstreut eingesetzt – auch an und insbesondere hinter der Front, wo sie auch an zahlreichen Verbrechen des NS-Staates beteiligt waren.

Aufgrund der wirtschaftlichen Lage ist der Druck des Blattes von Dezember 1944 bis November 1945 vorübergehend eingestellt worden.

In den Anfangsjahren umfassten die Dienstlichen Nachrichten nur wenige Seiten. Sie erschienen vierzehntägig, später einmal im Monat. Ein wesentliches Facelift erhielt die Mitarbeiterzeitung Anfang 1989. Auf dem Cover war nun fortan der Münchner Polizeistern zu sehen. Aus den »Dienstlichen Nachrichten« wurde die »Ettstraße«, benannt nach dem Ort im Herzen Münchens, an dem sich das Polizeipräsidium seit 1913 befindet. Der Inhalt wurde um einige Themen erweitert. Die »Ettstraße« informierte ihre Leser nun nicht mehr nur über Rechtliches, Anordnungen und Personalangelegenheiten, sondern auch über Veranstaltungen des Präsidiums und besondere Ereignisse. Darüber hinaus liefern seither auch Dienststellen Fachbeiträge aus ihren Bereichen. Ebenso gibt es »bunte« Geschichten von den Kollegen für die Kollegen. Damit übernimmt die »Ettstraße« seit 1989 eine zentrale Aufgabe der internen Behördenkommunikation. Die Bediensteten der Münchner Polizei können nachlesen, was in ihrem Präsidium los ist. Man bedenke, dass es damals noch kein Intranet gab. Die gebundene Fassung, zunächst in Schwarz-Weiß, erschien für die nächsten Jahre monatlich.

1999 veränderte sich die »Ettstraße« ein weiteres Mal. Das Cover mit dem Polizeistern und dem Straßenschild erhielt ein neues Layout. Und die Mitarbeiterzeitung zeigte sich ihren Lesern in Farbe, finanziert über Werbeanzeigen.

Ab 2010 verzichtete das Polizeipräsidium München als Herausgeber auf die Werbeanzeigen. Aus Kostengründen reduzierte sich die Zahl der Ausgaben auf fünf im Jahr. Und im Rahmen der fortschreitenden Digitalisierung konnte die Kollegenschaft inzwischen auf eine digitale Version im Intranet zugreifen.

Im Herbst 2018 gab es die bis heute letzte optische Veränderung der »Ettstraße«. Studenten am Lehrstuhl Medienpsychologie der Julius-Maximilians-Universität Würzburg standen der Redaktion »Ettstraße« mit wissenschaftlichem Rat und mit Tat zur Seite, um die Zeitung möglichst modern und ansprechend zu gestalten. Um auch die Inhalte den Bedürfnissen der Leser anzupassen, führten die Studenten eine Onlineumfrage durch, an der sich knapp 1 000 Bedienstete beteiligten. Die Ergebnisse finden bei der Themengestaltung Eingang.

Die Redaktion der »Ettstraße« steht unter der Leitung des Pressesprechers der Münchner Polizei. Die Redakteure sind in der Regel Polizeibeamte der Pressestelle. Organisatorisch werden sie von den Angestellten der Dienststelle unterstützt. Auch die grafische Umsetzung ist, anders als in vielen Unternehmen der privaten Wirtschaft, dienststellenintern geregelt und wird nicht nach extern vergeben. Es finden in Vorbereitung auf die jeweils nächste Ausgabe regelmäßige Redaktionssitzungen statt.

Um den Druck kümmert sich eine externe Druckerei. Dieser Auftrag wird regelmäßig öffentlich ausgeschrieben. Aktuell erscheint die »Ettstraße« sechs Mal pro Jahr in einer Auflage von 1 350 Exemplaren mit insgesamt 48 Seiten. Die Auflage ist in den vergangenen Jahren gesunken, da es neben der Druckversion auch die Onlineausgabe gibt.

Die gedruckten Exemplare werden auf den Dienststellen im Polizeipräsidium München verteilt. Knapp die Hälfte der Auflage wird auf Wunsch an die pensionierten Kolleginnen und Kollegen verschickt, da sie nach wie vor Teil der großen Münchner Polizeifamilie sind.

Alle Ausgaben der »Ettstraße« sind in der Bücherei des Polizeipräsidiums München archiviert, inklusive einiger Sonderausgaben, beispielsweise anlässlich der Fußballweltmeisterschaft 2006 oder zum Jubiläum »100 Jahre Schutzmannschaft und Reiterstaffel« (1998).

Text: **Elizabeth Matzinger**

Dienstliche
des Polizeipräsidiums Münche
Nr. 1
München, 14. Januar
1947
Betrifft: Wünsche zum Jahreswechsel.
Der Stadtrat der Landeshauptstadt München hat folgendes Rundschreiben erlassen:
Das Jahr 1946 hat für alle städtischen Ämter und Dienststellen eine ungewöhnlich starke dienstliche Beanspruchung mit sich gebracht. Die Fülle der Arbeit konnte nur dadurch gemeistert werden, daß alle städtischen Dienstkräfte mit Freude und Hingabe ihren Beruf ausübten. Wir kennen alle Schwierigkeiten, die sich im Verlaufe dieses schweren Jahres 1946 ergeben haben und wissen die Leistung der städtischen Gesamtverwaltung wohl zu würdigen. Zum Jahreswechsel danken wir im Namen des Stadtrates allen städtischen Dienstkräften für die bewiesene Arbeitsfreude und das vorbildliche Pflichtbewußtsein. Nur dadurch war eine reibungslose Abwicklung des Dienstbetriebes möglich.
Wir verbinden mit den besten Wünschen für das Weihnachtsfest und das kommende Jahr die Hoffnung, daß durch einmütige Zusammenarbeit die vor uns liegenden Aufgaben zufriedenstellend gelöst werden können.
Betrifft: Krankheitsanzeigen von Beamten, Angestellten und Arbeitern.
Es wird neuerlich auf die Präsidialverfügung vom 11. 4. 1946 zur genauen Beachtung hingewiesen. Hienach ist bei Erkrankung am 4. Tage eine gelbe Arbeitsunfähigkeitsbescheinigung vorzulegen, auf der die voraussichtliche Dauer der Arbeitsunfähigkeit vermerkt sein muß.
Die Nichtvorlage der Arbeitsunfähigkeitsbescheinigung hat die Sperrung der Dienstbezüge und des Krankengeldes zur Folge.
DIENSTLICHE NACHRICHTEN
DES POLIZEIPRÄSIDIUMS MÜNCHEN
Nr. 07
20. Juli
1988
75. Jahrgang
November 2000
Ettstraße
86. Jahrgang Juli - September 2013
Ettstraße
nner Schutzpolizei
ndel der Zeit
86. Jahrgang Oktober - Dezember 2013
Ettstraße
KRIMINAL POLIZEI
100 Jahre
Münchner Kriminalpolizei
Dienstliche Nachrichten des Polizeipräsidiums München
87. Jahrgang August - September 2014
Ettstraße
ok und Twitter
hkeitsarbeit 2.0
Dienstliche Nachrichten des Polizeipräsidiums München

094

»NUR FÜR DIENSTPFERDE«

Der Pferdeparkplatz

Wir befinden uns mitten im Herzen der Münchner Altstadt. Das weltberühmte Hofbräuhaus ist nur einen Steinwurf weit entfernt. Der geneigte Leser erahnt vielleicht, dass sich dieser, etwas außergewöhnliche Parkplatz im Hof der altehrwürdigen Polizeiinspektion 11 befindet. Das im Jahre 1924 fertigstellte Gebäude ist im Volksmund auch als »Ledererwache« bekannt und diente den bekannten und beliebten Vorabendserien »Polizeiinspektion 1« mit Walter Sedlmayr und »München 7« als Vorbild.

Da einige Beamten unserer Dienststelle zur Polizeiinspektion Reiterstaffel wechselten, entwickelte sich bei ihnen der Wunsch, ab und zu mit ihren Dienstpferden ihre alte Wirkungsstätte zu besuchen. Voraussetzung war allerdings, dass die Pferde ordnungsgemäß angebunden werden können. Deshalb wurden zwei Ringe an den Stützpfeilern einer Mauer im Innenhof der Polizeiinspektion 11 montiert.

Um jeglichen Zweifel über die Verwendung der Ringe auszuschließen, wurden diese, wie das Bild zeigt, mit dem Schriftzug »Parkplatz – Nur für Dienstpferde« gekennzeichnet. Und so können die Kollegen der Reiterstaffel, nach einem ausgiebigen Streifenritt durch den Englischen Garten und die Altstadt, sich und ihren treuen Dienstpferden eine kurze Pause gönnen.

Um etwaigen Gerüchten vorzubeugen, sei hier gleich erwähnt, dass nicht geplant ist, bei der Polizeiinspektion 11 dauerhafte Stallungen für unsere Reiterstaffel einzurichten. So verlockend dieser Gedanke auch sein mag, verbietet sich aus Gründen des Tierwohles, hier dergleichen zu planen.

Vielleicht hat der eine oder andere Besucher der Altstadt das Glück und kann einem Ausritt aus dem Hof der Polizeiinspektion beiwohnen. Dies ist wahrlich ein »Schauspiel« und für jeden Betrachter ein herausragendes Fotomotiv. Vorausgesetzt der Fotoapparat oder das Handy ist blitzschnell einsatzbereit.

Text: **Jochen Geißer**

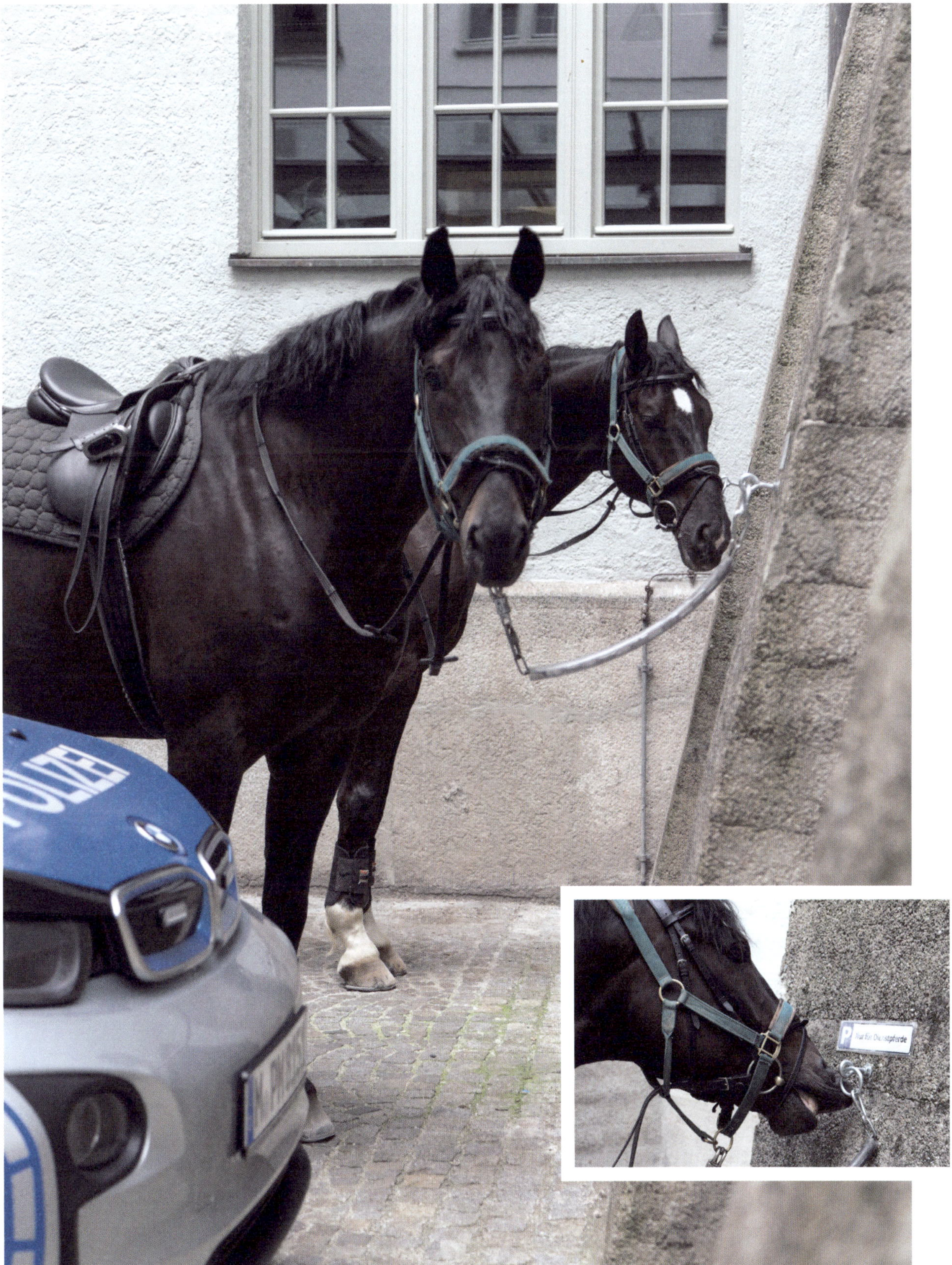
OLIZEI
P
Nur für Dienstpferde

095

ZUM BEISPIEL GEORG QUERI

Die Polizeimeldebögen

Die sogenannten Polizeimeldebögen (im Folgenden abgekürzt PMB) gehören im Stadtarchiv München zu den – wegen ihrem hohen Quellenwert vor allem für biografische Forschungen – viel benützten Beständen. Die PMB stammen aus dem Zeitraum von ca. 1830 bis ca. 1928 und sind nicht – wie der Name vermuten lässt – eine Serie einheitlicher Formulare mit von der Polizei dort eingetragenen Meldedaten, sondern ein Konglomerat von mehr als ein Dutzend verschiedener Vordrucke, die auch von verschiedenen Behörden geführt wurden. Die größere Gruppe stammt, wie der Name bereits sagt, von der zu dieser Zeit staatlichen Polizeidirektion München, die kleinere Gruppe von der städtischen Meldebehörde, die zeitweise auch »Civilkonskriptionsbureau« hieß (ab 1890 Einwohneramt). Die Serien der städtischen Behörden gelangten bereits 1934 ins Stadtarchiv, die einzelnen Formularserien der Polizei um 1950. Sie kamen deswegen ins Stadtarchiv, weil zwischen 1945 und 1975 die Stadtpolizei München eine kommunale Institution war. Erst im Stadtarchiv hat man zwischen 1973 und 1982 die insgesamt 15 verschiedenen Formularserien als Bestand »Polizeimeldebögen« vereinigt und gemäß dem Lautalphabet nach Nachname, Vorname, Geburtsdatum sortiert. Dies hat für die Forschung den großen Vorteil, dass alle vorhandenen Daten zu einer Person auch in corpore beieinander sind.

Ein PMB enthält stets auf eine Person bezogene Angaben, und zwar sowohl rein persönliche, wie Geburts- und Sterbedatum, Beruf, Religion, Abstammung, Ehefrauen und Kinder, als auch wirtschaftliche, wie Wohnung, Gewerbeanmeldungen und -abmeldungen, Grundbesitz, Steuerveranlagung, ferner Angaben zu Bürger- und Heimatrecht, Armenunterstützung und letztendlich Zuzug und Wegzug nach bzw. von München, also die nach heutiger Auffassung eigentlichen »Meldedaten«.

Der Bestand im Stadtarchiv München umfasst 4 082 Bündel zu je ca. 300 PMB, das sind über 1,2 Millionen Archivalieneinheiten auf 424 laufenden Metern. Trotz seines großen Umfangs ist der Bestand nicht vollständig erhalten. Der größte Verlust entstand zur Zeit der Räterepublik, als beim zweimaligen Sturm von etwa 100 Mitgliedern der kommunistischen Sektion Giesing auf das Polizeipräsidium in der Nacht vom 28. auf den 29. April 1919 und in der darauffolgenden Nacht Akten in die Höfe geworfen, teilweise mit Benzin übergossen und verbrannt wurden. Als die Münchner Neuesten Nachrichten am 3. Mai 1919 nach vierwöchiger Pause wieder unter eigener Verantwortung erscheinen konnte, hieß es dort unter der Überschrift »Wahnwitzige Zerstörungen im Polizeigebäude«: »Im sogenannt kleinen Hof liegen zum Teil stockwerkehoch die Akten der Registratur und die

Einwohnerlisten.« Die Unterlagen zu den mit den Buchstaben A, E, L (ab Lesch), O, S und Z beginnenden Nachnamen wurden damals stark dezimiert.

Zur Rekonstruktion fehlender bzw. vernichteter Meldeunterlagen wurde der sogenannte Meldebogen »Per 1919« eingeführt, »angelegt aufgrund allgemeiner Personalbestandsaufnahme vom 22. Mai 1919«. Ihre Verwendung wie alle anderen Formulartypen der PMB liefen zwischen 1925 und 1930 aus und wurden durch eine neue Einwohnermeldekartei abgelöst.

Als ein Beispiel für viele sei hier der PMB des Schriftstellers Georg Queri ausführlich vorgestellt (PMB G 598). Für ihn wurde das Formular E Classe III verwendet, das für Personen vorgesehen war, die kein Heimatrecht in München besaßen. Dieses Formular ersetzte die bis 1868 bei der Polizei verwendeten Fremdenbogen.

Georg Queri wurde am 30. April 1879 im Gasthaus »Oberer Wirt« in Frieding (bei Andechs) geboren und wuchs in Starnberg auf. Sein gleichnamiger Vater war – nach einem kurzen Intermezzo

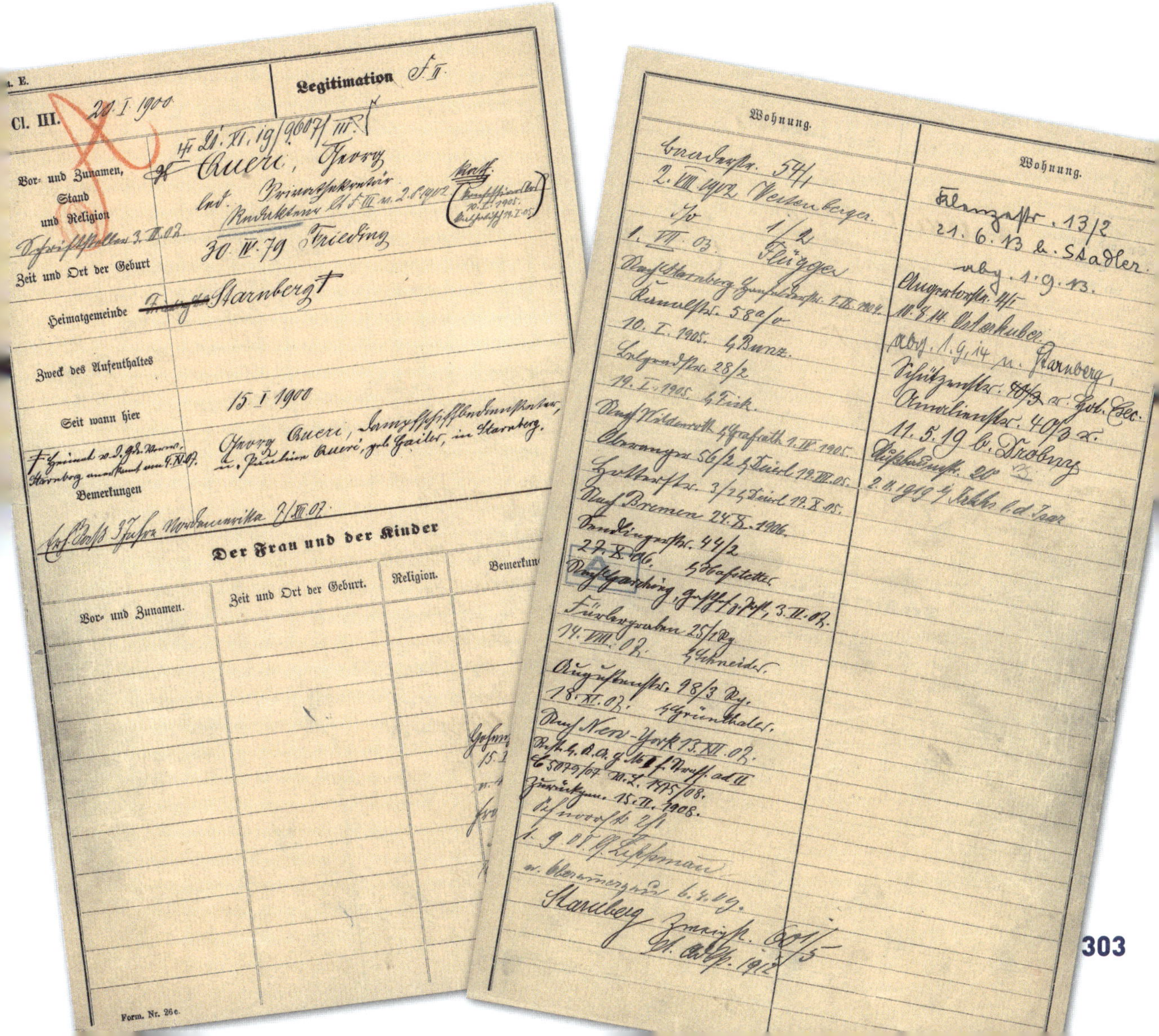

als Wirt – Dampfschiffbediensteter bei der Schifffahrt am Starnberger See, seine Mutter Pauline hatte einen Milchladen in Starnberg. Nach dem Abbruch seiner Gymnasialzeit in Neuburg an der Donau war Queri seit dem 15. Januar 1900 in München gemeldet. Laut dem PMB wohnte er zunächst in der Hohenzollernstr. 73 im 4. Stock zur Untermiete bei Familie Spreitzer. Bis zu seinem frühen Tod am 21. November 1919 verzeichnet der Meldebogen 18 Umzüge allein in München.

Als Beruf gab Queri bei seiner Ankunft in München »Privatsekretär« an. Tatsächlich arbeitete er als Schreiber bei einem Rechtsanwalt in der Kaufingerstraße. Es folgten schriftstellerische Versuche in München, und 1901 veröffentlichte er hier sein erstes Theaterstück. Folgerichtig wurde er im PMB seit dem 3. Februar 1902 als »Schriftsteller« geführt. Doch schon am 2. August 1902 kam es zu einer weiteren Änderung der Berufsbezeichnung: »Redakteur«. Der polizeiliche Schreiber hat das Wort, als ob er nun die Endgültigkeit der Berufswahl besonders betonen wollte, dick unterstrichen. Queri arbeitete nun als Lokal- und Gerichtsreporter für die »Münchner Neuesten Nachrichten«.

In der Rubrik »Stand und Religion« ist »led.(ig)« und »kath.(olisch)« vermerkt. Unverheiratet blieb Queri sein Leben lang, bei der Religion gab es laut PMB eine interessante Veränderung: Am 10. Januar 1905 wird »konfessionslos« eingetragen, doch neun Tage später ist Queri wieder in die Kirche eingetreten, und der Polizeischreiber unterstreicht nun das ursprüngliche »kath.« dreimal wie zur Bekräftigung.

Am 7. Dezember 1907 ließ sich Queri einen drei Jahre gültigen Pass für Nordamerika ausstellen und meldete sich am 13. Dezember »nach New-York« ab, wo er am 27. Dezember in Ellis Island, dem Einwandererhafen, ankam. In der noch erhaltenen Passagierliste mit seinen 29 Rubriken gab Queri als Beruf »author« an. Die Fragen in den Rubriken Nr. 20 und 21, ob er Polygamist bzw. Anarchist sei, beantwortet er natürlich mit »no«. Leider füllte Queri auch die Rubrik Nr. 24 (»Deformed or crippled«) wahrheitsgemäß aus: »My left leg is shorter than the right.« Als 13-jähriges Kind hatte Queri beim Schulturnen einen komplizierten Hüftgelenksbruch erlitten, sodass ein Bein verkürzt blieb und er zeitlebens hinkend am Stock ging. Die amerikanischen Einwanderungsbehörden reagierten auf Behinderungen jeglicher Art sehr restriktiv. Queri musste mit einem der nächsten Schiffe wieder nach Deutschland zurückfahren. Schon am 15. Februar 1908 meldete sich Queri wieder in München zurück.

Queri wurde am 1. März 1908 Chefredakteur des Starnberger »Land- und Seeboten«, doch schon nach einem Jahr, am 6. April 1909 (so der Eintrag im PMB), zog er nach Oberammergau. Er gab in dieser Zeit die Handschrift des ältesten Passionsspiels von 1662 heraus. Queri blieb dort noch während der Passionsspiele im Jahr 1910 und schrieb von dort für die »Münchner Neuesten Nachrichten« eine regelmäßige Kolumne »Aus dem Passionsdorfe«.

Nach Ausbruch des Ersten Weltkriegs meldet sich Queri am 1. September 1914 nach Starnberg ab. Von dort zieht er auf eigene Faust an die Westfront und blieb dort bis in den Herbst 1917, u. a. als offiziell akkreditierter Kriegsberichterstatter für das »Berliner Tageblatt«.

Die Revolutions- und Rätezeit 1918/19 erlebte Queri wieder in Starnberg, erst am 11. Mai 1919 ist er wieder in München gemeldet, wo er als Redakteur der Zeitschrift »Jugend« arbeitete. Als letzter Eintrag in der Rubrik »Wohnung« ist am 2. November 1919 das Münchner Krankenhaus links der Isar vermerkt. Trotz einer Operation von Prof. Ferdinand Sauerbruch starb Queri am 21. November 1919 dort an den Folgen einer Blutvergiftung und einer doppelten Lungenentzündung.

Text: **Dr. Michael Stephan**

#ÖFFENTLICHKEITSARBEIT

Die Pressestelle

Die Pressestelle der Münchner Polizei ist ein Teil des Präsidialbüros. Sie bildet eine Schnittstelle zwischen den Medien, der Öffentlichkeit und den verschiedenen Dienststellen und Abteilungen der Münchner Polizei. Dabei repräsentiert sie das Polizeipräsidium München durch eine sachliche und offensive Informations-, Presse- und Öffentlichkeitsarbeit.

1913 beim Einzug der Münchner Polizei in das neue Dienstgebäude in der Ettstraße gehörte die Pressestelle zum politischen Referat der Polizei, das für Vereins-, Versammlungs- und Pressewesen zuständig war. Die Amtsräume befanden sich im ersten Stock des Präsidiums direkt neben dem Büro und der Dienstwohnung des Polizeipräsidenten. Als zentrale Anlaufstelle für Nachrichtenagenturen, Printmedien, freie Journalisten, Radio- und Fernsehstationen fördert die Pressestelle den Dialog mit der Presse und informiert die Medien. Sie sorgt in enger Zusammenarbeit mit den Dienststellen der Münchner Polizei für eine zielgerichtete Weitergabe von Informationen über alle bedeutenden, aktuellen und bevorstehenden Ereignisse. Dabei informiert und berät sie die Bevölkerung objektiv über Sicherheitsbelange und gibt der Öffentlichkeit einen Einblick in die Arbeit der Polizei. Pressearbeit der Polizei soll einerseits das Vertrauen der Münchner Bevölkerung in ihre Polizei aufbauen und andererseits die Unterstützung und Mithilfe der Bevölkerung für die Polizei fördern.

Die Arbeit findet regelmäßig in einem Spannungsfeld statt. Einerseits ist die Pressestelle gesetzlich verpflichtet, die Medien zu informieren. Dieser Informationsanspruch der Medien ist im Bayerischen Pressegesetz geregelt. Andererseits wünschen die Medien häufig viel umfassendere Informationen, als die Pressestelle herausgeben kann und darf. Die Pressearbeit der Polizei wandelt somit oft auf dem schmalen Grat zwischen der Gewährleistung gesetzlich verankerter Ansprüche und dem Bedürfnis nach effektiver Polizeiarbeit bei gleichzeitiger Berücksichtigung des Datenschutzes und der Persönlichkeitsrechte.

Um polizeiliche Informationen schnell an die Öffentlichkeit zu transportieren, hat einer der sogenannten Jourdienstbeamten der Pressestelle, die alle Polizeivollzugsbeamte sind, immer Bereitschaftsdienst. Dieser 24-Stunden-Service wurde von der Münchner Polizei am 1. Oktober 1984 eingeführt, da sich die Anzahl der Medienanfragen nach der Zulassung der privaten Radio- und Fernsehsender in Deutschland stark erhöhte. Anfragen der Presse außerhalb der klassischen Bürozeiten wurden davor direkt telefonisch vom Leiter der Einsatzzentrale erledigt. Die sich häufenden Anfragen konnten von ihm während seiner Alltagsarbeit und Einsatzabwicklung nicht mehr bearbeitet werden.

POLIZEI
n·tv
VOX
RTL

Sechsmal in der Woche wird ein Pressebericht geschrieben, der in einer Presserunde oder -konferenz um 11:30 Uhr im Medienzentrum des Polizeipräsidiums den Journalisten vorgestellt und an über 100 Redaktionen gemailt wird. Zusätzlich wird der Pressebericht im Internet veröffentlicht und die Social Media Kanäle der Polizei verweisen ebenfalls auf diese Seite. In den Zeiten vor dem Internet wurde der Pressebericht bis zu 180-mal kopiert und dann von den Redaktionen, zum Teil auch von Boten, mittags direkt bei der Pressestelle abgeholt.

Dieser, seit den 70er-Jahren regelmäßige und fast tägliche, Kontakt mit den Journalisten ist sehr besonders für eine Pressestelle der Polizei in Deutschland und ein wichtiger Grund dafür, dass ein vertrauter und konstruktiver Kontakt zur Presse am wichtigen Medienstandort München herrscht. In den letzten Jahren hat die Münchner Polizei in ihren Presseberichten über 2 000 Pressemitteilungen im Jahr veröffentlicht.

Nur an Samstagen oder an Tagen vor einem Feiertag wird kein Pressebericht zusammengestellt, da in München an Sonn- und Feiertagen keine Zeitungen erscheinen. Noch wird der Arbeitsrhythmus der Pressestelle von dem Erscheinen der klassischen Printmedien bestimmt, deren Reporter nachmittags nach der Presserunde im Polizeipräsidium ihre Artikel für die Zeitungen des folgenden Tages schreiben. Die Bedeutung und Reichweiten der Onlinemedien steigen und damit auch die Anzahl der Anfragen aus diesem Bereich. Dies kann sich natürlich künftig auf den Rhythmus der Presserunden auswirken. Die Entwicklung und Veränderung in der Medienlandschaft und ihre möglichen Auswirkungen auf die Pressearbeit der Polizei bleiben spannend.

2014 gab das Bayerische Innenministerium den Startschuss für die Münchner Polizei, als erster Verband in Bayern, Facebook und Twitter zur Öffentlichkeitsarbeit nutzen zu dürfen. Die erste große Bewährungsprobe der beiden Social Media Kanäle fand in der Silvesternacht von 2015 auf 2016 statt. Für den Münchner Hauptbahnhof, wie auch den Pasinger Bahnhof, gab es Anschlagsdrohungen. Insbesondere via Twitter wandte sich die Münchner Polizei mit Warnungen und Verhaltenshinweisen an die Bevölkerung. Es konnte schließlich im Laufe der Nacht Entwarnung gegeben werden.

Der deutschlandweite Durchbruch Sozialer Medien bei der Polizei erfolgte schließlich am 22. Juli 2016 im Zusammenhang mit den traurigen Ereignissen rund um die Tat im OEZ. Über mehrere Stunden hinweg wurden Warnhinweise, Verhaltensempfehlungen und Informationen über die Kanäle des Polizeipräsidiums München veröffentlicht. Innerhalb kürzester Zeit wuchsen die beiden Kanäle von Facebook/Twitter zu den größten Polizeikanälen im deutschsprachigen Raum. Im Laufe des Einsatzes erreichen einige Tweets und Posts eine Reichweite von mehreren Millionen Klicks. Dabei wurde nicht nur in deutscher, sondern auch in anderen Sprachen über die Vorgänge vor Ort berichtet. Die Sozialen Kanäle sind seither fester Bestandteil der Berichterstattung der Münchner Polizei.

Fest etablierte und beliebte Formate sind mittlerweile die #Wiesnwache und der 12 Stunden Twitter-Marathon aus der Einsatzzentrale. Hier wird auf humorvolle Art und Weise von der Arbeit der Kolleginnen und Kollegen vom Oktoberfest sowie von den Einsätzen der Streifenbeamten getwittert.

Text: **Sven Müller und Oliver Timper**

097

DIE FEUERWEHR DES POLIZEIPRÄSIDIUMS

Die Münchner Einsatzhundertschaften

Bereits in den 1950er-Jahren musste die Polizei der Stadt München – so die damalige offizielle Bezeichnung – feststellen, dass Einsatzlagen wie Massenkundgebungen und Großveranstaltungen einen hohen Ansatz an Polizeikräften erfordern, um störungsfreie Abläufe gewährleisten zu können. Die zwingende Notwendigkeit eigener geschlossener Einheiten wurde insbesondere anlässlich der Schwabinger Krawalle im Jahre 1962 deutlich, als diesen nur mit Unterstützung der Einsatzhundertschaften der Bereitschaftspolizei begegnet werden konnte. In der Konsequenz wurde die Aufstellung von Münchner Einsatzhundertschaften (EH) vorangetrieben. Zum 1. Mai 1967 nahmen die 1. EH in der Freiligrathstraße und zum 1. März 1969 die 2. EH in der Skagerrakstraße ihren Dienstbetrieb auf. Im Laufe der Zeit entsprachen die Gebäude nicht mehr den Anforderungen, Anlass für die 2. EH im Jahre 2002, für die 1. EH im Jahre 2009 in das Kasernengelände der I. Bereitschaftspolizeiabteilung in der Rosenheimer Straße umzuziehen, wo beide Einheiten bis heute situiert sind.

Im Gegensatz zu Alarm- oder Aufrufhundertschaften, die im Bedarfsfall und mit zeitlich bedingtem Vorlauf von Inspektionsbeamten verschiedener Dienststellen temporär gestellt werden, sind die beiden Münchner Einsatzhundertschaften dauerhafte Institutionen und eng miteinander verwoben. Neben demselben Standort verrichten sie bei gleicher Aufgabenstellung nach einem im Jahr 2016 realisierten, auf beide Einheiten zugeschnittenen Arbeitszeitmodell turnusgemäßen Dienst. Dadurch ist sowohl im Schichtbetrieb eine sofortige und ständige Verfügbarkeit eines Einsatzzuges als auch die Bereitstellung weiterer Einsatzzüge für planbare Einsatzlagen sichergestellt.

Die Münchner Einsatzhundertschaften werden jeweils von einem Hundertschaftsführer geleitet. Unter seiner Führung stehen die Sachbereiche Personal, Einsatz, Technik und vier Einsatzzüge als operative Einheiten. Jeder Einsatzzug ist wiederum in Gruppen gegliedert. Das gesamte Führungspersonal wird mit sogenannten Stammbeamten – das sind diensterfahrene und unbefristet zur Einheit zugehörige Beamte – besetzt. Die Mannschaftsbeamten dagegen rekrutieren sich halbjährlich und in unterschiedlicher Anzahl aus den Ausbildungsabsolventen und Einsatzstufen der Bereitschaftspolizei. Das bedeutet mitunter, dass mit jedem Personalwechsel eine umfängliche Unterweisung erfolgen muss.

Die Münchner Einsatzhundertschaften werden gerne als Feuerwehr des Polizeipräsidiums bezeichnet. Passend, denn rund um die Uhr ist eine Einheit, der sogenannte Schichtzug, im Einsatz. Zwar ohne eigene Zuständigkeit analog den regionalen Polizeiinspektionen, aber als Unterstützungseinheit

M - 383

je nach Bedarf im Bereich einer solchen eingesetzt, arbeiten die Einsatzkräfte über den Notruf angestoßene Sachverhalte wie Kleinkriminalität, Verkehrsunfälle, Streitigkeiten und dergleichen in Gruppenstärke ab. In Fällen mit der Notwendigkeit eines hohen Kräfteansatzes wird der gesamte Einsatzzug zum »Brandherd« entsandt. Ob als Fahndungseinheit nach schweren Kriminalitätsdelikten wie Bankraub oder Einbruchdiebstahl, als Absperrkräfte bei größeren Schadensereignissen, schweren Unfällen oder Bombenfund oder zum Bereinigen größerer Sicherheitsstörungen, z. B. im Bahnhofsviertel, auf der Feiermeile oder ähnlich vergleichbaren Örtlichkeiten; aufgrund der Manpower, der Ausbildung und der mitgeführten Ausstattung sind diese Einheiten für solche Einsätze prädestiniert.

Außerhalb des Schichtbetriebes werden die Einsatzzüge für planbare Einsätze verwendet, so. z. B. mit dem Schutz von Versammlungen und Sportevents aller Art beauftragt. In der Landeshauptstadt mangelt es diesbezüglich an Betätigungen für die Einsatzkräfte nicht. Daneben werden u. a. Schwerpunkteinsätze zur Bekämpfung der Betäubungsmittel- und Einbruchskriminalität, zwecks Verkehrsüberwachung und zur Aufrechterhaltung der Sicherheit und Ordnung im öffentlichen Raum durchgeführt.

Die Spezifität der Landeshauptstadt und der damit verbundenen Aufgabenstellungen für das PP München gebieten, dass nahezu alle Berufsanfänger vor ihrer Verwendung bei den Polizeiinspektionen die Einsatzhundertschaften durchlaufen. Um sowohl den hohen Einsatzwert der Einheiten herzustellen und zu halten als auch die Beamten auf ihre künftigen Tätigkeiten bei den Polizeiinspektionen vorzubereiten, bedarf es einer extensiven Aus- und Fortbildung. Zum einen erfordert dies eine intensive Basisausbildung im Gruppen- und Zugverband, deren taktische Maßnahmen im Fortgang regelmäßig trainiert und vertieft werden müssen. Zum anderen gilt es, das theoretisch erworbene Wissen der Neulinge mit der Praxis zu verknüpfen. Die dafür aufgewendete Zeit ist in beiden Fällen gut investiert.

Auch in Zukunft wird den Einsatzhundertschaften bei der Bewältigung der Aufgaben des PP München eine tragende Rolle zuteil. Doch sind sie den Anforderungen gewachsen? Wie sind sie aufgestellt? Personell sind Mindeststärken der Einheiten längst erkannt und werden auch in Zukunft Berücksichtigung finden. Inhaltlich wird man auf Lage- und Kriminalitätsentwicklungen reagieren, Konzepte erarbeiten und Strategien umsetzen. Technisch hält man mit den Entwicklungen Schritt. Ob in puncto Mobilität, EDV- und Kommunikationsmittel, Bewaffnung oder Schutzausstattung – alle Einsatzmittel sind zeitgemäß richtig dimensioniert.

Die Vorzüge geschlossener Einheiten liegen auf der Hand: Neben der starken Kräftebündelung ist es das unter klaren Strukturen abgestimmte Agieren im geschlossenen Verband mit klaren Unterstellungsverhältnissen, direkten Aufgabenzuweisungen und einem deckungsgleichen Verständnis von der jeweiligen Aufgabenerfüllung.

Die Aufgaben der Zukunft werden sich mehren – die Münchner Einsatzhundertschaften stehen bereit.

Text: **Harald Kleesattel**

BEI DEN BTM-EXPERTEN

Das Spurensicherungslabor

Beim Anblick der in Empfang genommenen Spurensendung war dem Kollegen K. klar, dass er allein mit diesem Fall mehrere Wochen im Betäubungsmittellabor beschäftigt sein wird. Galt es doch, unzählige in Kartons und Tüten verstaute Betäubungsmittel und sonstige Asservate dergestalt zu bearbeiten, dass am Ende der Arbeit brauchbare Spuren – insbesondere daktyloskopische und DNA-Spuren – gesichert werden können.

Geht das Sichten, Erfassen und Dokumentieren der Spurenträger noch relativ zügig voran, ist beim Entpacken der Betäubungsmittel aus den unterschiedlichsten Verpackungen Geduld gefragt. Aufwendig wird es insbesondere, wenn meterweise Kunststofffolien zerstörungsfrei abgewickelt, Klebebänder gelöst oder verknüllte Alufolien geglättet werden müssen, bevor eine daktyloskopische Spurensicherung beispielsweise im Cyanacrylat-Bedampfungsgerät erfolgen kann. Darüber hinaus gilt es, an richtiger, d. h. beweiskräftiger Stelle, zur Sicherung von DNA-Spuren Abriebe zu tätigen.

Neben diesem Großfall sind darüber hinaus weitere täglich eingehende Spurenfälle zu bearbeiten, sei es im sogenannten Btm-Labor oder im Nasslabor, in dem neben den Standartverfahren Cyanacrylatbedampfung und Ninhydrinverfahren diverse, an den Spurenträgern ausgerichtete chemische, optische und sonstige Verfahren zur Anwendung kommen.

Die Aufträge zur Spurensicherung im Labor kommen hierbei von diversen Dienststellen des PP München und aus dem eigenen Bereich der Spurensicherung. Bei Letzterem sind es insbesondere Spurenträger, deren Bearbeitung am Tatort mit den dort zur Verfügung stehenden Spurensicherungsmitteln an Grenzen stößt oder nicht möglich ist.

Da die Anzahl der im Labor zu bearbeitenden Vorgänge im Laufe der Jahre stetig zunahm und neue Spurensicherungsmethoden hinzukamen, war über die Jahre hinweg eine permanente Aufstockung des Personals bis zur derzeitigen Besetzung mit vier Kriminalbeamten und zwei Chemisch-technischen Assistentinnen erforderlich.

Doch nicht nur die Personalstärke und die Anforderung an das Personal haben sich im Laufe der Jahre geändert. Auch was Anzahl, Größe und Ausstattung der Laborräume betraf, war eine fortlaufende Anpassung an die gestiegenen Erfordernissen notwendig. War das Labor beispielsweise bis Anfang der Achtzigerjahre lediglich in einem ca. 6 m² großen Raum (nur mit Fenster zum Flur!) untergebracht, verbesserte sich die Situation ab 1981 mit dem Bezug eines ca. 18 m² großen und für damalige Verhältnisse passabel ausgestatteten Labors. Darin befand sich schon mal ein Abzug sowie

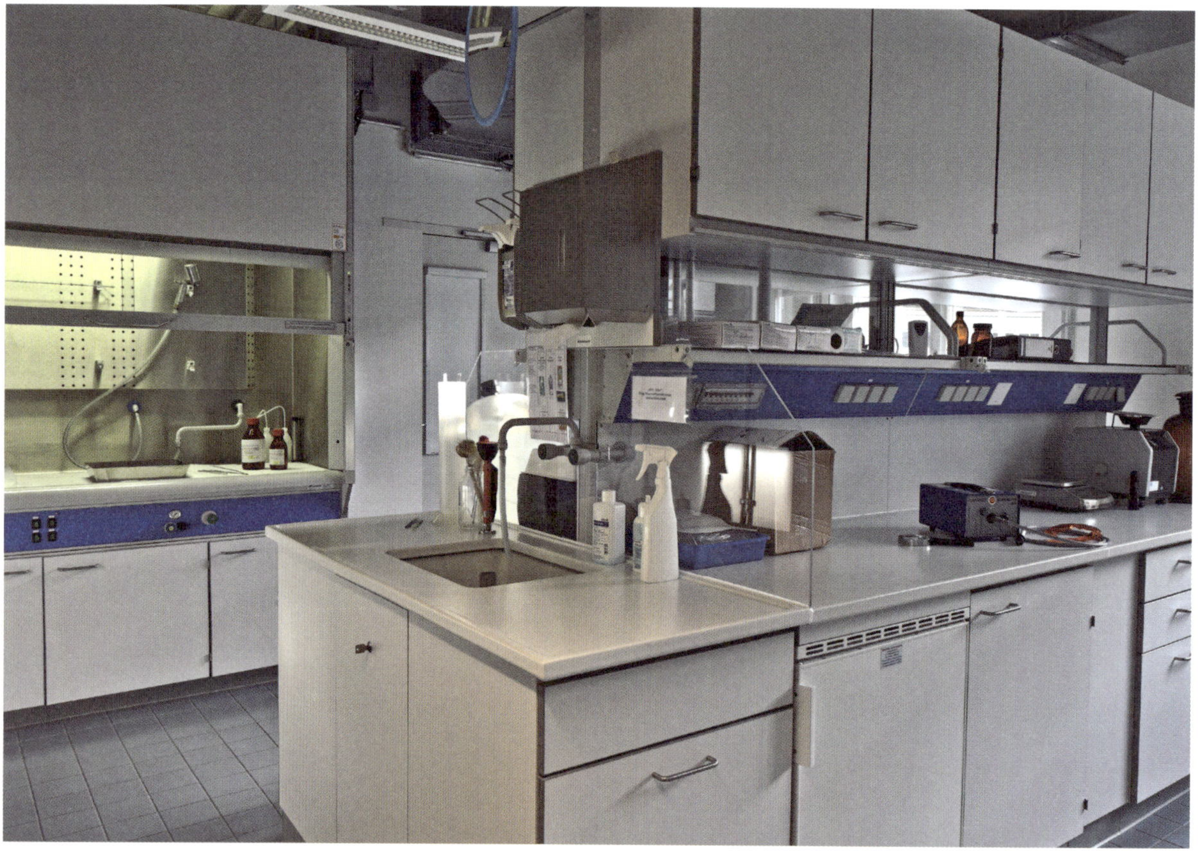

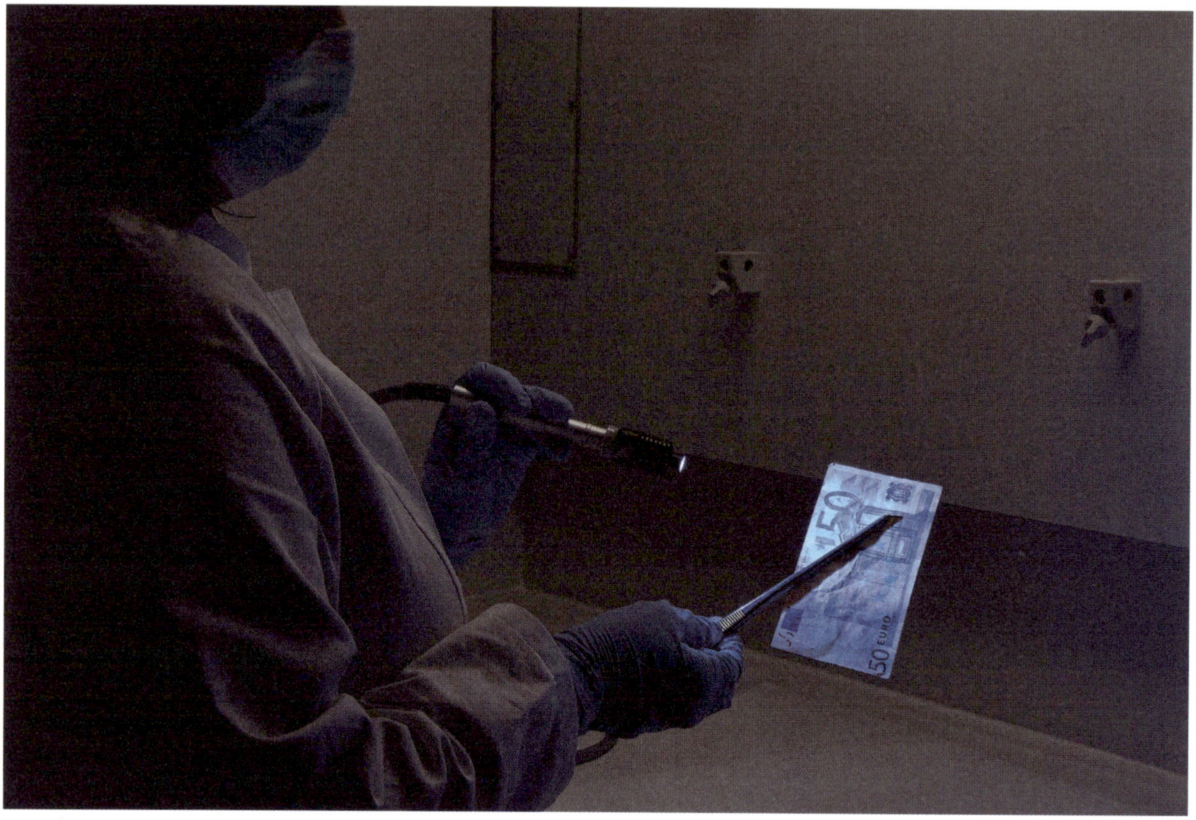
50 EURO

ein Wasseranschluss, was einen für diese Zeit gültigen Laborstandart darstellte. Für die Spurenentwicklung geeignete Geräte waren zu dieser Zeit jedoch noch nicht groß vorhanden. Hier galt es zu improvisieren.

Insbesondere was die Spurensicherungsmethoden anbelangt, waren der Findigkeit der Kollegen keine Grenzen gesetzt. Als Beispiel sei die Anwendung der Cyanacrylatbedampfung genannt. Bis 1999 der erste »richtige« professionelle Cyanacrylat-Bedampfungsschrank ins Labor einzog, behalf man sich mit einer geschlossenen, an einer Seite zu öffnenden Holzkiste, in die durch eine runde Öffnung an der Frontseite ein Lötkolben mit Pfännchen an der Spitze und darin befindlichem Cyanacrylat eingebracht und erhitzt wurde. Noch ein Schälchen warmes Wasser dazu und fertig war die Cyanacrylat-Bedampfungskammer. Weitere, auch in der Fachliteratur vorgestellte und aus heutiger Sicht exotisch anmutende Methoden waren das Verdampfen des Cyanacrylats in umfunktionierten Aquarien oder die Erhitzung mittels Babyflaschenwärmers.

Eine Zeitenwende bezüglich Laborräumen und -ausstattung gelang im Zuge der Sanierung des Bauabschnittes Löwengrube ab dem Jahr 2010. Während der Bauarbeiten war die gesamte Dienststelle ausgelagert, wobei für den Laborbereich eigens ein mehrräumiger Laborcontainer mit bereits sehr guter Ausstattung zur Verfügung stand. Anfang 2012 ging es dann zurück in die Löwengrube. Für die Kriminaltechnik standen nun auf ca. 330 m^2 großzügig dimensionierte und nach dem neuesten Stand der Technik ausgestattete Räume für den eigentlichen Laborbereich und diverse Sonderbereiche zur Verfügung, beispielsweise Täter-Opferräume, Räume für Adhäsions- und DNA-Arbeiten und ein Labor für die Altfallbearbeitung.

So gerüstet, ist nun auch die Abarbeitung sehr umfangreicher und komplexer Spurenfälle möglich, ohne dass dadurch gleich die sonstige Laborarbeit zum Erliegen käme. Wobei wir wieder beim eingangs beschriebenen Großfall wären. Nach mehreren Wochen waren alle Spurenträger abgearbeitet, zahlreiche DNA- und daktyloskopische Spuren gesichert und an die Untersuchungs- bzw. weitere Bearbeitungsstellen versandt. Dass sich die Mühen in diesem Fall gelohnt haben, zeigte sich auch hier wieder in der Anzahl der Treffermeldungen bei den gesicherten Spuren.

Text: **Christian Weinberger**

099

LEBENSRETTENDE BEGLEITER

Die Schutzausstattung

Bei lebensbedrohlichen Einsatzlagen sind in der Regel die Streifenbeamten zuerst an der Einsatzörtlichkeit und agieren bis zum Eintreffen von Spezialeinheiten als Erstinterventionskräfte. Die Anschläge in Paris, Brüssel, Nizza, Berlin, Manchester oder London zeigen, dass europäische Metropolen in den letzten Jahren ins Visier der Terroristen gerückt sind. Neben Hieb- und Stichwaffen sowie Fahrzeugen setzten die Terroristen auch Handgranaten und Kriegswaffen, wie zum Beispiel die weitverbreitete Kalaschnikow[1] ein.

Polizeibeamte können auch bei der Abarbeitung von alltäglichen Einsätzen in Lebensgefahr geraten, wie zum Beispiel bei dem schrecklichen Vorfall vom 13. Juni 2017 in Unterföhring. Zwei Polizeibeamte wurden zu einer Schlägerei am Unterföhringer Bahnhof gerufen. Am Einsatzort entriss der Täter einem Beamten die Waffe und schoss auf seine Kollegin. Sie wurde am Kopf getroffen und erlitt schwerste Verletzungen.

In den letzten Jahren nimmt die Gewalt gegenüber Polizeibeamten stetig zu. So wurden im Jahr 2018 bayernweit insgesamt 7 689 Fälle von verbaler und physischer Gewalt gegenüber Polizeibeamten aktenkundig, wobei 2 566 verletzt wurden, was im Vergleich zum Vorjahr einem Anstieg um 9,7 % entspricht. Delikte physischer Art können in den meisten Fällen Körperverletzungen und Widerstandshandlungen gegen Polizeibeamte sein, aber auch versuchte Tötungsdelikte. In 28 Fällen erfolgte der Angriff sogar mittels Schusswaffen. Seit Beginn der Aufzeichnungen sind dies absolute Höchstwerte. Angesichts der erhöhten Gefahr ergreift der Freistaat Bayern neue Maßnahmen, damit Einsatzkräfte in Zukunft bei solchen Einsatzlagen besser gewappnet sind. Eine davon ist die Verbesserung und die Modernisierung der Schutzausstattung der Streifenbeamten. Die Bayerische Polizei befasste sich bereits vor den Terroranschlägen des »Islamischen Staates« in Europa damit, um den Polizeibeamten optimierten Schutz gegen Gewalteinwirkung durch Hieb-, Stich- oder Schusswaffen zu bieten.

Im Oktober 2015 wurde nach ausgiebigen Tests durch Fachexperten und Berufsvertretungen das neue Konzept der Schutzausstattung eingeführt, welche aus einer Mannausstattung mit einer neuen Funktionshülle und einer Fahrzeugausstattung mit ballistischen Aufrüstelementen besteht. Bei der Mannausstattung bildet die neue Schutzweste den zentralen Bestandteil des ballistischen Konzep-

1 Umgangssprachliche Bezeichnung für ein Sturmgewehr aus dem ehemaligen Ostblock, das nach dessen Entwickler benannt worden ist.

tes. Seit 2006 erhalten Polizeibeamte eine persönlich zugewiesene, weichballistische Unterziehweste. Diese eignet sich gegen Kurzwaffengeschosse und besteht aus reißfestem Gewebe, wie z. B. Aramid, mit mehrschichtigen Netz- oder Folienstrukturen. Bei einem Aufprall des Projektils wird die Energie durch Dehnung der Fasern absorbiert. Anhand von Beschusstests kann die Schutzkraft einer Weste in Schutzklassen I bis IV kategorisiert werden. Je höher die angegebene Klasse, desto größeren und schnelleren Projektilen kann die Weste standhalten. Durchgeführt werden die Beschusstests nach der technischen Richtlinie für Schutzwesten der Polizei durch die staatlichen Beschussämter. Die neue Schutzweste wird aufgrund der Funktionshülle über der Dienstkleidung getragen. Es werden zwar die bereits vorhandenen weichballistischen Elemente der bisherigen Unterziehweste verwendet, jedoch unterscheidet diese sich in funktionaler und optischer Hinsicht. Durch die Trageweise ergeben sich Vorteile, wie Verbesserung des Tragekomforts und neue Verstaumöglichkeiten für Einsatzmittel. So können nun Bodycams und Funkgeräte unkompliziert und schnell an den dafür vorgesehenen Halterungen befestigt werden.

Die Schutzweste wurde nicht nur in Farbe und Design der neuen Uniform angepasst, sondern kann auch durch zusätzliche Elemente, bestehend aus einem Schulterüberwurf, einem Tiefschutz und einem aus einer Titanlegierung gefertigten Helm, lageangepasst erweitert werden. Die Bereiche sowohl der Oberarme und der gesamten Hals-/Schulterregion, als auch die des Unterleibes und der Oberschenkel werden abgedeckt und schützten wichtige Arterien des Körperkreislaufs gegen Kurzwaffengeschosse. Diese befinden sich in den Streifenwagen und bilden gemeinsam die Basisausstattung. Daneben beinhaltet die Fahrzeugausstattung zusätzlich noch zwei hartballistische Schutzwesten, welche aus Front-, Rücken-, Seitenplatten und einem zusätzlichen Tiefschutz bestehen. Bei den Platten handelt es sich um hochwertige »Stand-Alone-Platten« der Schutzklasse IV. Die Westen bieten zum Beispiel Schutz vor Beschuss einer Kalaschnikow. Neben zusätzlichen Taschen ist die Rückseite mit einem Klettverschluss ausgerüstet, wodurch weitere Einsatzmittel, wie zum Beispiel die Medizintasche der »Taktischen Einsatzmedizin« (TEM) für die Erste Hilfe-Versorgung fixiert werden können.

Der letzte Polizistenmord in München ereignete sich am Abend des 22. Januars 1995. Die Polizeibeamten Markus Jobst und Margit H. wurden im Rahmen einer Fahndungsmaßnahme zum U-Bahnhof Bonner Platz in München beordert, nachdem ein bewaffneter Täter kurz zuvor eine nahe gelegene Tankstelle überfallen hatte. Am Bahnsteig konnte der 22-jährige Täter angetroffen werden. Er schoss sofort auf die Kollegin und verletzte sie lebensgefährlich am Bein. Auf seiner Flucht feuerte er auch auf Markus Jobst und traf ihn zwei Mal. Das erste Geschoss traf sein Knie, das zweite Geschoss drang über den Oberarm in den Brustkorb und verletzte seine Lunge erheblich. Wenig später verstarb Markus Jobst mit nur 21 Jahren an den Folgen seiner Verletzungen. Seither hat sich bei der Schutzausstattung vieles verändert.

Vor der Jahrtausendwende gehörten Schutzwesten nicht zur Mannausstattung und waren wegen des hohen Eigengewichtes unpraktisch. Dies führte dazu, dass Schutzwesten kaum getragen wurden. Das erste Mal wurden alle bayerischen Polizeibeamte im Jahr 2001 mit leichteren Schutzwesten »Second Chance« ausgestattet. Nachdem bei Tests Materialermüdung festgestellt wurde, wechselte die Bayerische Polizei im Jahr 2005 den Hersteller und tauschte alle betroffenen Westen um. Der Vorfall vom 23. Mai 2013 zeigt, wie lebenswichtig Schutzwesten im Einsatz sind, denn an diesem Tag schoss der »Waldläufer« mit einem Revolver in einem Waldstück bei Geltendorf im Rahmen einer Kontrolle mehrmals auf die Streifenbeamten. Einen davon traf er im Bauchbereich und am Oberkörper. Nach einem 20-minütigen Schusswechsel wurde der Täter getroffen und tödlich verletzt. Der angeschos-

sene Beamte überlebte den Vorfall dank seiner Schussweste, welche beide Geschosse aufhielt. Einen hundertprozentigen Schutz gibt es nicht, aber eine moderne und effektive Ausstattung kann das Risiko vor lebensgefährlichen Verletzungen erheblich minimieren.

Zur besseren Erkennbarkeit sind sämtliche Ausstattungsgegenstände mit reflektierenden Front- und Rückenschriftzügen »POLIZEI« ausgestattet. Durch Dienstunterricht und Durchführung von verschiedenen polizeilichen Einsatztrainings in theoretischer und praktischer Hinsicht werden die Beamten geschult, bevor die ballistische Schutzausstattung von ihnen verwendet wird. Insgesamt wurden ca. 25 000 Funktionshüllen, 10 000 weichballistische Aufrüstelemente und 10 000 hartballistische Schutzwesten beschafft. Die Kosten für die Neuanschaffung der Schutzausstattung belaufen sich auf circa 30 Millionen Euro. Das Rollout startete 2016/2017, beginnend beim Polizeipräsidium München, und soll bis spätestens Ende 2021 bayernweit abgeschlossen sein.

Text: **Kurd Scherer**

100

WAS MORGEN IN DER ZEITUNG STEHT …

Das Medienzentrum

Stellen Sie sich vor, Sie gehen in der Münchner Innenstadt spazieren. Plötzlich hören Sie Martinshörner, die sich schnell nähern, und kurze Zeit später sehen Sie mehrere Polizeieinsatzfahrzeuge mit Blaulicht, die mit hoher Geschwindigkeit an Ihnen vorbeifahren. Sicherlich ist es Ihnen schon einmal so ergangen und obwohl München eine der sichersten Großstädte in Europa ist, haben Sie sich gefragt, was da schon wieder los ist.

Ein oder zwei Tage später schlagen Sie die Zeitung auf und erfahren, um welchen polizeilichen Einsatz es sich gehandelt haben könnte. Die Uhrzeit passt, die Richtung, in die die Fahrzeuge gefahren sind, auch. »Brutale Massenschlägerei in München« titelt die Schlagzeile zum Beispiel.

Aber wie kommt die Meldung über den Einsatz wegen der Massenschlägerei eigentlich in die Zeitung? Hier spielt das Medienzentrum im Polizeipräsidium München eine wichtige Rolle.

Drehen wir die Uhr noch einmal einen Tag zurück: Die eingesetzten Beamten treffen am Einsatzort ein. Die Schlägerei ist noch in vollem Gang. Es stehen viele Schaulustige umher und filmen das Geschehen mit ihrem Handy. Die Kollegen haben alle Hände voll zu tun, um die Kontrahenten zu trennen und die Situation zu befrieden. Es gelingt ihnen mit viel körperlichem Einsatz. Die Raufbolde werden anschließend zu unterschiedlichen Dienststellen verbracht. Sie müssen vernommen werden. Es erwartet sie ein Strafverfahren wegen gefährlicher Körperverletzung.

Wenn der Sachverhalt schriftlich zusammengefasst ist, erhält die Pressestelle der Polizei spätestens tags darauf eine entsprechende Meldung. Der zuständige Mitarbeiter der Pressestelle sichtet vormittags alle seit dem Vortag eingegangenen Meldungen zu relevanten Einsätzen und trifft eine Auswahl für den zu erstellenden Pressebericht. War der Einsatz öffentlichkeitswirksam? Oder ist der Vorfall von besonderem Interesse für die Öffentlichkeit? Vielleicht ist die Polizei aber auch einfach auf Zeugenhinweise aus der Öffentlichkeit angewiesen, weil es sonst kaum Ermittlungsansätze gibt.

Dieser Pressebericht wird dann mittags um 11:30 Uhr den interessierten Medienvertretern, die in das Medienzentrum eingeladen sind, in kleiner Runde vorgestellt. Jeden Tag, außer samstags, denn das ist der »Journalistenfeiertag«. Am Sonntag erscheint schließlich keine Zeitung. Üblicherweise kommen die Vertreter der großen Münchner Tageszeitungen und von einigen Radiosendern zur Presserunde. Hier haben sie die Gelegenheit, zusätzliche Fragen zu stellen und damit Unklarheiten zu beseitigen. Danach kehren sie zurück in ihre Redaktionen und verfassen ihren Beitrag. Je nach Fall recherchieren sie noch selbst vor Ort (sofern wir die Tatörtlichkeit bekannt gegeben haben). An-

wohner befragen, vielleicht weiß noch jemand etwas oder steht sogar mit Bild für ein Interview zur Verfügung.

Der tägliche Pressebericht ist ab dem frühen Nachmittag für jedermann auf der Homepage der Bayerischen Polizei abrufbar.

Bei den ganz großen Fällen – und leider gab es die in der Vergangenheit auch in München – finden im Medienzentrum große Pressekonferenzen statt. Dann ist das Podium vorne im Raum besetzt. Es stehen gegebenenfalls sogar der Innenminister, die Staatsanwaltschaft, der Polizeipräsident oder der Polizeivizepräsident Rede und Antwort. Nach dem Amoklauf beim Olympia-Einkaufszentrum am 22. Juli 2016 fand noch in der Nacht eine erste Pressekonferenz statt. Polizeipräsident Hubertus Andrä und Vizepräsident Werner Feiler gaben ein erstes Statement zu dem tragischen Ereignis mit insgesamt neun Toten und mehreren Verletzten ab. Der Pressesprecher der Münchner Polizei, Marcus da Gloria Martins, moderierte die Konferenz im übervollen Medienzentrum. Auch mehrere internationale Kamerateams unterschiedlicher Sender und Agenturen waren gekommen.

Über die Facebook- oder Twitterseite der Münchner Polizei werden große Konferenzen gerne auch mal live aus dem Medienzentrum übertragen. So erreichen die Nachrichten den Nutzer direkt und ungefiltert.

»Und warum stehen manchmal keine Berichte zu Einsätzen in der Zeitung?«, wird sich manch einer fragen. Das ist zum einen der Vielzahl an Einsätzen in einer Großstadt wie München geschuldet. Das können am Tag über 1 000 Einsätze sein. Und manchmal kann die Polizei Fälle einfach deshalb nicht vermelden, weil das den Ermittlungserfolg gefährden würde. Dann ergeht eine Meldung vielleicht erst zu einem späteren Zeitpunkt, wenn ein Täter, gegen den lange im Vorfeld ermittelt worden ist, festgenommen wurde und nicht mehr – gewarnt durch eine entsprechende Berichterstattung – flüchten kann.

Insgesamt pflegt das Team der Pressestelle der Münchner Polizei einen vertrauensvollen und professionellen Umgang mit den Vertretern der Medien. Artikel 4 des Bayerischen Pressegesetzes gibt uns als Behörde vor, dass wir der Presse Auskunft zu geben haben. Das machen wir sehr gerne und so offensiv wie möglich, ohne dabei jedoch die Persönlichkeitsrechte jedes Einzelnen oder den Opferschutz aus dem Blick zu verlieren. Zum einen lässt das wenig Raum für Spekulationen und Verschwörungstheorien.

Zum anderen sorgt eine offensive Berichterstattung für Transparenz und Verständnis, auch wenn polizeiliche Maßnahmen gelegentlich für Unannehmlichkeiten sorgen.

Und für diesen offenen und konstruktiven Umgang zwischen Medien und Polizei und den damit Verbundenen positiven Auswirkungen in der Bevölkerung bietet das Medienzentrum genau den richtigen Rahmen.

Text: **Elizabeth Matzinger**

101

MIT DEM BIKE IM EINSATZ

Die Fahrradstreifen

Vorab möchte ich anmerken, dass ich als Autor einen persönlichen, sehr positiven Bezug zum Thema habe. Bei meiner Tätigkeit als Streifenbeamter auf dem Fahrrad habe ich meine heutige Ehefrau, welche auch im Polizeidienst tätig ist, kennengelernt. Zu Beginn waren wir Streifenpartner, heute sind wir Partner in allen Lebenslagen. Aber nicht nur im persönlichen Lebensbereich habe ich erfahren dürfen, dass die Tätigkeit als Fahrradstreife Menschen verbindet und in einem offenen Dialog vereinen kann. Der direkte Draht zum Bürger ist oft der Schlüssel dazu, auf beiden Seiten Verständnis füreinander auf- und auszubauen. Die besten und offensten Gespräche mit Bürgern, zum größten Teil auch Fahrradfahrern, entstanden beim gemeinsamen Warten an roten Ampeln oder beim Ausstellen von Strafzetteln. Selbstverständlich gehört es auch zur Aufgabe eines Polizeibeamten, Verkehrsverstöße im Rahmen der Verhältnismäßigkeit zu verfolgen und zu ahnden. Dennoch war mein persönliches Gefühl, dass Verwarnungen von Fahrradfahrer zu Fahrradfahrer stärker angenommen wurden, da man sich als »Schicksalsgemeinschaft« versteht. Die vornehmste Aufgabe der Polizei ist es, Gefahren zu unterbinden, bevor sie entstehen. Genau dies ist es, was die Kernkompetenz eines Beamten zu Fahrrad ausmachen sollte. Aus Sicht eines Fahrradfahrers werden Probleme oder Gefahren für eben diese eher sichtbar als aus der Sicht eines Autofahrers. In zahlreichen Gesprächen mit anderen Verkehrsteilenehmern, insbesondere Fahrradfahrern, kristallisierte sich heraus, dass Beamte auf dem Fahrrad als etwas sehr Positives betrachtet werden, da diese, im Gegensatz zu Beamten im Streifenwagen, für jedermann jederzeit »greifbar« und »ansprechbar« sind und sich in deren Lage besser hineinversetzen können.

Bei der 1. und 2. Einsatzhundertschaft sind überwiegend junge Beamtinnen und Beamte der Einsatzstufe unterwegs, welche erst zeitnah ihre Ausbildung abgeschlossen haben. Diese Fahrradstreifen werden meist gezielt an Unfallschwerpunkten zur Überwachung des fließenden und ruhenden Verkehrs eingesetzt. Eine weitere Aufgabe besteht darin, Präsenz zu zeigen. Auch bei Veranstaltungen mit demonstrativem Charakter erweisen sich die Fahrradstreifen als sehr hilfreiches Einsatzmittel. Als Beispiel kann die Veranstaltung »Critical Mass – kritische Masse« angeführt werden. Dabei handelt es sich um eine weltweite Fahrradveranstaltung, bei der sich bis zu mehreren Hundert Teilnehmer scheinbar zufällig treffen, um auf die Gleichberechtigung gegenüber dem Kraftfahrzeugverkehr aufmerksam zu machen und sich durch den gesamten Münchner Stadtbereich fortbewegen. Die dort auf Fahrrädern eingesetzten uniformierten Beamten erfahren eine hohe Akzeptanz und sichern die

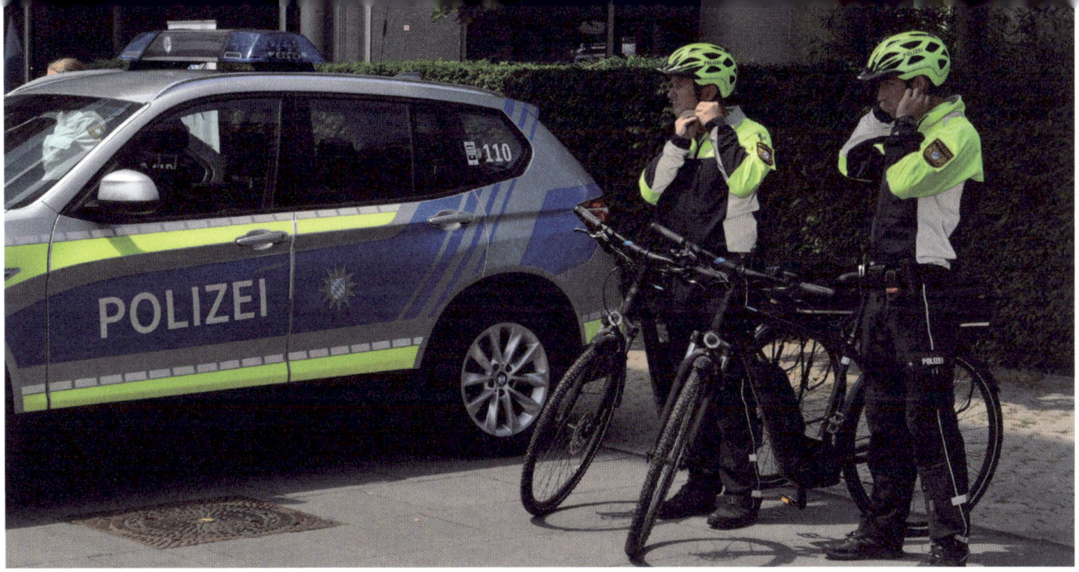

Veranstaltungsteilnehmer, zusammen mit motorisierten Einsatzkräften, auf ihrem Weg durch den Stadtbereich. Selbstverständlich gehört auch die Abarbeitung von Einsätzen zum Aufgabenspektrum.

Bei den Fahrradstreifen der Einsatzhundertschaften wird generell der Einsatzanzug getragen. Darüber hinaus gehört ein Fahrradhelm zur Grundausstattung. Um die bessere Erkennbarkeit der Beamten zu gewährleisten, wird über dem Einsatzanzug eine Warnweste mit der Aufschrift »Polizei« getragen. Ansonsten unterscheidet sich die Ausstattung gegenüber den »normalen« Straßenschandis nicht. Als Fahrräder kommen überwiegend Cityräder der Marke Diamant Villiger zum Einsatz. Bei der Polizeiinspektion 13 in Schwabing werden im Rahmen eines Pilotprojekts seit dem Jahre 2012 regelmäßig Fahrradstreifen eingesetzt. Der Aufgabenbereich unterscheidet sich im Großen und Ganzen eher unwesentlich zu dem der Einsatzhundertschaften. Jedoch liegt der Fokus bei der Abarbeitung von Aufträgen der Einsatzzentrale. Anzumerken ist, dass es sich bei den hier eingesetzten Beamtinnen und Beamten um Polizisten mit bereits langjähriger Berufserfahrung handelt. Ein nicht unwesentlicher Teil ihrer Arbeit verbringen sie damit, Unfall- und spezielle radverkehrsauffällige Schwerpunkte zu bestreifen. Darüber hinaus werden kriminalitätsbelastete Örtlichkeiten regelmäßig aufgesucht. Die Fahrradstreifen der Polizeiinspektion in Schwabing tragen zurzeit versuchsweise eine, weitestgehend in der Signalfarbe Neon-Gelb gehaltene, Einsatzbekleidung, welche speziell den Bedürfnissen einer Polizistin oder eines Polizisten auf dem Fahrrad angepasst wurde. Dabei handelt es sich um spezielle Trikots, gepolsterte Radler-Hosen, Softshell-Jacken und selbstverständlich Fahrradhelme. Getestet werden insbesondere Bekleidungen der Polizei aus Österreich, Baden-Württemberg und Nordrhein-Westfalen. Die Fahrradstreifen der Polizeiinspektion 13 sind mit modernen Trekkingrädern und Mountainbikes der Marke Cube und Diamant Villiger unterwegs. Da der Anteil an Fahrradfahrern am Gesamtstraßenverkehr der Landeshauptstadt München auch in der Zukunft eine immer größere Rolle spielen wird, ist das Konzept der Polizei auf dem Fahrrad richtungsweisend. Mit der bayernweiten Aufstellung weiterer Fahrradstreifen und der Ausrüstung mit modernsten Uniformen und Fahrrädern, spannt die bayerische Polizei, beziehungsweise das Polizeipräsidium München, den Bogen von der Gegenwart in die Zukunft, damit München auch in Zukunft eine der sichersten Großstädte in Europa bleibt.

Text: **Erik Schönenberger**

Nachtrag:

FAHRRADSTREIFE 2.0

Uniformierte Pedelecs bei der PI 22

Im Jahr 2009 wurden bei der Polizeiinspektion 22 – Bogenhausen – erstmals »uniformierte« Dienstfahrräder angeschafft. Was damals weltweit in vielen Großstädten schon weit verbreitet war, sollte auch in der Radlhauptstadt München Einzug halten.

So wurden die Mountainbikes regelmäßiges Einsatzmittel, jedoch war die Akzeptanz der Fahrräder schließlich so groß, dass auch über die Anschaffung neuer Fahrräder nachgedacht wurde. Und warum keine E-Bikes (genau genommen Pedelecs bis 25 km/h)? Gesagt, getan, und so konnten im Frühjahr 2019 zwei nagelneue Pedelecs in Betrieb genommen werden.

Die uniformierte Fahrradstreife kann grundsätzlich jeden Einsatz übernehmen. Grenzen sind ihr natürlich beim Transport von Personen durch die eingeschränkte Transportkapazität sowie durch die Distanz zum Einsatzort gesetzt. Die Erfahrung zeigt aber, dass im innerstädtischen Bereich, gerade zur Rushhour, die uniformierte Fahrradstreife häufig deutlich schneller am Einsatzort ist als die motorisierte Streife.

Sie ist aus dem Einsatzspektrum einer modernen Polizei als Lückenschluss zwischen motorisierter Streife und Fußstreife nicht mehr wegzudenken.

Text: **Martin Jürgens**

102

DONNERSTAG IST SCHNITZELTAG!

Die Kantine

Stellt man sich an einem Werktag zur Mittagszeit an die ansonsten eher verhalten genutzte Toreinfahrt zum Polizeipräsidium in der Löwengrube, so fallen einem die zahlreichen, zumeist bürotypisch gekleideten und geschäftig wirkenden Menschen auf, welche zielstrebig in das Innere des Gebäudes marschieren. Etwa zwanzig bis dreißig Minuten später strömen dieselben Menschen wieder in der Gegenrichtung aus dem Präsidium heraus, rauchend, plaudernd und – zumindest meistens – wesentlich zufriedener dreinblickend als beim Betreten des Präsidiums.

Des Rätsels Lösung für die alltägliche Wanderung findet sich in der Kantine des Polizeipräsidiums, welche sowohl für Polizeibeamte als auch für Angestellte und Mitarbeiter umliegender Büros und Behörden offen steht.

Der Gebäudeteil, in welchem sich heute die Kantine befindet, erfuhr in den ersten Jahren seines Bestehens eine andere Nutzung als die heutige. Mit Beginn der Planungsphase 1908 und der anschließenden Bauphase des Präsidiums von 1911–1913 legte man bei der Berechnung für den Raumbedarf unter anderem fest, dass das Gebäude ein Postamt mit einer Fläche von 600 m^2 beinhalten sollte.

Verwirklicht wurde diese Anforderung im südlichsten, zwischen Augustiner- und Ettstraße liegenden Innenhof des Präsidiums, welcher ursprünglich nach der Wandfarbe als »Gelber Hof« benannt war und heutzutage als »Kantinenhof« bekannt ist. Auf einer vermutlich aus den frühen 1920er-Jahren stammenden Aufnahme ist die damalige Funktion als Poststelle vor allem anhand der überdachten Laderampe vor dem heutigen Kantineneingang gut zu erkennen. Tatsächlich handelte es sich hier nicht nur um ein polizeiinternes Postamt: In der 93. Ausgabe des offiziellen »Adressbuches der Hauptstadt der Bewegung« aus dem Jahr 1943 findet sich als Anschrift für das »Postamt München 6« die Adresse Augustinerstraße 2. In der 1947 erschienenen, mittlerweile vom »Office of Military Government for Bavaria« der US Army freigegebenen, 94. Auflage des Stadtadressbuches ist das »Postamt München 6« nicht mehr verzeichnet. Es ist anzunehmen, dass der Betrieb aufgrund der schweren Kriegsbeschädigungen eingestellt wurde.

Insgesamt litt das Dienstgebäude in der Ettstraße durch die Kriegszerstörungen schwer, und der Wiederaufbau zog sich. Nach der Wiederherstellung des Gebäudetraktes entlang der Augustinerstraße wurde das ehemalige Postamt etwa Mitte der 1950er-Jahre zur Personalkantine umfunktioniert.

Ist Kantinenessen landläufig als geschmacklich fad, einfallslos und schwer bekömmlich verpönt, so gibt sich der aktuelle Pächter der Kantine mit Erfolg redliche Mühe, die gängigen Klischees zu wider-

Polizei
Kantine

legen. Jürgen Wiesenhofer betreibt mit seiner Catering-Firma »apartment02« seit mehreren Jahren nicht nur die Kantine in der Ettstraße, sondern zudem auch die Kantinen im Dienstgebäude in der Tegernseer Landstraße sowie in weiteren öffentlichen Einrichtungen und Unternehmen in München. Unter anderem werden in der Küche vermehrt biologisch hergestellte Produkte und sogar selbst gezüchtetes Gemüse verarbeitet, auch vegetarische und vegane Gerichte finden sich auf dem Speiseplan.

Neben einer umfangreichen Brotzeitkarte sowie einem Mittagsangebot mit drei täglich wechselnden Menüs bietet die Kantine in der Ettstraße einen besonderen Service für die Polizei: Montag, Mittwoch und Donnerstag sowie an jedem zweiten Freitag öffnet von 20:00 bis 01:00 Uhr die Nachtkantine in der Ettstraße. Alle Gerichte können entweder in der Kantine eingenommen oder zum Mitnehmen abgeholt werden. Selbst an die richtige Verpackung wird hier gedacht: Insbesondere im Streifendienst zählt es eher zu den Ausnahmen, eine Mahlzeit ohne Unterbrechung durch einen Einsatz zu sich nehmen zu können. Aus diesem Grund sind die Verpackungen mikrowellentauglich und die Gerichte können dadurch schnell wieder aufgewärmt werden.

Bewirtet werden seitens der Kantine im Dienstgebäude Ettstraße neben hungrigen Polizeibeamten jedoch nicht nur freiwillige Gäste: Gemäß der »Dienstordnung für die Haftanstalt des Polizeipräsidiums München« erhalten Häftlinge, welche sich nicht nur kurzfristig in Haft oder Gewahrsam befinden, zur entsprechenden Verpflegungszeit ein Frühstück sowie ein Mittag- und ein Abendessen. Für die Bereitstellung der Verpflegung ist der Pächter der Kantine zuständig, wobei nach Möglichkeit auf religiöse Besonderheiten bei der Speisenauswahl Rücksicht genommen wird.

Alkoholische Getränke finden sich auf der Speisen- und Getränkekarte übrigens nicht. Nachdem für Polizeivollzugsbeamte im Dienst ohnehin absolutes Alkoholverbot gilt, stört diese Tatsache jedoch nicht weiter, eher im Gegenteil: Die Kantine im Polizeipräsidium erfreut sich sowohl innerhalb als auch außerhalb der Münchner Polizei konstanter Beliebtheit. Testesser lobten, neben den moderaten Preisen und dem freundlichen Personal, sogar das »Ambiente der 60er-Jahre«, welches durch die, seit der Einrichtung der Kantine, kaum veränderte Möblierung erzeugt wird.

Doch trotz der gebotenen Vielfalt und Abwechslung im Speisenangebot behält der Pächter eine feste Komponente des Kantinenalltags bei, sodass diese Tatsache als geflügeltes Wort auch weiterhin im Sprachgebrauch der Münchner Polizei bestehen darf: Donnerstag ist Schnitzeltag!

Text: **Matthias Pötsch**

103

GENAUE BUCHFÜHRUNG

Das Tage- oder Tätigkeitsbuch

Bevor die Elektronik ihren Siegeslauf in der öffentlichen Verwaltung antrat, gab es in den 31 Münchner Polizeirevieren der Stadtpolizei München auf der Wache ein sogenanntes Tätigkeitsbuch. Die Führung dieser Bücher wurde auch nach der Verstaatlichung der Münchner Polizei am 1. Oktober 1975 beibehalten. Bei manchen, der im weiteren Verlauf dann als Polizeiinspektion bezeichneten Dienststellen, hat sich dafür der Name Tagebuch etabliert.

In diese Bücher wurden jeden Tag die wesentlichen Tätigkeiten der einzelnen Polizeivollzugsbeamten der jeweiligen Dienststelle handschriftlich eingetragen. So wurde beispielsweise nach einer Unfallaufnahme Folgendes notiert: Ort, Zeit, Personalien der beteiligten Personen und Fahrzeuge sowie eine kurze Sachverhaltsschilderung. Darüber hinaus wurden üblicherweise die von der Polizei getroffenen Maßnahmen vermerkt.

Etwa vom Anbeginn der kommunalen Polizei in München wurden diese Tätigkeitsnachweise eingeführt. So hatte jeder Beamte die Möglichkeit, die wesentlichen Vorkommnisse während seines Streifenganges oder auf der Wache niederzuschreiben. Anderen Kollegen bot das Buch die Möglichkeit, sich bei Dienstbeginn eingehend über wichtige Geschehnisse zu informieren. Auf diese Weise entstand im Laufe der Jahre eine Art Chronik der polizeilich relevanten Ereignisse innerhalb eines Stadtteils. Solange diese Bücher noch dienstlich geführt wurden und sich im Geschäftsbereich der Polizei befanden, konnte die Öffentlichkeit sie nicht einsehen. Sie waren ausschließlich für den Dienstgebrauch bestimmt. Heute werden sie im Staatsarchiv München aufbewahrt.

Neben alltäglichen Vermerken ergaben sich manchmal aber auch spektakuläre bzw. sehr wichtige Eintragungen. Um nur einige Beispiele zu nennen: Erstes Eintreffen eines Revierbeamten beim Flugzeugabsturz in der Martin-Greif-Straße 1960 oder bei der Geiselnahme 1971 in der Prinzregentenstraße usw. Aber auch Eintragungen, wie die des PHW[1] Arved Semerak, der 1963 bei einer Verkehrskontrolle am Elisabethplatz dem Präsidenten der Bayerischen Landespolizei, in Unkenntnis der Person, eine gebührenpflichtige Verwarnung in Höhe von 2 DM aussprach.

Polizeipräsident Prof. Dr. Schreiber hielt manchmal an einem Revier an und begrüßte die wachdienstleistenden Beamten, las kurz die letzten Eintragungen und fügte einen Vermerk an. Obwohl das Tage- bzw. Tätigkeitsbuch auf den Dienststellen schon seit 1996 der Elektronik weichen musste,

1 PHW – Polizeihauptwachtmeister

hat es auch die Zeiten überdauert. So kann man auch heute noch am Polizeifunk oftmals folgenden Abschlussbericht für einen Einsatz vernehmen: »Zwei Leichte fürs Buch!« Gemeint ist damit, dass die Besatzung eines Streifenwagens einen Verkehrsunfall mit zwei leicht beschädigten Pkw aufgenommen hat und diesem Ereignis keine erheblichen Verkehrsordnungswidrigkeiten oder gar Straftaten zugrunde liegen. Viele der jüngeren Polizeibeamten kennen den Ursprung für ihre Berichterstattung am Funk nicht, erfassen aber folgerichtig den Vorgang in ihrem Buch – dem Computer.

Text: **Arved Semerak und Peter Gloël**

104

DER FLUGZEUGABSTURZ AN DER THERESIENHÖHE

Die Verkehrsunfallanzeige einer Katastrophe

Die Verkehrsunfallanzeige des Münchner Polizeipräsidiums vom 20. Dezember 1960, Tagebuch Nr. 17579/60, weist als Unfallort »Kreuzung Landsberger-Bayer-Martin-Greif-Straße-Theresienhöhe«, als Unfallzeit »Samstag, den 17. Dezember 1960, um 14.09 Uhr« und als Art des Unfalls »Flugzeugabsturz an der gesamten Kreuzung« aus. Es handelte sich um den dritten verkaufsoffenen Adventssamstag, an dem angesichts der damals eingeschränkten Einkaufszeiten besonders viele Münchner ihre Weihnachtseinkäufe erledigten. Es herrschte »Fußgänger- und Fahrverkehr wie in Zeiten des Oktoberfestes« (Einsatz- und Erfahrungsbericht des Polizeipräsidenten Anton Heigl vom 20. Januar 1961), was auch die laut Polizeiakten relativ hohe Zahl von 53 Toten und 25 Verletzten erklärt.

Gegen 14 Uhr war an diesem Tag eine vollgetankte zweimotorige amerikanische Militärmaschine Typ Convair C-131D mit 7 Besatzungsmitgliedern und 13 Passagieren an Bord bei leichtem Nebel, aber trockener Witterung von München-Riem Richtung England gestartet. Als einige Minuten nach dem Start der linke Motor ausfiel, entschied sich Kapitän John K. Connery, eine Schleife zu fliegen und nach Riem zurückzukehren. Dabei streifte die Maschine mit der linken Tragfläche die Spitze des 97 m hohen Hauptturms der Paulskirche und stürzte in der Martin-Greif-Straße auf eine voll besetzte Straßenbahn der damaligen Linie 10. Als Ursache für den Triebwerksausfall wurde später Wasser in der Kraftstoffpumpe ermittelt.

Mit Schreiben des Polizeipräsidiums München vom 5. Januar 1961 an das Bayerische Innenministerium berichtete Schutzpolizeidirektor Dr. Heinrich Martin über die Geschehnisse im Zusammenhang mit dem Flugzeugabsturz. Danach wurde um 14:10 Uhr die Funkzentrale von der Besatzung des Streifenwagens Isar 60 des 25. Polizeireviers mit POM Erwin Schindler und PM Josef Stöppi alarmiert. Diese Beamten befanden sich zur Unfallzeit zufällig im Bereich einer Tankstelle in der Nähe des Unfallorts. Funkzentrale und Verkehrszentrale beorderten sofort sämtliche im Einsatz befindlichen Funkwagen, das Überfallkommando des Polizeipräsidiums und das Unfallkommando zum Unfallort. Die hohe Zahl von 27 beteiligten Funkwagen war darauf zurückzuführen, dass an diesem Tag bereits 23 zur Überwachung des Weihnachtsverkehrs eingesetzt waren. Die eintreffenden Funkwagen begannen sofort mit den ersten Rettungsmaßnahmen, bargen und transportierten vorwiegend Brandverletzte in die umliegenden Kliniken und löschten Fahrzeugbrände, bevor Feuerwehr und Bayerisches Rotes Kreuz kurz darauf diese Aufgabe übernahmen. 27 Beamte, die sich bei der Rettung der Verletzten und weiteren Hilfsmaßnahmen besonders auszeichneten, sind in dem Bericht von

10
731

Dr. Martin namentlich erwähnt. In der Folge trafen weitere Polizeikräfte zur Regelung des Verkehrs und zur großräumigen Absperrung ein.

Nach dem Einsatz- und Erfahrungsbericht des Polizeipräsidenten Heigl vom 20. Januar 1961 bereitete die Sensationslust der durch Radiomeldungen angelockten Zuschauer außerordentliche Schwierigkeiten, da sie »die großräumige Absperrung überhaupt nicht einsehen wollten und zum Teil mit Gewalt vom Unfallort ferngehalten werden mussten«.

Die Leitung des gesamten Katastropheneinsatzes hatte Oberbürgermeister Dr. Hans-Jochen Vogel selbst übernommen, die des Polizeieinsatzes Polizeipräsident Heigl.

Text: **Dr. Josef Boiger**

105

POLIZISTEN ALS RÄUBER UND DIEBE

Das Münchner Polizei-Bataillon 72 in Polen 1939/1940

Eine Beschwerde der Wehrmacht und ihre Folgen

Anfang des Jahres 1940 verfasste der Oberbefehlshaber Ost der Wehrmacht, Generaloberst Johannes Blaskowitz, Notizen zu einem Vortrag bei Adolf Hitler. In diesen führte er aus: »Am 6.12.1939 plündern Angehörige des Pol. Batl. 72 in Tschenstochau ein jüdisches Ladengeschäft. Hierbei werden auch für die Truppe in Arbeit befindliche Ledermengen fortgenommen. Aufgrund der Nachforschungen wird die Frau des Inhabers, Frau Barmherzig, als unbequeme Zeugin von der Polizei verhaftet und umgebracht. [...][1]

Aufstellung des Bataillons

Das Polizei-Bataillon 72 wurde ab September 1939 in verschiedenen Polizeikasernen in München und Umgebung aufgestellt. Offiziere und Unteroffiziere waren Berufspolizisten, die Mannschaften bestanden aus Männern, die zur sogenannten Polizeireserve eingezogen worden waren. Die Einheit wurde zunächst in München ausgebildet. Seine Kompanien waren in verschiedenen Kasernen im Stadtgebiet untergebracht, vor allem in den »Hansa-Heimen«[2]. Es ist festzustellen, dass die Münchner Polizei jedoch mit der gleichzeitigen Aufstellung und Besetzung von insgesamt sechs Polizei-Bataillonen personell überfordert war[3]. Vor allem bei den Offizieren war eine qualitativ ausreichende Besetzung nicht zu gewährleisten und einzelne Offiziere mussten Aufgaben übernehmen, die sie noch nie zuvor ausgeübt hatten. Bataillons-Kommandeur wurde Hauptmann der Schutzpolizei Bröschen, die 1. Kompanie wurde von Hauptmann der Schutzpolizei Ambros geführt.

---

1 Zitiert nach Stefan Klemp: Nicht ermittelt. Polizeibataillone und die Nachkriegsjustiz. Ein Handbuch. Klartext-Verlag Essen, 2. erweiterte und überarbeitete Auflage2011, S. 209-212.

2 Die »Hansa-Heime« in der Dietlindenstraße waren ein ehemaliges Lehrlingsheim, das von der Polizei ab 1937 nach und nach angekauft wurde. Es war eine der wichtigsten Liegenschaften der Münchner Polizei bis 1945. Die Gebäude sind heute als Dermatologische Klinik am Biederstein in Gebrauch.

3 Im Herbst 1939 musste die Münchner Polizei den Stamm folgender Bataillone stellen: Polizei-Bataillon 71 (im Einsatz in Polen), 72 (in Aufstellung in München), 73 (in Aufstellung in München), 74 (in Aufstellung in Augsburg und München), 209 (im Einsatz im Reichsprotektorat Böhmen und Mähren), Ausbildungs-Bataillon München (in Aufstellung in München) und Ausbildungs-Bataillon Fürstenfeldbruck (in Aufstellung in Fürstenfeldbruck), dazu kamen noch kleinere Einheiten in Polen und an der Grenze zu Frankreich. Die Angaben wurden den Tages- und Sonderbefehlen des Kommandos der Schutzpolizei München, Staatsarchiv München, Polizeidirektion, entnommen.

Weihnachten in Censtochau
Polen - 1939

Der Einsatz in Tschenstochau

Das Polizei-Bataillon 72 wurde im Dezember 1939 nach Tschenstochau transportiert, wo es am 19. Dezember 1939 ankam. Aufgrund der späteren Untersuchungen des SS- und Polizeigerichtes VI mit Sitz in Krakau im Februar 1940 kann die Tätigkeit dort teilweise nachvollzogen werden[4]. In seiner Anhörung vor dem Gericht am 9. Februar 1940 gibt der Bataillons-Adjutant, Leutnant der Schutzpolizei Winkler, zu Protokoll: »Nach unserem Einsatz in Tschenstochau bestand die Haupttätigkeit in der Durchführung von Durchsuchungsaktionen nach Waffen und Munition und in der Befriedung des Gebietes von Banden. [...] Die meisten Erfolge in dieser Beziehung hatte die 1. Kompanie unter Führung des Hauptmanns der Schutzpolizei Ambros aufzuweisen. [...] Er [Ambros] erzählte mir, dass er einen Polen erschossen habe, weil er denselben infolge der vorhergehenden Misshandlungen weder in das Gefängnis noch in das Gewahrsam der Kompanie habe einliefern können. Im Anschluss daran habe er 2 Juden erschießen müssen (von einer Jüdin habe er nicht gesprochen), weil dieselben Zeugen des Vorfalls gewesen seien. [...]« Der Bataillons-Kommandeur versuchte zunächst, die Morde unter den Tisch zu kehren. Er ließ Ambros für den Stadtkommissar zunächst einen Bericht anfertigen, aus dem hervorging, dass die Ermordeten »auf der Flucht erschossen« worden sind. Bröschen musste auch eingestehen, dass er praktisch keine Kontrolle über seine Untergebenen ausübte. Das SS- und Polizeigericht VI in Krakau verurteilte ihn am 15. März 940 wegen mangelnder Dienstaufsicht zu drei Wochen Stubenarrest. Er fand im Anschluss daran zunächst wieder in München Verwendung. Im weiteren Verlauf des Krieges kam er als Stabsoffizier zum Kommando der Schutzpolizei Kiew, wo er im November 1943 fiel. Hauptmann der Schutzpolizei Ambros wurde vom SS- und Polizeigericht VI zunächst zum Tode verurteilt, was später in eine Zuchthausstrafe umgewandelt wurde. Er befand sich bis Januar 1944 im Straflager der SS und Polizei in Dachau und fiel am 31. August 1944 im Stadtgebiet von Warschau bei den Kämpfen im Verlauf des Warschauer Aufstandes.

Das Polizei-Bataillon 72 wurde bald nach den Vorfällen von Tschenstochau nach Warschau verlegt, wo es spätestens am 20. Februar 1940 eintraf. Dort dürfte es an der Vorbereitung der Errichtung des Warschauer Gettos mitgewirkt haben[5]. Am 15. Oktober 1940 wurde die Einheit von Warschau nach München zurückverlegt.

Ermittlungen in den 60er-Jahren

Ab 1965 ermittelte die Münchner Staatsanwaltschaft zu den Ereignissen in Tschenstochau[6]. Ein ehemaliger Zugführer der 1. Kompanie des Polizei-Bataillons 72 hatte im Verlaufe einer Verwaltungsstreitsache Angaben zu den damaligen Vorfällen gemacht. Der ursprüngliche Kläger, der damalige Hauptwachtmeister Ludwig Zangerl, wurde Beschuldigter wegen Mordes. Die Staatsanwaltschaft kann die Ermordung der Jüdin Barmherzig in Tschenstochau zumindest teilweise rekonstruieren: » [...] Diese Frau kam wiederholt zur Dienststelle, um sich nach ihrem festgenommenen Mann zu erkundigen, wobei sie jeweils Nahrungsmittel für ihren Mann mitbrachte. [...] In Wirklichkeit war der Mann längst erschossen und verscharrt.« Der Staatsanwaltschaft kommt auch das Verfahren

4 Die weiteren Angaben sind entnommen den Personalakten Werner Bröschen, Stadtarchiv München, Personalakten, Abgabeverzeichnis 20/101, Bd. 34 Nr. 31 und Franz Ambros, Stadtarchiv München, Personalakten, Stadtarchiv München, Abgabeverzeichnis 20/101, Bd. 5 Nr. 43.

5 Die neue Anschrift des Bataillons (»Polizei-Bataillon 72, Warschau C1, Feldpostnummer 29821, Postfach 150«) wird mit dem Tagesbefehl des Kommandos der Schutzpolizei München vom 20.2.1940 bekannt gegeben. Staatsarchiv München, Polizeidirektion, 8219.

6 Staatsarchiv München, Staatsanwaltschaften, 21171.

gegen Bröschen und Ambros zur Kenntnis. Darüber heißt es: »[…] wurden Ambros, Zangerl und Engerer offenbar wegen dieser Vorgänge vor ein SS- und Polizeigericht gestellt. Ambros wurde von diesem Gericht zum Tode verurteilt, während Zangerl und Engerer freigesprochen wurden, weil er zur Ausführung des Befehls, die Jüdin Barmherzig zu erschießen von Ambros gezwungen worden sein soll.« Zangerl wurde 1946 in München festgenommen und nach Polen ausgeliefert, wo er zu 12 Jahren Gefängnis verurteilt wurde und 1956 wieder nach München zurückkam. Die Münchner Staatsanwaltschaft kam in ihren Ermittlungen zu dem Ergebnis, dass »[…] die bereits durch das Urteil des SS- und Polizeigerichts in Tschenstochau von 1940 rechtskräftig abgeurteilten Taten (z. B. der Fall Barmherzig) ausscheiden [für eine Anklage], weil insofern einer neuerlichen Verurteilung der Grundsatz »ne bis in idem« entgegensteht. […]« Die Staatsanwaltschaft erkennt also das Urteil des SS- und Polizeigerichts an und verzichtet nach verschiedenen Vernehmungen von Angehörigen des Bataillons auf eine Anklage.

Bilanz des Einsatzes des Polizei-Bataillons 72 in Tschenstochau

Die Verbrechen des Münchner Bataillons zählen sicherlich zu den ersten und bekanntesten der Polizei. Bemerkenswert in dem vorliegenden Fall ist, dass zu diesem Zeitpunkt andere Stellen außerhalb der Polizei noch nicht bereit waren, diese widerspruchslos hinzunehmen. Die sogenannten »Blaskowitz' Denkschriften« hatten aber nicht den von ihrem Verfasser gewünschten Erfolg. Anstatt die Verbrechen von SS und Polizei zu stoppen, kam es zur Abberufung von Blaskowitz und zur beschleunigten Einrichtung des Generalgouvernements und einer Zivilverwaltung in Polen.

Weiterer Weg des Bataillons

Das Reserve-Polizei-Bataillon 72 war von April 1941 bis Februar 1944 in Slowenien als Besatzungstruppe eingesetzt[7]. Dort war es an massenweisen Vertreibungen von Slowenen sowie im Rahmen der Partisanenbekämpfung an Kampfhandlungen und Geiselerschießungen beteiligt. Im Februar 1944 wurde es nach Frankreich verlegt, wo es an der Bekämpfung des französischen Widerstandes teilnahm. Im August 1944 wurde das Bataillon vernichtet, seine Angehörigen gerieten entweder in alliierte Gefangenschaft oder in schweizerische Internierung.

Text: **Marcus Schreiner-Bozic**

7 Siehe hierzu Marcus Schreiner-Bozic: »Polen – Slowenien – Frankreich. Der Weg des Reserve-Polizeibataillons 72«, in Joachim Schröder: Die Münchner Polizei und der Nationalsozialismus. Klartext-Verlag Essen 2013, S. 139-148.

DIE GESCHEITERTE GEISELBEFREIUNG 1972

Tatortrekonstruktion auf Tonband

Sie kamen plötzlich, hinterließen ein Blutbad und rüttelten die Weltöffentlichkeit auf – acht Mitglieder der palästinensischen Terrororganisation »Schwarzer September«, die während der »heiteren« olympischen Sommerspiele in München am 5. September 1972 morgens um kurz nach 4 Uhr in das Olympiadorf eindrangen, zwei Israelis in ihren Appartements ermordeten, neun israelische Sportler und Betreuer als Geiseln nahmen und die Freilassung von 232 palästinensischen und eines japanischen Gefangenen in Israel sowie zweier prominenter deutscher RAF-Terroristen forderten. Weniger als 24 Stunden später waren sämtliche Geiseln, fünf Attentäter und ein Polizist tot. Für die Münchner Stadtpolizei, die mit einem solchen Anschlag nicht gerechnet hatte und gänzlich unerfahren reagierte, geriet die gescheiterte Geiselbefreiung auf dem Militärflugplatz Fürstenfeldbruck zu einem Fiasko, von dem sie sich nur schwer erholte.

Da die israelische Regierung einen Gefangenenaustausch ablehnte, forderten die Terroristen freies Geleit mit den Geiseln und ein Flugzeug nach Kairo. Der Krisenstab um Bundesinnenminister Hans-Dietrich Genscher, den bayerischen Innenminister Bruno Merk, den Münchner Polizeipräsidenten Dr. Manfred Schreiber und die olympischen Funktionäre Willi Daume und Avery Brundage entschied sich nach mehreren verstrichenen Ultimaten letzten Endes für eine Befreiungsaktion. Zunächst sollten Scharfschützen der Münchner Polizei im Olympiadorf zuschlagen, doch davon hatten die Terroristen Wind bekommen, als sie Radioberichte und Fernsehbilder empfingen. Am Abend wurden die Palästinenser mit ihren Geiseln in zwei Hubschraubern zum Fliegerhorst Fürstenfeldbruck geflogen, wo sie vorgeblich in ein Flugzeug umsteigen sollten. Auf dem nächtlichen Flugplatzgelände plante die Polizei eine weitere Befreiungsaktion. Um 22:38 Uhr erhielten die fünf schlecht positionierten und unzureichend vorbereiteten Scharfschützen den Schießbefehl. Bei dem folgenden, fast dreistündigen Feuergefecht, an dem zum Schluss auch gepanzerte Fahrzeuge eingesetzt waren, starben alle neun Geiseln in den Helikoptern, fünf Terroristen wurden erschossen und ein unbeteiligter Polizist durch eine verirrte Kugel getötet. Drei Terroristen konnten verhaftet, allerdings nie vor Gericht gestellt werden, da sie wenige Wochen später gegen die Passagiere und Besatzung einer entführten Lufthansa-Maschine ausgetauscht wurden.

Die gescheiterte Geiselbefreiung in Fürstenfeldbruck beschäftigte die deutsche Politik und die zuständigen Ermittlungsbehörden über Jahre. Strafrechtliche Ermittlungen, geleitet von der Staatsanwaltschaft München I, wurden auch gegen die für den Polizeieinsatz verantwortlichen Personen geführt. Für die kriminalpolizeiliche Klärung wurde eine Sonderkommission des Bayerischen Landeskriminalamts gebildet, denn die Beamten der Münchner Polizei galten als befangen.

Im November 2013 wurde die komplette Überlieferung des Landeskriminalamts zum Olympiaattentat dem Bayerischen Hauptstaatsarchiv übergeben – 22 Aktenordner und zwei Tonbänder mit Aufzeichnungen einer Tatortrekonstruktion auf dem Fliegerhorst Fürstenfeldbruck am 6. November 1972. Zwei Monate nach den Ereignissen wurde vor Ort nachgestellt, was genau sich in der Tatnacht abgespielt hatte. Dabei ging es zum einen darum, die Sichtverhältnisse und die Schattenbildungen durch die beiden Hubschrauber zu rekonstruieren, zum anderen »sollten wesentliche Zeugen die Möglichkeit erhalten, ihre bisherigen Aussagen zu überprüfen und zu ergänzen«, wie es im schriftlichen Bericht heißt. Zeugen waren unter anderem die Hubschrauberpiloten und die eingesetzten Scharfschützen, aber auch Bundeswehr- und BGS-Offiziere, Flugzeugmechaniker und Feuerwehrleute. Befragt wurden zudem Beschuldigte wie der polizeiliche Einsatzleiter, Münchens Polizeivizepräsident Georg Wolf.

Die inzwischen digitalisierten Tondokumente geben die Aussagen im Originalton wieder. Sprachlich geglättete Fassungen finden sich im schriftlichen Bericht zur Tatortrekonstruktion, zusammen mit Fotos und Skizzen zu den jeweiligen Standorten der Befragten. Insgesamt sind die Aufnahmen rund 86 Minuten lang, verteilt auf zwei Tonbänder.

Heraus kam am Ende, dass kein strafrechtlich relevantes Verschulden seitens der Polizei vorgelegen habe. Konsequenzen für die Münchner Polizei gab es dennoch: In der Folgezeit wurden Spezialeinsatzkommandos eingerichtet, insbesondere die legendäre BGS-Spezialeinheit GSG 9. Gestärkt wurden aber nicht nur Bundesorgane, sondern auch die innenpolitischen Befürworter einer Verstaatlichung der Kommunalpolizeien in Bayern. 1975 kam schließlich das Aus für die Münchner Stadtpolizei. Die Angehörigen der israelischen Opfer des fatalen Anschlags vom September 1972 erhielten später Entschädigungszahlungen. Das öffentliche Gedenken an das Olympiaattentat ist bis heute lebendig. Für die zwölf Opfer des Anschlags errichtete der Freistaat Bayern im Olympiapark eine dreisprachig beschriftete Gedenkstätte, die am 6. September 2017 eröffnet wurde.

Text: **Gerhard Fürmetz**

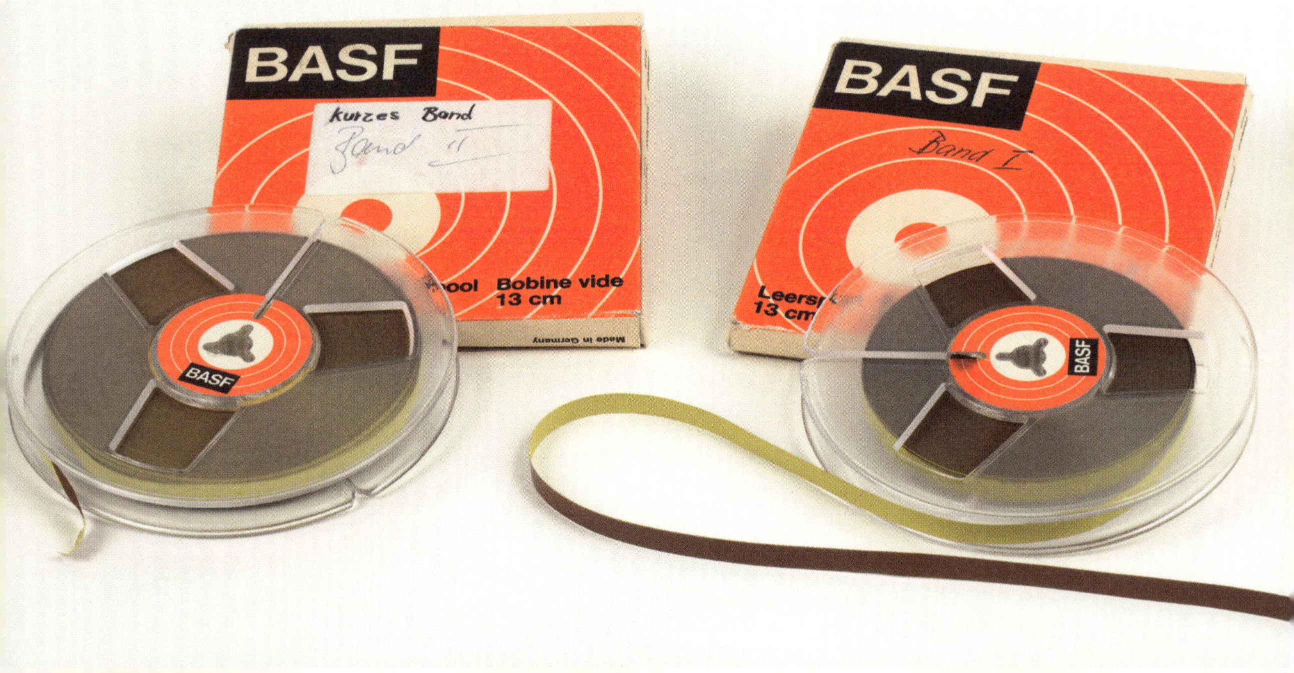

WAS PASSIERT BEI EINER VERHAFTUNG?

Der Ermittlungsrichter

Ein 39-jähriger Ladendieb ohne festen Wohnsitz in Deutschland wird in den frühen Abendstunden in einem Münchner Kaufhaus von einem Ladendetektiv auf frischer Tat ertappt, festgehalten und der herbeigerufenen Polizei übergeben.

Der Beschuldigte wird von der Streifenbesatzung zunächst zur zuständigen Polizeiinspektion verbracht. Nach den ersten polizeilichen Erkenntnissen ist der Dieb schon mehrfach wegen Eigentumsdelikten in Erscheinung getreten. Die Beamten erstellen eine sogenannte Vorführungsnote mit Einlieferungsschein und verbringen den Mann von der Polizeiinspektion in das Polizeipräsidium. Der Funkspruch des Streifenwagens an die Einsatzzentrale könnte dazu wie folgt lauten:

»Isar von Isar 11/12 – Mit einer Person in die Haftanstalt!«

Bei Eintreffen der Streife im Polizeipräsidium wird der Beschuldigte direkt in die Haftanstalt verbracht. Dort werden die Beamten auch den Einlieferungsschein abgegeben.

Unmittelbar im Anschluss daran legen sie die Anzeige mit der Vorführungsnote dem Kriminaldauerdienst (KDD) vor. Der KDD führt weitere Überprüfungen der festgenommenen Person durch und weist den Vorgang einem Haftsachenbearbeiter zu.

Der Beschuldigte verbringt die Nacht in der Haftanstalt, um am nächsten Tag dem Haftrichter vorgeführt zu werden. Im Regelfall ist der Haftsachenbearbeiter vom zuständigen Fachkommissariat, an Wochenenden und Feiertagen handelt es sich um Beamte des sogenannten Jour-Dienstes. Durch den Haftsachenbearbeiter werden die für die Haftsache notwendigen Ermittlungen, wie z. B. Vernehmungen usw., durchgeführt.

Nach Abschluss der Ermittlungen legt er die Anzeige dem Staatsanwalt, welcher sein Büro ebenfalls im Polizeipräsidium hat, vor. Dieser entscheidet dann über die Beantragung eines Haftbefehles[1]. Wenn ein entsprechender Antrag auf Haftbefehl gestellt wird, so wird der Sachverhalt durch den Staatsanwalt beim Ermittlungsrichter vorgelegt.

Der beschuldigte Ladendieb wird in unserem Fall schließlich dem Ermittlungsrichter vorgeführt, der nach dessen Anhörung über den Erlass eines Haftbefehls entscheidet. Nach Klärung der Haftfrage werden die Ermittlungen durch das zuständige Fachkommissariat fortgeführt.

1 Der Staatsanwalt im Polizeipräsidium München entscheidet über Fälle, in welchen sowohl die Staatsanwaltschaft München I als auch die Staatsanwaltschaft München II Herr des Ermittlungsverfahrens sind.

Es ist für alle Verfahrensbeteiligten von großem Vorteil, dass sich die Diensträume des Ermittlungsrichters direkt im Polizeipräsidium befinden. Denn zeitraubende und kräfteaufwendige Transporte werden auf ein Minimum reduziert. Dies wird umso deutlicher, wenn man sich vergegenwärtigt, dass der Ermittlungsrichter für den Bereich München ursprünglich in Dachau seinen Sitz hatte. Die Gefangenen mussten damals von Fall zu Fall zunächst mit Gefangenenkraftwagen, später mit Bahntransport, dorthin überstellt werden.

Seit dem 20. Februar 1945 ist der Ermittlungsrichter im Münchner Polizeipräsidium stationiert, wo er auch heute noch seine Büroräume hat.

Während ihrer Dienstzeiten erlassen die Ermittlungsrichter pro Jahr insgesamt etwa 1 200 Haft- und Unterbringungsbefehle. Zudem eröffnen sie etwa 100 bereits bestehende Haftbefehle und entscheiden über den Erlass von ungefähr 70 Abschiebungs- und 35 Auslieferungshaftbefehlen. Weiterhin werden durch die Ermittlungsrichter pro Jahr ca. 340 Durchsuchungsbeschlüsse erlassen. Auch die richterliche Vernehmung von Zeugen (etwa 170 jährlich) fällt in das Aufgabengebiet der Ermittlungsrichter.

Zu den spektakulärsten und aufsehenerregendsten Fällen, in denen die Ermittlungsrichter in den letzten Jahren zu entscheiden hatten, zählen sicherlich die Ermordung von Walter Sedlmayr, Rudolph Moshammer und Charlotte Böhringer.

Neben der Anordnung für strafprozessuale Maßnahmen sind die Ermittlungsrichter zudem für den Erlass von präventiven Beschlüssen nach dem Bayerischen Polizeiaufgabengesetz zuständig. Hierunter fallen unter anderem Entscheidungen über eine längerfristige Observation, das Anlegen einer sogenannten elektronischen Fußfessel oder längerfristigen Gewahrsam.

Text: **Guido Geiger**

PRESSEFOTOS, POLIZEI UND ZIVILGESELLSCHAFT

Die »Schwabinger Krawalle« 1962

In der Protestgeschichte Münchens nehmen die »Schwabinger Krawalle« einen herausragenden Platz ein. Die fünf spektakulären Protestnächte vom 21. bis 25. Juni 1962 mit bis zu 20 000 Teilnehmern und allabendlich wiederkehrenden Gewaltaktionen markierten den Beginn einer neuen Protestform und gaben Anstoß zu einer veränderten polizeilichen Einsatztaktik gegenüber Massenprotesten im öffentlichen Raum. Obwohl einzigartig, verbinden die Auseinandersetzungen in der Leopoldstraße die »Halbstarken«-Krawalle der späten 1950er-Jahre mit den Studentenunruhen um 1968.

Der konkrete Anlass erscheint vergleichsweise banal. Am Abend des 21. Juni 1962 schritten zwei Streifenpolizisten am Rand der Leopoldstraße gegen eine Gruppe von Gitarrespielern ein. Derartige Einsätze waren Anfang der 1960er-Jahre nicht ungewöhnlich auf Schwabings Hauptverkehrsachse und Flaniermeile. Die jungen Musiker spielten vor einem Publikum von mehreren Hundert Menschen. Bei der Polizei war eine Anzeige wegen »Ruhestörung« eingegangen, und die Beamten sahen den Bürgersteig blockiert und den fließenden Verkehr beeinträchtigt. Prompt sollten die jungen »Störer« entfernt werden. Zahlreiche Zuhörer versuchten, den Abtransport der Musiker im Polizeifahrzeug zu verhindern. Weitere Schaulustige kamen hinzu, die Straße wurde nun erst recht blockiert. Zur Verstärkung erschienen immer mehr Polizisten. Sie versuchten, die Straße zu räumen und vermeintliche oder tatsächliche »Störer« festzunehmen. Ganz ähnlich verlief es in den folgenden vier Nächten. Viele Neugierige und solche, die Lust am Provozieren der Polizei verspürten, kamen nun in die Leopoldstraße.

Bei den »Schwabinger Krawallen« ging es nicht um politischen Protest im engeren Sinne. Dennoch fühlten sich viele Beteiligte vom harten Vorgehen der Polizei herausgefordert, sodass der Konflikt in den Folgenächten durchaus politisch aufgeladen wurde. Erlebnissuche und verletztes Rechtsempfinden – mit diesen beiden Begriffen lassen sich die Beweggründe vieler Beteiligter an den »Schwabinger Krawallen« umreißen. Die kontroverse und emotionsgeladene Berichterstattung in der Presse, im Rundfunk und im Fernsehen schaukelte die Stimmungslage zusätzlich hoch.

Die Münchner Stadtpolizei war in den fünf »Krawall«-Nächten mit insgesamt rund 1 000 Beamten vor Ort im Einsatz – vorwiegend junge Polizeischüler, aber auch reguläre Schutz- und Kriminalpolizisten sowie nicht zuletzt berittene Kräfte. Das geltende Demonstrationsstrafrecht stellte »Auflauf«, »Aufruhr« und »Landfriedensbruch« unter Strafe, während den Polizisten ein großer Handlungsspielraum

bei der Anwendung unmittelbaren Zwangs zugestanden wurde. In der Praxis hielt sich die Polizei in Schwabing aber kaum an ihr Konzept für den Einsatz geschlossener Kräfte. Streckenweise ergaben sich chaotische Situationen. Missverständlich formulierte Befehle der Einsatzleitung verunsicherten auch die eigenen Kräfte. Die eingesetzten Polizeibeamten waren mangels Führungskräfte weitgehend sich selbst überlassen. Die Emotionen der Polizisten hingen wiederum mit den provozierenden Verhaltensweisen der Protestierenden zusammen. Zudem kursierten in Polizeikreisen zahlreiche unbestätigte Gerüchte – von vermuteten kommunistischen »Hintermännern« bis hin zur angeblichen Beteiligung gewaltbereiter Jugendbanden. Zuspruch erfuhren die Polizisten obendrein aus der Münchner Bevölkerung und einzelnen Presseorganen.

Pressefotos beeinflussten damals wesentlich die öffentliche Wahrnehmung von Konflikten zwischen Polizei und Zivilgesellschaft. Als regelrechtes »Gesicht« der »Schwabinger Krawalle« kann ein Foto gelten, das einen jungen »Unruhestifter« zeigt, der in der Nacht zum 23. Juni 1962 scheinbar lachend von drei uniformierten Polizeibeamten weggeschleppt wird. Laut rückseitigem Bildtext »lässt er sich demonstrativ fallen und über die Straße schleifen, als er den Reporter erblickt«. Betrachtet man ein zweites Foto der Szene, wird deutlich, dass die Situation ernster ist: Der junge Mann wird von zwei Polizisten festgehalten, ein dritter zu Pferd zeigt auf ihn, offenbar um ihn als Straftäter zu identifizieren. Während wir über diesen Protestteilnehmer nichts Weiter wissen, kennen wir von einem anderen Pressefoto die Geschichte genau. Reporter des »8 Uhr-Blatts«, einer konservativen, reißerisch aufgemachten Boulevardzeitung, machen die Einsatzkräfte in der Nacht des 25./26. Juni auf Günther E. aufmerksam, der an der Blockade der Leopoldstraße beteiligt ist. Daraufhin nehmen ihn zwei Kriminalbeamte fest und führen ihn vor den Bildberichterstattern ab. In der Zeitung wird das Foto mit einem zynischen Kommentar unterlegt. Als sich Günther E. später vor Gericht über die Gewaltaktion beschwert und behauptet, verletzt worden zu sein, urteilt der Generalstaatsanwalt, die Bilder zeigten keinen »unnötig harten Zugriff«, vielmehr habe sich der Betroffene vor der Presse als »bedauernswerten Misshandelten« hinzustellen versucht.

Als Folge der »Schwabinger Krawalle« bildete sich eine neue polizeiliche Anti-Protest-Strategie heraus. Fortan setzte die Stadtpolizei mit ihrer »Münchner Linie« primär auf Prävention, Flexibilität und selektiven Zugriff, unterstützt durch Polizeipsychologen und technische Neuerungen, wie das

Abfilmen und Fotografieren von Protestakteuren. Gekoppelt wurde die »Münchner Linie« mit einer intensiven Strafverfolgung von Demonstrierenden durch die Justiz. Münchens neuer Polizeipräsident Dr. Manfred Schreiber bezweckte damit, gewaltsame Konfrontationen zwischen Polizei und Protestierenden zu vermeiden, ohne die Kontrolle zu verlieren. Tatsächlich gelang es der Münchner Polizei, mögliche neue »Störungen« im unruhigen Schwabing frühzeitig zu unterbinden. Die Münchner Polizei war auch auf die Studentenunruhen der späten 1960er-Jahre besser eingestellt als die in anderen Städten.

Text: **Gerhard Fürmetz**

109

MICHAEL VON GODIN UND DIE BAYERISCHE POLIZEI

Der Dienstrevolver

Die Lebensgeschichte des Freiherrn Michael von Godin (1896-1982), Spross einer bayerischen Adelsfamilie und prägende Kraft beim Wiederaufbau der Polizei in Bayern nach 1945, entzieht sich allen biografischen Mustern seiner Zeitgenossen. Seine untypische Karriere ist Ausdruck der Verwerfungen in der bayerischen Innenpolitik der 1920er-Jahre wie der ersten beiden Nachkriegsjahrzehnte.

Als hochdekorierter Frontoffizier des Ersten Weltkriegs trat Godin 1920 in die neu formierte Bayerische Landespolizei ein, eine militärisch organisierte Truppenpolizei. Sein soldatisches und zugleich undiszipliniertes Auftreten ließ ihn allerdings, trotz bester Voraussetzungen, in der kasernierten bayerischen Bereitschaftspolizei der Weimarer Republik nicht richtig Fuß fassen. Durch Zufall geriet Godin am 9. November 1923 in die heikle Lage, als Führer eines Landespolizeizugs den gewaltbereiten nationalsozialistischen Putschisten vor der Münchner Feldherrnhalle entgegentreten zu müssen. Der Schusswechsel, der zur Niederschlagung der Hitlerputsches führte, warf Godin in der Folgezeit endgültig aus der Bahn. 1926 unter mehrdeutigen Umständen aus der Bayerischen Landespolizei entlassen, pendelte Godin in der Folgezeit als adliger Bohemien mit familiären Problemen zwischen München, Tutzing und Tirol. Nach mehrmonatiger Inhaftierung durch die Bayerische Politische Polizei ab Mai 1933 ging er im Februar 1934 ins österreichische Exil, wo er sich für die Tiroler Heimwehr einsetzte. Nach seiner Flucht in die Schweiz im März 1938 wurde Godin Mitglied des Emigrantenzirkels um Wilhelm Hoegner, Josef Wirth und Otto Braun, mit Verbindungen zum amerikanischen Geheimdienst OSS unter dem späteren US-Außenminister Allan Dulles. Diese Kontakte verschafften Godin Anfang Juni 1945 die Gelegenheit, zusammen mit dem wenige Monate später zum Bayerischen Ministerpräsidenten ernannten SPD-Politiker Wilhelm Hoegner nach Bayern zurückzukehren.

Anfang Juli 1945 von den Amerikanern zunächst als Direktor der neu geschaffenen Landpolizei im Regierungsbezirk Oberbayern eingesetzt, übernahm Godin im April 1946 als Präsident das Kommando über die nun bayernweit einheitlich organisierte Bayerische Landpolizei, zuständig für alle Gemeinden unter 5 000 Einwohnern. Diese machtvolle Position behielt er bis zu seiner Pensionierung 1959. Godin war – unterstützt von einem Kreis ehemaliger Kollegen aus der kasernierten Landespolizei der Weimarer Republik – die zentrale Figur beim Neuaufbau der staatlichen Polizei in Bayern ab 1945. Seine selbstbewusste Amtsführung und sein Eintreten für eine starke, vorgeblich unpolitische Polizei ließen zwar immer wieder Zweifel an seiner demokratischen Einstellung

aufkommen – 1948 entstand die ernsthafte Befürchtung, Godin wolle einen militaristischen »Staat im Staate« errichten –, gefährdeten seine Position aber nicht entscheidend, während die ihm vorgesetzten Innenminister aus drei Parteien kamen, SPD, CSU und Bayernpartei. Selbst innerpolizeiliche Intrigen, die Godins persönliche Integrität und seine Kernlegitimation anzweifelten, z. B. den Schießbefehl gegen die Nationalsozialisten im November 1923, schwächten ihn kaum. Erst am Ende seiner Amtszeit, als zunehmend Missstände innerhalb der Landpolizei offenbar wurden, ließ ihn die bayerische Politik fallen.

Obwohl Michael von Godin zu keinem Zeitpunkt am Polizeipräsidium München tätig war, beeinflusste er die Münchner Polizei nachhaltig. In der 1945 neu errichteten Stadtpolizei der Landeshauptstadt erwuchs ihm und seiner ebenso jungen Landpolizei eine starke Rivalin, mit der er um Einfluss und Ressourcen ringen musste. Es mutet daher eigenartig an, dass ausgerechnet in der Polizeiausstellung des Münchner Polizeipräsidiums ein Revolver liegt, der sich nachweislich im Besitz von Godin befand. Dabei handelt es sich offenbar um die Dienstwaffe des Landpolizeichefs – ein Taschenrevolver der Marke Smith & Wesson, Kal. 32, Double Action, ohne sichtbaren Schlaghahn (hammerless), mit fünf Kammern und Kipplauf samt dunkelbrauner lederner Waffentasche. Produziert in den USA zwischen 1918 und 1929, gelangte die Schusswaffe vermutlich 1946 in Godins Hände, denn links ist »Präsident v. Godin« eingraviert, rechts »Bav. Rural Police«. Die US-Militärregierung achtete genau darauf, wem eine Schusswaffe eines bestimmten Typs zugeteilt wurde, wollte sie doch anfangs unbedingt eine Remilitarisierung der deutschen Polizei verhindern.

Godins Revolver steht somit auch symbolisch für eine Phase der Münchner und bayerischen Polizeigeschichte, in der fremde Einflüsse prägend waren. Ohne die Amerikaner hätte es weder die 30 Jahre dauernde Ära der Stadtpolizei München gegeben noch den Neubeginn einer demokratischen Polizeiorganisation für ganz Bayern nach dem Ende der NS-Herrschaft.

Text: **Gerhard Fürmetz**

110

110 – DIE WICHTIGSTE ALLER NUMMERN

Das Notruftelefon

Die bundeseinheitliche Notrufnummer 110 gibt es jetzt seit 45 Jahren. Seit dieser Zeit hat sich natürliches einiges getan. Vermutlich würde ein Polizeibeamter, der vor über 40 Jahren Notrufe entgegengenommen hat, die Hände über dem Kopf zusammenschlagen, wenn er die Telefonanlage, die Monitore, Computer und Headsets sehen würde. Damals wurden die Gespräche mit einem ganz normalen Telefon, wie es früher jeder zu Hause hatte, geführt. Mit Hörer und Wählscheibe. Das Gesprochene wurde dann auf einen Zettel geschrieben und dem Funksprecher mitgeteilt. Aus diesem Grunde sagen heute noch, meistens die etwas älteren Kollegen, zu den Notrufbeamten Zettelschreiber.

Die moderne Technik hat schon lange Einzug eingehalten in der Einsatzzentrale. Ohne Computer geht hier natürlich nichts mehr. Bei jährlich über 500 000 Notrufen wäre dies auch nicht anders möglich.

Aber was sich nicht geändert hat, ist die Tatsache, dass auf der einen Seite der Leitung ein Polizeibeamter sitzt, der dem meist aufgeregten Bürger helfen möchte und auf der anderen Seite eben dieser Bürger, der sich meist in einer Ausnahmesituation befindet. Und jedes Gespräch ist anders. Natürlich geht es manchmal um Leben und Tod, oft ernst und tragisch. Aber es gibt nicht nur diese Gespräche. Am besten in Erinnerung bleiben einem die lustigen und etwas skurrilen Anrufe. Nicht immer hat man so viel Zeit, wie man sich für den Gesprächspartner nehmen möchte. Und doch menschelt es ab und zu zwischen dem Polizisten und seinem telefonischen Gegenüber.

Mit Verständigungsschwierigkeiten hatte wohl jeder Notrufannehmer schon zu kämpfen. Meist liegt es daran, dass der Anruf aus einer lauten Diskothek geführt wird oder der Anrufer der deutschen Sprache nicht mächtig ist. Es kommt allerdings auch vor, dass der Grund für ein gewisses Unverständnis der bayrische Dialekt ist. Und nicht jede Beamtin und nicht jeder Beamter der Münchner Einsatzzentrale kommen aus Bayern. Und so geschah es, dass der Beschwerdeführer einer Ruhestörung von einer Beamtin nicht eindeutig verstanden werden konnte, als er sich über seine lauten Nachbarn beklagte. Schon zu Beginn des Gespräches musste die Polizistin ständig nachfragen, weil sie die typisch münchnerische Mundart nicht verstand. Die Ursache der nächtlichen Störung brachte der etwas genervte Münchner so auf den Punkt: »De schnackseln immer so laut.« Dieser Ausdruck war der Polizeibeamtin fremd und sie nahm an, dass in der Nachbarwohnung wohl Schnaps getrunken wurde und der Anrufer »schnapseln« meinte. Aus diesem Grunde sagte sie dann wohl auch, dass man so etwas in einer gemütlichen Runde, nach einem guten Essen recht gerne macht und es hier so eine

Art Brauchtum wäre. Den Gesichtsausdruck des Mannes würde jetzt wohl jeder gerne sehen. Solche und ähnliche Geschichten gibt es unzählige und sie würden wahrscheinlich ein eigenes Buch füllen.

Und wenn sich der Beamte auch zehnmal nacheinander am Telefon rechtfertigen muss, warum es so lange dauert, bis eine Streife zu einem kleinen Verkehrsunfall kommt, so ist es doch dann oft der elfte Anruf, wo sich jemand recht herzlich für die Hilfe bedankt, die einem durch eine lange Nachtschicht am Notruf helfen.

Auch wenn der Klingelton nicht gerade der schönste ist, und man trotz aller Belastung immer hoch konzentriert bleiben muss, ist es immer wieder spannend, was der nächste Anruf bringt. Und genau diese Spannung sollte man sich als »Notrufbeamter« bewahren, wenn man sich so wie der Autor dieser Zeilen seit 16 Jahren Schicht für Schicht mit einem freundlichen »Polizeinotruf, Grüß Gott« meldet.

Text: **Walter Landsmann**

BILDNACHWEIS

Aubinger Archiv 177 rechts
Baumgärtner, Katrin 126
Bayerische Bereitschaftspolizei, Polizeihubschrauberstaffel Bayern 201, 247 oben
Bayerisches Hauptstaatsarchiv 336 (LKA 846)
Braner, Thomas 18, 29, 54, 72, 83, 86, 92 oben, 95, 101, 133, 137, 139, 174, 175, 195, 197, 227, 235, 237, 241, 249, 250, 257, 292, 327, 338, 343
Chyla, Cornelia 263
Elstner, Andrea 121
Gebhardt, Heinz 113
Greenwich University 275 oben
Haag, Klaus 220
Haussels, Kai 263
Hinkelmann, Klaus 259 links sowie rechts oben und unten, 269, 285 Mitte
Hoch, Tiana 38
Institut für Rechtsmedizin, München 203
Jürgens, Martin 322
Lerche, Matthias 177 links
Menzl, Stefan 205
Obermeier, Manuela 10, 143, 281
Oswald, Thomas 183
Polizeipräsidium München 14, 24, 31, 35, 41, 44, 47, 49, 51, 54, 56, 60, 66, 67, 69, 75, 79, 89, 92 unten, 98, 107, 111, 117, 123, 131, 149, 153, 157, 159, 163, 169, 171, 186, 187, 189, 192, 193, 207, 209, 213, 215, 217, 225, 231, 243, 247 unten, 253, 266, 271, 273, 275 unten, 278, 279, 285 links oben und unten, 285 rechts oben und unten, 288, 290, 295, 299, 301, 306, 309, 312, 316, 318, 321, 324, 329, 345
Redaktion »Bayerns Polizei« 149
Rößer, Yvonne 104
Schmieg, Johann 129
Sammlung Fürmetz, Gerhard 340, 341
Siemens Historica Institute 63
Staatsarchiv München 181 oben, 181 unten (Polizeidirektion München 10493), 234 (Staatsanwaltschaften 35301), 332
Stadtarchiv München 259 Mitte rechts (RD 0182 C 04), 303 (PMB G 598)
Steitz, Roland 22, 23, 146, 147, 165, 200
Zurek, Dieter 51

LITERATUR

Arz, Martin Todsicheres München, München 2009
Bichler, Franz Eine Lanze für das Polizeipräsidium München, In: Münchner Polizei 1977, 24. Jahrgang, S. 23
Breibeck, Otto Ernst Bayerns Polizei im Wandel der Zeit, München 1971
Brenneisen, H., & Mescher, H. Die strategisch-taktischen Grundbedingungen für das polizeiliche Handeln im Versammlungsgeschehen, Deutsches Polizeiblatt (5), 2-4
Dahlke, Matthias Der Anschlag auf Olympia '72 – Die politischen Reaktionen auf den internationalen Terrorismus in Deutschland, München 2006
Das Behördenmagazin Ausgabe München 2/2013, S. 5-8
Deuerlein, Ernst Der Aufstieg der NSDAP in Augenzeugenberichten, München 1978
Dichtl, Erika Eine Villa für Rudolf von Hoeßlin, In: Neuhauser Werkstatt-Nachrichten, 2014, Heft 33, (S. 16-17)
Dienstanweisung für die Bewegung der Polizeihäftlinge, Karl Mantel, vom 01.12.1928
Dienstliche Nachrichten des Polizeipräsidiums München, 1946, Nr. 11 vom 26. März 1946, S. 61 f.
Faatz, Martin Vom Staatsschutz zum Gestapo-Terror – Politische Polizei in Bayern in der Endphase der Weimarer Republik und der Anfangsphase der nationalsozialistischen Diktatur, Würzburg 1995
Falter, Josef Chronik des Polizeipräsidiums München, 2 Bände, München 1995 u. 1998
Farin, Michael (Hrsg.) Polizeireport München 1799-1999, München 1999
Fischer, Prof. Theodor Das Polizeidirektionsgebäude in München, Sonderdruck des Profanbau, Leipzig, Aus: Der Baumeister, August 1923, Heft 8 u. September 1923, Heft 9
ders. Das Polizeidirektionsgebäude München, Sonderdruck des Profanbau Leipzig, Jahrgang ca. 1913, S. 25
Forker, Armin Einführung in die Kriminalistik – Kriminalistische Kompetenz, Lübeck 2002/2004

Frankenberg, Richard von/ Matteucci, Marco Geschichte des Automobils, Sigloch/Künzelsau 1973
Fürmetz, G. Schwabinger Krawalle – Protest, Polizei und Öffentlichkeit zu Beginn der 60er-Jahre. Essen
Gertz, Holger Es geschah am 11. September – 1972. In: Süddeutsche Zeitung, 6. August 2004
Geschichte des Fahrsimulators, Artikel von EPHK Michael Reisch, PP München, E 4 im Intranet der Polizei
Gloël, Peter/Kraft, Harald Die Münchner Funkstreife 1949-1975, Band 1, München 2019
Guttmann, Thomas (Hrsg.) Von der Reichszeugmeisterei zur McGraw-Kaserne, in: Giesing, Vom Dorf zum Stadtteil, Autor Willi Hanseder, München 1990, S. 181-196
Hepp, G. F. Wertewandel: Politikwissenschaftliche Grundfragen. München
Hockerts, Hans Günter/Pöhner, Ernst, in: Neue Deutsche Biographie (NDB), Band 20, Berlin 2001, S. 560 ff.
Karl, Willibald/Pohl, Karin (Hrsg.) Amis in Giesing – München 1945-1992, München 2013
Klages, Helmut Wertorientierungen im Wandel Rückblick, Gegenwartsanalyse, Prognosen. Frankfurt
Kleinknecht, T., & Sturm, M. Demonstrationen sind punktuelle Plebiszite – Polizeireform und gesellschaftliche Demokratisierung von den Sechziger- zu den Achtzigerjahren, Archiv für Sozialgeschichte (44), 181-218
Kramer, Ferdinand 5. September 1972 – Das Attentat von München, In: Schmid, Alois/Weigand, Katharina (Hrsg.), Bayern nach Jahr und Tag, 24 Tage aus der bayerischen Geschichte, München 2007, S. 400-414
Kraushaar, W. Denkmodell der 68er-Bewegung – Aus Politik und Zeitgeschichte
Kube/Störzer/Timm Kriminalistik – Handbuch für Praxis und Wissenschaft, Band 1, Stuttgart 1992
Lupprian, Marion Untersuchungen zu Typologie und Quellenwert städtischer Unterlagen des 19. Jahrhunderts – Dargestellt am Beispiel München, In: Oberbayerisches Archiv 117/118 (1993/94), S. 289-330
München und seine Polizei – 65 Jahre Münchner Polizei, Festschrift, München 1963
München und seine Polizei – Sonderausgabe II/1964 der Fachzeitschrift Polizei Technik Verkehr
Münchner Blaulicht e.V. (Hrsg.) Hundert Jahre Ettstraße – Das Münchner Polizeigebäude und seine Geschichte, Wasserburg 2013
ders. Chronik der Münchner Polizei, München 2015
Oberloskamp, Eva Das Olympia-Attentat 1972 – Politische Lernprozesse im Umgang mit dem transnationalen Terrorismus, In: Vierteljahrshefte für Zeitgeschichte 60 (2012), Nr. 3, S. 321-351
Polizeidirektion München Ausbildungsrichtlinien für den Einsatz von geschlossenen Polizeiverbänden, München
dies. Bericht des Polizeipräsidiums München vom 26.07.1962 über Vorfälle in Schwabing, S. 5 ff.
Radtke, Armin Olympiastadion München – Fußballgeschichte unter dem Zeltdach, Göttingen 2005, S. 70
Samper, Rudolf Das Bayerische Polizeiaufgabengesetz, 2. Auflage, München 1969
Schiller, Kay/Young, Christopher München 1972 – Olympische Spiele im Zeichen des modernen Deutschland, Göttingen 2012
Schmidbauer/Steiner Bayerisches Polizeiaufgabengesetz und Polizeiorganisationsgesetz, Kommentar, 4. Auflage, München 2014
Schreiber, Manfred Das Jahr 1968 in München. In: Schubert V. (Ed.), 1968 – 30 Jahre danach (S. 35-52), St. Ottilien
ders. Die »Schwabinger Krawalle« – Versuch einer Zwischenbilanz, In: Die Polizei (55), S. 37-40
Schröder, Joachim Die Münchner Polizei und der Nationalsozialismus, Essen 2013
Semerak, Arved Die Polizei – Geschichte und Organisation, Heidelberg 1988
Semerak, Arved/Harnischmacher, Robert Deutsche Polizeigeschichte, Stuttgart 1986
Stephan, Michael (Bearb.) Georg Queri (1879-1919) – Journalist, Schriftsteller und Volkskundler aus Oberbayern, München 2002
Stolle, Rainer, Ettstraße: 80 Jahre Münchner Polizeipräsidium
Vec, Dr. Milos Die Spur des Täters – Bertillonage, Daktyloskopie und Jodogramm: Fortschritte und Versprechungen der naturwissenschaftlichen Kriminalistik um 1900, In: juridikum – zeitschrift im rechtsstaat, Nr. 2/2001, S. 89-94
Weinfurtner, Günter Ein Jahr Polizeikiosk. In: Münchner Polizei '84 – Eine Fachzeitschrift für die Angehörigen des Polizeipräsidiums München, 31. Jahrgang, S. 43-45

sowie Akten des Bayerischen Hauptstaatsarchives – Akten des Staatsarchivs München – Unterlagen des PP München – Mitarbeiterzeitschrift »Ettstraße« – Sicherheitsberichte 1946-2014 – Schriftenreihen »Münchner Polizei« und »Bayerns Polizei« – Veröffentlichungen im Intranet der Polizei

DIE AUTORINNEN UND AUTOREN

Dr. Christoph Bachmann
Leiter des Staatsarchivs München
Das Staatsarchiv München verwahrt u. a. sämtliche archivwürdigen Unterlagen der Polzeiverwaltung, die viele der Beiträge möglich machten.

Franziska Bauer
Polizeiobermeisterin, Verfügungsgruppe PI 14
Leidenschaftliche Motorradfahrerin

Katrin Baumgärtner
Polizeihauptmeisterin, Polizeireiterin

Robert Bierschneider
Diplom-Archivar (FH), Archivamtmann, Staatsarchiv München, Referat Zeitgeschichte

Dr. med. Ass. jur. Josef Boiger
Medizinaldirektor a. D., ehem. Polizeiarzt

Dr. Jürgen Brandl
Kriminalrat
Leidenschaftlicher Imker und Initiator des Projektes »Das Polizeipräsidium München summt!«

Denny Dartsch
Technischer Oberinspektor/Sachbearbeiter EZ- & PFSt-Technik sowie Digitalfunk
Technikbegeistert, Hobbyfotograf, Konzert- & Festivalgänger

Andreas Ehlert
Polizeioberkommissar, Verkehrserzieher und Puppenspieler

Prof. Dr. med. Wolfgang Eisenmenger
ehemaliger Vorstand des Instituts für Rechtsmedizin der LMU
»Austrägler« im Rentnerstress

Thomas Feulner
Erster Polizeihauptkommissar, Sachbearbeiter Ordnungs- und Schutzaufgaben
Spaziergänger und Radfahrer

Philipp Förder
Kriminalpolizei – Internationale Polizeiliche Zusammenarbeit

Andreas Freundorfer
Erster Polizeihauptkommissar, Leiter der Reiterstaffel beim PP München
Tierliebhaber und einziger Nicht-Reiter bei der Reiterstaffel

Andreas Fricke
Polizeihauptkommissar/Sachbereichsleiter VPI Verkehrsanzeigen – Verkehrsstraftaten

Gerhard Fürmetz M. A.
Archivdirektor und Historiker
Leiter der Abt. II Neuere Bestände im Bayerischen Hauptstaatsarchiv; wissenschaftlicher Experte für die bayerische Polizeigeschichte im 20. Jahrhundert

Guido Geiger
Kriminalhauptkommissar
Passionierter Großvater und Ehrenliga-Fußballer, verbringt seine Freizeit am liebsten in den Bergen

Jochen Geißer
Polizeioberrat/Stellvertr. Leiter der Polizeiinspktion 11 (Altstadt)
Hobbystadtführer

Peter Gloël M. A.
Polizeioberrat, Leiter der Polizeiinspektion 41 (München-Laim/-Hadern)
Ideengeber für das vorliegende Buch »Das Polizeipräsidium München in 110 Objekten«

Jürgen Greil
Polizeihauptkommissar/Sachgebietsleiter VA 3 – Verkehrsstraftaten/-ordnungswidrigkeiten
Musikbegeistert in alle Richtungen, Hobby-DJ und als geborener Münchner bodenständiger Bayer

B. Sc. Christoph Helfreich
Kriminaloberkommissar/IT Forensiker
Bereist in seiner Freizeit die Welt und lernt fremde Sprachen

Klaus Hinkelmann
Diplom-Verwaltungswirt, Polizeihauptkommissar/Sachbearbeiter Früherkennung und Innenrevisor bei der Personalabteilung des PP München
Seit 40 Jahren Hobbypolizeihistoriker und Sammler von Polizeieffekten mit Schwerpunkt 1945 bis 1975

Christian Hoffmann
Polizeioberkommissar, Verkehrsüberwachung, Technischer Außendienst
Hobbyhistoriker

Wolfgang Inderst
Erster Kriminalhauptkommissar/Leiter der Lagedienststelle des PP München
Wohnmobilfahrer und Weltenbummler

Robert Jaworski
Kriminalhauptkommissar/Stellvertr. Kommissariatsleiter
Familienmensch, Reisender (Berge und Meer) mit 2, 4 oder 6 Rädern

Martin Jürgens
Polizeioberkommissar
Begeisterter Radfahrer

Simone Kirsten
Polizeiinspektorin/Sachbearbeitung Verkehrsanzeigen
Hobby-Autorin (v. a. Gedichte, Erfahrungsberichte)

Harald Kleesattel
Polizeibeamter
… der jetzt seinen Ruhestand genießt.

Monika König
Polizeihauptmeisterin, Jugendbeamtin
Sängerin im Frauenchor der Münchner Polizei

Carolin Krapp
Erste Kriminalhauptkommissarin/Leiterin KFD 11
Gelegenheitsgeschichtenschreiberin

Carolin Landsmann
Polizeibeamtin bei der Polizei Sendling, Polizeihauptmeisterin, Kontaktbereich/Prävention
Mag Geschichte und Kultur des altägyptischen Reiches, flanieren in Venedig, zocken in Las Vegas und ihren Gatten beim Scrabble gewinnen lassen … und ihren Beruf, der auch nach fast 30 Jahren Polizeidienst immer noch ihre Leidenschaft ist

Walter Landsmann
Polizeioberkommissar in der Einsatzzentrale
Seit 33 Jahren bei der Polizei, dort besser bekannt als Willi. Im wunderschönen Mittersendling geboren und aufgewachsen. Meist 2. Sieger beim Scrabblen mit der Gattin (s.o.).

Matthias Lerche
Polizeidirektor, derzeit Dozent am Fachbereich Polizei der Hochschule für den öffentlichen Dienst in Bayern
Beschäftigt sich in seiner Freizeit gerne mit historischen Themen und Archäologie

Christoph Lipp
Polizeihauptkommissar/Dienstgruppenleiter

Elizabeth Matzinger
Polizeihauptmeisterin
Reiselustige Mama und derzeit Studentin

Florian Mayer
Erster Polizeihauptkommissar, Dienststellenleiter Verkehrspolizeiinspektion Verkehrserziehung und -aufklärung
Mitglied der deutschen Gesellschaft für Polizeigeschichte, Sammler von Fotos von Polizeifahrzeugen, Polizeiliteratur, insbesondere über Polizeifahrzeuge und von Polizeifahrzeugmodellen

Sven Müller
Dipl.-Geograph, Polizeioberkommissar
Arbeitet im Bereich Presse- und Öffentlichkeitsarbeit der Münchner Polizei

Dieter Mutz
Erster Kriminalhauptkommissar/Abschnitt Kriminalpolizei

Hermann Nerb
Kriminalhauptkommissar/Sachbearbeiter der Spurensicherung und Waffenwesen
Waffensachkundiger, Schießleiter

Walter Nickmann
Polizeihauptkommissar a. D.
Hobbyhistoriker, Mitglied der AG des PP München »Münchner Polizei und der Nationalsozialismus«, freiberuflicher Guide und Referent im NS-Dokumentationszentrum des Kulturreferates der LH München, aktives Mitglied im »Münchner Blaulicht e. V.«

Thomas Obermayer
Polizeihauptkommissar, Sachbearbeiter bei der Abteilung Einsatz, u. a. für den Polizeiführungsstab

Manuela Obermeier
Polizeihauptkommissarin/Innendienstleiterin
Krimiautorin, Fotografin und eifrige Täterin beim »Mörderische Schwestern e. V.«

Prof. Susanne Porsche
Film-und Fernsehproduzentin, Medienexpertin
»Zum Zeichen meiner Dankbarkeit gegenüber der Arbeit der Polizei, die täglich und teilweise unter Einsatz von Gesundheit und Leben der Polizeibeamten im Dienste unserer Gesellschaft geleistet wird, engagiere ich mich im Verein Münchner Blaulicht e. V. und bin stolz, den Verein bei der Verwirklichung seiner Ziele unterstützen zu können.«

Matthias Pötsch
Kriminalhauptkommissar
Amateurschauspieler, Youngtimerinteressent und begeisteter Reisender in aller Herren Länder

Alessa Quintes
Polizeihauptmeisterin

Ignaz Raab
Erster Kriminalhauptkommissar, Leiter Kommissariat 15 – Sexualdelikte
Zum Ausgleich Bergwandern & Reisen

Michael Rasp
Kriminalhauptkommissar/Fachberater für sicherheitstechnische Prävention
Fussballbegeistert, Musikliebhaber, Familienvater

Silke Rehag
Polizeihauptkommissarin, Stellv. Leiterin der Werbestelle des Polizeipräsidiums München
Reisefreudig und lesebegeistert

Peter Reichl
Kriminaloberrat a. D./ehemaliger Leiter des Kriminalpolizeilichen Dauerdienstes München
Peter Reichl trat nach 40 Jahren bei der Münchner Polizei am 1. Januar 2018 in Pension. Er engagiert sich seit 2010 ehrenamtlich als Vorstand und Geschäftsführer im Polizeiverein Münchner Blaulicht e.V.; Peter Reichl ist verheiratet und hat eine erwachsene Tochter und einen erwachsenen Sohn, die sich auch für den Polizeiberuf entschieden haben.

Michael Reisch
Erster Polizeihauptkommissar, Sachgebietsleiter
Motorradfahrer, Segler

Robert Rieger
Diplom-Verwaltungswirt FH, Polizeihauptkommissar, Sachbearbeiter Ordnungs- und Schutzaufgaben
Gemeinderat, Fitness- und Personaltrainer, Fußballtrainer, Ernährungstrainer, Vorstand Sportverein

Kurd Scherer, geb. Mostafa
Polizeiobermeister/Wach- und Streifendienst Polizeiinspektion 11
Bereist gerne die Welt, als Ausgleich zum beruflichen Alltag

Harald Schertler
Erster Polizeihauptkommissar/Sachbereichsleiter Ordnungs- und Schutzaufgaben der Polizeiinspektion 23
Beruflicher und privater »Fußballvielseher«

Johann Schmieg
Erster Polizeihauptkommissar a. D.
Privatier, Reisender und Fotograf

Anton Schmucker
Leiter Einsatz- und Trainingskoordination der PI SD

Benedikt Schmucker
Kriminalhauptkommissar

Erik Schönenberger
Polizeihaupstmeister, Gruppenführer bei der 1. Einsatzhundertschaft des PP München
Seit Herbst 2012 Polizeibeamter in München; mag Kampfsport, Krafttraining, Fahrradfahren, Familie und Reisen

Marcus Schreiner-Bozic
Kriminaloberkommissar, Sachbearbeiter
Polizeihistoriker mit dem Schwerpunkt Polizei-Truppenverbände von der Weimarer Zeit bis in die 60er-Jahre, Münchner Polizei in der NS-Zeit

Arved Semerak
Landespolizeipräsident a. D.
Volljurist, Fachbuchschriftsteller, Märchenbuchautor unter dem Pseudonym Arved von Königsberg

Dr. med., M. A. Herbert Steinböck
Chefarzt/Maßregelvollzugsleiter, Klinik für Forensische Psychiatrie und Psychotherapie am bko-IAK-Klinikum München-Ost
Redaktionsmitglied in der Fachzeitschrift »Recht & Psychiatrie«. Ehrenamtliche Tätigkeit bei der Bayerischen Gesellschaft für psychische Gesundheit. Interessiert sich für transkulturelle Fragen, Philosophie, Wandern, Reisen, Lesen.

Roland Steitz
Kriminalhauptkommissar, Sachbearbeiter
Hobbyfotograf für 360-Grad-Panoramen

Peter Stenglein
Polizeihauptkommissar, Sachbearbeiter im Stabsbereich
Hobbysportler und -fotograf mit Leidenschaft für Motorräder

Dr. Michael Stephan
Leiter des Stadtarchivs München
Historiker und Archivar aus Profession und Leidenschaft

Hermann Straub
Erster Polizeihauptkommissar/Leiter Sachbereich Ordnungs- und Schutzaufgaben Einsatzabschnitt München-West

Christian Strobel
Polizeihauptkommissar, Dienstgruppenleiter Polizeiliches Einsatzverhalten
Polizist aus Leidenschaft, Familienvater und Motorrad(gespann)fahrer mit gewissem Hang zu analoger Technik

Thomas Süßmair
Polizeihauptkommissar/Gruppenleiter Unfallfluchtfahndung

Wolfgang Szabo
Erster Polizeihauptkommisar – Einsatzbereich der Verkehrspolizeiinspektion Verkehrsüberwachung
Erfahrener Begleitschutzkommando- und Eskortenführer, Einsatzleiter bei öffentlichen Auftritten der Motorradstaffel, Zweiradsport-begeistert

Oliver Timper
Polizeihauptkommissar, Pressestelle, Leiter Team Digitale Medien

Dieter Vögele
Polizeibeamter a. D.; ehemals Kontaktbeamter für den Herzogpark und Oberföhring sowie für den Bürgerpark, der nach dem Auszug des Städtischen Krankenhaus 1984 in das Klinikum Bogenhausen umzog
Das ganze Gelände wird von der Verteinsgemeinschaft 29 im 13. Stadtbezirk genutzt und bringt vierteljährlich eine Vereinszeitung heraus, bei der Vögele seit 1984 mitschreibt.

Leo Waffenschmidt
Kriminalpolizei – Internationale Polizeiliche Zusammenarbeit
Völkerverständiger, Networker, Entdecker

Thomas Weber
Kriminaldirektor, Leiter Kriminalpolizeiinspektion Erding
Seit 1989 Polizeibeamter im Dienst bei verschiedenen Dienststellen der Schutz- und Kriminalpolizei beim PP München, zuletzt war er mit dem Projekt Super-Recogniser beauftragt. Seit Mitte 2018 leitet er die Kriminalpolizeiinspektion Erding. Privat reist Thomas Weber gerne, zur Entspannung fährt er Motorrad.

Christian Weinberger
Erster Kriminalhauptkommissar/Leiter Spurenkommission und stellvertretender K-Leiter beim Kommissariat 92, Sachverständiger für Daktyloskopie
Nach 25 Jahren bei der Spurensicherung ab 1. Oktober 2019 im Ruhestand. Bewegt sich gerne in der Natur, bevorzugt in den Bergen und auf dem Wasser.

Erika Weisser
Regierungsrätin, Teamleiterin im Liegenschaftsbereich
Hobbys: Fotografieren, Tiere, Sport, Politik; Zielsetzung: Die geschichtsträchtige Entwicklung eines öffentlichen Gebäudes *aus dem Blickwinkel der aktuellen polizeilichen Nutzung darzustellen*

Josef Wilfling
Kriminaloberrat a. D./ehem. Leiter Mordkommission München
Reality-Hobby-Autor

Christian Wittstadt
Polizeioberrat, Leiter der Polizeiinspektion 15 (Sendling) und der Polizeiinspektion 17 (Wiesnwache)
Ehrenamtlicher Geschäftsführer des Münchner Sicherheitsforum e. V., Erfinder von Paul, dem Frosch und Betreiber von »Pauls Weltreisen«

Verena Wörlein
Kriminaloberkommissarin/Sachbearbeiterin
Bücherwurm, Fußballerin, Bergliebhaberin

Johannes Wudy
Polizeiobermeister/Polizeiinspektion 14
CrossFit-begeistert